图 2-8　呈细粉末状的颜料

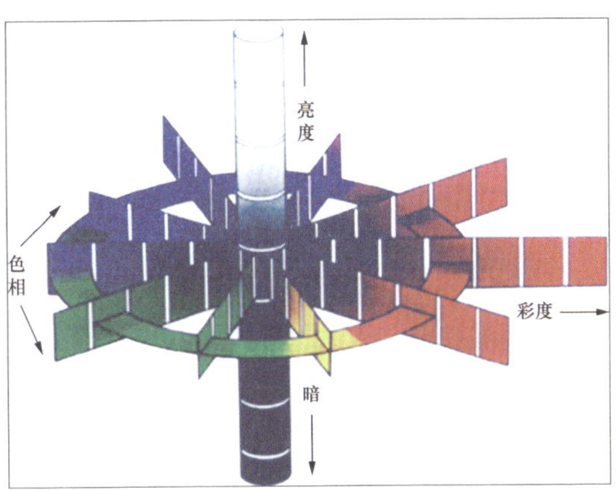

图 6-1　颜色的 3 属性

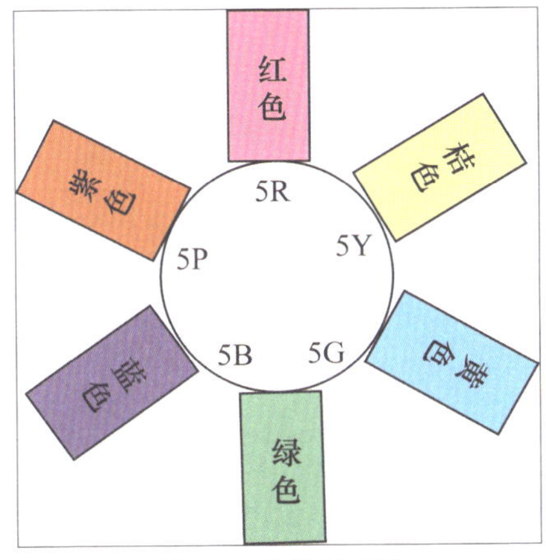

图 6-2　色调的变化

图 6-5　颜色立体球

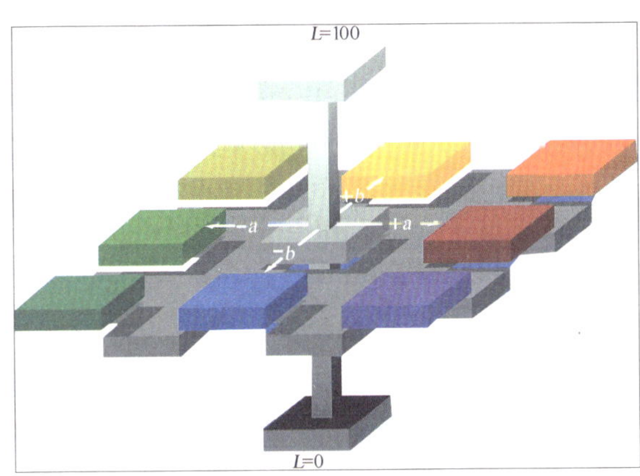

图 6-6　颜色三维坐标

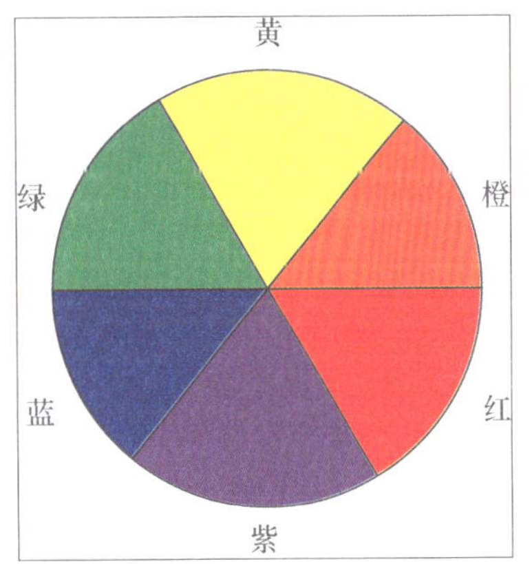

图 6-7　色环

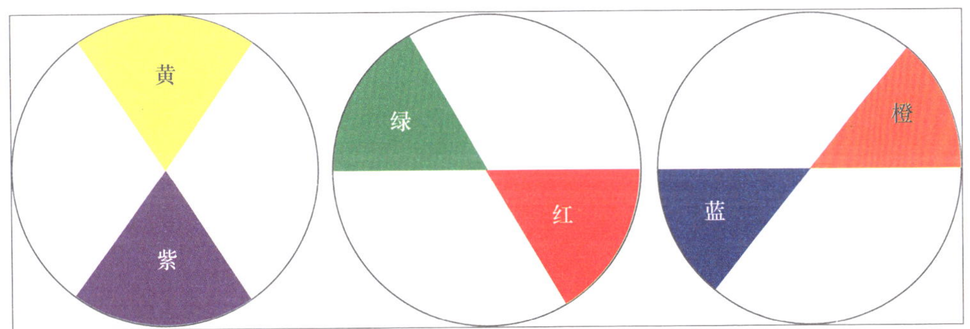

图 6-8　色环中的补色

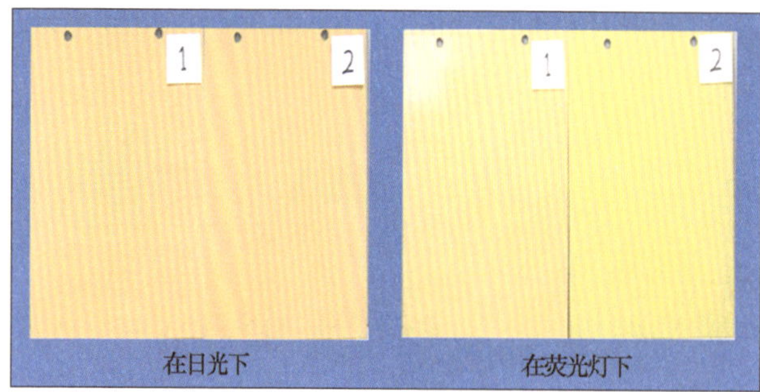

图 6-9　同色异谱现象

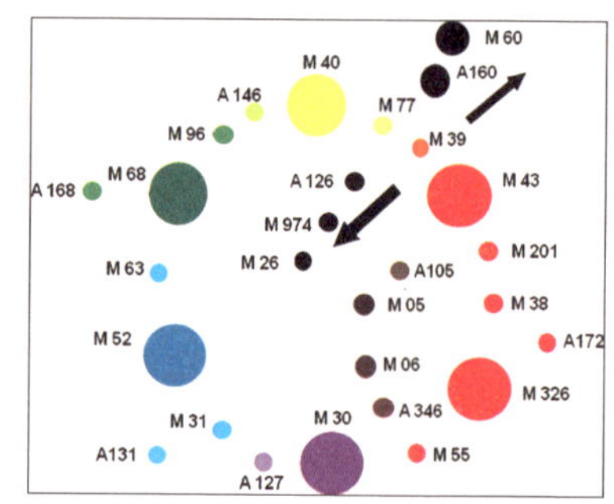

图 6-11 “鹦鹉”漆 22 系列色母特性表

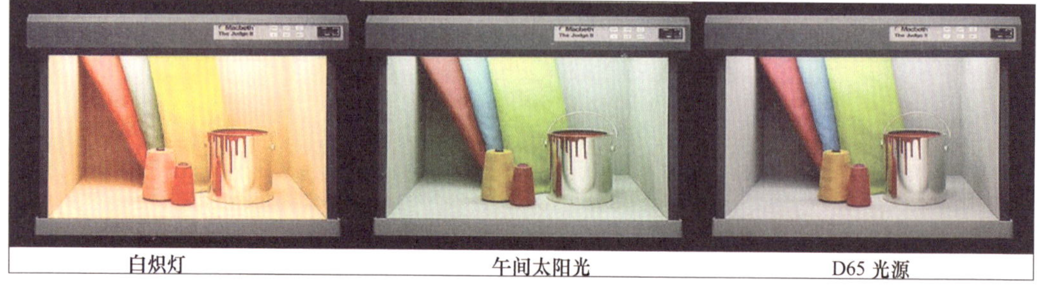

图 6-19　标准比色灯箱的 3 种光源效果

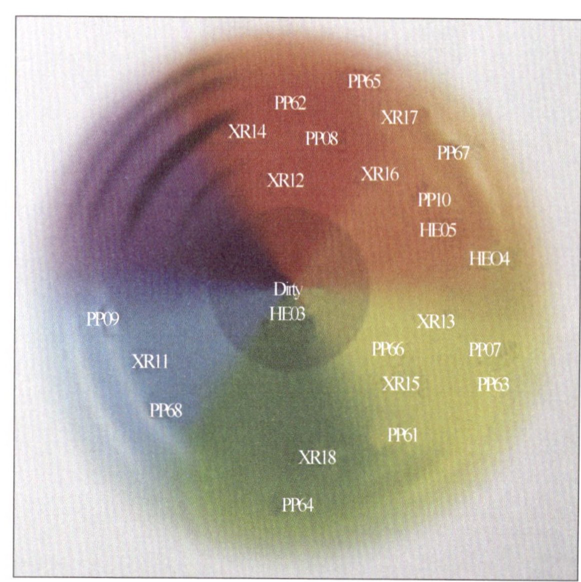

图 6-12　PPG 的色母特性图

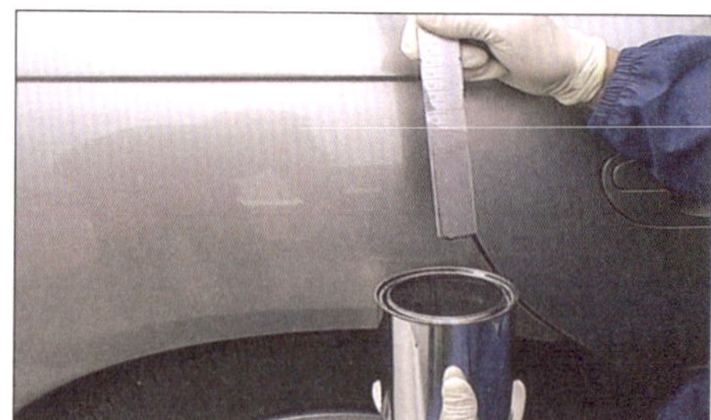

图 6-31　湿比色

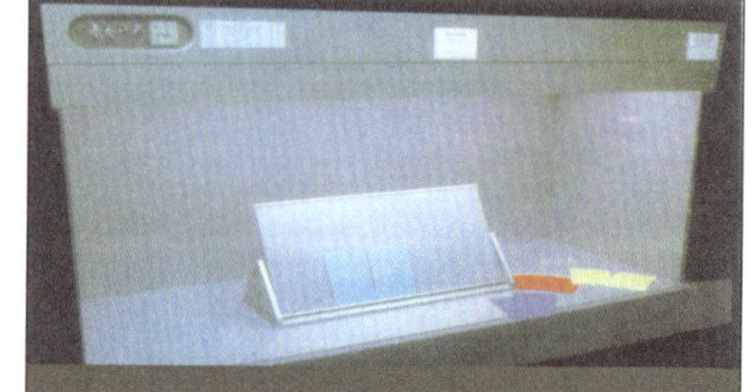

图 6-36　比色箱

图 6-37　环境对调色的影响

图 6-41　含有铝粉的漆膜

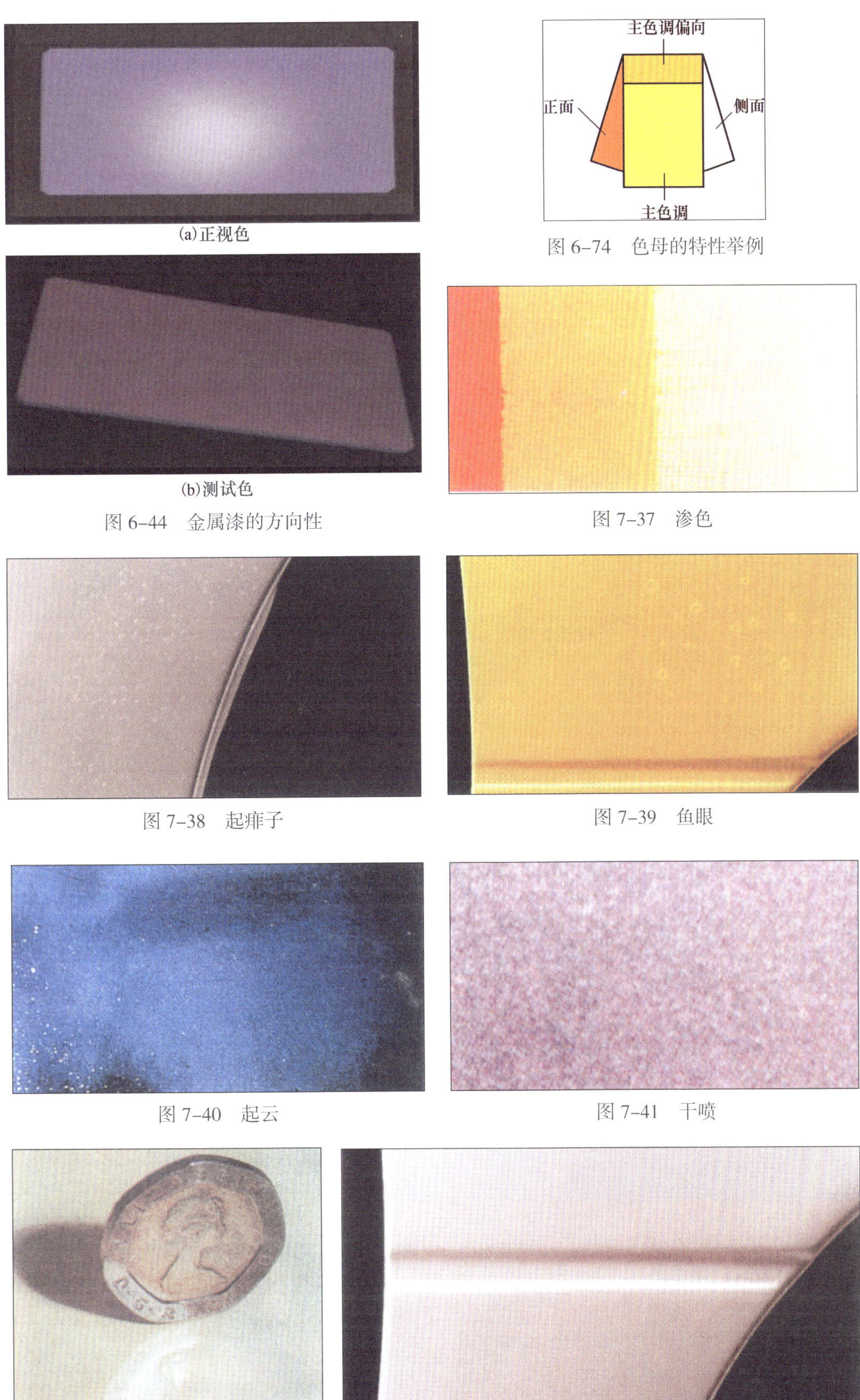

(a)正视色

(b)测试色

图 6-44　金属漆的方向性

图 6-74　色母的特性举例

图 7-37　渗色

图 7-38　起痱子

图 7-39　鱼眼

图 7-40　起云

图 7-41　干喷

图 7-42　表面无光

图 7-43　遮盖力差

图 7-44　灰印

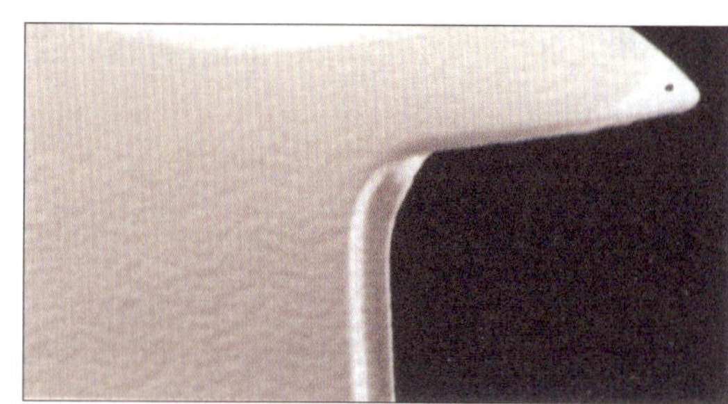
图 7-45　桔皮

图 7-46　漆雾

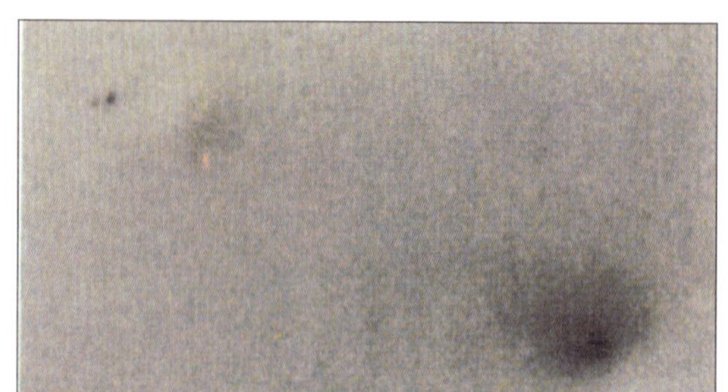
图 7-47　钣金缺陷

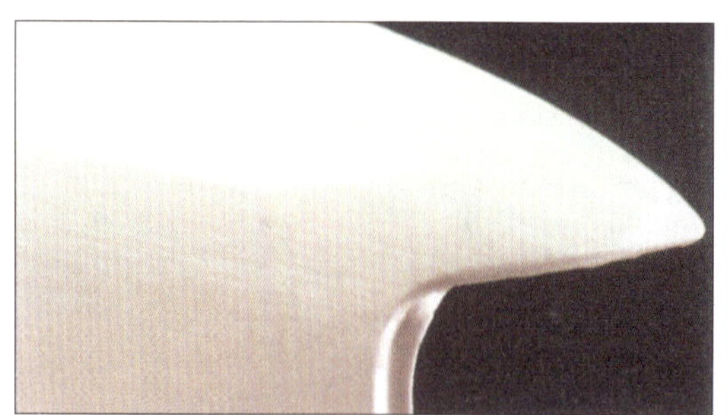
图 7-48　砂纸痕

图 7-49　银粉不均匀

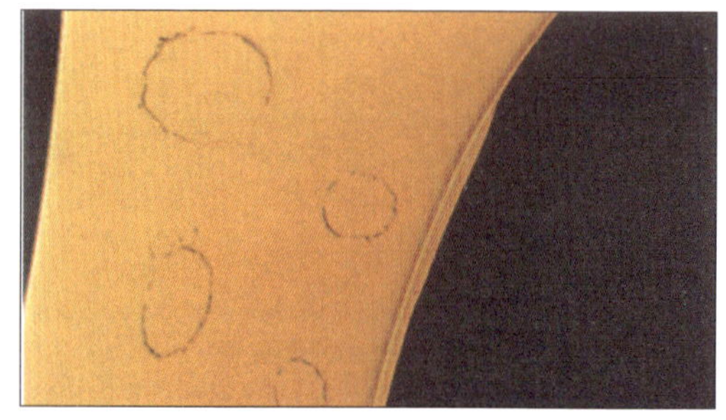
图 7-50　腻子印、羽状边（坡口）开裂

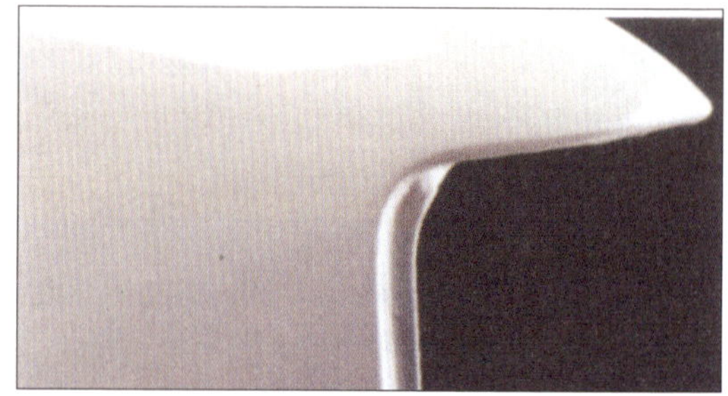
图 7-51　颜色不对

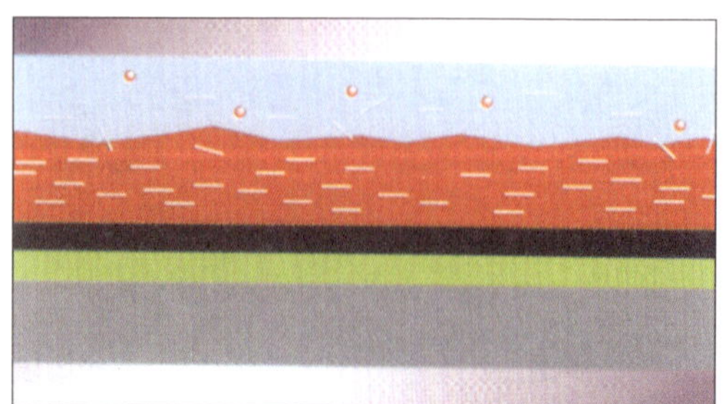
图 7-52　银粉泛色

图 7-53　慢干

职业院校
汽车类"十二五"规划教材

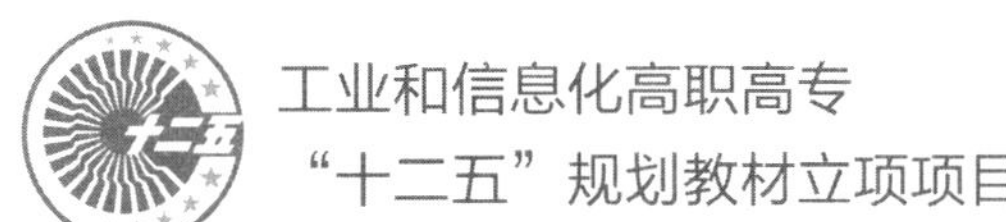

汽车涂装技术（第2版）

Painting Techniques for Automotive (2nd Edition)

◎ 吴兴敏 翟静 惠有利 主编

人民邮电出版社
北京

图书在版编目（CIP）数据

汽车涂装技术 / 吴兴敏，翟静，惠有利主编. -- 2版. -- 北京 : 人民邮电出版社，2015.7（2019.8重印）
职业院校汽车类“十二五”规划教材
ISBN 978-7-115-38614-4

Ⅰ. ①汽… Ⅱ. ①吴… ②翟… ③惠… Ⅲ. ①汽车－涂漆－高等职业教育－教材 Ⅳ. ①U472.44

中国版本图书馆CIP数据核字(2015)第044999号

内 容 提 要

本书是按照汽车涂装修复的实际工艺过程编写的，共分 8 个项目：职业健康与安全、底处理、底漆的涂装、腻子的涂装、中涂底漆的涂装、面漆的调色、面漆的涂装及典型漆膜损伤的修补工艺。本书详细介绍了汽车涂装修补工艺的过程，采用“项目—任务”的模式组织教学内容，每个项目包含若干个实际工作任务，每个任务按照学习目标、任务分析、相关知识、技能学习、思考与练习的模式编写。

本书符合职业教育“行动导向、基于工作过程、任务驱动”的教学要求，适合作为职教汽车整形技术专业的教材，也非常适合作为汽车车身维修技术的培训教材及汽车维修技师自学的参考资料。

◆ 主　　编　吴兴敏　翟　静　惠有利
责任编辑　刘盛平
执行编辑　王丽美
责任印制　杨林杰

◆ 人民邮电出版社出版发行　北京市丰台区成寿寺路 11 号
邮编　100164　电子邮件　315@ptpress.com.cn
网址　http://www.ptpress.com.cn
北京鑫正大印刷有限公司印刷

◆ 开本：787×1092　1/16　彩插：2
印张：18　2015 年 7 月第 2 版
字数：464 千字　2019 年 8 月北京第 11 次印刷

定价：42.00 元

读者服务热线：(010)81055256　印装质量热线：(010)81055316
反盗版热线：(010)81055315

第2版前言

汽车保有量的激增及我国道路交通能力的限制，特别是大中城市交通拥挤的现状，使得汽车事故发生率急剧升高，事故车的维修数量明显增加。据调查，目前汽车维修企业中，事故车维修率约占 70%；而对事故车的维修作业中，汽车涂装作业约占 40%。所以目前汽车维修行业中汽车涂装修复人才相当紧缺，为此各职业院校相继开设了汽车整形技术专业，以满足汽车维修企业对汽车钣金修复、汽车漆膜修复及汽车美容护理等方面人才的需求。

汽车涂装修复技术是职业院校汽车整形技术专业的一门专业核心课程。《汽车涂装技术》便是对应这门课程而开发的教材。

本书由主编在经历了多年的课程改革、课程教学、汽车修补漆技术培训及车身维修行业培训与实践的基础上，精心设计编写而成。在深入研究了中职汽车运用与维修技术专业课程体系及高职汽车整形技术专业标准的基础上，主编组织了一支由中、高职学校教师及汽车维修企业的汽车涂装修复专家组成的编写队伍，以使本书达到“教学做一体”的实用性目的，体现了“生产与教学紧密结合”的特点。

本书采用“项目引领，任务驱动”的编写模式，以充分体现“做中学、学中做”的职业教学理念。本书完全按照汽车涂装修复的流程进行编写，引用最新的国家与行业标准，并且紧密结合汽车涂装修复的实际工作情况，理论知识浅显易懂，实操技能叙述条理清晰。

本书按实际工作流程分职业健康与安全、底处理、底漆的涂装、腻子的涂装、中涂底漆的涂装、面漆的调色、面漆的涂装及典型漆膜损伤的修补工艺 8 个项目。在每个项目中，按具体的工作内容又分为若干个学习任务。每一个学习任务下设“学习目标”“任务分析”“相关知识”“技能学习”等模块。“学习目标”为相应学习任务的学习方向；“任务分析”是对学习任务的引入；“相关知识”为支撑“任务”所必需的理论基础。另外，在每个项目最后，均附有相应的习题，供学生自我检验学习效果及教师对学生考核使用。

为使读者在阅读本书时建立足够的漆膜色彩感，书中引入了大量的彩色图片。考虑到目前汽车维修企业从事汽车涂装修复工作的技师文化程度的差异，本书力求采用通俗易懂的语言进行描述，大量的专业术语采用了行业中通用的俗语，增强了本书作为维修技师参考学习资料的实用性。

本书配备了 PPT 课件、课程标准、教课计划、教学设计、题库及答案、实训工单、考核评分表及图片库等教学资源，使用者可登录人民邮电出版社教育服务与资源网（www.ptpedu.com.cn）下载。

本课程建议课时为 116 学时，其中理论 43 学时，实操 73 学时。各项目的参考学时见下表。

序号	学习项目	教学任务	学时	理论学时	实操学时	教学形式	备注
1	职业健康与安全	职业健康与安全	4	2	2	理实一体	
2	底处理	任务一　漆膜损伤的评估	6	4	2	理实+实操	
		任务二　表面预处理	12	4	8	理论+实操	考核 4 学时
3	底漆的涂装	任务一　底漆的准备	2	1	1	理实+实操	
		任务二　车身的准备	2	2		理论	实操训练结合后续课程进行
		任务三　底漆的喷涂	8	4	4	理论+实操	实操项目为喷涂手法练习
4	腻子的涂装	任务一　腻子的刮涂与干燥	2	2		理论	
		任务二　腻子的打磨与修整	10	2	8	理论+实操	考核 4 学时
5	中涂底漆的涂装	中涂底漆的涂装	10	2	8	理论+实操	考核 4 学时
6	面漆的调色	任务一　素色漆的调色	10	6	4	理实+实操	
		任务二　金属漆的调色	10	2	8	理实+实操	考核 4 学时
7	面漆的涂装	任务一　面漆的整车（整板）喷涂	6	2	4	理论+实操	
		任务二　面漆的局部过渡喷涂	6	2	4	理论+实操	
		任务三　面漆涂装后的修整	10	2	8	理论+实操	考核 4 学时
8	典型漆膜损伤的修补工艺	任务一　小修补	6	2	4	理论+实操	
		任务二　塑料件的涂装	6	2	4	理论+实操	
		任务三　水性漆的涂装	6	2	4	理论+实操	
合　计			116	43	73		

注：各学校可根据自身条件适当调整实操项目及其课时分配。

本书由辽宁省交通高等专科学校吴兴敏、翟静和惠有利主编，参与本书编写的其他人员还有张兴良、马志宝、张义、郭大民、黄艳玲、孙永晶、鞠峰、曲昌辉、卢忠德、孙涛等。

由于作者水平有限，编写中难免会有不当之处，恳请读者提出宝贵意见和建议。

编　者

2015 年 1 月

目录

项目一 职业健康与安全……1
学习目标……1
任务分析……1
相关知识……1
一、涂装安全守则……1
二、安全警告标志……2
三、汽车涂装作业时可能对人体的伤害……4
四、涂装作业安全防护……5
五、安全生产……7
六、急救与医护……10
技能学习……10
一、防毒面具的使用……10
二、紧急洗眼器的准备……12
三、常遇的特殊情况下的人员急救……14
四、常用灭火器的使用……15
思考与练习……18
项目二 底处理……19
任务一 漆膜损伤的评估……21
学习目标……21
任务分析……21
相关知识……22
一、涂料的组成……22
二、涂料的分类与命名……23
三、汽车用涂料的品种……27
四、涂料的成膜方式……28
五、涂层标准……30
技能学习……34
一、全车清洗……34
二、漆膜损伤程度的评估……36
三、不同结构涂层的鉴别……38
四、不同类型面漆的鉴别……39
五、汽车是否经过漆膜修补的判定……40
任务二 表面预处理……41
学习目标……41
任务分析……41
相关知识……42
一、不同程度漆膜损伤的处理要求……42
二、底处理所需的工具、设备与材料……42
技能学习……50
一、手工除旧漆膜……51
二、用打磨机除旧漆……56
三、钢板表面的除锈……60
四、无损伤板件（裸表面）的表面预处理……61
思考与练习……63
项目三 底漆的涂装……64
任务一 底漆的准备……64
学习目标……64
任务分析……64
相关知识……64
一、底漆的作用……65
二、底漆的性能要求……65
三、底漆的种类……65
四、底漆的涂装方法……67
五、涂料的选配应参考的信息……68
六、涂料调制工具……69
技能学习……70
一、常用底漆的选配……70
二、涂料的开封与装架……73
三、底漆的调制……75
任务二 车身的准备……80
学习目标……80
任务分析……80
相关知识……80
一、遮盖材料……80
二、擦拭纸……83
三、粘尘布……83
四、除油剂……83

技能学习 …… 84
一、遮盖 …… 85
二、除尘与除油 …… 93
任务三　底漆的喷涂 …… 94
学习目标 …… 94
任务分析 …… 94
相关知识 …… 95
一、压缩空气喷涂系统 …… 95
二、喷漆室 …… 105
三、喷涂操作要领 …… 106
四、涂料的干燥方式 …… 112
五、底漆喷涂的操作流程 …… 112
技能学习 …… 113
一、喷漆房的准备 …… 113
二、喷枪的检查与调整 …… 114
三、底漆的喷涂 …… 117
四、底漆的干燥 …… 120
五、底漆的打磨 …… 122
六、喷枪的维护 …… 122
思考与练习 …… 125
项目四　腻子的涂装 …… 126
任务一　腻子的刮涂与干燥 …… 126
学习目标 …… 126
任务分析 …… 126
相关知识 …… 127
一、腻子的组成 …… 127
二、腻子的种类 …… 127
三、腻子的施工方法 …… 128
四、腻子的施涂工艺 …… 130
技能学习 …… 130
一、刮腻子 …… 130
二、腻子的干燥 …… 141
任务二　腻子的打磨与修整 …… 142
学习目标 …… 142
任务分析 …… 142
相关知识 …… 142
一、腻子锉刀 …… 142
二、填眼灰 …… 143
三、打磨指导层 …… 144
技能学习 …… 145
一、手工干打磨腻子 …… 145
二、用干磨机打磨腻子 …… 151
思考与练习 …… 152
项目五　中涂底漆的涂装 …… 153
学习目标 …… 153
任务分析 …… 153
相关知识 …… 154
一、中涂底漆的功用 …… 154
二、中涂底漆涂料的选择 …… 155
三、中涂底漆的涂装程序 …… 157
技能学习 …… 158
一、准备工作 …… 158
二、中涂底漆的喷涂 …… 160
三、中涂底漆的干燥 …… 162
四、喷涂效果的检查 …… 163
五、中涂底漆涂层的修整 …… 163
六、中涂底漆层的打磨 …… 164
七、收尾工作 …… 166
八、中涂底漆施工质量的检查 …… 166
思考与练习 …… 166
项目六　面漆的调色 …… 167
任务一　素色漆的调色 …… 167
学习目标 …… 167
任务分析 …… 167
相关知识 …… 168
一、色彩的性质 …… 168
二、颜色的命名 …… 171
三、颜色的变化 …… 171
四、颜色的调配 …… 172
五、颜色的同色异谱现象 …… 173
六、素色漆的光谱特性 …… 174
七、色母 …… 174
八、颜色配方 …… 174
九、调色工具 …… 175
十、调色工艺的流程 …… 179
技能学习 …… 179
一、准备工作 …… 179
二、操作流程 …… 180
任务二　金属漆的调色 …… 187
学习目标 …… 187
任务分析 …… 187
相关知识 …… 187
一、金属闪光色 …… 187
二、珍珠色 …… 195
三、金属闪光色的最佳调色步骤 …… 196
四、金属色与素色漆比色技术的差异 …… 197

五、金属漆调色时的注意事项 ……… 199
六、金属闪光漆膜的外观评价 ……… 200
七、电脑调色 ……… 200
技能学习 ……… 201
一、准备工作 ……… 201
二、调色流程 ……… 201
思考与练习 ……… 209

项目七　面漆的涂装 ……… 211

任务一　面漆的整车（整板）喷涂 ……… 211
学习目标 ……… 211
任务分析 ……… 211
相关知识 ……… 212
一、面漆的喷涂的常用手法 ……… 212
二、面漆的喷涂工艺程序 ……… 212
技能学习 ……… 213
一、准备工作 ……… 213
二、素色面漆的整车（整板）喷涂 ……… 216
三、金属色面漆的整车（整板）喷涂 ……… 219

任务二　面漆的局部过渡喷涂 ……… 222
学习目标 ……… 222
任务分析 ……… 222
相关知识 ……… 223
一、局部修补过渡喷涂工艺 ……… 223
二、局部修补边界的选择 ……… 224
三、局部修补过渡喷涂对底材处理的要求 ……… 225
四、驳口水 ……… 225
技能学习 ……… 225
一、准备工作 ……… 225
二、素色面漆的局部修补喷涂 ……… 225
三、金属色面漆的局部修补喷涂 ……… 226

任务三　面漆涂装后的修整 ……… 229
学习目标 ……… 229
任务分析 ……… 229
相关知识 ……… 230
一、抛光工具与材料 ……… 230
二、手工打蜡工具与材料 ……… 232
技能学习 ……… 232
一、常见面漆喷涂缺陷的修整 ……… 233
二、面漆喷涂后其他各类缺陷的原因分析及修整方法 ……… 236
三、整车（整板）抛光 ……… 246
四、打蜡 ……… 247
五、部件的安装与清洁作业 ……… 249
思考与练习 ……… 249

项目八　典型漆膜损伤的修补工艺 ……… 250

任务一　小修补 ……… 250
学习目标 ……… 250
任务分析 ……… 250
相关知识 ……… 251
一、小修补的条件 ……… 251
二、小修补喷枪 ……… 251
技能学习 ……… 251

任务二　塑料件的涂装 ……… 254
学习目标 ……… 254
任务分析 ……… 254
相关知识 ……… 255
一、塑料在汽车上的应用 ……… 255
二、塑料件涂装的作用 ……… 256
三、各种塑料底材与漆膜的附着性 ……… 257
四、汽车用塑料件的涂装特点 ……… 257
五、塑料件涂装用材料 ……… 258
技能学习 ……… 258
一、常用塑料的鉴别 ……… 259
二、硬质塑料件的涂装 ……… 260
三、软质塑料件的涂装 ……… 264
四、塑料件表面亚光效果和纹理效果的涂装 ……… 268

任务三　水性漆的涂装 ……… 272
学习目标 ……… 272
任务分析 ……… 273
相关知识 ……… 273
一、水性涂料与溶剂型涂料的不同点 ……… 273
二、水性修补涂料 ……… 274
三、温度、湿度对水性漆施工的影响 ……… 276
四、水性底漆的干燥 ……… 276
五、水性面漆的闪干 ……… 277
六、水性漆的储存 ……… 278
技能学习 ……… 278
思考与练习 ……… 279
参考文献 ……… 280

项目一

职业健康与安全

【学习目标】

1. 能够正确描述汽车涂装安全准则。
2. 能够正确识别与汽车修补涂装相关的危险警告标志。
3. 能够正确描述汽车修补涂装可能对人体造成的危害。
4. 能够说明汽车修补涂装应配备的劳动保护用品。
5. 能够正确描述安全用电常识。
6. 能够正确描述常用灭火器的类型及其应用。
7. 能够正确使用防毒面罩。
8. 能够进行常遇的特殊情况的急救。
9. 能够正确使用常用灭火器。
10. 能够检查、评价和记录工作结果。

任务分析

汽车涂装工为特殊工种。修补涂装作业过程中存在很多关于安全、卫生及环保的特殊事项，从事涂装作业的技师必须熟记这些事项并且具备丰富的劳动安全、卫生及环保知识与技能，才能最大限度地避免工作事故的发生，并且即便在发生事故时，也能进行有效的处理。因此，劳动安全、卫生及环保知识与技能的学习必须是汽车修补涂装从业人员要学习的第一课。

相关知识

一、涂装安全守则

（1）应适当储存所有漆料产品并令其远离儿童。

（2）必须在通风较好的环境下及装置排气系统的操作间内使用所有产品。

（3）汽车修补漆只供专业喷涂或工业施工之用。

（4）有关产品说明书及安全守则可向经销商或油漆制造商查阅。

（5）在使用所有产品前必须详细阅读有关资料及化学品安全技术说明书。

二、安全警告标志

在进行汽车维修涂装操作时，要特别注意安全及健康问题。使用涂装材料前要仔细阅读产品的使用说明书和相应的标签，并能充分理解各类型安全警告标志的含义，以便做到提前准备。

与汽车涂装相关的安全警告标志主要有以下几种。

1. 避免皮肤接触

（1）穿着合适的工作服及佩戴合适的手套。

（2）使用隔绝性护手膏以保护裸露的皮肤。

（3）避免使用稀释剂洗手，应使用合适的清洁剂。

（4）皮肤接触有害污物，应立即除下污染物并以大量清水及肥皂水清洗。提示图标如图 1-1 所示。

图 1-1　避免接触皮肤标志

2. 避免眼睛接触

（1）使用或处理油漆、固化剂和溶剂时必须佩戴护目镜。

（2）如有任何漆料溅入眼睛，应马上用清水冲洗 10 min 并及时就医。提示图标如图 1-2 所示。

图 1-2　避免眼睛接触标志

3. 避免呼吸系统接触

（1）避免处于充满油漆和尘雾的工作间，工作间应装置良好的排风系统。

（2）使用干式打磨或喷涂操作时，必须佩戴合适的面罩。提示图标如图 1-3 所示。

图 1-3　避免呼吸系统接触标志

4. 避免食用接触

（1）切勿在工作间内进食及吸烟，以免误服有害物质。

（2）工作人员进食前要彻底洗手。

（3）若有人误服有害物质，不要强行使其呕吐，应让其安静、保持体温并尽快送医救治。提示图标如图 1-4 所示。

图 1-4　避免食用接触标志

5. 注意防火

漆雾和挥发性气体是易燃易爆的，所用工作间必须装置防火设备，工作人员必须具备正确的安全防火知识。提示图标如图 1-5 所示。

图 1-5 注意防火标志

6. 危害健康

危害健康提示图标如图 1-6 所示。该图标提示可能存在以下健康危害。

（1）呼吸道过敏和皮肤过敏。

（2）生殖细胞突变性。

（3）致癌性。

（4）生殖毒性。

（5）特异性淋巴器官一次接触毒性。

（6）特异性淋巴器官反复接触毒性。

7. 注意毒性/刺激

毒性/刺激提示图标如图 1-7 所示。该标志提示可能存在以下安全危害。

（1）急性毒性。

（2）皮肤腐蚀/刺激性。

（3）严重眼损伤/眼睛刺激性。

（4）呼吸道过敏和皮肤过敏。

图 1-6 健康危害标志

图 1-7 毒性/刺激标志

8. 注意易燃

易燃提示图标如图 1-8 所示。该标志提示可能存在以下易燃物。

（1）易燃气体。

（2）易燃气溶胶。

（3）易燃液体。

9. 注意腐蚀

腐蚀提示图标如图 1-9 所示。该标志提示可能存在以下腐蚀情况。

（1）金属腐蚀物。

（2）皮肤腐蚀/刺激。

（3）严重眼损伤/眼睛刺激性。

10. 注意急性毒性

急性毒性提示图标如图 1-10 所示。该图标提示可能存在急性毒性。

11. 注意水环境危害

水环境危害提示图标如图 1-11 所示。该图标提出可能存在急性/慢性水环境危害。

图 1-8 易燃标志

图 1-9 腐蚀标志

图 1-10 急性毒性标志

图 1-11 水环境危害标志

三、汽车涂装作业时可能对人体的伤害

汽车涂装作业时能够危害人体的物质有很多。这些物质对人的身体造成的伤害在短期内可能不易被察觉，但 15 年或 20 年以后，病症就会发作。通常这种伤害是无法挽回的。

颜料可能含有铅、铬、镉、铁等重金属。铅会影响神经系统、血液系统、肾脏系统、生殖系统；铬会损伤呼吸道、消化道，引起皮肤溃伤、鼻中隔穿孔等；镉会引起呼吸道病变，危害肾脏系统。

有机溶剂可能含有甲苯、二甲苯，会刺激中枢神经、皮肤，损伤肝脏。

树脂可能会引起呼吸道过敏、皮肤过敏。

2K 型（双组分）烤漆的固化剂可能含有异氰酸盐，会刺激皮肤、黏膜，引起呼吸器官障碍。从事汽车涂装作业所带来的职业病种类，如图 1-12 所示。

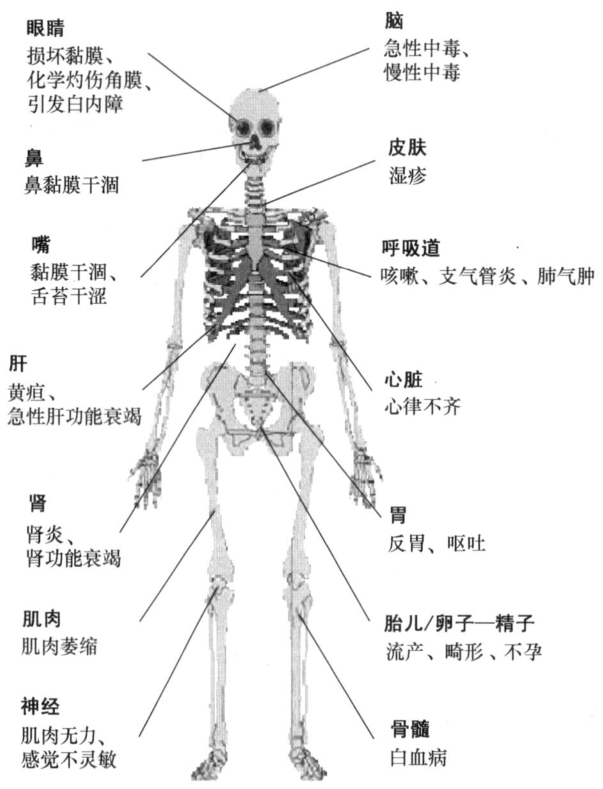

图 1-12 从事汽车涂装工作所带来的职业病种类

从事汽车修补漆的作业时，必须注意安全，避免意外的发生。因此，我们必须谨记：预防胜于补救。

有慢性肺病或呼吸系统问题者，应避免接触漆料及有关产品。

四、涂装作业安全防护

涂装工作中时刻要注意自身的安全防护。安全防护措施不仅需要硬件上的支持，如良好的工作环境和维修设备，更需要维修厂的管理人员和维修人员充分认识到安全防护的重要性。

1. 环境控制

环境控制中很重要的措施是通风。在使用油漆、稀释剂以及腻子等化学品时，适当的通风是非常重要的，通常采用换气扇等换气系统强制通风。特别是涂装车间，更需要充分换气，这样不仅可以加速漆面的干燥，也可以除去有害混合物的气体。如果条件允许，最好在具有强制换气扇的烤漆房或无尘车间内涂装。

2. 先进的工具设备

先进的涂装设备可以有效地降低化学物质对操作者的危害。

（1）使用高质量的喷枪（如 HVLP 喷枪），可提高喷涂时的油漆利用率，减少飞漆。

（2）使用无尘干磨设备可以使打磨造成的粉尘降到最低，减少操作者呼吸系统吸入粉尘的几率。

（3）提高涂装室的排风效率，减少涂装时漆雾对人体的影响。

（4）在准备工作、调漆和涂装作业时，为抵御产生的溶剂蒸气和漆雾，应佩戴高质量的劳动保护用品。

3. 环保的涂装产品

进行涂装工作时，要注意使用高固体份含量的涂料和水性漆等环保的涂装产品。

4. 个人劳动保护

从事汽车涂装作业的个人安全防护用品如图 1-13 所示。在工作中采取安全防护措施的成本，永远比健康损害和挣钱能力降低的损失要小。

（1）护目镜。护目镜用于防止稀释剂、固化剂、飞溅的油漆以及打磨的灰尘对眼睛造成伤害。图 1-14 所示为护目镜及需佩戴护目镜的标志。

（2）防尘面具。防尘面具用于保护肺部免受打磨时产生的固体微粒的危害。图 1-15 所示为佩戴防尘面具及其标志。防尘面具应根据需要使用不同级别的微尘过滤器。滤芯的保护等级见表 1-1。

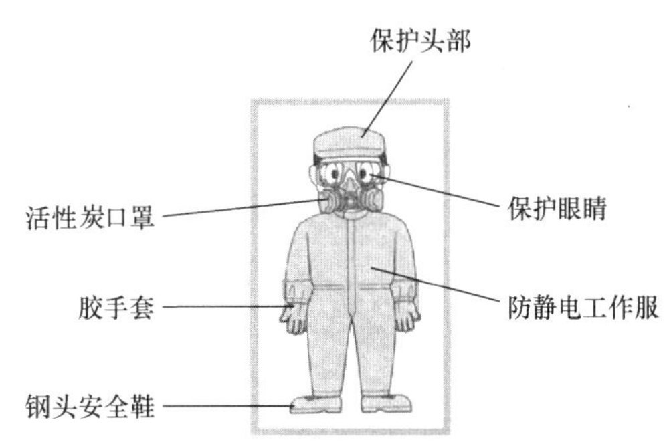

图 1-13　涂装作业个人安全防护用品

图 1-14　佩戴护目镜及其标志

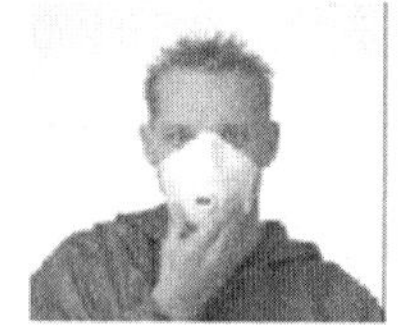

图 1-15　佩戴防尘面具及其标志

表 1-1　过滤式口罩滤芯的保护等级

过滤物质	英文代号	颜色	过滤等级	保护范围
颗粒	P	白色	P1	低毒性固体物质
			P2	低毒性固体及液态物质
			P3	一般毒性固体及液态物质
有机气体及挥发物	A	棕色	A1	沸点在 65℃以上的有机气体及挥发物（如溶剂）
			A2	沸点在 65℃以下的有机气体及挥发物（如溶剂）

（3）防护手套。防护手套主要有两种：一种是棉手套，主要用于在打磨或处理汽车零件时避免手部伤害；另一种是胶手套，主要用于可能接触到涂料、稀释剂等时，防止有害物质通过皮肤渗入人体。图 1-16 所示为佩戴防护手套及需佩戴防护手套的标志。

图 1-16　佩戴防护手套及其标志

另外，在操作前涂抹防护霜也可对手部皮肤起到保护作用；如果皮肤沾有漆料，应用专用的清洗膏进行清洁；如果皮肤出现划伤等，应进行有助于皮肤再生的护理。

（4）防护面罩。涂装作业中的防护面罩主要有以下 3 种类型。

① 过滤式呼吸防护面罩，如图 1-17 所示。它适用于短时间接触有害气体的操作时佩戴。其过滤等级一般为 P2 和 A2。

② 半面式供气面罩，如图 1-18 所示。它适用于长时间接触有害气体的操作时佩戴。这种类型的防护面罩，可使呼吸空气的质量与环境空气无关。两侧送风，气流均匀，通过附设的气压计可随时调整最舒适的送风气压，可随时观察活性炭滤芯的有效性。使用半面式供气面罩需配活性炭过滤器（配腰带）、空气加热器、空气加湿器等。

活性炭过滤器及腰带，如图 1-19 所示。经活性炭过滤后的气体可以直接供人呼吸。腰带绑在腰上方便使用，不影响喷涂操作。

空气加热器、加湿器，如图 1-20 所示。空气加热器带调节阀，可加热空气大约 10℃；空气加湿器可以把压缩空气的相对湿度提升 30%，提供舒适安全的呼吸气体。

图 1-17　过滤式呼吸防护面罩

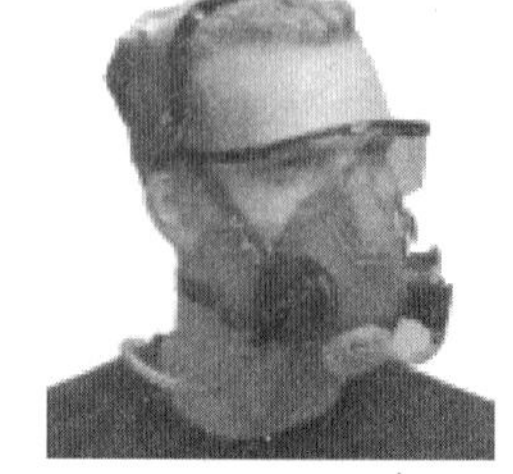

图 1-18　半面式供气面罩

图 1-19　活性炭过滤器及腰带

③ 全面式供气面罩，如图 1-21 所示。其用途、配套装置及特点与半供气式面罩相同，只不过它能够将整个面部全部遮盖起来，实现对头部的完全保护。

图 1-22 所示为需佩戴防毒面罩的标志。

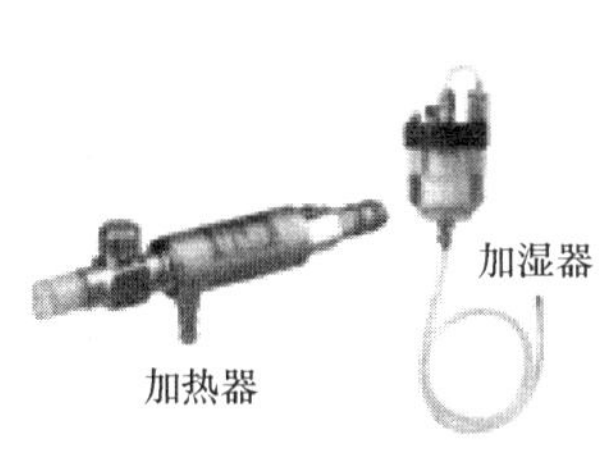

图 1-20　空气加热器和加湿器

图 1-21　全面式供气面罩

图 1-22　需佩戴防毒面罩的标志

（5）防护服。从事涂装作业的防护服通常分两种：一种是机械危险防护服，即普通棉质工作服，主要在从事打磨等机械性作业时穿戴，以防止受到边缘锋利的材料的伤害，以及避免一般的机械影响和脏污；另一种是化学防护服，如图 1-23 所示，主要在从事调漆、涂装及抛光等作业时穿戴，以防止涂料、稀释剂及抛光剂飞溅等造成的危害。喷涂防护服最好是带帽连体式，用透气、耐溶剂、防静电、不起毛的材料制作，袖口收紧式。

图 1-23　化学防护服

（6）安全鞋。在设有排水（排漆雾）的金属格栅的涂装房内作业，必须穿安全鞋。安全鞋通常具有耐溶、绝缘等特性，鞋头和后跟均有内置钢板。图 1-24 所示为安全鞋及需穿戴安全鞋的标志。

（7）耳罩（或耳塞）。涂装作业间的噪声并不是很大，但长期在即使很小的噪声环境中工作，也会对听力产生损伤，因而应该佩戴耳罩或耳塞予以保护。图 1-25 所示为佩戴耳罩及其标志。

涂装间的噪声源主要有涂装房的排气扇噪声、工作间的排气管道噪声、打磨噪声及压缩空气机噪声等。

图 1-24　安全鞋及需穿戴安全鞋的标志

图 1-25　佩戴耳罩及其标志

五、安全生产

1. 安全用电

安全用电是企业经营管理的基本原则之一。如果认识和掌握了电的性能及安全用电的知识，便可利用电能来为人类造福。相反，如果没有掌握安全用电的知识，违反用电操作规程，不仅可能会造成停电、停产、损坏设备和引起火灾，而且容易发生触电事故，危及生命。因此，研究触电事故的原因和预防措施，提高安全用电的技术理论水平，对于安全用电，避免各种用电事故的发生是非常重要的。

（1）触电对人体的伤害。触电是指电流以人体为通路，使身体的一部分或全身受到电的刺激或伤害。触电可分为电击和电伤两种：电击是指电流通过人体，造成人体内部器官伤害，这是十分危险的；电伤是指电流对人体外部造成的局部伤害，如电弧烧伤、电灼伤等。

（2）触电的原因和方式。造成触电事故的常见原因有以下 3 种。

① 忽视安全操作，违章冒险。

② 缺乏安全用电的基本常识。

③ 电线或电气设备的绝缘损坏。当人体触及带电的裸露线或金属外壳时，就会触电。

触电方式分为单相触电和两相触电。单相触电是指人体站在地面上，人体的某一部位触及一相带电体。大部分的触电事故都是单相触电。此时人体承受 220 V 的电压作用，电流通过人体进入大地，再经过其他两相电容或绝缘电阻流回电源。当绝缘不良或电容很大时，也有危险。两相触电是指人体同时触及三相电的两根火线，此时加在人体上的电压是 380 V，其触电后果最为严重。

（3）安全防范措施。为了防止触电事故的发生，可采用以下安全措施。

① 电气设备的保护接地。保护接地就是将电气设备的金属外壳与接地体之间可靠连接。图 1-26 所示为电动机保护接地电路。电动机采用保护接地后，当某相电线因绝缘损坏而碰到外壳时，若有人触及带电的外壳，人体相当于接地电阻的一条并联支路。由于人体电阻远远大于接地电阻，所以通过人体的电流很小，从而保证了人体安全。反之，若外壳不接地，当人体触及带电的外壳时，就会有大的电流通过人体，造成触电事故。

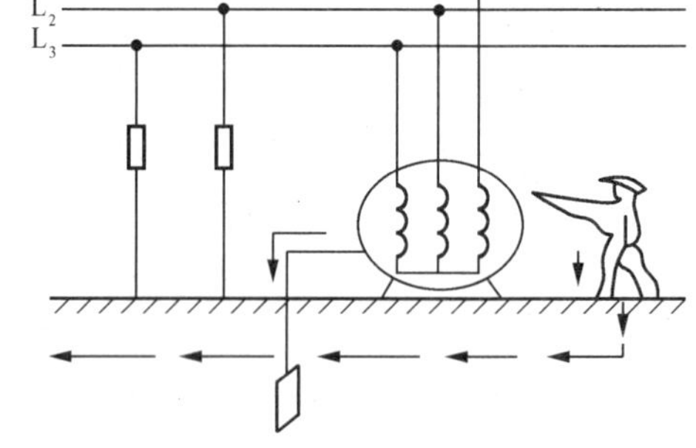

图 1-26　电动机保护接地

② 电气设备的保护接零。保护接零就是将电气设备的金属外壳与零线可靠连接。采用保护接零后，若电动机内部一相绝缘损坏而碰到外壳，则该相短路，其短路电流很大，将使电路中的保护电器动作或使熔丝烧断而切断电源，从而避免了触电危险。可见，保护接零的防护比保护接地更为完善。

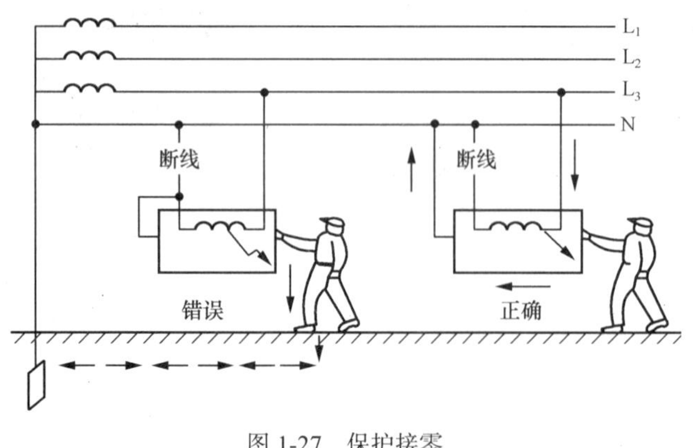

图 1-27　保护接零

实际工作中常用的单相用电设备，如抛光机、电动角磨机、热风枪等，用三脚扁插头和三眼扁插座。正确的接法应为把用电器的外壳用导线接在中间长的插脚上，并通过插座与保护零线相连。绝不允许用电器的零线直接与设备的外壳相连，必须由电源单独接一零线到设备的外壳上，如图 1-27 所示。否则，可能会引起触电事故。

③ 电气设备的绝缘要求。电气设备的金属外壳和导电线圈之间的绝缘好坏通常用绝缘电阻来衡量。根据电气设备的绝缘要求规定，固定电气设备的绝缘电阻不能低于 0.5 MΩ；可移

动的电气设备，如手提式电钻、台式风扇的绝缘电阻不能低于 1 MΩ；潮湿地方使用的电气设备，如洗衣机等电器的绝缘电阻还应更高些，以保证安全。电气设备的绝缘性能是随着使用年限的增长、温度的升高和湿度的增大而下降的，所以要定期用电表测量电气设备的绝缘电阻。对绝缘电阻不符合要求的电气设备不能继续使用，必须进行维修。

应该指出，对于长期搁置的电气设备，在使用前都必须用电表测量其绝缘电阻，不可贸然使用，以免发生事故。

2. 防火

火灾危害是在生产和生活中经常遇到的危险，针对它的措施重点是预防。因为一旦发生火灾，它的危害性不可估量，并且其损害往往都是无法弥补的。

（1）灭火的基本方法如下。

① 移去或隔离已经燃烧的火源，熄灭火焰。

② 隔绝空气，切断氧气，使火焰熄灭，或者将不燃烧的气体（如二氧化碳）喷射到燃烧的物体上，使空气中的氧气含量下降到16%以下，熄灭火焰。

③ 用冷却法把燃烧物的温度降低到着燃点以下，即可以灭火。

（2）常用的灭火器。灭火器的种类很多，按其移动方式分为手提式和推车式灭火器；按驱动灭火剂动力来源分为储气瓶式、储压式、化学反应式灭火器；按所充装的灭火剂分为泡沫式、二氧化碳式、干粉式、卤代烷式、酸碱式、清水式灭火器等。

常见的灭火器有 MP 型、MPT 型、MF 型、MFT 型、MFB 型、MY 型、MYT 型、MT 型和 MTT 型。这些字母的含义如下。

第 1 个字母“M”表示灭火器；第 2 个字母“F”表示干粉，“P”表示泡沫，“Y”表示卤代烷，“T”表示二氧化碳；有第 3 个字母的，“T”表示推车式，“B”表示背负式，没有第 3 个的字母的表示手提式。

① MP 型灭火器。根据国家标准，MP 型手提式泡沫灭火器按所充装灭火剂的容量有 6 L 和 9 L 两种规格，其型号分为 MP6 和 MP9。它适用于扑救液体和可熔融固体物质燃烧的火灾，如石油制品、油脂等，也适用于扑救固体有机物质燃烧的火灾，如木材、棉织品等；但不能扑救带电设备、可燃气体、轻金属、水溶性可燃物、易燃液体燃烧的火灾。

② MT 型灭火器。MT 型灭火器中的二氧化碳是以液态存放在钢瓶内的。使用该灭火器时液体迅速汽化而吸收本身的热量，使自身温度急剧下降到很低的温度。利用它来冷却燃烧物质和冲淡燃烧区空气中的含氧量以达到灭火的效果。二氧化碳灭火器具有灭火不留痕迹、有一定的绝缘性能等特点，因此适用于扑救 600 V 以下的带电电器、贵重设备、图书资料、仪器仪表等的初起火灾；以及一般的液体火灾；不适用于扑救轻金属火灾。

③ MF 灭火器。干粉灭火器是以高压为动力，用喷射筒内的干粉进行灭火，为储气瓶式。它适用于扑救石油及其产品、可燃气体、易燃液体、电气设备的初起火灾，广泛应用于工厂、船舶、油库等场所。MF 型灭火器按充装的干粉质量不同，可分为 MF1、MF2、MF4、MF5、MF8、MF10 型等；按充装物质的不同，又可分为碳酸氢钠干粉灭火器和磷酸铵盐干粉灭火器两种。碳酸氢钠干粉灭火器适用于易燃、可燃液体以及带电设备的初起火灾；磷酸铵盐干粉灭火器除可用于上述几类火灾外，还可用于扑救固体物质火灾，但都不适宜于扑救轻金属燃烧的火灾。

④ MY 型灭火器。MY 型灭火器主要适用于扑救易燃、可燃液体、气体及带电设备的

初起火灾；扑救精密仪器、仪表、贵重的物资、珍贵文物、图书档案等的初起火灾；扑救飞机、船舶、车辆、油库、宾馆等场所固体物质的表面初起火灾。

3. 设备的安全使用

设备的使用也是生产安全里很重要的一项内容，有很多的工伤事故都是由于设备的违规操作造成的。使用设备一定要严格按照使用说明书的要求操作，尤其是新的设备使用前，一定要将它的性能了解透彻。汽车涂装经常使用电动工具，对于这些设备的使用要遵循以下安全操作注意事项。

（1）工作场所应该清洁无杂物，杂乱无章的工作环境容易导致意外事故的发生。

（2）不要在易燃、易爆的场所使用电动工具，在潮湿的场所使用时要做好电路的绝缘。

（3）与作业无关的人员不要靠近工作场所，尤其是幼童。

（4）工作时衣服穿戴要合适，不要让松散的衣角或长链首饰等卷入旋转工具的转动部分。长发者应戴工作帽，把头发拢起。

（5）在使用绝大多数电动工具作业时，均需戴护目镜。在进行粉尘飞扬的切削作业时，需戴防尘面罩。

（6）不要握着电线提起电动工具，也不要强行拉扯电线从电源插座拔除插头。要保证电线与热源和油液隔开，并避免其与锐利的边缘接触。

（7）不使用这些设备时，维修这些设备以前以及更换附件之前，一定要拔下电源插头。

（8）谨防误开动开关，插头一插上电源插座，手指就不可随便接触电源开关。插接电源之前，要确定开关是否切断。

（9）保持高度警觉，高度注意所进行的作业。疲惫时不要使用电动工具。

（10）工具应妥善维护，保持工作部位清洁，以达到更好、更为安全的使用效能。应按规定加注润滑脂、更换附件。线缆应定期检查，如发现破损应立即修复。手柄要保持干燥，并防止黏附油脂类的脏污。

（11）不使用的电动工具要妥善保存。存放地点应干燥并对其加锁保管。

六、急救与医护

尽管技术上、组织上和个人的安全措施已相当周全，有时仍无法避免发生事故。必须考虑到员工突然发病的可能性。因此，急救在发生事故损伤和其他紧急情况时是必不可少的。

汽车维修企业及相关培训机构等，只允许安排在经过认证的救助机构中接受过培训和进修的人员作为急救员。只有受过培训、熟悉各种必要措施的急救员才能提供有效的急救。因此，必须在适当的时间范围内提升和更新急救员的知识和能力。

技能学习

一、防毒面具的使用

1. 防毒面具的检查

在每次使用防毒面具之前必须对其进行检查，如面具破坏或零件缺损，则必须丢弃。检查程序如下。

（1）如图 1-28 所示，检查面具有无裂痕、撕破或脏污。确保面具，尤其是面具与脸部贴合的密封部位，不能弯曲变形。

（2）如图 1-29 所示，检查呼吸阀有无变形、裂痕或撕裂，将阀提起，检查阀座有无脏污或裂痕。

（3）检查头带是否完整并有弹性。

（4）检查所有的塑料部件是否有裂痕、过滤罐座是否完好。

2. 滤毒罐的装配

（1）如果更换过滤棉，将塑料盖拉起，如图 1-30 所示。

（2）如图 1-31 所示，将滤棉放入塑料盖中，使印有字体的一面朝向滤毒罐。

图 1-28　检查面具与脸部贴合的密封部

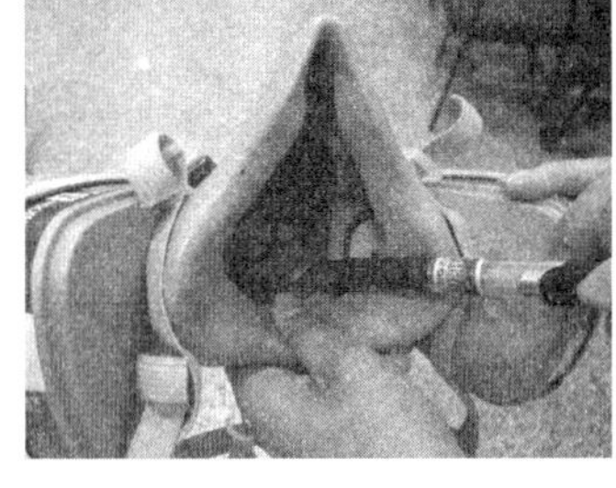

图 1-29　检查呼吸阀

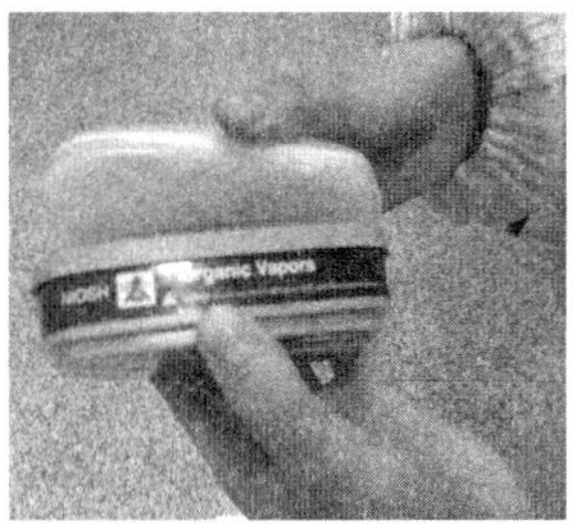

图 1-30　打开塑料盖

（3）将塑料盖扣向滤毒罐并卡定。如装配正确，滤棉将完全遮住滤毒罐表面。

（4）先将滤毒罐标记部分对准面具本体的标记部分，然后扣上。

（5）以顺时针方向扭转滤毒罐至卡定位置（约 1/4 圈），如图 1-32 所示。

3. 防毒面具的佩戴

（1）将面具盖住口鼻，然后将头带框套拉至头顶，如图 1-33 所示。

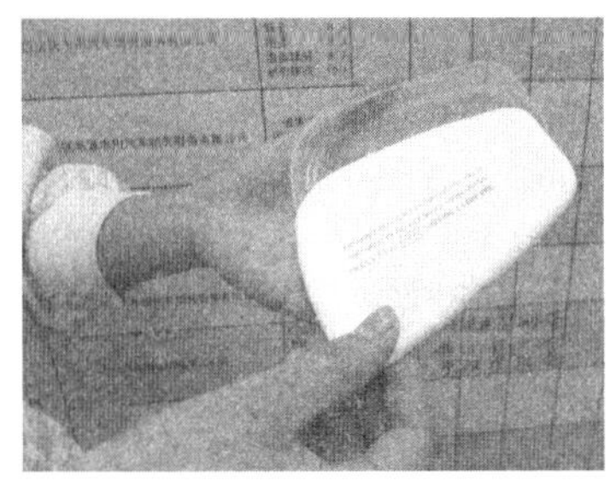

图 1-31　安装过滤棉

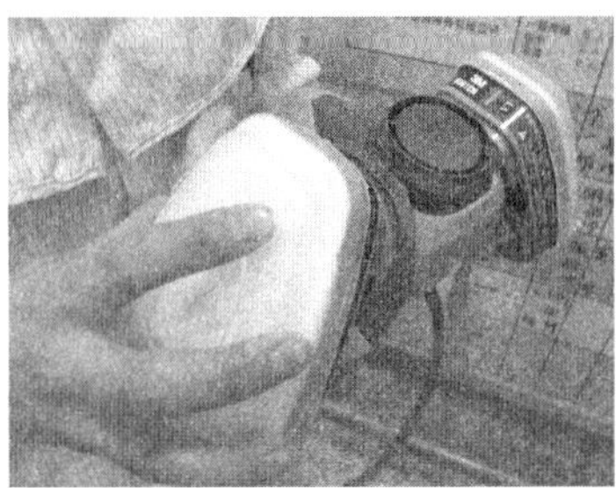

图 1-32　安装滤毒罐

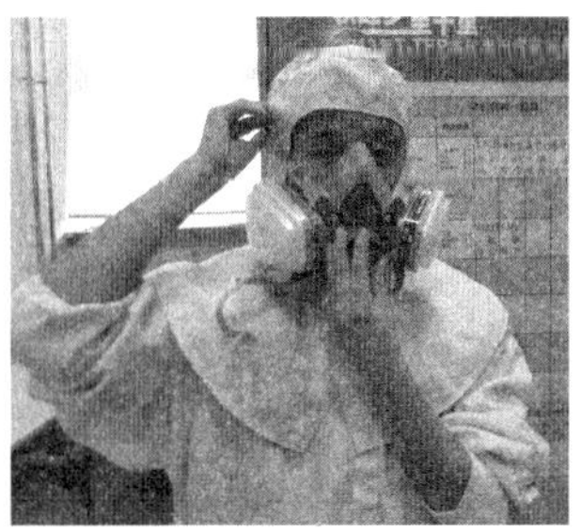

图 1-33　套头带

（2）用双手将下面的头带拉向颈后，然后扣住，如图 1-34 所示。

（3）将面具沿鼻梁稍往下调整，以不阻挡视野并保持最佳密闭性，如图 1-35 所示。

（4）先调整前面头带，然后调整颈后头带，不要拉得过紧（如过紧，可向外推塑料卡将头带放松）。

4. 密封性测试

（1）正压测试。如图 1-36 所示，将手掌盖住呼气阀并向外慢慢呼气，如面具向外轻轻鼓胀，而没有感觉到气体从面部及口罩间泄漏，则表示佩戴密封性良好；如感觉到有气体泄漏，则重新调整面罩位置及/或调整系带的松紧度，以制止漏气，重新做以上的正压测试，直至密封性良好。

（2）负压测试。如图 1-37 所示，用拇指抵住滤棉的中心部分，限制空气流入滤棉的呼吸管道。轻轻吸气，如果面罩有轻微塌陷，并向脸部靠拢，而没有感觉到气体从面部和口罩间漏进，则表示佩戴密封性良好；如感觉到有气体漏进，则重新调整面罩位置或调整系带的松紧度以制止漏气，重新做以上的负压测试，直至密封性良好。

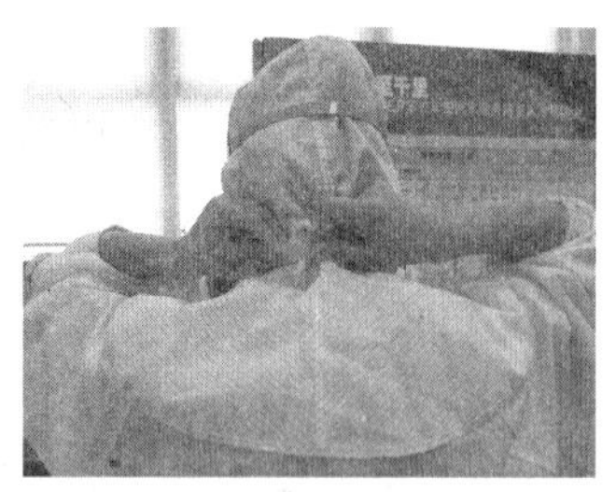
图 1-34　扣下头带

图 1-35　调整面具位置

图 1-36　正压测试

如果佩戴的口罩不能达到良好的密封性要求，请勿进入污染区域。

5. 防毒面罩的维护

（1）清洁。在每次使用后，应卸下滤毒罐和滤棉后，用医用酒精棉球清洁面具，如图 1-38 所示。

如果面罩脏污较严重，可将其浸在温热的清洁液中，水温不要超过 50℃，用擦布或软刷清洗直至清洁，如图 1-39 所示。然后用干净、温和的水冲洗面罩，并让其在清洁的空气中风干。

图 1-37　负压测试

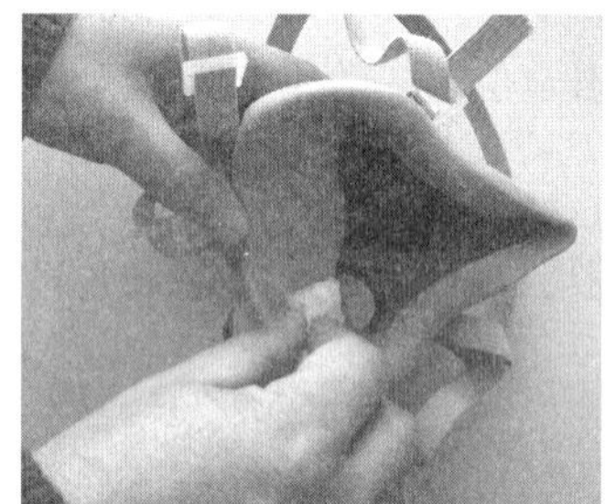
图 1-38　用酒精棉球清洁面具

图 1-39　在温热的清洁液中清洗面具

（2）存放。清洁的防毒面具必须在污染区以外密封保存，如图 1-40 所示。

图 1-40　存放防毒面罩

二、紧急洗眼器的准备

在涂装施工现场，应准备好紧急洗眼器，并保持其处于随时可用状态，如图 1-41 所示。通常，新购置的紧急洗眼器应按下述程序准备。

（1）将软管一端连接到洗眼器体的接头处，并拧紧锁紧帽，如图 1-42 所示。

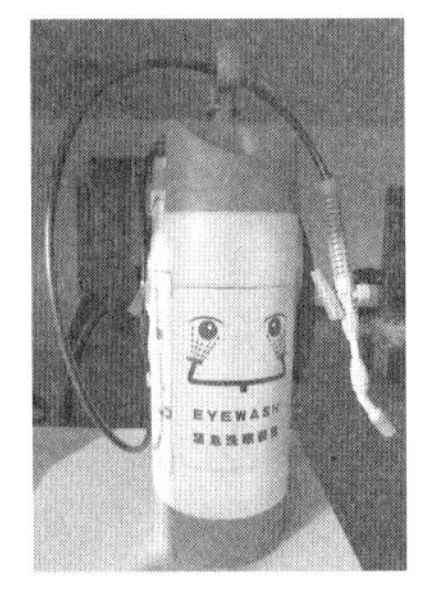

图 1-41　紧急洗眼器

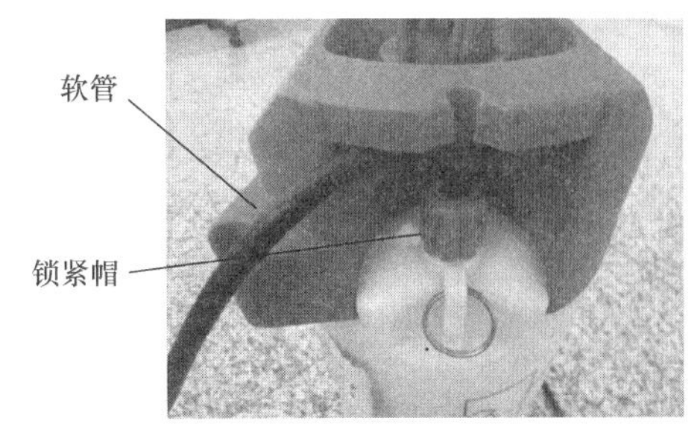

图 1-42　软管与洗眼器的连接

（2）将软管另一端插到喷头体尾端，拧紧锁紧帽，如图 1-43 所示。

（3）将连接管插入喷头体前端，拧紧锁紧帽，如图 1-44 所示。

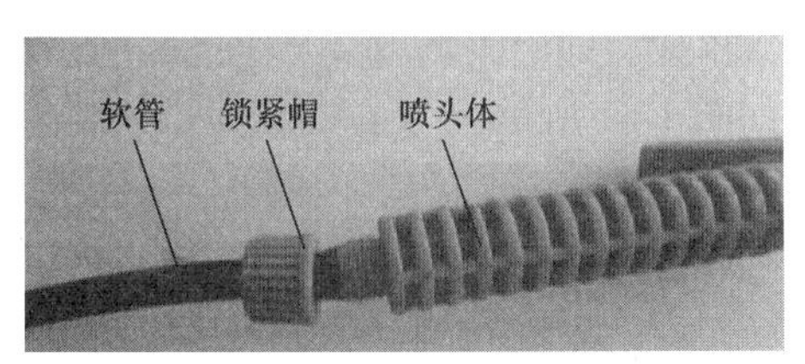

图 1-43　软管与喷头体的连接

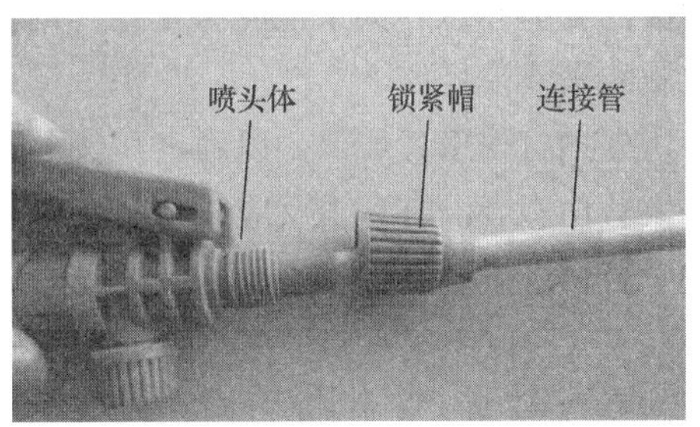

图 1-44　连接管与喷头体前端的连接

（4）将连接管另一端插入喷头尾端，拧紧锁紧帽，如图 1-45 所示。

（5）拧下加压泵，如图 1-46 所示。

（6）从加液口加入专用洗眼液，注意加液量不要超过瓶体表面的刻度标记的上限，如图 1-47 所示。再拧紧加压泵。

（7）反复拉压加压泵拉手进行加压，如图 1-48 所示。同时，观察瓶上的压力表，如图 1-49 所示，直到感觉下压拉手费力，但压力又不超过规定值（指针没有摆到红色刻度区）时为止。至此，紧急洗眼器即达到了可随时使用的状态。

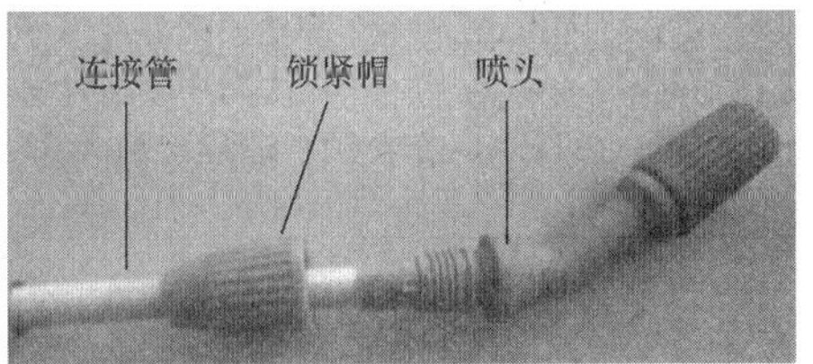

图 1-45　连接管与喷头体尾端的连接

图 1-46　拧下加压泵

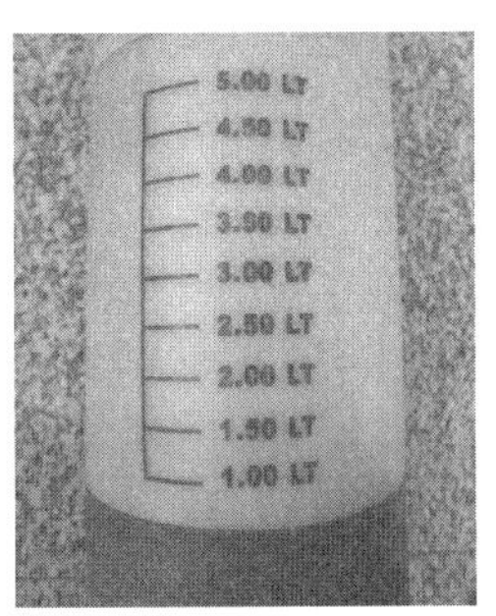

图 1-47　液面刻度标记线

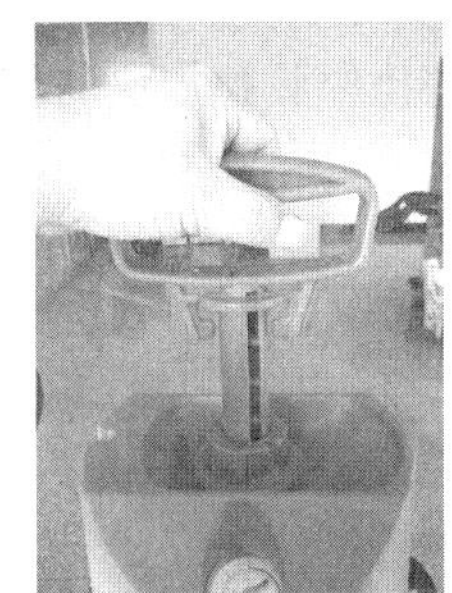

图 1-48　加压

图 1-49　压力表

三、常遇的特殊情况下的人员急救

1. 呼吸困难

在进行涂装作业时，若发现作业者呼吸困难，则应尽快将其移至有新鲜空气处，让其保持适合呼吸的姿势休息。如果他没有呼吸，则应对其实施人工呼吸，并呼叫求助。正确实施人工呼吸抢救的操作流程如下。

（1）先拍打伤患者肩部，以确定其是否还有意识反应，如图 1-50 所示。

（2）若伤患者没有意识反应，则应高声求救，如图 1-51 所示。

（3）若伤患者有意识反应，则应先搬动伤患者，使其处于平躺姿势，如图 1-52 所示。

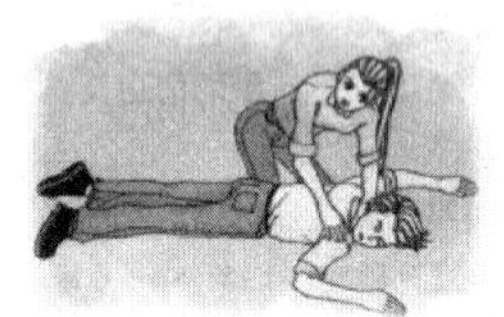

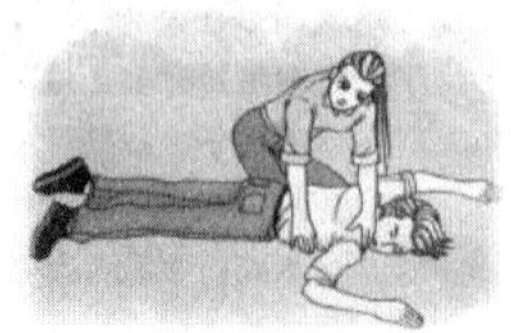

图 1-50　确定伤患者是否还有意识反应

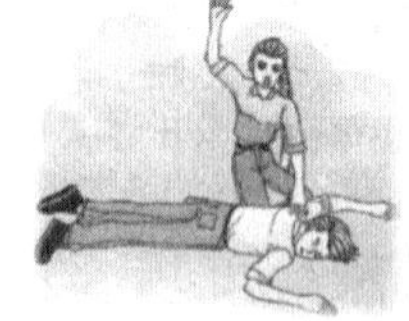

图 1-51　求救

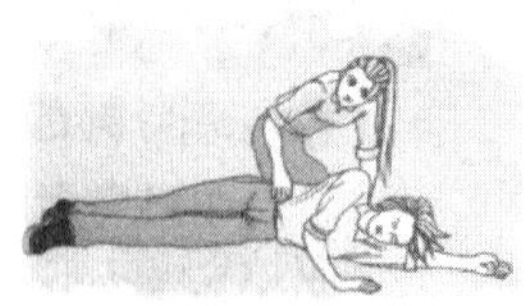

图 1-52　搬动伤患者使其平躺

（4）解开伤患者衣领，清除口鼻内异物，最好在其颈下垫物，使其头部后仰，张开口，以畅通呼吸道，如图 1-53 所示。

（5）检查伤患者是否还有呼吸，如图 1-54 所示。注意时间不要超过 10 s。

（6）深吸气，用嘴对准并紧贴伤患者的口部，一手捏紧伤患者的鼻孔，用力吹气，如图 1-55 所示。

（7）吹气停止后，松开捏伤患者鼻孔的手，抬起头，再次深吸气，重复上述吹气动作。每分钟吹气次数和平时呼吸频率相近，进行 5 ~ 10 次吹气后，应停下来，检查伤患者是否有脉搏（或脉搏比原脉搏加快的迹象），如图 1-56 所示。

图 1-53　畅通呼吸道

图 1-54　检查呼吸

图 1-55　吹气

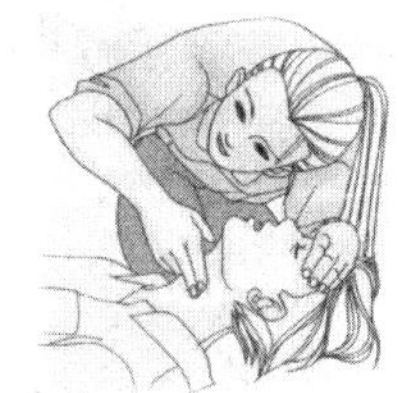

图 1-56　检查脉搏

（8）继续进行人工呼吸，直到伤患者能够进行自主呼吸为止。注意要有耐心，要坚持不放弃。

2. 眼睛溅入有害物

在进行涂装作业时，若作业者的眼睛溅入有害物，则应对其进行如下操作。

（1）将伤者引到眼睛清洗站或水槽边，使其伏在水槽上。

（2）将眼睛冲洗器喷嘴对准伤者进入有害物的眼睛，轻轻地持续按压喷射按钮，使清洗液连续冲洗眼睛。注意应从伤者的鼻子向太阳穴冲洗，以避免有害物质进入另一只眼睛。期间，应要求伤者保持眼睛微睁，必要时可用两个手指小心地将其眼睑分开。

（3）连续冲洗直到伤者感觉眼睛内没有异物为止。

（4）根据事故情况咨询医生。

3. 皮肤接触有害物

在进行涂装作业时，若皮肤接触有害物，则应立即除下污染物，并以大量清水或肥皂水清洗皮肤。

4. 误服有害物

在进行涂装作业时，若作业者误服有害物，则应立即呼叫中毒控制中心或就医。注意不要催吐或诱使其呕吐，应安静地保持其体温并尽快送医救治。

四、常用灭火器的使用

1. MP 型灭火器

MP 型灭火器的使用方法如下。

（1）右手握压把，左手托住灭火器底盘，从灭火器放置处取下灭火器，如图 1-57 所示。

（2）手提筒体上部的提环，迅速跑到火灾现场，如图 1-58 所示。应注意在奔跑过程中不得使灭火器过分倾斜，更不可颠倒，以免两种药剂混合而提前喷出。

（3）当距离着火点 10 m 左右时，右手捂住喷嘴，左手抓住筒体下边沿，如图 1-59 所示。然后，将筒体颠倒呈垂直状态，一只手紧握提环，另一个手扶住筒体的底圈，上下晃动几下，再放开喷嘴，让喷射流对准燃烧物进行喷射，如图 1-60 所示。

图 1-57 取下灭火器

图 1-58 持灭火器跑到火灾现场

图 1-59 准备颠倒气瓶

图 1-60 颠倒气瓶并摇晃

（4）保持对准火源的喷射状态并根据火焰熄灭情况逐渐前进，围绕火焰进行喷射，直到火焰全部熄灭为止，如图1-61所示。

使用灭火器时应始终保持倒置状态，否则将会中断喷射，不可将筒底朝向下巴或其他人，否则会伤害自己或他人。

（5）灭火后，将灭火器卧放在地上，喷嘴朝下，如图1-62所示。

图1-61　对准火焰进行喷射

图1-62　用后放置灭火器

2. MT型灭火器

MT型灭火器的使用方法如下。

（1）右手握住压把，提起灭火器跑向火灾现场，如图1-63所示。

（2）在距燃烧物2 m左右处，放下灭火器，拆除铅封，如图1-64所示。

（3）拔出保险销，如图1-65所示。

图1-63　提着灭火器跑向火灾现场

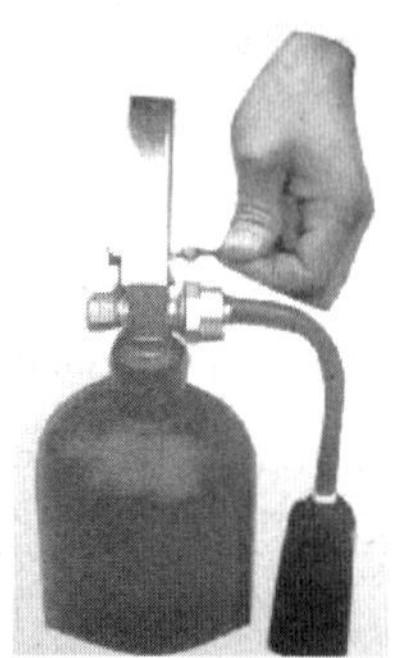

图1-64　拆除铅封

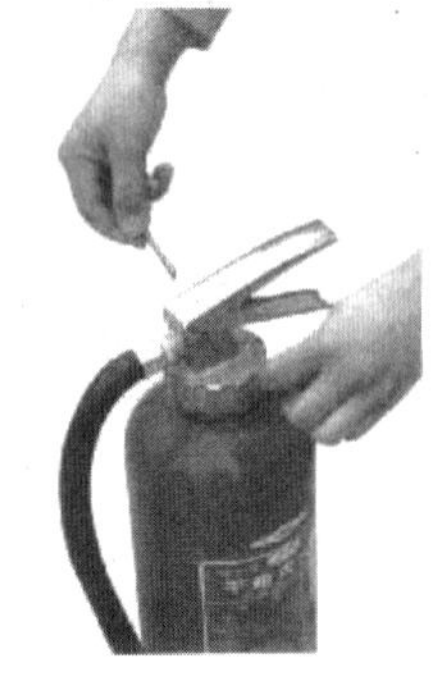

图1-65　拔出保险销

（4）站在距火源2 m处，左手握住喇叭筒，右手用力压下压把，准备喷射，如图1-66所示。

（5）对准火焰根部喷射，并不断推进，直到把火焰全部扑灭为止，如图1-67所示。

图1-66　准备喷射

图1-67　对准火焰根部进行喷射

3. MF 灭火器

MF 型灭火器的使用方法如下。

（1）右手握住压把，左手托住灭火器底盘，从灭火器放置处取下灭火器，如图 1-68 所示。

（2）手提灭火器跑向火灾现场，如图 1-69 所示。

（3）在距燃烧物 2 m 左右处，放下灭火器，拆除铅封。

（4）拔出保险销。

（5）左手掌握住喇叭筒根部的手柄，右手紧握启闭阀的压把，准备喷射，如图 1-70 所示。（对没有喷射软管的二氧化碳灭火器，应将喇叭筒往上扳 70°～90°。）

（6）在距离火焰 2 m 处，右手用力压下压把，左手拿着喷管左右摆动，让喷射出的干粉覆盖整个燃烧区，直到将火焰熄灭为止，如图 1-71 所示。（注意：在室外，应选择站在上风方向喷射。）

图 1-68　取下灭火器

图 1-69　手提灭火器跑向火灾现场

图 1-70　准备喷射

图 1-71　喷射干粉

4. 手推车式干粉灭火器

手推车式干粉灭火器的使用方法如下。

（1）将承载灭火器的小车推或拉到火灾现场，如图 1-72 所示。

（2）右手抓着喷粉枪，左手顺势展开喷粉胶管，直至胶管平直，没有弯折和打卷的，如图 1-73 所示。

图 1-72　将小车拉到火灾现场

图 1-73　展开喷粉胶管

（3）拆掉铅封，如图 1-74 所示。

（4）用手掌使劲按下供气阀门，如图 1-75 所示。

（5）左手把持喷粉枪管托，右手把持枪把，用手指扳动喷粉开关，对准火焰喷射，如图 1-76 所示。左右摆动喷枪喷射并不断向前推进，使干粉笼罩整个燃烧区，直至火焰熄灭。

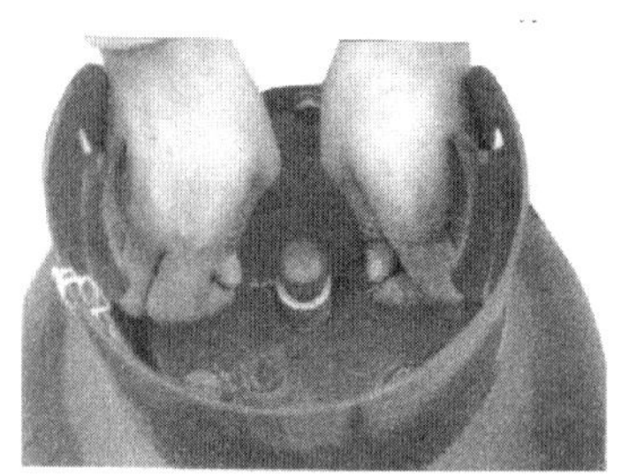

图 1-74　拆掉铅封

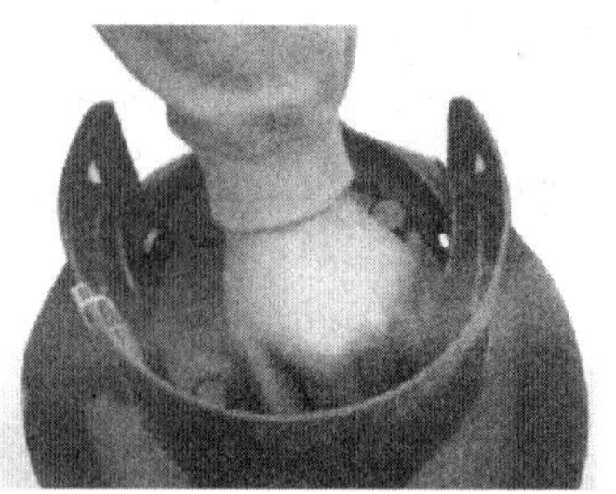

图 1-75　按下供气阀门

图 1-76　对准火焰喷射

思考与练习

1. 涂装安全守则包括哪些内容？
2. 汽车涂装作业时可能对人体的伤害有哪些？
3. 汽车修补涂装工作中，应该佩戴的个人劳动防护用品有哪些？
4. 说明灭火的基本方法。
5. 干粉灭火器适合扑救哪些类型的火灾？
6. 对于用电设备的使用要遵循哪些安全操作注意事项。

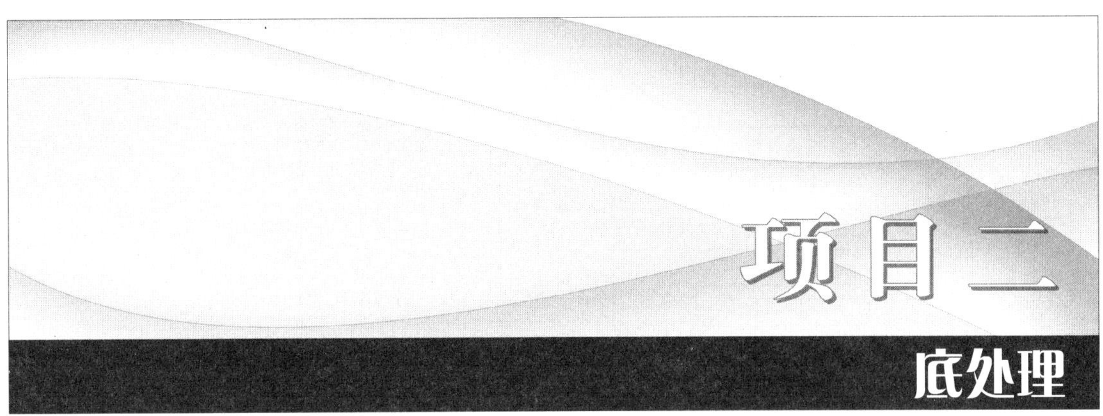

项目二 底处理

涂装使用的材料称为涂料。涂装是指将涂料涂覆于经过处理的物面（基底表面）上，经干燥成膜的工艺。有时也将涂料在被涂物表面扩散开的操作称为涂装。

已经固化了的涂料膜称为漆膜（也称涂膜）。由两层以上的漆膜组成的复合层称为涂层。汽车表面涂装就是典型的多涂层涂装。

汽车涂装是指各种车辆的车身及其零部件的涂漆装饰。根据涂装对象的不同，汽车涂装可以分为新车涂装和修补涂装两个大体系。

汽车经过涂装后，除使汽车具有优良的外观外，还会增强汽车车身的耐蚀性，从而提高汽车的商品价值和使用价值。

不同类型的漆面损伤，其修复操作流程不同。常见的汽车修补涂装种类如图 2-1 所示。

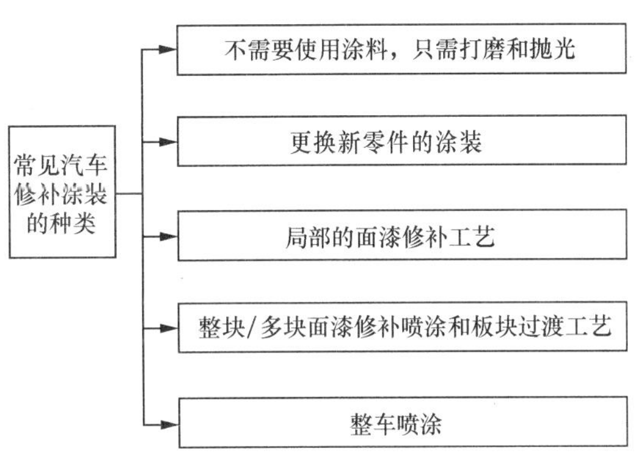

图 2-1　常见汽车修补涂装的种类

在汽车修补实际工作中，遇到最多的是原车身板件漆膜损伤修复。汽车漆膜的损伤程度通常可分为严重损伤、较重损伤和无损伤（新更换板件）3 种。不同的漆膜损伤程度，修补涂装工艺程序不同。图 2-2 ~ 图 2-4 所示为 3 种不同类型漆膜损伤的修补涂装工艺。

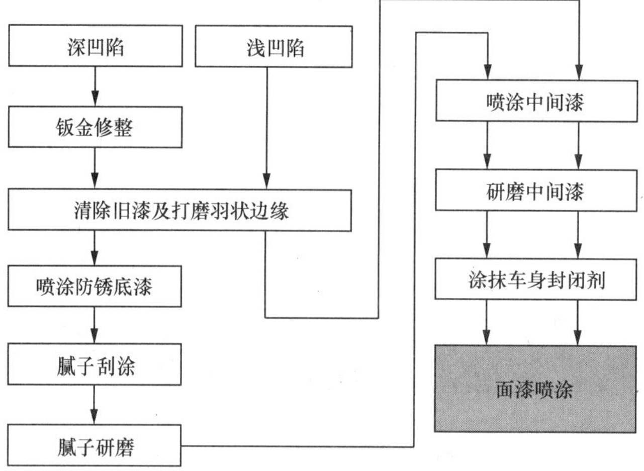

图 2-2　严重漆膜损伤的涂装工艺

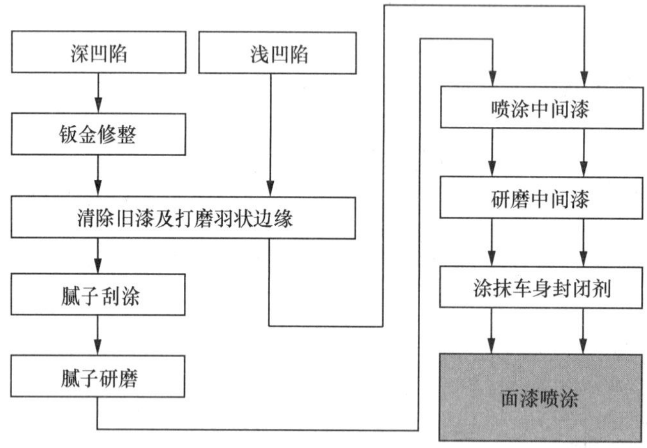

图 2-3　较重漆膜损伤的涂装工艺

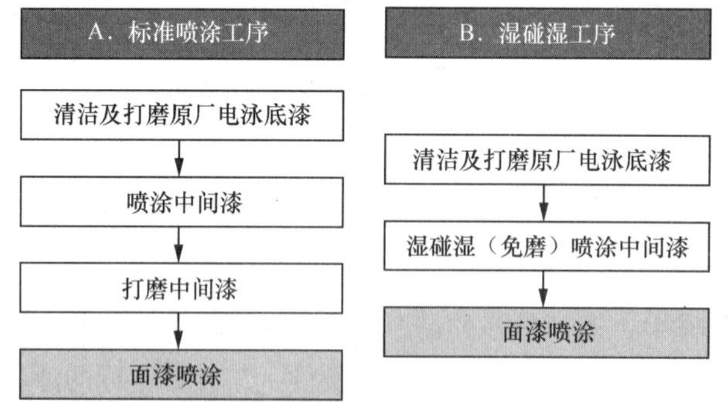

图 2-4　无损伤漆膜（新更换板件）的涂装工艺

由上述操作流程可见，涂装修复的第一环节为底处理。

在涂装前对被涂物表面进行的一切准备工作，称为底处理。它包括采用物理、化学或电化学方法，使金属或非金属材料表面的化学成分、组织结构、物理形貌发生变化，从而使漆膜更好地附着在底材之上，充分发挥漆膜的性能，起到承上启下的作用。它是涂料涂装的第一道工序。

底处理的目的主要是清除表面的污垢、损伤的旧漆膜、底材的锈蚀等，使新涂的漆膜与被涂工件表面具备良好的附着能力，并保证漆膜具有良好的性能。污垢可分为无机污垢和有机污垢。它们的存在会影响漆膜的外观，严重的还会使漆膜成片脱落。漆膜质量的影响因素中，工件表面处理的质量要占到49%。

底处理包括两个具体工作环节，即漆膜损伤的评估和表面预处理。

任务一 漆膜损伤的评估

【学习目标】

1. 能够正确描述汽车涂装的特点、类型及涂装三要素包含的内容。
2. 能够正确描述涂料的组成及各组成成分在涂料中的作用。
3. 能够正确描述涂料的分类方法。
4. 能够正确解释涂料的成膜方式。
5. 能够正确描述汽车原厂漆膜的结构特点。
6. 能够利用高压水清洗机进行全车清洗。
7. 能够用稀释剂法鉴别涂层的类型。
8. 能够用目测法和触摸法评估漆膜损坏的程度。
9. 能够注意培养良好的安全、卫生习惯和团队协作意识。
10. 能够检查、评价和记录工作结果。

任务分析

如图 2-5 所示，这是一台漆膜受损的车辆，其车身中部、后轮罩及后保险杠处均有漆膜损伤。对这类漆膜损伤进行修复时，第一步便是进行损伤漆膜程度的评估。

对漆膜损伤进行了正确的评估后，才能确定修补范围，从而确定各道工序处理的范围、确定过渡区域、需遮盖保护的部位、需拆卸的零件等，为后续工作的正确实施及保证满意的修补质量奠定基础。

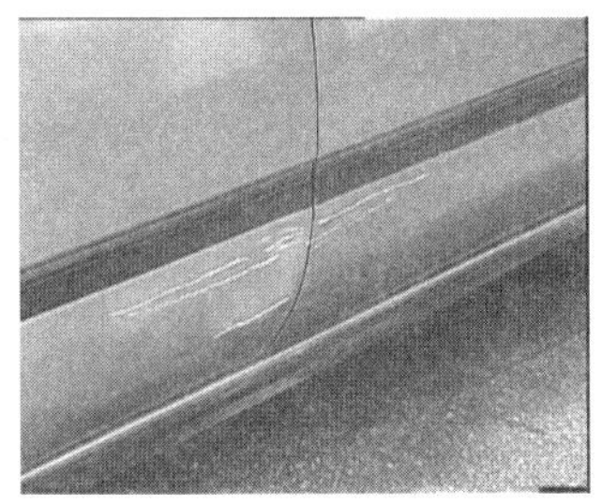

图 2-5 漆膜受损的车辆

相关知识

一、涂料的组成

涂料由成膜物质、颜料、溶剂和添加剂组成，如图 2-6 所示。

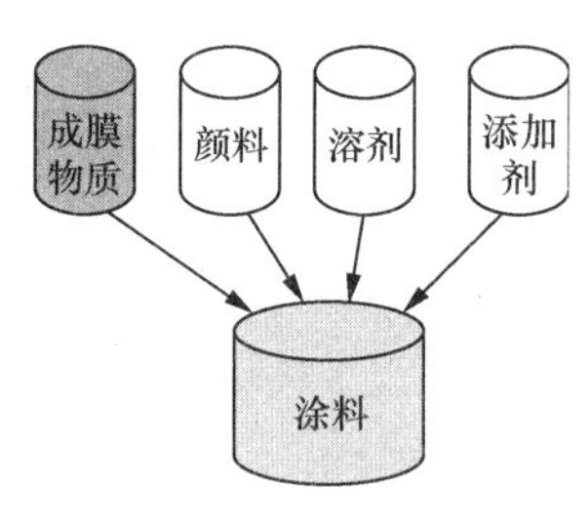

图 2-6 涂料的组成

1. 成膜物质

涂料中的成膜物质主要是树脂，树脂是涂料中不可缺少的部分，涂膜的性质也主要由它所决定，故又称之为基料。树脂在常温下可以以固态和液态形式存在，图 2-7 所示为以固态形式存在的树脂。汽车涂料所用树脂一般为有黏性的透明液体，在被施涂到一个物体上干燥以后便形成一层薄膜。它结合湿润颜料，赋予涂膜附着力、硬度和耐久性等特性，同时也在纹理、光泽度等方面影响着饰面的质量。

图 2-7 固态树脂

树脂按来源不同可分为天然树脂与合成树脂；按结构和成膜方式不同可分为非转化型树脂和转化型树脂。天然树脂一般是从动物和植物中提炼出来的，如虫胶、松脂等；合成树脂主要是从炼油工业提炼出来的，分为热塑性树脂、热固性树脂和自交链树脂。热塑性树脂为可还原树脂，在高温时会软化，以及容易被溶剂所溶解；热固性树脂为不可还原树脂，高温时产生化学反应，冷却后树脂不会再受热软化，硬度好、耐溶剂性强；自交链树脂为不可还原树脂，加入固化剂后产生化学反应而固化，效果同热固性树脂。

2. 颜料

颜料是涂料中的不挥发物质之一，呈微细粉末状，有颜色，如图 2-8 所示。它赋予面漆色彩和耐久性，起美观装饰作用，同时使涂料具有较强的遮盖力、强度和附着力，改善流动性和涂装性能，改变光泽等性能。颜料可分为着色颜料（包括有机颜料、无机颜料及金属颜料）、体质颜料（主要用于改进涂料性能并降低成本，大多为天然白色或无色）、防锈颜料（如氧化铁红、铝粉、红丹、铬黄、磷酸锌等）及特种颜料；按化学成分可分成无机颜料和有机颜料，无机颜料遮盖好、比重大、色调稍不鲜明；有机颜料遮盖低、比重小、色调鲜明。

图 2-8 呈细粉末状的颜料

3. 溶剂

溶剂是涂料中的“挥发”成分，它的主要功能是能够充分溶解涂料中的树脂，使涂料呈液态，便于在车身表面正常涂布。大多数溶剂是从原油中提炼出来的“挥发性”配料，它具有良好的溶解能力。优质的溶剂能改善面漆的涂布性能和漆膜特性，并能增强其光泽，同时也有助于更精确地配色。

溶剂按用途不同可分为真溶剂、助溶剂和稀释剂；按蒸发速度不同可分为低沸点溶剂、中沸点溶剂和高沸点溶剂。真溶剂能够溶解树脂，主要应用于涂料生产；助溶剂本身不能溶解树脂，但能够提高真溶剂溶解树脂的能力，也主要应用于涂料生产；稀释剂不能溶解树脂，但能够稀释树脂，主要应用于涂装生产。

涂料中使用的各种不同的树脂应用各种不同的溶剂来溶解和稀释。不同的稀释剂应用于不同的涂料。不同的稀释剂所含的溶剂及其混合比各不相同，使用时可以按环境的温度选用最适合蒸发速度的稀释剂，如快、中、慢及特慢稀释剂等。

修补涂装所使用的稀释剂通常装于铁制的罐内，如图 2-9 所示。

图 2-9　装于铁罐内的稀释剂

4. 添加剂

由于近年来涂料生产工艺发生了巨大变化，添加剂的使用也越来越普遍。虽然添加剂在涂料中的比例不超过 5%，但它们却对涂料的储存过程、对涂料施工的成膜过程、对漆膜性能、对颜色调整方面都起着重要的作用。

常用的涂料添加剂有柔软剂、固化剂、分散剂、防沉降剂、防分离剂、流平剂、增塑剂等等。它们的特性及作用如下。

（1）柔软剂。柔软剂能够使漆膜的柔软性增加，主要应用于塑料专用涂料的生产及塑料件的涂装施工。

（2）固化剂。固化剂也称催干剂、硬化剂、干燥剂，是一种具有催化作用的化合物。固化剂加入双组分涂料中，能与合成树脂发生交联反应形成涂膜。固化剂主要应用于不能自然干燥和烘烤成膜的涂料中，如环氧涂漆、聚氨酯漆、聚酯漆等。

（3）分散剂。分散剂能够促进颜料的分散，使颜料与树脂混合均匀，主要应用于涂料生产。

（4）防沉降剂。防沉降剂能够防止涂料在存储中出现沉淀。

（5）防分离剂。防分离剂能够防止涂料中的某些成分分离。

（6）流平剂。流平剂又称为抗鱼眼添加剂，能够提高漆膜的流动性和浸润性，防止涂装时漆膜出现缩孔（俗称鱼眼）现象。

（7）增塑剂。增塑剂能够增加涂料的黏性及塑性，主要应用于塑料专用涂料的生产及塑料件的涂装施工。

有些添加剂起的是综合作用，能减少起皱、加速干燥、防止发白、提高涂料对化学物质的耐受能力等。

汽车修补涂装过程中使用的添加剂大多使用小型的罐式容器盛装，如图 2-10 所示。

图 2-10　以小型罐式容器盛装的添加剂

二、涂料的分类与命名

1. 涂料的分类

根据国家标准 GB 2705—2003，涂料产品有以下两种分类方法。

（1）主要是以涂料产品的用途为主，并辅以主要成膜物的分类方法。以这种方法将涂料产品划分为 3 个主要类别，即建筑涂料、工业涂料和通用涂料及辅助材料 3 个类别，见表 2-1。

表 2-1　　以用途为主、以主要成膜物为辅的涂料分类方法

主要产品类型			主要成膜物类型
建筑涂料	墙面涂料	合成树脂乳液内墙涂料、合成树脂乳液外墙涂料、溶剂型外墙涂料、其他墙面涂料	丙烯酸酯类及其改性共聚乳液；醋酸乙烯及其改性共聚乳液；聚氨酯、氟碳等树脂；无机黏合剂等
	防水涂料	溶剂型树脂防水涂料、聚合物乳液防水涂料、其他防水涂料	EVA、丙烯酸酯类乳液；聚氨酯、沥青、PVC 泥或油膏、聚丁二烯等树脂
	地坪涂料	水泥基等非木质地面用涂料	聚氨酯、环氧等树脂
	功能性建筑涂料	防火涂料、防霉（藻）涂料、保温隔热涂料、其他功能性建筑涂料	聚氨酯、丙烯酸酯类、醇酸、硝基、氨基、酚醛、虫胶等树脂
工业涂料	汽车涂料（含摩托车涂料）	汽车底漆（电泳漆）、汽车中涂底漆、汽车罩光漆、汽车修补漆、其他汽车专用漆	丙烯酯类、环氧、丙烯酸酯类、乙烯类、氟碳等树脂
	木器涂料	溶剂型木器涂料、水性木器涂料、光固化木器涂料、其他木器涂料	聚氨酯、丙烯酸酯类、醇酸、硝基、氨基、酚醛、虫胶等树脂
	铁路、公路涂料	铁路车辆涂料、道路标志涂料、其他铁路及公路设施涂料	丙烯酸酯类、聚氨酯、环氧、醇酸、乙烯类等树脂
	轻工涂料	自行车涂料、家用电器涂料、仪器及仪表涂料、塑料涂料、纸张涂料、其他轻工专用涂料	聚氨酯、聚酯、醇酸、丙烯酸酯类、环氧、酚醛、氨基、乙烯类等树脂
	船舶涂料	船壳及上层建筑物漆、船底防锈漆、船底防污漆、水线漆、甲板漆、其他船舶漆	聚氨酯、醇酸、丙烯酸酯类、环氧、乙烯类、酚醛、氯化橡胶、沥青等树脂
	防腐涂料	桥梁涂料、集装箱涂料、专用埋地管道及设施涂料、耐高温涂料、其他防腐涂料	聚氨酯、丙烯酸酯类、环氧、醇酸、酚醛、氯化橡胶、乙烯类、沥青、有机硅、氟碳等树脂
	其他专用涂料	卷材涂料；绝缘涂料；机床、农机、工程机械等涂料；航空、航天涂料；军用器械涂料；电子元器件涂料；以上未涵盖的其他专用涂料	聚酯、聚氨酯、环氧、丙烯酸酯类、醇酸、乙烯类、氨基、有机硅、酚醛、硝基等树脂
通用涂料及辅助材料	调和漆、清漆、磁漆、底漆、腻子、稀释剂、防潮剂、催干剂、脱漆剂、固化剂、其他通用涂料及辅助材料	以上未包括的用途	油脂；天然树脂、酚醛、沥青、醇酸等树脂

注：主要成膜物类型中树脂类型包括水性、溶剂型、无溶剂型、固体粉末。

（2）除建筑涂料外，主要以涂料产品的主要成膜物为主，并适当辅以产品主要用途的分类方法。以这种方法将涂料产品划分为建筑涂料、其他涂料及辅助材料两个类别，见表 2-2。

表 2-2　　以主要成膜物为主、以用途为辅的涂料分类方法

主要产品类型			主要成膜物类型
建筑涂料	墙面涂料	合成树脂乳液内墙涂料、合成树脂乳液外墙涂料、溶剂型外墙涂料、其他墙面涂料	丙烯酸酯类及其改性共聚乳液；醋酸乙烯及其改性共聚乳液；聚氨酯、氟碳等树脂；无机黏合剂等
	防水涂料	溶剂型树脂防水涂料、聚合物乳液防水涂料、其他防水涂料	EVA，丙烯酸酯类乳液；聚氨酯、沥青、PVC 泥或油膏、聚丁二烯等树脂
	地坪涂料	水泥基等非木质地面用涂料	聚氨酯、环氧等树脂
	功能性建筑涂料	防火涂料、防霉（藻）涂料、保温隔热涂料、其他功能性建筑涂料	聚氨酯、丙烯酸酯类、醇酸、硝基、氨基、酚醛、虫胶等树脂
其他涂料及辅助材料	油脂漆类	天然植物油、动物油（脂）、合成油	清油、厚漆、调和漆、防锈漆、其他油脂漆
	天然树脂漆类	松香、虫胶、乳酪素、动物胶及其衍生物等	清漆、调和漆、磁漆、底漆、绝缘漆、生漆、其他天然树脂漆
	酚醛树脂漆类*	酚醛树脂、改性酚醛树脂等	清漆、调和漆、磁漆、底漆、绝缘漆、船舶漆、防锈漆、耐热漆、黑板漆、防腐漆、其他酚醛树脂漆
	沥青漆类	天然沥青、（煤）焦油沥青、石油沥青等	清漆、磁漆、底漆、绝缘漆、防污漆、船舶漆、防锈漆、耐酸漆、防腐漆、锅炉漆、其他沥青漆
	醇酸树脂漆类	甘油醇酸树脂、季戊四醇醇酸树脂、其他醇类的醇酸树脂、改性醇酸树脂等	清漆、调和漆、磁漆、底漆、绝缘漆、船舶漆、防锈漆、汽车漆、木器漆、其他醇酸树脂漆
	氨基树脂漆类	三聚氰胺甲醛树脂、脲（甲）醛树脂及其改性树脂等	清漆、磁漆、绝缘漆、美术漆、闪光漆、汽车漆、其他氨基树脂漆
	硝基漆类	硝基纤维素（酯）等	清漆、磁漆、铅笔漆、木器漆、汽车修补漆、其他硝基漆
	过氯乙烯树脂漆类	过氯乙烯树脂等	清漆、磁漆、机床漆、防腐漆、可剥漆、胶漆、其他过氯乙烯漆
	烯类树脂漆类	聚二乙烯炔树脂、聚多烯树脂、氯乙烯醋酸乙烯共聚物、聚乙烯醇缩醛树脂、聚苯乙烯树脂、含氟树脂、氯化聚丙烯树脂、石油树脂等	聚乙烯醇缩醛树脂漆、氯化聚烯烃树脂漆、其他烯类树脂漆
	丙烯酸酯类树脂漆类	热塑性丙烯酸酯类树脂、热固性烯酸酯类树脂等	清漆、透明漆、磁漆、汽车漆、工程机械漆、摩托车漆、家电漆、塑料漆、标志漆、电泳漆、乳胶漆、木器漆、汽车修补漆、粉末涂料、船舶漆、绝缘漆、其他丙烯酸酯类树脂漆
	聚酯树脂漆类	饱和聚酯树脂、不饱和聚酯树脂等	粉末涂料、卷材涂料、木器漆、防锈漆、绝缘漆、其他聚酯树脂漆
	环氧树脂漆类	环氧树脂、环氧酯、改性环氧树脂等	底漆、电泳漆、光固化漆、船舶漆、绝缘漆、划线漆、罐头漆、粉末涂料、其他环氧树脂漆
	聚氨酯树脂漆类	聚氨酯树脂等	清漆、磁漆、木器漆、汽车漆、防腐漆、飞机蒙皮漆、车皮漆、船舶漆、绝缘漆、其他聚氨酯树脂漆
	元素有机漆类	有机硅、氟碳树脂等	耐热漆、绝缘漆、电阻漆、防腐漆、其他元素有机漆
	橡胶漆类	氯化橡胶、环化橡胶、氯丁橡胶、氯化氯丁橡胶、丁苯橡胶、氯化聚乙烯橡胶等	清漆、磁漆、底漆、船舶漆、防腐漆、防火漆、划线漆、可剥漆、其他橡胶漆
	其他成膜物类涂料	无机高分子材料、聚酰亚胺树脂、二甲苯树脂等以上未包括的主要成膜物	
	稀释剂、防潮剂、催干剂	脱漆剂、固化剂、其他辅助材料	

注：主要成膜物中树脂类型包括水性、溶剂型、无溶剂型、固体粉末等；
*包括直接来自天然资源的物质及其经过加工处理后的物质。

2. 涂料的命名

（1）命名原则。涂料全名一般是由颜色或颜料名称加上成膜物质名称，再加上基本名称（特性或专业用途）而组成。对于不含颜料的清漆，其全名一般是由成膜物质名称加上基本名称组成。

（2）涂料的命名规则如下。

① 颜色名称通常由红、黄、蓝、白、黑、绿、紫、棕、灰等，有时再加上深、中、浅（淡）等词构成。若颜料对漆膜性能起显著作用，则可用颜料的名称代替颜色的名称，如铁红、锌黄、红丹等。

② 成膜物质名称可做适当简化，如聚氨基甲酸酯简化成聚氨酯、环氧树脂简化成环氧、硝酸纤维素（酯）简化为硝基等。漆基中含有多种成膜物质时，选取起主要作用的一种成膜物质命名；必要时也可选取两三种成膜物质命名，主要成膜物质名称在前，次要成膜物质名称在后，如红环氧硝基磁漆。

③ 基本名称表示涂料的基本品种、特性和专业用途，如清漆、磁漆、底漆、锤纹漆、罐头漆、甲板漆、汽车修补漆等。涂料的基本名称见表 2-3。

表 2-3　涂料的基本名称

代号	基本名称	代号	基本名称	代号	基本名称
00	清油	22	木器漆	53	防锈漆
01	清漆	23	罐头器	54	耐油漆
02	厚漆	30	（浸渍）绝缘漆	55	耐水漆
03	调合漆	31	（覆盖）绝缘漆	60	耐火漆
04	磁漆	32	（绝缘）磁漆	61	耐热漆
05	粉末涂料	33	（粘合）绝缘漆	62	示温漆
06	底漆	34	漆包线漆	63	涂布漆
07	腻子	35	硅钢片漆	64	可剥漆
09	大漆	36	电容器漆	66	感光涂料
11	电泳漆	37	电阻漆、电位器漆	66	隔热漆
12	乳胶漆	38	半导体裁漆	80	地板漆
13	其他水溶性漆	40	防污漆、防蛆漆	81	锅炉漆
14	透明漆	41	水线漆	82	锅炉漆
15	斑纹漆	42	甲板漆、甲板防滑漆	83	烟囱漆
16	锤纹漆	43	船壳漆	84	黑板漆
17	皱纹漆	44	船底漆	85	调色漆
18	裂纹漆	50	耐酸漆	86	标志漆、马路划线漆
19	晶纹漆	51	耐碱漆	98	胶液
20	铅笔漆	52	防腐漆	99	其他

④ 在成膜物质名称和基本名称之间，必要时可插入适当词语来标明专业用途和特性等，如白硝基球台磁漆、绿硝基外用磁漆、红过氯乙烯静电磁漆等。

⑤ 需烘烤干燥的漆，名称中（成膜物质名称和基本名称之间）应有“烘干”字样，如银灰氨基烘干磁漆、铁红环氧聚酯酚醛烘干绝缘漆。如名称中无“烘干”词，则表明该漆是自然干燥，或自然干燥、烘烤干燥均可。

⑥ 凡双（多）组分的涂料，在名称后应增加“（双组分）”或“（三组分）”等字样，如聚氨酯木器漆（双组分）。

除稀释剂外，混合后产生化学反应或不产生化学反应的独立包装的产品，都可认为是涂料组分之一。

三、汽车用涂料的品种

汽车用涂料按不同的依据可分为不同的类型，主要分类方式有如下几种。

1. 按在汽车上的使用部位分类

汽车用涂料按在汽车上的使用部位可分为如下几种。

（1）汽车车身用涂料。汽车车身用涂料是汽车用涂料的主要代表。从狭义上来说，所谓汽车用涂料主要就是指车身用涂料。车身涂层一般是由底层涂层、中间涂层和表面涂层 3 层或由底层涂层和表面涂层两层构成。它们基本上要兼备汽车用漆的要求。

（2）货箱用涂料。货箱用涂料的质量要求较车身用涂料低，一般由底层涂层和表面涂层两层构成。

（3）车轮、车架等部件用的耐腐蚀涂料。它的主要技术指标是耐腐蚀性能（耐盐雾性、耐水性）等要好；要求漆膜坚韧耐磨，具有耐机油性。

（4）发动机部件用涂料。因发动机体不能高温烘烤，故要求发动机部件用涂料具备低温快干性能，要求漆膜的耐汽油性、耐机油性和耐热性较好。

（5）底盘用涂料。也因车桥、传动轴等底盘件不能高温烘烤，故要求底盘用涂料具备低温快干性能。因底盘在车下使用，环境恶劣苛刻，经常会与泥水接触，故要求其耐腐蚀性优良，且具备较好的耐机油性。

（6）车内装饰件用涂料。车内装饰件用涂料主要指轿车和大客车车内装饰件用涂料，它要求极高的装饰性。

（7）特殊要求用涂料。特殊要求用涂料具体说来，即蓄电池固定架用耐酸涂料，汽油箱内表面用耐汽油涂料，汽车消声器、排气管和汽缸垫片用耐热涂料，车身底板用耐磨防声涂料，车身焊缝用密封涂料等。

2. 按在涂装工艺及涂层中所起的作用分类

汽车用涂料按在涂装工艺及涂层中所起的作用可分为如下几种。

（1）涂前表面处理用材料。它主要包括清洗剂和磷化处理剂。

（2）汽车用底漆。底涂层是防腐系统中最重要的组成部分，它能阻止水分和氧侵入金属表面，同时提高漆膜与板件表面的附着力。原厂备件的正反面一般带有黑色的电泳涂层，所使用的底涂层类型视使用领域而定。

（3）汽车用中间涂料。中间涂料包括腻子（原子灰）和中涂底漆。腻子主要用于填平凹陷，提高漆膜与底材（底漆）之间的附着力。中涂底漆用于填平底层缺陷，增加漆膜抗石击能力，提高漆膜间的附着力，为面漆涂装获得平滑的表面，同时可以防止面漆被溶剂溶解旧漆膜而产生咬底。对于可调色中涂底漆，还可使面漆容易遮盖底涂层颜色。

（4）汽车用面漆。面漆是整个涂层的最外层，使漆膜具有良好的耐候性、外观、硬度、抗石击性、耐化学性、耐污性和防腐性等。

（5）辅助材料。辅助材料包括溶剂、粘尘涂料、抛光材料、防噪声浆等。

3. 按涂料的组成中是否含有颜料分类

汽车用涂料按涂料的组成中是否含有颜料可分为如下几种。

（1）清漆。涂料的组成中，没有颜料或体质颜料的透明体，称为清漆。

（2）色漆。涂料的组成中，加有颜料和/或体质颜料的有色漆，称为色漆。

（3）腻子。加有大量体质颜料的稠厚浆状体，称为腻子，学名为原子灰。

4. 按溶剂的构成情况分类

汽车用涂料按溶剂的构成情况可分为如下几种。

（1）无溶剂涂料。涂料的组成中，没有挥发性稀释剂的涂料称为无溶剂涂料。其中，呈粉末状的涂料称为粉末涂料。

（2）溶剂涂料。涂料的组成中，以一般有机溶剂为稀释剂的涂料称为溶剂涂料。

（3）水性涂料。涂料的组成中，以水作为稀释剂的涂料称为水性涂料。

四、涂料的成膜方式

涂料的干燥成膜是指涂料施工后，由液态或黏稠状漆膜转变成固态漆膜的化学和物理变化过程。为了达到预期的涂装目的，除了合理地选用涂料、正确地进行表面处理和施工外，充分而适宜的干燥过程也是重要的环节。涂料的成膜方式有溶剂挥发成膜和反应型成膜。反应型成膜又包括氧化聚合型成膜、热聚合型成膜和双组分聚合型成膜等几种。

1. 溶剂挥发型涂料（风干型涂料）

涂料中的溶剂挥发时，便形成一个涂层。但是由于树脂分子没有结合在一起，所以涂层可以被稀释剂溶解。这种涂料的特性是干得快、容易使用。但是，它在耐溶剂性和自然老化性能方面不及反应型涂料。溶剂挥发型涂料主要有硝基涂料和热塑性丙烯酸涂料。

溶剂挥发型涂料的干燥机理如图 2-11 所示，靠溶剂挥发而干燥成膜，属于物理成膜方式。成膜前后，物质分子结构不发生变化，仅靠溶剂（或水）挥发、温度变化等物理作用使涂料干燥成膜，干燥迅速但是耐溶剂性差。

2. 反应型涂料

在反应型涂料中，溶剂和稀释剂挥发，而树脂通过聚化反应固化。如图 2-12 所示，刚刚喷涂以后，新涂料是一种液化层，其中的树脂、颜料、溶剂及稀释剂是混合在一起的。

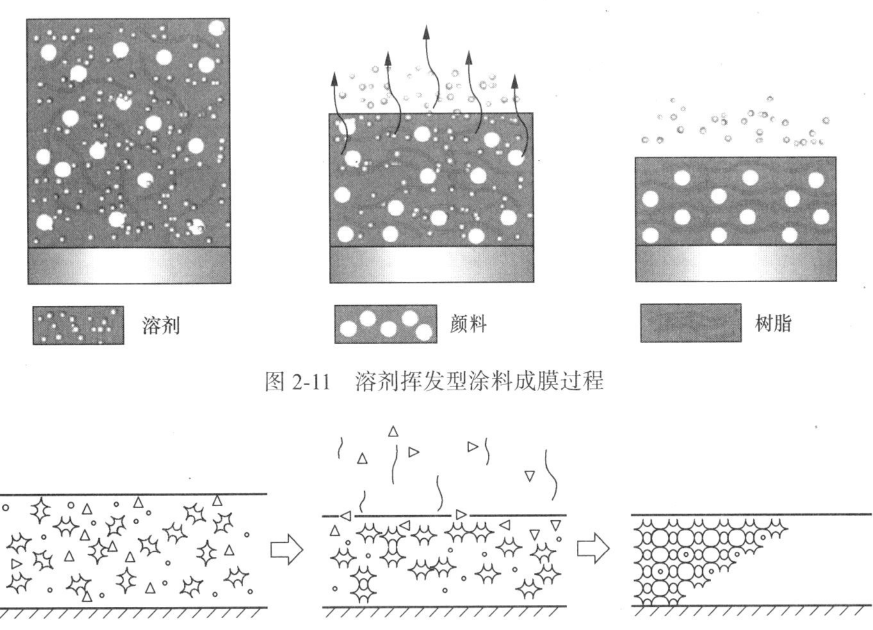

图 2-11　溶剂挥发型涂料成膜过程

图 2-12　反应型涂料成膜过程

在固化过程中，溶剂和稀释剂挥发，树脂中分子由于化学反应而逐渐结合。在完全固化以后，涂层完全没有溶剂和稀释剂。分子的化学反应结束，形成一个固态的高聚物层。

分子通过化学反应结合成三维交联结构。如果涂层具有较大、较密的交联结构，它便具有更好的涂层性能，如较高的硬度和耐溶剂性。

反应型涂料的特点是，除非向涂料施加能引起化学反应的要素，否则涂料不会开始固化。能引起化学反应的要素包括热、光、氧、水、催化剂及固化剂。在汽车修补涂装中使用的大多数反应型涂料中，固化是由于热式催化剂引起的。具体的反应包括以下几种。

（1）氧化聚合。当树脂中的分子吸收空气中的氧气从而氧化时，它们使聚合为交联结构。这种涂料很少用于汽车，因为形成交联结构的时间太长，而且粗交联结构不能产生理想的涂层性能。邻苯二甲酸酯和合成树脂混合涂料是氧化聚合涂料的两个例子，其反应机理如图 2-13 所示。

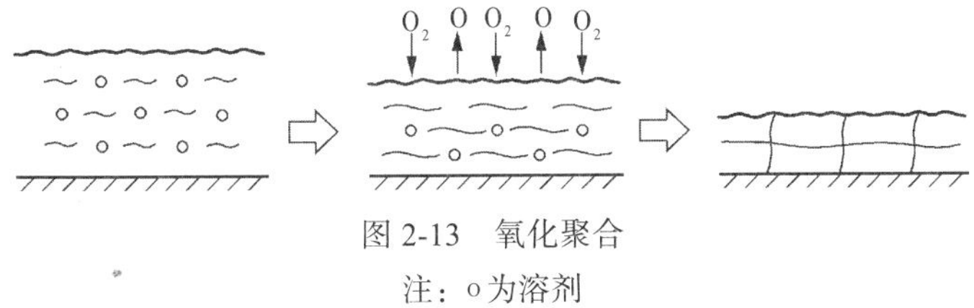

图 2-13　氧化聚合

注：o 为溶剂

（2）加热聚合。当这种涂料加热至一定温度（一般在 120℃以上）时，树脂里便发生化学反应，使涂料固化。所形成的交联结构密度很大，所以在该涂料彻底固化以后，不会溶解于稀释剂，如合成聚酯（OEM-涂料）等，其反应机理如图 2-14 所示。它广泛使用于汽车装配线上，但是在修补涂装中很少使用。这是因为，为了保护有关区域的塑料及电子零件，在重涂以前必须将它们拆下或用其他方法加以保护，以免受热影响，而大量的拆装作业势必影响作业效率。

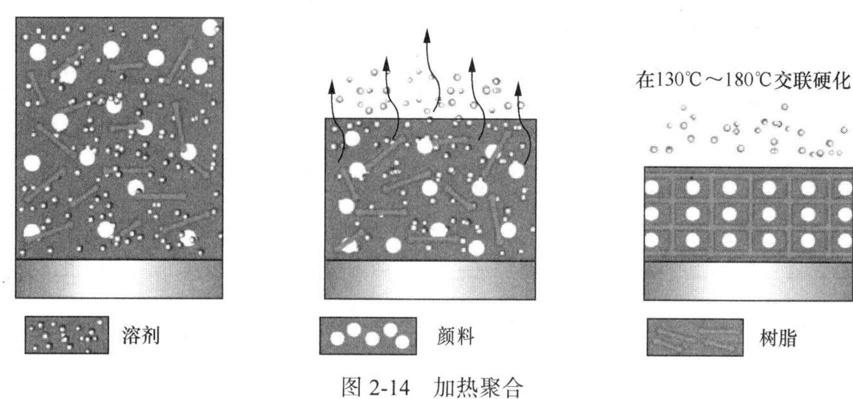

图 2-14　加热聚合

（3）双组分聚合。在这种涂料中，主要成分与固化剂混合，以便在树脂中产生化学反应，从而使涂料固化。虽然该反应可以在室温下发生，但是可以使用 60℃～70℃的中温来加速干燥过程。汽车修补涂装大多使用这种涂料，其反应机理如图 2-15 所示。有些双组分聚合涂料的性能与热聚合型相同，形成的漆膜不能再被溶剂溶解或受热熔化。

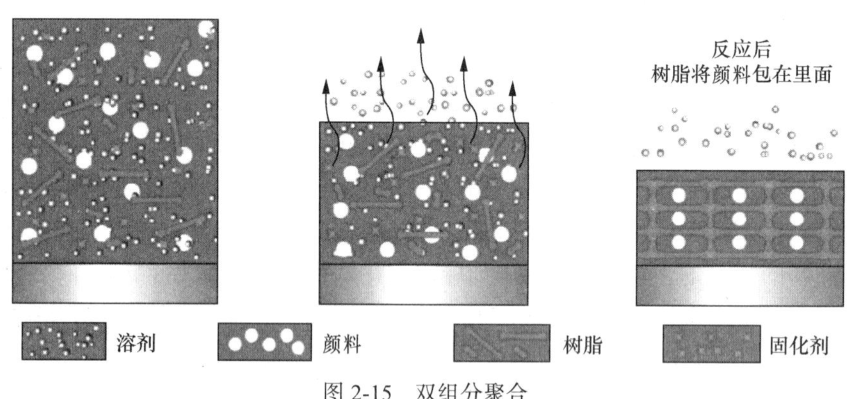

图 2-15　双组分聚合

五、涂层标准

汽车涂装属工业涂装的范畴。所谓工业涂装，即涂装工艺已形成工业生产的流程，流水作业生产，涂装过程的机械化和自动化程度较高，漆膜干燥一般采用烘干方式。汽车涂装是工业涂装的典型代表。

1. 车身涂层的类型

按面漆的施工工艺可将车身涂层分为单工序面漆、双工序面漆和三工序面漆。

（1）单工序面漆。单工序面漆也称素色漆，其涂层结构如图 2-16 所示。单工序是指面漆只施工一次即可获得颜色和光泽。形成的漆膜不仅有遮盖力（能遮盖住底漆颜色，呈现需要的颜色），还有一定的光泽度，并且还有很好的抗机械损伤能力。白色的普通桑塔纳轿车和红色捷达轿车多为单工序面漆。

（2）双工序面漆。双工序面漆通常指金属漆，其涂层结构如图 2-17 所示。双工序是指面漆需要分两次施工来获得：第一次要喷涂底色漆，底色漆为金属漆或珍珠漆，干燥以后只能提供遮盖力，展现出绚丽的金属光泽；第二次要喷涂清漆，罩光层能提供光泽度和抗机械损伤的能力。底色漆层和罩光层合起来构成面漆层，现代轿车绝大多数是双工序或多工序的面漆。

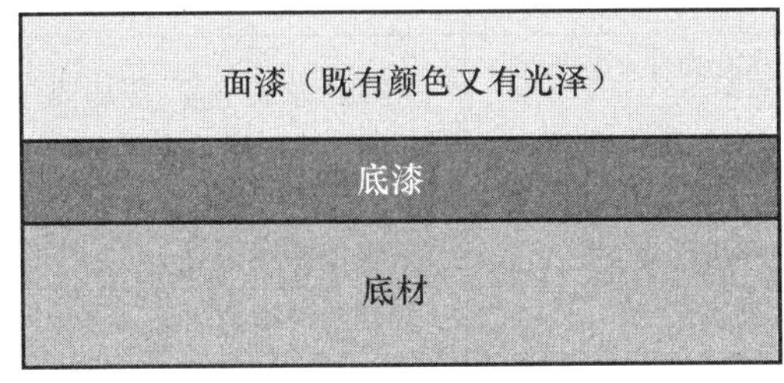

图 2-16　单工序面漆涂层结构

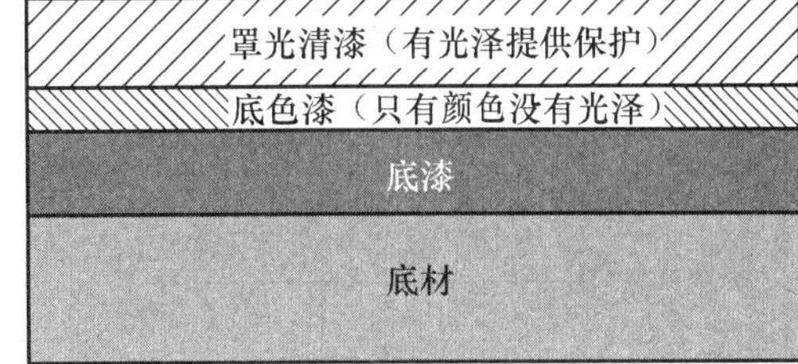

图 2-17　双工序面漆涂层结构

在进行漆膜修补时，维修技师通常使用腻子。修补后的双工序涂层结构如图 2-18 所示。

（3）三工序面漆。三工序面漆就是面漆层要分 3 次施工才能获得，通常指珍珠漆，如图 2-19 所示。施工时第一次要喷涂底色漆，这种底色漆为没有金属颗粒的素色；第二次要喷涂珍珠层，喷涂的方法和喷涂的道数要求严格，否则会影响到涂层的颜色；第三次要喷涂罩光层，喷涂方法与双工序一致。

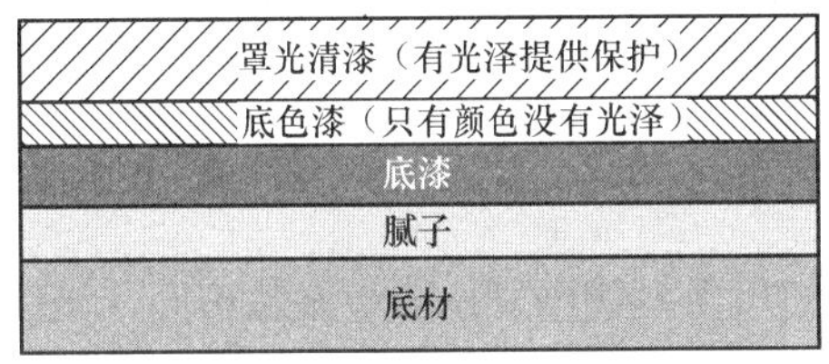

图 2-18　修补后的双工序漆涂层结构

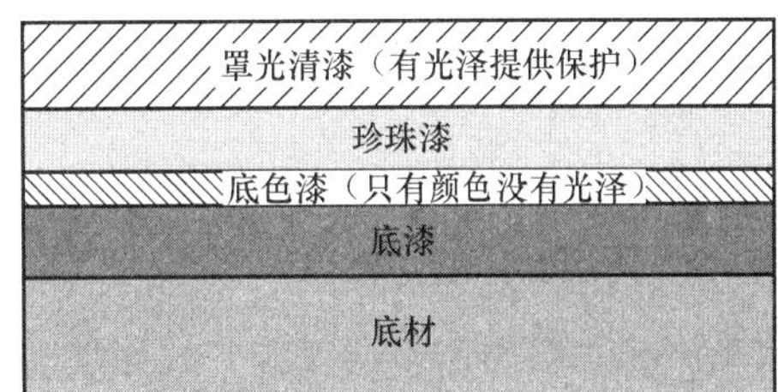

图 2-19　三工序漆膜涂层结构

2. 车身涂层的等级

根据汽车各零部件的使用条件、涂装要求、材质及结构的不同，又可将汽车车身涂层分为若干组和若干等级，见表 2-4。

表 2-4　汽车车身涂层的等级

分组	涂层名称	等　级	涂层特性及主要指标	适用对象举例
1	装饰保护性涂层	高级或甲级	DOI 0.9～1.0，S.S1000h 以上，δ100 μm 以上	中、高级轿车车身
		优质或乙级	DOI 0.6～0.8，S.S720h 以上，δ（80～100）μm	轻卡车、面包车、客车及大众化的轿车车身
		一般或丙级	DOI 0.3～0.5，S.S500h 以上，δ55μm 以上	载重汽车驾驶室、轿车车内装饰件及车身塑料件
2	保护装饰性涂层	优质，防蚀型	有光泽，外观优良，S.S500h 以上，δ50μm 以上	金属货箱
		一般，防腐型	有光泽，外观良好，防腐防蚀性良好	铁木混合货箱
3	防蚀性涂层	特优或甲级	力学性能好，S.S1000h 以上，δ30μm 以上	轿车车架、车轮等车下部件
		优质或乙级	力学性能好，S.S500h 以上，δ（20～30）μm	卡车车轮、车架等车下部件
		一般或丙级	力学性能好，S.S200h 以上，δ20μm 以上	内部件，散热器管子、弹簧等

续表

分组	涂层名称	等　级	涂层特性及主要指标	适用对象举例
4	保护性涂层	快干型	能快干或自干，S.S100h 以上，δ（20～30）μm	发动机总成车桥、传动轴总成
		防腐型	耐水性、耐酸性好	木质件
5	特种涂层	耐酸涂层	耐酸性优良，δ40μm 以上	蓄电池固定架等
		耐汽油涂层	耐汽油性优良，δ40μm 以上	油箱、油槽内表面
		耐热涂层	耐热性优良（500℃），δ 20μm 以上	消声器、排气管、汽缸垫
		防声绝热涂层	对声音振动的阻尼性好，δ（2～3）μm	车身底部下表面、夹层内
		抗崩裂涂层	抗石击、耐崩裂性优良	轿车车身的门槛以下

注：① DOI 为鲜映性（以车身水平面涂层的 DOI 值为准），S.S 为耐盐雾性，δ 为涂层的总厚度；

② 第 1、2 组涂层的耐候性也应是其主要指标，即在广州、海南岛地区晒 2～3 年或使用 3～4 年，耐候性应优良（如不起泡、不粉化、不生锈、不开裂、失光和变色不超过明显级等）。

汽车涂层标准是汽车产品设计和涂装工艺设计的依据，是涂层质量认可和现场质量检查的基准及指南。出于市场竞争的需要，各汽车公司都有自己独特的涂层标准，其质量指标往往高于国家统一标准。性能的测试方法一般是采用国际标准和国家标准方法，但也有很多是采用自己开发的，或与材料供应厂商协商确定的测试方法。各汽车集团公司的涂层标准一般属技术机密。

3. 原厂涂层结构

汽车涂装一般属于多层涂装，按涂层（coat）的层数及烘干（bake）次数不同，又可分为单层（1C1B）、双层（2C2B）、三层（3C3B）、四层（4C4B）、五层（5C5B），发展到今天的最高达 7C5B 等涂装体系。涂层的总厚度也由原来的 30～40 μm 增加到 130～150 μm，逐步实现了由低级到高级的过渡，能够基本满足汽车工业对不同档次车辆涂装的要求。汽车总装厂通常所采用的涂装系统大体上可归纳为以下几类。

① 底漆→腻子→本色面漆。

② 底漆→腻子→中间涂料→本色面漆。

③ 底漆→腻子→中间涂料→单层金属闪光漆。

④ 底漆→腻子→中间涂料→金属闪光底色漆→罩光清漆。

⑤ 底漆→腻子→中间涂料→本色底色漆→罩光清漆。

⑥ 底漆→腻子→防石击中间涂料→中间涂料→金属闪光底色漆→罩光清漆。

⑦ 底漆→腻子→中间涂料→金属闪光底漆→底色漆→罩光清漆。

⑧ 底漆→腻子→防石击中间涂料→中间涂料→金属闪光底漆→底色漆→罩光清漆。

上述涂装系统中，第①类是汽车工业发展初期所采用的涂装系统，国外基本已不采用了，但在我国一些低档车辆如载货车、农用车、公共汽车等仍在采用；第②、③类在国外被用于大型车辆如巴士、卡车等中档车上，在国内则用于小型面包车、各种微型车等中、高档车上；第④、⑤类则用于轿车的涂装中；第⑥、⑦、⑧类是最近几年发展成功的一种新型的涂装系统，其中的金属闪光底漆不同于以往的金属闪光底漆。在这一道涂层中不含着色的透明颜料，只有铝粉、珠光粉之类的闪光颜料，在底色漆中则仅仅含有某些透明的着色颜料，不含闪光颜料。采用这类涂装系统，涂层装饰性更为优越，外观显得更加美观、豪华、别致；铝粉和珠光粉的排列更为规整，闪烁均匀，立体感强。观察这类涂层时，可明显地感受到它不同寻常的丰满度、深度，其艺术感染力更为强烈。现代轿车涂装系统中，由于板材加工成型工艺精湛，腻子层多数都被取消了。

典型的原厂金属漆涂层结构如图 2-20 所示。

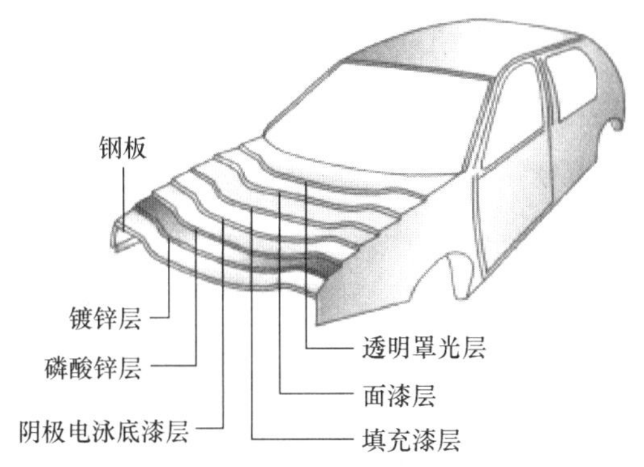

图 2-20　原厂金属漆涂层结构图

4. 原厂漆膜厚度

（1）单工序的素色漆。传统型（溶剂涂料）单工序的素色漆从底到面的总膜厚约为 80μm，其原厂图层结构如图 2-21 所示。单工序的水性漆涂层厚为 70 ~ 150μm，其涂层结构如图 2-22 所示。

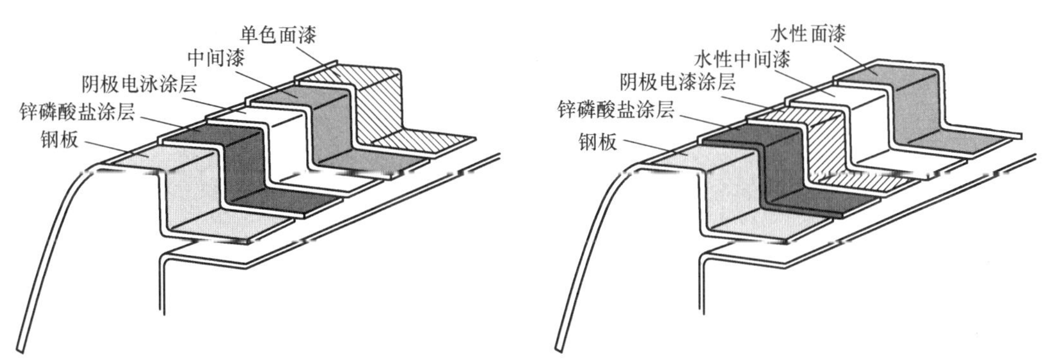

图 2-21　单工序的素色漆原厂图层结构

图 2-22　单工序的水性漆涂层结构

（2）双工序的金属漆。双工序的金属漆从金属底材到表面的总膜厚大约为 100μm，其原厂图层结构如图 2-23 所示。该漆漆膜抗刮、抗磨等机械性能好，光泽均匀。双工序的水性金属漆涂层厚为 70 ~ 150μm，其涂层结构如图 2-24 所示。

5. 修补涂装后的涂层结构

修补后的涂层是指钣金修复的表面，经涂装修复后达到与原厂漆性能相近的漆膜。修补涂装过程所用的原材料基本上为双组分的化学反应型涂料，采用室温固化或烘烤强制固化工艺。

按要求维修后漆膜厚度约为150μm（不包括腻子层），但是实际情况与维修材料和维修技师的技术水平有直接关系。图 2-25 所示为典型的修补涂装后的涂层结构。

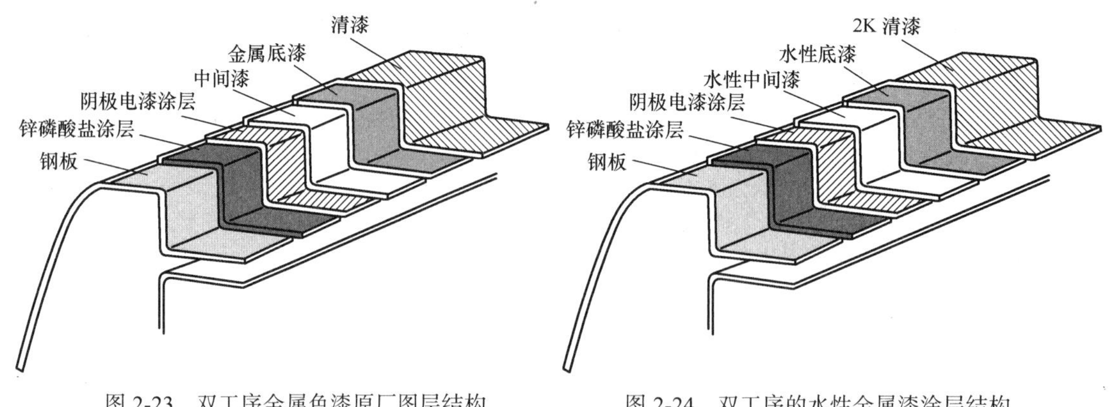

图 2-23　双工序金属色漆原厂图层结构

图 2-24　双工序的水性金属漆涂层结构

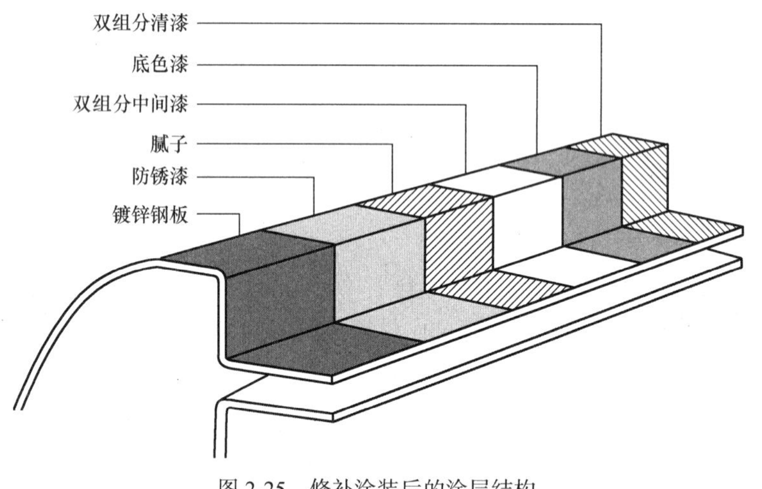

图 2-25　修补涂装后的涂层结构

技能学习

劳动保护与安全注意事项

操作前，必须牢记以下劳动安全事项。

（1）必须穿好工作服。

（2）在使用高压水清洗机时，必须穿戴好护目镜（或面罩）、橡胶手套、水鞋及防水围裙。

（3）无论何时，禁止将压缩空气气枪对着别人。

（4）无论何时，禁止将高压水清洗机喷枪对着别人。

（5）剩余的洗涤剂、门窗玻璃清洁剂等，不能随意倒掉。

一、全车清洗

全车清洗的一般方法是：先使用干净水冲洗，再用中性肥皂水或车辆清洗剂清洗，然后用水彻底冲净，再用压缩空气吹干。

当然，如果车体比较干净，而漆膜损伤区域又比较小，则可以用擦拭纸在较大范围内进行清洁处理。

1. 场地准备

（1）准备好可停放大型车辆的混凝土地坪或相当于混凝土的地坪，以使操作及排污水方便。

（2）准备好高压水源，最好使用冷热水高压泵。

（3）准备好足够长度的水管，其手柄上装有控制水流的开关。

（4）准备好适度的照明。

2. 设备与工具准备

（1）准备好一定数量的水桶、海绵或泡沫塑料、洗涤剂、门窗玻璃清洁剂、抹布、大毛巾、鹿皮等。

（2）准备好压缩空气、气管、气枪。

3. 清洗步骤

（1）连接好高压水清洗机的电源和进水管。

洗车作业用水要求清洁无污染，严禁使用未经过滤或被污染的水源，以免影响清洗效果，或对汽车外表产生损伤。但在通常情况下，只要使用自来水或符合标准的循环水即可。

（2）连接好泡沫机的压缩空气管，按规定比例从加液口加入泡沫液和水（水和泡沫液加入量通过观察泡沫机侧面的透明刻度管来确定），如图 2-26 所示。

（3）调整泡沫机的气压至规定值（泡沫机说明书建议值），如图 2-27 所示。

图 2-26 给泡沫机加泡沫液和水

图 2-27 调整泡沫机气压

（4）取出地毯清洗、晾干，清理烟灰盒、沙发坐垫等物品。

（5）关好车门窗（此操作步骤很重要）。

（6）在开始清洗汽车之前将汽车表面淋湿，这样可以大大降低划伤汽车表面的可能性。可以用高压水清洗机，调整为宽的喷射水流进行流涂。

（7）调整高压水清洗机为柱状水流，对缝隙和拐角等容易积存砂土的地方进行冲洗，特别是车轮上方的车身圆弧里，对于车轮滚动甩上来大量的泥沙和污物，一定要清洗干净。

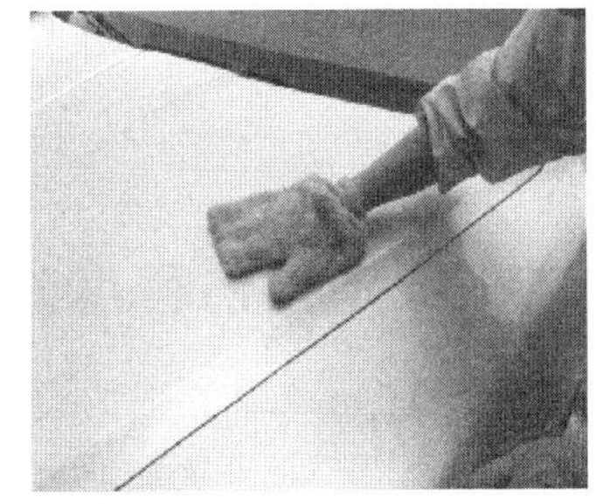

图 2-28 戴兔毛手套擦车

（8）喷涂泡沫。喷涂的泡沫要均匀、适量，喷洒泡沫的顺序应按从上到下来进行。

（9）戴好兔毛手套（或用软海绵块）擦车，如图 2-28 所示。擦车的顺序为车顶、挡风玻璃、发动机罩、保险杠、灯具、车的一个侧面（包括玻璃）、车身后部（包括玻璃、尾灯）、车身的另一侧（包括玻璃）以及车轮。

对于轮胎和门槛下缘等车体下部部位，一定要用专用的海绵或刷子单独清理，防止工具混用对车漆和玻璃造成意外损伤。必要时可配合喷水壶进行辅助喷水，如图 2-29 所示。

（10）二次冲洗。水压低，扇面大，冲掉泡沫即可。

（11）刮水。用刮水板将车身上的水膜刮干净，如图 2-30 所示。

图 2-29　用刷子清洁车轮时辅助喷水

图 2-30　刮水

（12）精细擦拭。用大毛巾及鹿皮将整个车身擦拭干净。

鹿皮在使用前一定要浸泡透、拧干后再使用，这样它的吸水性会更好。

（13）吹干。锁孔、门缝、车窗密封条、倒视镜壳、油箱盖等部位应用压缩空气辅助吹干，尤其是钥匙孔里的水分更要吹干，如图 2-31 所示。

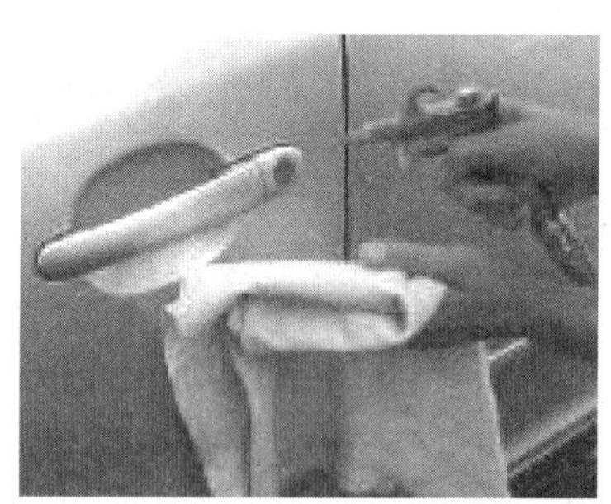

图 2-31　用压缩空气吹净缝孔内的积液

二、漆膜损伤程度的评估

车身由于碰撞造成的损伤外观较明显，关于该种损伤的分类和评价在车身钣金维修中会有详细的介绍，对于涂装维修来说不做过多要求。汽车涂装技师要掌握的是车身覆盖件的轻微变形（不需要钣金修复或者只要简单的敲打就可恢复的变形），以及车身板件的腐蚀等损伤的评估方法。

评估漆膜损伤程度的方法有目测、触摸和用直尺评估3种。

1. 目测评估

根据光照射钣金件的反射情况，来评估漆膜损伤的程度及受影响面积的大小，如图2-32所示。稍微改变人的眼睛相对于钣金件的位置，即可看到微小的变形和损伤。

目测评估车身损伤的内容主要有观察车身有无划伤、锈蚀损伤，车身覆盖件有无凹坑和凸起变形等。

（1）对于板件外表破损形成锈蚀的部位，一般都会有红色或黄色的锈渍，观察起来很简单。需要注意的是，有些锈蚀是从板材的底部开始的，尤其是经过车身修复的部位，从外表看不到锈渍，只是在板件表面有不规则的凸起。把凸起部分敲破就能看到板材的锈蚀情况了。一般情况下，已经在表面产生凸起的，基本上板材都已经被锈蚀穿了。修复锈蚀损伤时，必须要处理到金属板材，并做适当的防腐处理。

（2）观察车身覆盖件的凹坑和凸起变形。根据光线照射到不同形状板件后反射的情况进行判别。观察时目光不要与板件垂直，而是要有一定的角度，角度的大小根据光线来调整，以能看清板件表面情况为准。如果板件表面有变形，由于变形部位与良好部位反射光线不同，眼睛就会很容易地观察到变形的部位。找到损伤部位以后，要及时做好标记，便于维修。

2. 触摸评估

戴上手套（最好为棉质手套），从各个方向触摸受损的区域，但不要施加任何压力。触摸的时候要将注意力集中在手掌上的感觉，以感觉来评定不平度及漆膜损伤情况。为了能准确地找到受影响区域的不平整部分，手的移动范围要大，要包括没有被损坏的区域，而不是只触摸损坏的部分。此外，有些损坏的区域，手在向某个方向移动时，可能比向另一个方向移动时更易感觉到。如图2-33所示。

图2-32　目测评估漆膜损伤程度

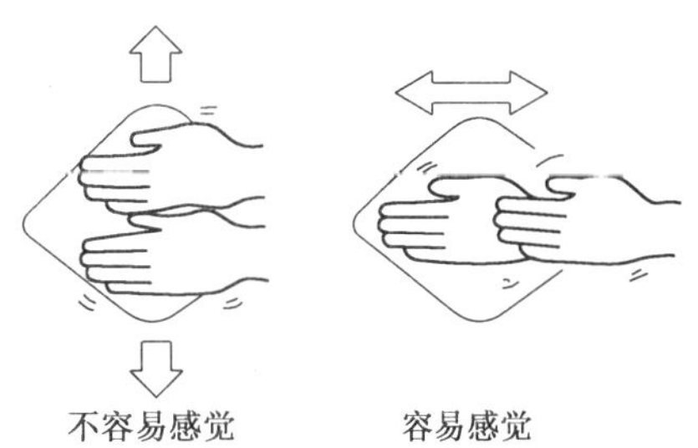

图2-33　用触摸法评估损伤程度

3. 用直尺评估

将一把直尺放在车身与损伤区域对称的没有被损伤的区域上，检查车身与直尺间的间隙；然后将直尺放在被损伤的车身钣金件上，评估被损伤的和未被损伤的车身板之间的间隙相差多少，以此来判断损伤的情况，如图2-34所示。

在用直尺进行评估时，如果损坏件有凸出部分，则将影响评估操作，此时可用冲子或鸭嘴锤，将凸起的区域敲平或稍稍低于正常表面，如图2-35所示。

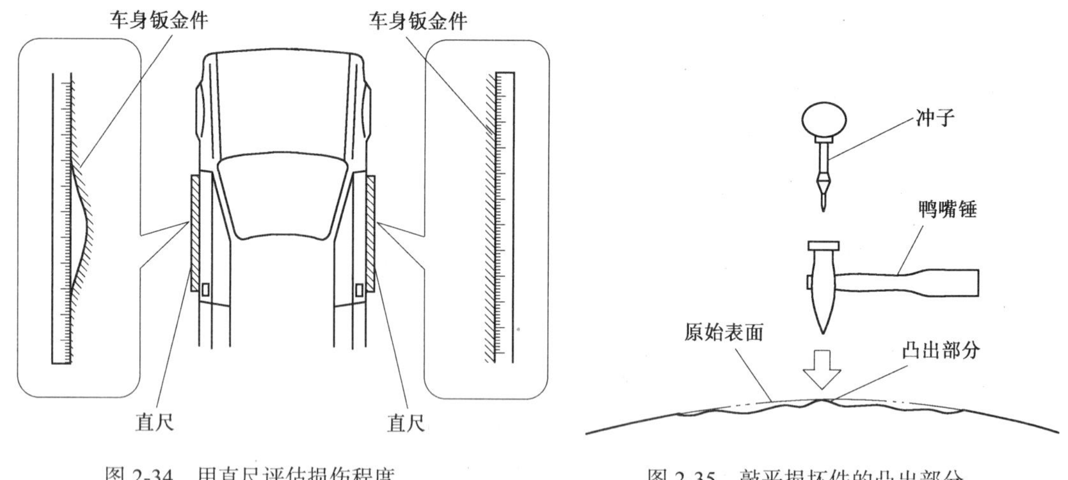

图 2-34　用直尺评估损伤程度

图 2-35　敲平损坏件的凸出部分

实际评估时，通常是综合运用各种方法，以获得准确的评估结果。评估过程中，一定要随时做好记录，以便为后续维修方案的制订提供依据。

三、不同结构涂层的鉴别

1. 观察法

因为单工序面漆（素色漆）中没有金属颗粒，只有颜料，如红、白、黑、偏黄白等，所以漆膜外观看上去没有金属闪烁感。同时，由于面漆之上没有罩光层，立体感不强，即从各方向观察到的颜色基本一致。

多工序面漆多为金属漆，底色漆中含有金属及金属氧化物颗粒，如铜、铝、氧化铜等，经阳光反射后，色彩斑斓。加上透明的罩光层对光线的折射作用，使漆面富有立体感。如果角度合适还会发生光线干涉现象，使漆膜更加耀眼夺目。

2. 打磨法

（1）工具准备。准备好 P2000 水磨美容砂纸、喷水壶、抹布等。

（2）操作步骤如下。

① 在车身涂层上选一块不显眼的位置，如车门、油箱盖、后备箱盖等处的内侧。用 P2000 抛光砂纸轻轻打磨。打磨时一定要加水湿磨，因为干磨下来的清漆也呈现灰白颜色，不容易分辨。加些水湿磨后，磨掉的清漆就不会显示颜色了。

② 观察打磨后砂纸上附着的涂料颜色，如果是带颜色的（与车身漆色相同），说明面漆是单工序的；如果打磨后砂纸上没有颜色，说明面漆是双工序的，打磨下来的是罩光层，如图 2-36 所示。

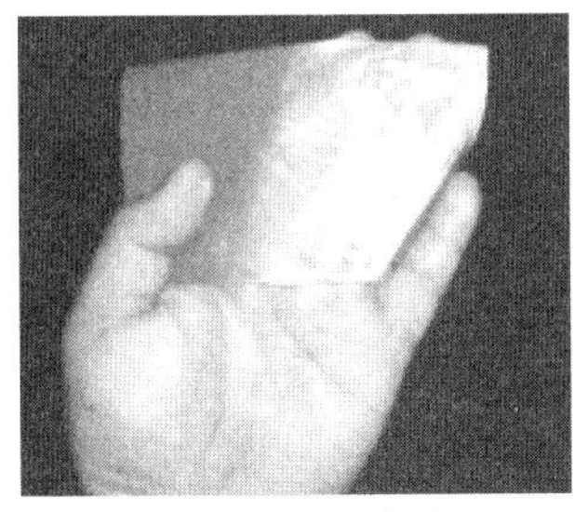

（a）打磨后有颜色

（b）打磨后没有颜色

图 2-36 用打磨法判断面漆层结构类型

四、不同类型面漆的鉴别

1. 溶剂擦拭法

用普通的硝基稀释剂在原涂层上进行涂抹擦拭，通过观察有无溶解现象判别原涂层是否为溶剂挥发干燥型涂料。

检查时，使用白色的除油布浸适量的硝基稀释剂在破损涂层周围或车身隐蔽处轻轻擦拭。如果原涂层溶解，并在布上留下颜色痕迹，则说明原涂层属于溶剂挥发干燥型，如图 2-37 所示。如果原涂层不溶解，则说明原涂层属于烘干型或双组分型漆。丙烯酸聚氨酯型漆层不易溶解，但稀释剂会减少漆面光泽。若原涂层为自然挥发干燥型涂料，则在修补喷涂时要充分考虑新涂层中的溶剂成分会溶解原涂层，造成咬底等漆膜故障。

2. 加热判定法

加热判定法用来判别原涂层是热固性还是热塑性。如果原涂层为热塑性涂料，则在修补喷涂时应选用同类型的涂料，或将旧涂层完全打磨掉后再进行涂装。用红外线烤灯对测试板进行加热（注意控制加热温度，过热易损伤漆膜），如图 2-38 所示，如果漆面有软化现象则可证明为热塑性涂料。

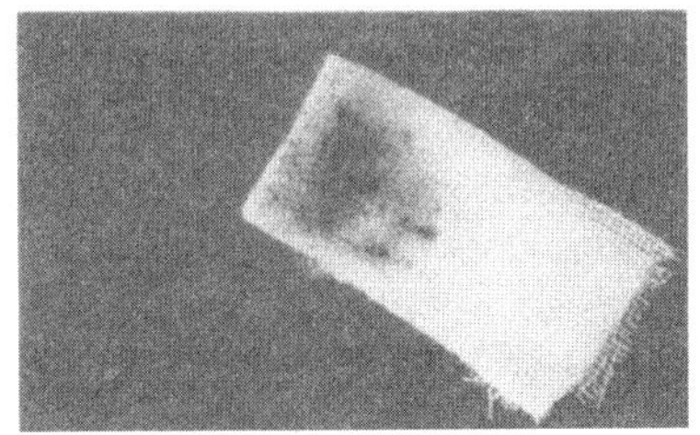

图 2-37 用溶剂涂抹法确定车身原有涂层类型

图 2-38 用加热法判定漆膜类型

3. 硬度测定法

由于各种面漆干燥后漆膜的硬度不同，大体上看双组分漆和烘干漆硬度较高，而自干漆硬度较低。标准做法为使用硬度计进行测量。

4. 厚度测试法

由于各种面漆的性质不同，其涂层厚度是不一样的，所以可通过用膜厚仪测定漆膜厚度来判定面漆的大致类型，但是这种方法测定结果不是十分准确，它更多的是用来检测漆膜的损伤。因为修补过的涂层厚度基本都会超过 150μm，要比原厂漆膜厚，这种方法不会损伤漆面。膜厚仪如图 2-39 所示。

图 2-39　膜厚仪

5. 计算机检测仪法

利用计算机调色系统可直接获得原车面漆的有关资料，这是目前涂装行业中普遍使用的检测方法。此方法方便快捷，只需利用原车车身加油口盖，通过仪器很快就能准确无误地判别面漆的类型。

判断漆面的类型是为了便于进行维修时选用合适的材料，表 2-5 列出了各种类型的原有涂层和能够涂敷在这些涂层上的面漆的配套性。

表 2-5　原有涂层与修补涂料的配套性

新喷面漆	原有涂层					
	醇酸磁漆	聚丙烯漆	聚丙烯磁漆	聚氨酯磁漆	聚丙烯聚氨酯漆	聚丙烯聚氨酯磁漆
醇酸磁漆	○	●	○	○	●	○
聚丙烯漆	○	●	●	○	○	○
聚丙烯磁漆	○	●	●	○	○	○
聚氨酯磁漆	●	●	●	○	○	○
聚丙烯聚氨酯漆	●	●	●	○	○	○
聚丙烯聚氨酯磁漆	○	○	○	○	○	○

注：○表示能够重新涂装；●表示重新喷涂前，必须使用特定的封闭涂料。

五、汽车是否经过漆膜修补的判定

1. 打磨法

用打磨法判定汽车是否经过漆膜修补的步骤如下。

（1）裁一小块砂纸（粒度为 P60）。

（2）在漆膜受损区域内选一小块漆面，用打磨块配合对漆膜进行打磨，直到露出金属，如图 2-40 所示。

（3）通过涂层的结构可以看出这辆汽车过去是否经过修补涂装。图 2-40 中左边的面漆单一均衡，表示未曾补涂过；而右边的面漆明显分层，或因曾喷涂过与原车不一样面漆，漆膜呈现不同颜色的两层面漆层，由此可以判断为过去曾补涂过。

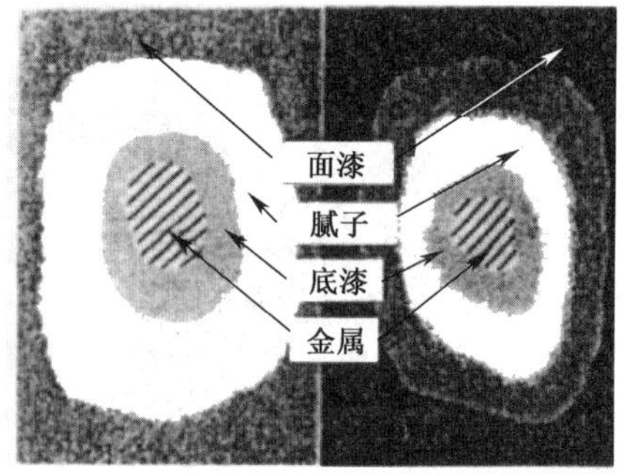

图 2-40　用打磨法判定是否做过修补涂装

2. 测量涂层厚度法

用膜厚仪测量车身涂层厚度，如果涂层厚度大于新车涂层的标准厚度，说明这辆汽车曾经进行过修补涂装。

任务二 表面预处理

【学习目标】

1. 能够准备与任务相关的工具、仪器、设备和工作场所。
2. 能够正确描述清除旧漆膜的目的。
3. 能够正确描述对不同漆膜损伤的处理要求。
4. 能够用砂纸（或与磨块配合）清除旧漆膜。
5. 能够正确使用打磨机进行除旧漆膜的操作。
6. 能够手工或使用电、气动工具清除钢板表面的锈蚀。
7. 能够注意培养良好的安全、卫生习惯与团队协作意识。
8. 能够检查、评价和记录工作结果。

任务分析

汽车清洗好后，要仔细检查车身漆面，寻找漆膜破损迹象，如气泡、龟裂、脱落、锈蚀以及在烤补、气焊等修理过程中引起的部分损坏。

对于上述破损，必须将旧漆膜清除掉，清除程度可根据旧漆膜的损坏程度和重新涂装后的质量要求，进行全部或部分清除。对于有些漆膜损伤，必须经底处理（清除损坏的旧漆膜和做羽状边等），以达到可以进行后续工作（如打腻子、喷底漆等）的状态，如图 2-41 所示。表面预处理的一般流程如图 2-42 所示。

图 2-41　对漆膜损伤进行底处理

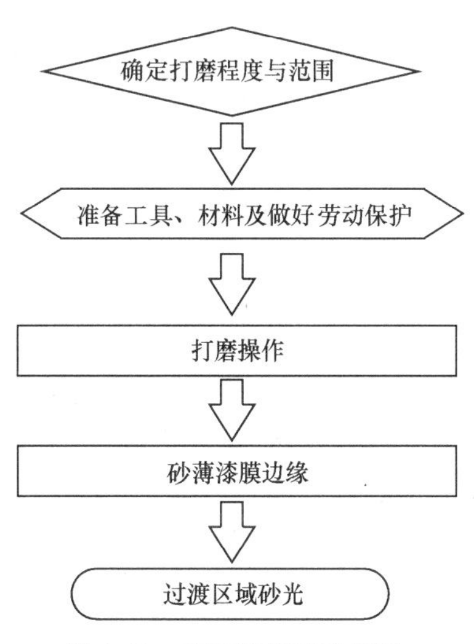

图 2-42　表面预处理流程图

相关知识

一、不同程度漆膜损伤的处理要求

对于损伤漆膜的处理原则是，损伤到哪一层，即处理到哪一层。

（1）如果损伤仅限于面漆层，打磨时只要将损坏部分磨掉即可。

（2）如果损伤到了中涂层，则需打磨到原厂底漆层。因原厂底漆性能非常好，所以打磨时一定注意尽量保留完好的原厂底漆。

（3）如果损伤到了原厂底漆层，则需打磨到露出底板表面，并对底材表面可能存在的锈蚀、穿孔等进行修复。

（4）对于严重漆膜损伤，通常需要在较大面积区域内清除旧漆膜至裸金属（板材表面）。

二、底处理所需的工具、设备与材料

1. 砂纸

砂纸是汽车维修中经常使用的打磨材料，用于除锈，砂磨旧涂层、腻子及中涂底漆等。图 2-43 所示是典型的干磨砂纸的结构，是将各种不同粒度的磨料通过黏结层粘于基材上，制成各种规格的砂纸。通常基材为纸质材料时称为砂纸，基材为布质材料时称为砂布。磨料黏结的牢固程度是砂纸质量的一个重要标志。操作人员选择合适的砂纸规格并正确使用砂纸才能产生最佳效果。

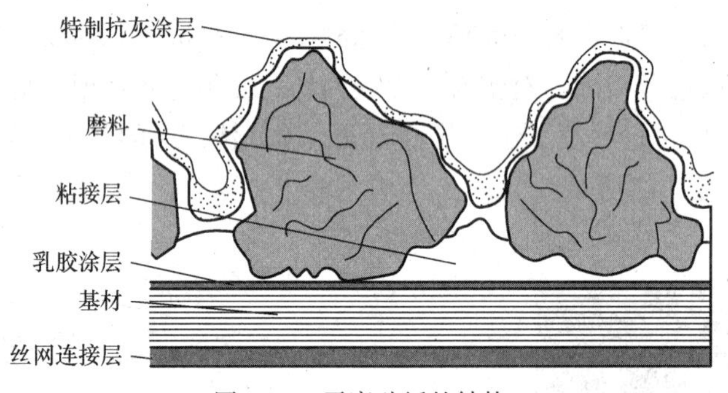

图 2-43　干磨砂纸的结构

（1）磨料。制造砂纸的磨料根据原料可分为氧化铝（刚玉）、碳化硅（金刚砂）和锆铝 3 种。根据磨料在基材上的疏密分布情况可将砂纸分为密砂纸和疏砂纸两种，密砂纸上的磨料几乎完全粘满磨料面，疏砂纸上的磨料只占磨料面积的 50% ~ 70%。

颗粒的大小称为粒度，颗粒的直径称为粒径。通常用粒径来表示粒度。通常只有圆球形的几何体才有直径，而实际测量的磨料形状各异，是不存在真实直径的。因此，在粒度分布测量过程中所说的粒径并非颗粒的真实直径，而是虚拟的等效直径。等效直径是当被测颗粒的某一物理特性与某一直径相同的球体最相近时，就把该球体的直径作为被测颗粒的等效直径。因此，用不同原理设计的粒度测量方法的数据经常有较大的差异。

（2）砂纸的规格与用途。砂纸的规格用其上面磨料的大小表示，一般标注在砂纸的背面，用“F”和“P”表示，如“F60”“P80”等。F 是固结磨具用磨料的粒度标准，P 是涂附磨具的标准。磨料的粒度越大砂纸越粗，适合进行要求不高的粗打磨，主要用来处理缺陷、打磨形状等。磨料的粒度越小砂纸越细，适合进行精细打磨，主要用来进行喷涂前的修整和处理喷涂后的涂层缺陷。

各国的砂纸粒度划分不是完全一致的，欧洲标准为 PEPA、美国标准为 ANSI、日本标准为 JIS 等。

（3）砂纸的分类。砂纸可分为水磨砂纸和干磨砂纸两类。

① 水磨砂纸。水磨砂纸是汽车修理厂最常用的砂纸之一，其大小规格约 23 cm × 28 cm，其正面与背面如图 2-44 所示。根据修理作业的不同及打磨部位的形状、大小的不同，可以将砂纸裁成适合打磨需要的尺寸。使用水磨砂纸进行的湿磨应先浸水，使砂纸完全浸湿，这样可防止因为手工打磨折叠而引起的脆裂。特别是冬天气温低时，应用温水浸泡砂纸，以防止砂纸脆裂。

图 2-44　水磨砂纸

② 干磨砂纸。汽车修补涂装中所使用的干磨砂纸多为搭扣式（也称粘扣式）砂纸。目前国内市场上搭扣式砂纸以进口为主，需与电动或气动研磨机配套使用。干磨砂纸根据制作工艺不同可分为搭扣式干磨砂纸、干磨砂网和三维打磨材料；根据作用不同可分为干磨砂纸和漆面干研磨砂纸。干磨砂纸的形状有圆形和方形，圆形直径尺寸多为 12.7 cm 和 15.24 cm。

a. 搭扣式干磨砂纸。搭扣式干磨砂纸一面有丝网连接层，俗称快速搭扣，可以跟打磨头快速粘接和分离。一般圆形砂纸圆周均匀分布 8 小个孔，中心有 1 个大孔；方形砂纸在长边边缘均匀分布 8 个孔，如图 2-45（a）所示。在将砂纸粘贴到打磨头上时，一定要保证砂纸上的圆孔与打磨头上的孔相吻合，确保吸尘效果良好。砂纸规格一般为 P60 ~ P500，用于除油漆、金属打磨等。漆面研磨砂纸用于清除漆面的粗粒、桔皮等，砂纸规格一般为 P600 ~ P1500。

b. 干磨砂网。干磨砂网是干磨设备制造商 Mirka 公司的专利打磨产品。它是将不同规格的磨料粘接到网状的基材上制成的打磨工具。干磨砂网的规格与干磨砂纸一样，形状有圆形和方形。与干磨砂纸不同的是，它的吸尘通路更大，吸尘效果更好。干磨砂网如图 2-45（b）所示。

c. 三维打磨材料。三维打磨材料是研磨颗粒附着在三维纤维上形成的打磨材料。这类材料有非常好的柔性，适合打磨外形复杂或特殊材料的表面，可用于各种条件下的打磨。如菜瓜布（百洁布）就是三维打磨材料中的一种，如图 2-45（c）所示，主要用于塑料件喷涂前的研磨、驳口前对漆膜的研磨、板件背面的打磨以及修补前去除漆膜表面的细小缺陷等。

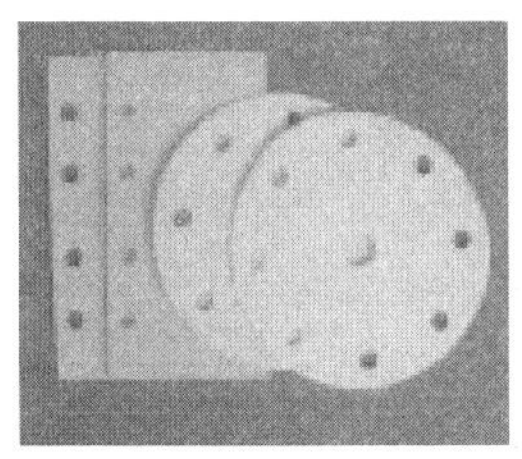
（a）搭扣式干磨砂纸

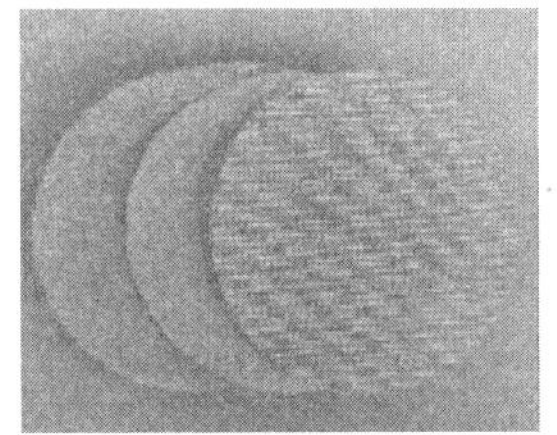
（b）干磨砂网

（c）三维打磨材料中的菜瓜布

图 2-45　干磨砂纸

百洁布有不同的颜色，以代表不同砂纸的料度型号。通常，红色百洁布相当于 P320 ~ P400 的水磨砂纸，灰色百洁布相当于 P800 ~ P1000 的水磨砂纸。

③ 干磨砂纸与水磨砂纸号数的比较。一般来说，在进行打磨操作时，采用干磨砂纸打磨对砂纸的号数要求较严格，不同号数砂纸间的过渡要合理，号数变化不要超过 100。与水磨砂纸相比，相同号数的干磨砂纸用机器法打磨后的痕迹要比水磨砂纸小得多。打磨效果相同时，采用干磨砂纸与水磨砂纸的对比，见表 2-6。

表 2-6　采用干磨砂纸与水磨砂纸的对比

砂纸种类	粗细对比									
干磨砂纸	P60	P80	P120	P150	P180	P240	P280	P320	P360	P400
水磨砂纸	P150 ~ P180	P180 ~ P220	P240 ~ P280	P280 ~ P320	P320 ~ P360	P40 ~ P500	P500 ~ P600	P600 ~ P800	P800 ~ P1000	P1000 ~ P1200

2. 打磨垫

无论是使用水磨砂纸还是干磨砂纸进行打磨操作时，尽量不要直接用手握住砂纸直接打磨，因为那样会使打磨的质量无法得到保证。与砂纸配套的打磨垫是用砂纸打磨工件操作中必不可少的工具，分为手工打磨垫和研磨机专用托盘。

（1）手工打磨垫。手工打磨垫（也称磨块）分水磨垫和干磨垫（手刨）。水磨垫有硬橡胶打磨垫、中等弹性橡胶垫和海绵垫等几种。目前，由于汽车维修业迅速发展，打磨垫由过去的操作人员自己制作，发展到市场上已开发出了各种需要的专用打磨垫。

① 硬橡胶打磨垫。使用硬橡胶打磨垫时要外垫水磨砂纸。该打磨垫一般用于湿磨腻子层，把高凸的腻子部分打磨掉，使表面达到平整的要求，如图 2-46（a）所示。其长短、大小对磨平腻子层有一定的影响。自制的打磨垫一般取厚度为 2 ~ 3 cm 的橡胶块，将其裁剪成 11.5 cm × 5.5 cm 的长方形，此打磨块适用于一张水磨砂纸竖横裁剪成 4 份，即尺寸为 11.5 cm × 14 cm，既有利于砂纸的充分利用，又灵活方便，是汽车维修业施工人员较普遍使用的操作工具。对于大面积波浪形物面的腻子层可适当使用加长的打磨垫（也可用平整的水浸不易变形的木板代替）。

② 中等弹性橡胶垫。中等弹性橡胶垫是一种辅助打磨工具，利用它的柔软性，外包水磨砂纸打磨棱角和形状多变部位。市场上，大部分中等弹性橡胶垫分两面，一面是中等弹性橡胶，另一面是硬质塑料，兼具硬打磨块和中等弹性磨块的功能，如图 2-46（b）所示。

③ 海绵垫。海绵垫适用于漆面处理，如抛光漆面前垫细水磨砂纸磨平颗粒、桔皮等，不易对漆面造成大的伤害。还有，将抛光砂纸与 3 mm 厚海绵粘接成一体，制成打磨块，进行抛光等精细研磨操作。海绵垫如图 2-46（c）所示。

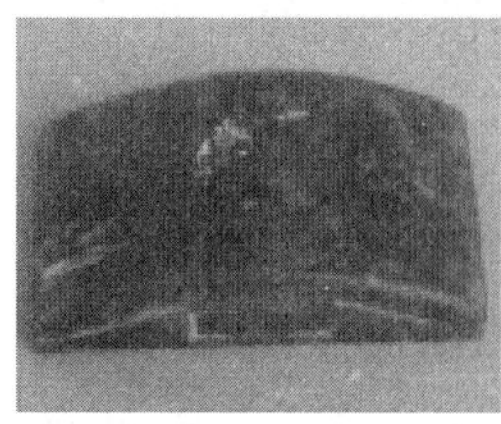

（a）硬橡胶打磨垫

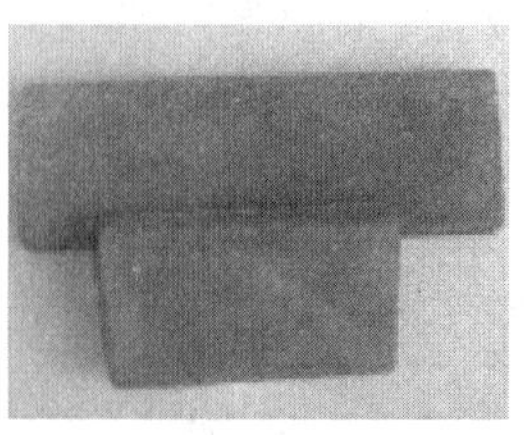

（b）中等弹性橡胶垫

（c）海绵垫

图 2-46　手工打磨垫

④ 干磨手刨。干磨手刨是用来干磨的手工打磨垫，可以与搭扣式干磨砂纸或干磨纱网配合使用，形状为方形，根据实际工作需要有大、中、小各种不同的规格，如图 2-47 所示。干磨手刨握持舒适，操作方便。它最大的优点是能够与吸尘器连接，将打磨掉的粉尘收集起来，安全环保。它可以在一定程度上弥补机器打磨不够灵活机动的缺点，操作方法更接近手工水磨。

图 2-47　干磨手刨

（2）研磨机专用托盘。用于电动、气动研磨机的打磨垫称为研磨机专用托盘。根据功能的不同，研磨机专用托盘分为以下两种。

① 快速搭扣式干磨托盘。此托盘由高密度海绵材料制成，硬度适中，通过内六角螺栓与打磨头连接，配合干磨砂纸，特殊表面设计能紧扣砂纸，装卸快速、方便、牢固，打磨时省时省力。由 Festool 公司喷射流专利技术设计的九孔磨垫，其对流通道的设计能够显著增强吸尘效果，延长砂纸使用寿命，使砂纸消耗降低 30%。干磨托盘的外形及托盘内气流路线如图 2-48 所示。

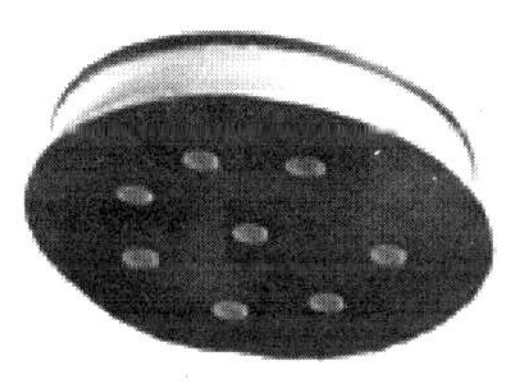

（a）托盘外形

（b）托盘内气流路线

图 2-48　干磨托盘

② 软托盘。软托盘安装在干磨托盘与搭扣式漆面干研磨砂纸之间，主要用于中涂底漆打磨等后续较细的研磨。软托盘如图 2-49 所示。

3. 无尘干磨系统

无尘干磨系统由集尘系统、辅助系统、打磨机、空气管路和手工辅助工具与材料组成。

（1）集尘系统。集尘系统有中央吸尘系统、分离式吸尘器和简易吸尘袋等几种。

① 中央集尘系统如图 2-50 所示。集尘主机通过空间布置的压缩空气供气管路、空间布置的集尘管路和电源线路与悬挂功能单元相连接。悬挂功能单元的数量要根据集尘主机的功率来选择，这样才能保证良好的集尘效果。中央集尘系统适合大型的汽车车身维修企业。

图 2-49　软托盘

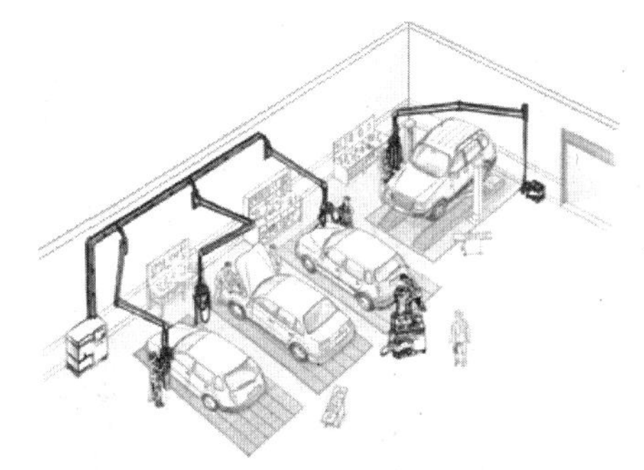

图 2-50　中央集尘系统

② 可移动式吸尘器如图 2-51 所示。可移动式吸尘器移动方便，灵活性强，吸尘效果好。一台吸尘器最多可以保证两台打磨机工作，是一般维修站车身维修打磨工位的理想配置。

③ 简易吸尘袋一般与专用打磨头配套使用，如图 2-52 所示。它方便灵活，不受场地限制，但是吸尘效果稍差。

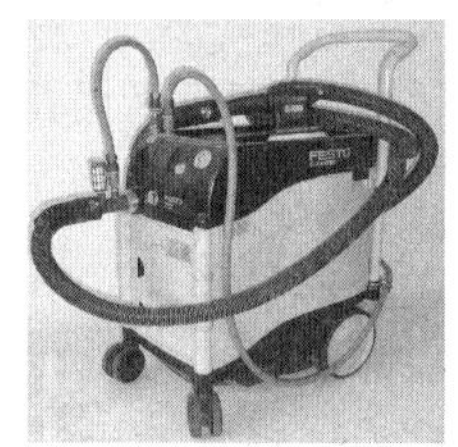

图 2-51　可移动吸尘器

图 2-52　简易吸尘袋与专用打磨头配套使用

（2）悬挂功能单元。悬挂功能单元具有净化压缩空气、自动润滑系统及远程控制等功能。它通过摇臂固定，使用方便，占用空间少。它的一端与吸尘系统相连，另一端通过供气管路、集尘管路和电源线与打磨工具连接，如图 2-53 所示。

图 2-53　悬挂功能单元

（3）打磨机。打磨机是利用电或压缩空气作为动力源，带动砂纸等研磨工具，对工件需要修整部位进行研磨操作的工具。使用打磨机明显减少了操作者的工作量，提高了工作效率。为了适应汽车车身维修发展的需要，打磨机生产企业不断设计出各种形式和型号的产品，使车身维修工作变得越来越轻松。

① 打磨机种类。打磨机可以利用电力驱动，也可以利用压缩空气驱动。电动打磨机与气动打磨机的外形如图 2-54 和图 2-55 所示。

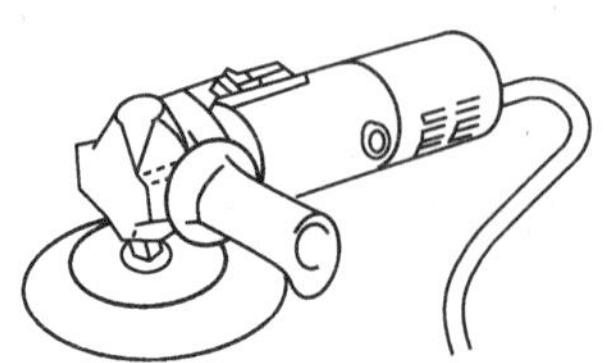

图 2-54　电动打磨机

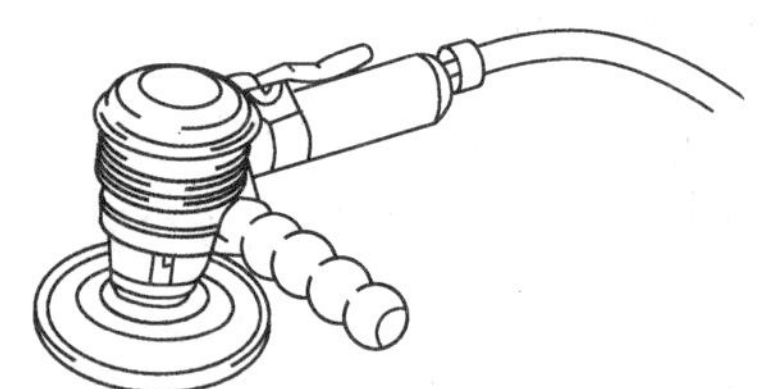

图 2-55　气动打磨机

由于涂装车间内有易燃物品，要尽量减少电动工具的使用，所以主要采用利用压缩空气驱动的气动打磨机。气动打磨机主要有单作用式、轨道式、双作用式、往复直线式 4 种类型。

a. 单作用式打磨机。打磨盘垫绕一固定的点转动，砂纸只作单一圆周运动，称为单一运动圆盘打磨机或单作用式打磨机，如图 2-56 所示。这种打磨机的扭矩大。低速打磨机主要用于磨去旧涂层，钣金打磨机就属于这类打磨机；高速打磨机主要用于漆面的抛光，也就是抛光机。

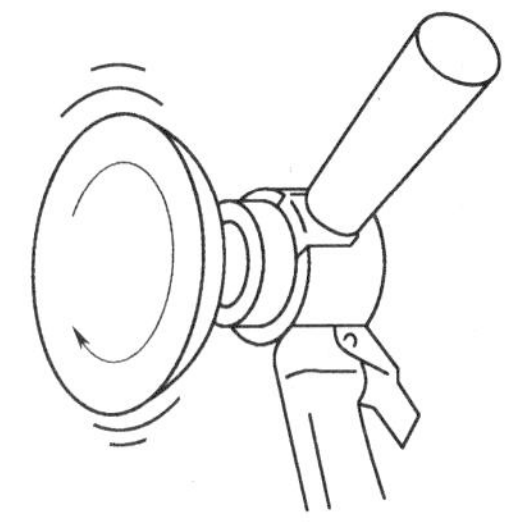
图 2-56　单作用式打磨机

使用单作用式打磨机除旧漆膜时，由于磨头中心没有切削力，主要是靠旋转力切削，故与旧漆膜的接触方式应如图 2-57 所示，保持与漆膜表面成 15°～20° 的夹角；除此之外，压力不能过重。但用于腻子和中涂底漆表面打磨时，由于要求获得平滑的表面，故磨头须平贴于表面。

由于打磨机转速非常高，使用时一定要牢牢握持住打磨机，以避免脱手的危险。

单作用式打磨机由于只做旋转运动，打磨痕为大圆弧形，且较深，故不适用于精细打磨，如图 2-58 所示。

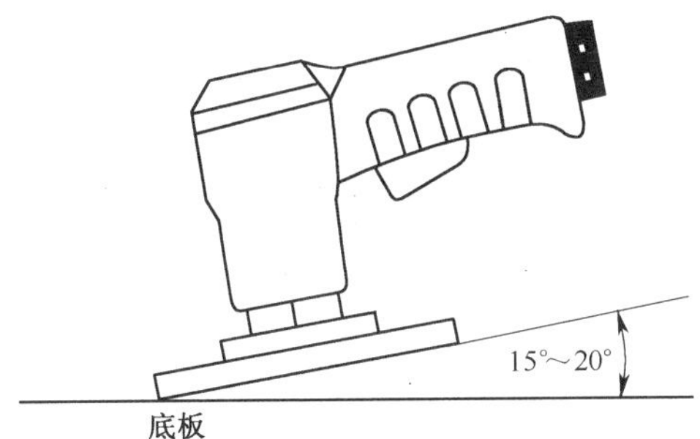

图 2-57　单作用式打磨机的使用方法示意图

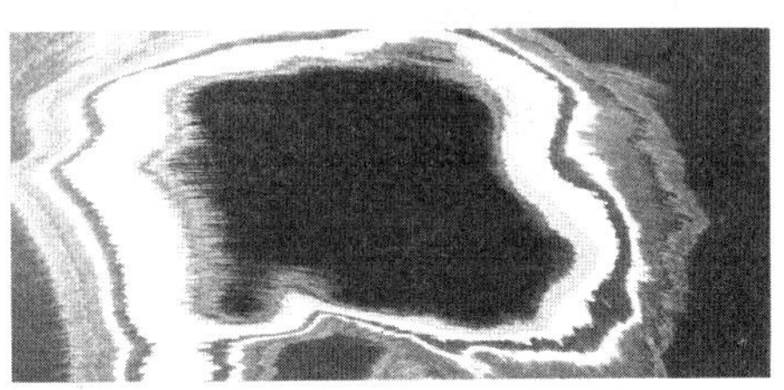
图 2-58　单作用式打磨机的打磨痕

b. 轨道式打磨机。轨道式打磨机的砂垫外形都呈矩形，便于在工件表面沿直线轨迹移动，整个砂垫以小圆圈振动。该类打磨机可以根据工件表面情况采用各种尺寸的砂垫，以提高工作效率，轨迹直径亦可改变。它主要用于腻子的打磨。轨道式打磨机如图 2-59 所示。

轨道式打磨机由于磨头只做小圆圈振动，故打磨痕为小圆弧形，较浅，如图 2-60 所示。

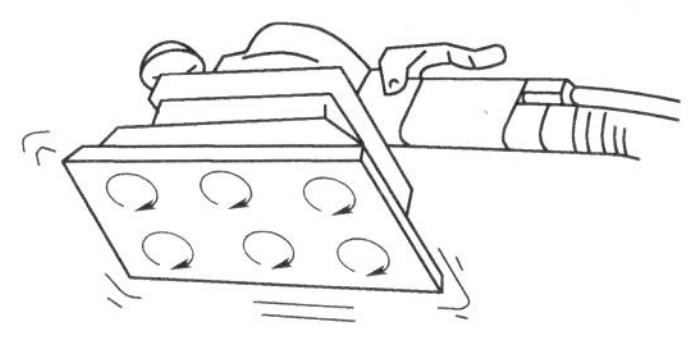
图 2-59　轨道式打磨机

图 2-60　轨道式打磨机的打磨痕

c. 双作用式打磨机（也称为偏心振动式、双轨道式、双动式等）。打磨盘垫本身以小圆圈振动，同时又绕其自身的中心转动，因而兼有单运动及轨道式打磨机的运动特点，如图 2-61 所示。其切削力比轨道式打磨机强。在将该种打磨机用于平整表面或初步打磨时，要考虑轨道的直径。轨道直径越大，打磨越粗糙；反之，打磨越细腻。

双作用式打磨机由于磨头既做旋转运动又做小圆圈振动，故打磨痕为大小交错的圆弧形，较浅，如图 2-62 所示。

图 2-61　双作用式打磨机

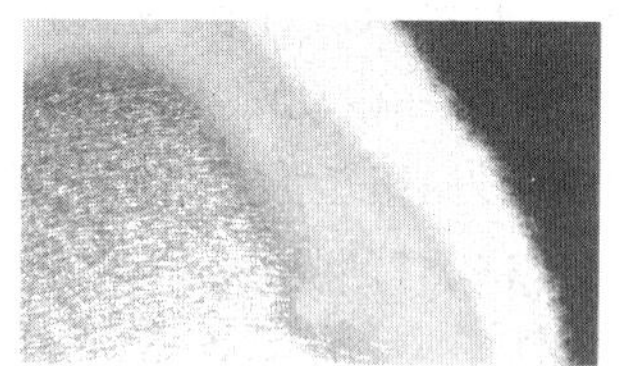

图 2-62　双作用式打磨机的打磨痕

d. 往复直线式打磨机。砂垫做往复直线运动的打磨机，称为往复直线式打磨机，主要用于车身上的特征线和凸起部位的打磨。

电动打磨机的类型与气动打磨机基本相同。但有一种电动打磨机与气动打磨机的区别较大，称为锐角打磨机（简称角磨机），如图 2-63 所示。因为有保护罩，所以打磨时只能以锐角接触板件表面。它主要用于打磨严重的锈蚀、焊缝及旧漆膜较厚处。图 2-64 所示为锐角打磨机的使用。

图 2-63　锐角打磨机

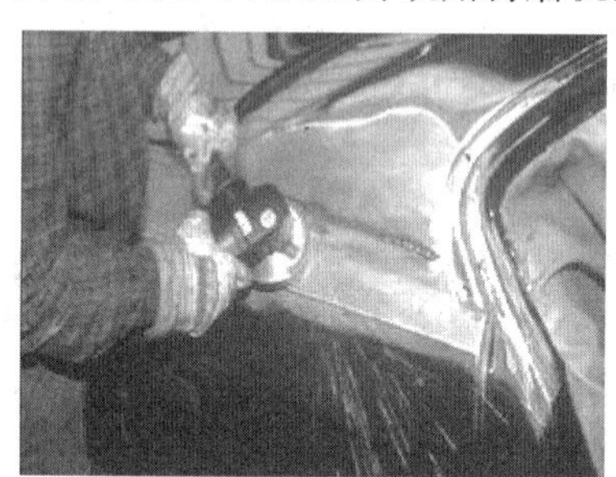

图 2-64　锐角打磨机的使用

锐角打磨机切削力较大，速度快，因而打磨痕非常深，如图 2-65 所示。

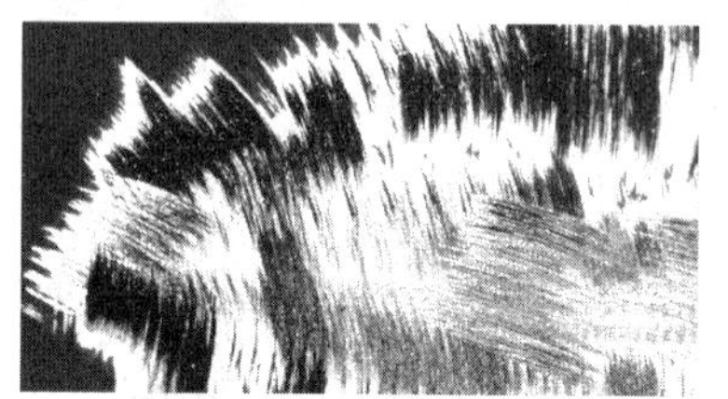

图 2-65　锐角打磨机的打磨痕

② 打磨机的选择。选择电动式打磨机时，首先应根据操作者的体力，选择大小适宜的打磨机，否则，太大则操作者易疲劳，不能持续作业，太小则工作效率低；然后再选择转速稳定、输出力量大、振动小的打磨机。

打磨头的形状有两种，如图 2-66 所示。其中，有倒角的那种打磨头使用起来比较方便，对于板件的边角及滑槽的边缘均能进行很好的打磨。

打磨头尺寸的大小选择应视打磨面积来定。例如，对车顶和发动机罩等进行大面积打磨时，可使用直径为 18 cm 的打磨头，以加快作业速度；而进行小面积打磨时，直径为 10 ~ 12 cm 的打磨头使用起来比较方便。

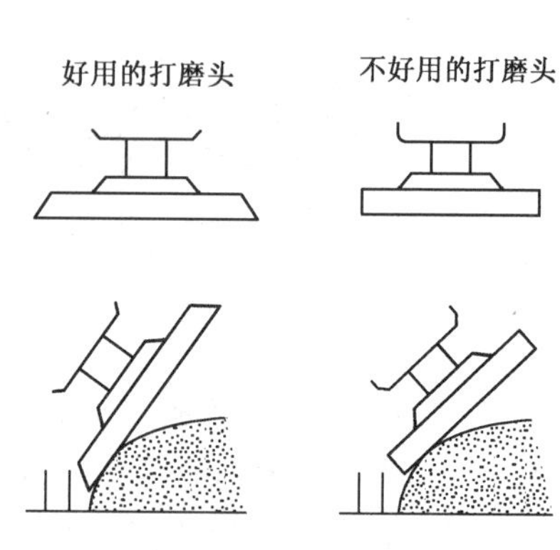

图 2-66　两种形状的打磨头

电动打磨机在打磨漆膜作业时，如果使用的是硬性打磨头，则要保持打磨头与漆膜表面相平行，否则会在金属表面留下划痕；如果使用的是软性打磨头，则要使打磨头与漆膜表面成一定角度，如图 2-67 所示。

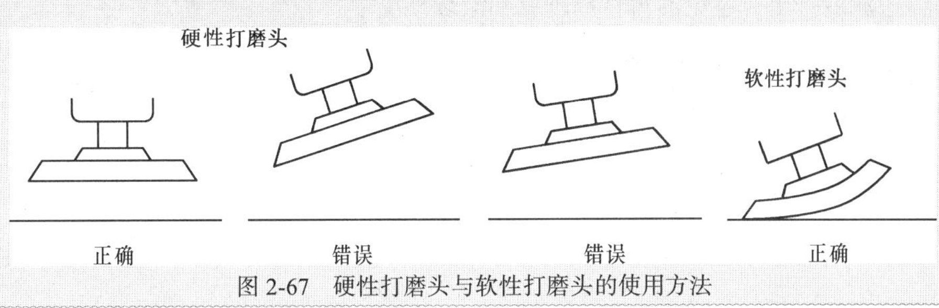

图 2-67　硬性打磨头与软性打磨头的使用方法

振动式打磨机有振动幅度大小之分（磨头型号），不同型号的磨头与砂纸的配套情况，以及适应的打磨要求不同，见表 2-7。振动幅度为 7 mm 的圆形气动磨机以及振动幅度为 5 mm 的圆形电动磨机振动幅度大、力量更强，适合于粗磨、中级磨；振动幅度为 3 mm 的圆形气动磨机振动幅度较小，力量也较小，更适合于细磨；振动幅度为 2 ~ 2.5 mm 的圆形电动磨机，特别适合于小面积超精细研磨处理。

表 2-7　　打磨机与砂纸配套适合不同的打磨作业

打磨要求	预磨	粗磨	中级磨	细磨	精细打磨	超精细打磨
打磨过程	打磨损毁部位、打磨钢板、打磨焊缝	打磨损毁部位、打磨钢板、粗磨原子灰	中级磨原子灰、打磨底涂层	细磨中涂层	喷面漆前精细打磨中涂层、打磨原有漆膜	打磨细小缺陷、驳口处理等
砂纸型号	P24 ~ P60	P80 ~ P180	P120 ~ P240	P240 ~ P360	P320 ~ P500 S500 ~ S1000	P1200 ~ P3000 S1000 ~ S4000
磨头型号	7 mm（气动）	7 mm、5 mm（气动）	5 mm（气动）	3 mm（气动）	3 mm（气动）	2 ~ 2.5 mm（电动）

常用打磨机的选择，见表 2-8。

表 2-8　　常用打磨机的选择

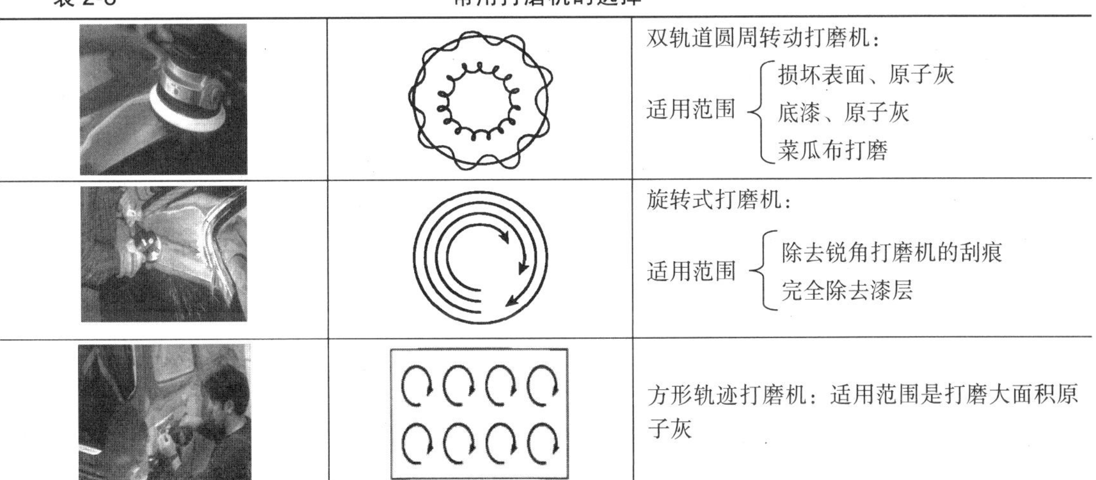

		双轨道圆周转动打磨机： 适用范围：损坏表面、原子灰；底漆、原子灰；菜瓜布打磨
		旋转式打磨机： 适用范围：除去锐角打磨机的刮痕；完全除去漆层
		方形轨迹打磨机：适用范围是打磨大面积原子灰

（4）空气管路。空气管路的两端通过可以 360° 旋转的快速接头［见图 2-68（a）］，连接吸尘设备和打磨机，提供压缩空气驱动打磨头，排放的废气通过消声器排出［见图 2-68（b）］。吸尘管将打磨下的灰尘回收到集尘器，所以空气管路又叫三合一套管［见图 2-68（c）］。吸尘管还能自动周期性（10 分钟一次）供应润滑油润滑磨机，控制气动马达噪声，带有润滑油的废气经消声器过滤后排出，避免油污直接排放到涂装环境中。

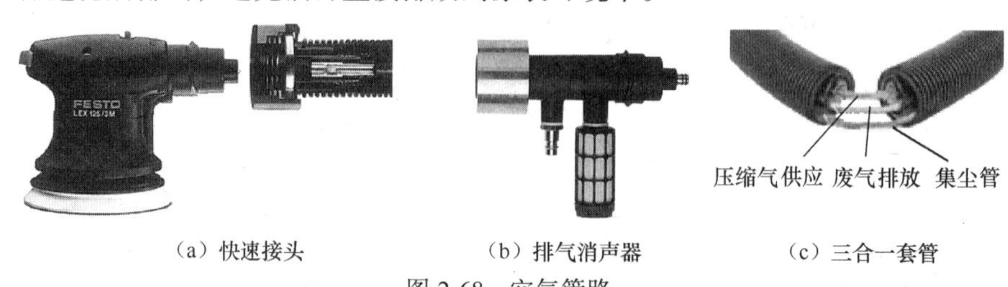

（a）快速接头　（b）排气消声器　（c）三合一套管

图 2-68　空气管路

（5）手工辅助工具与材料。工具柜和工具车能存放打磨机和摆放砂纸、腻子、除油布等辅助工具。

（6）无尘干磨房。无尘干磨房如图 2-69 所示。它是为干磨操作设计的，可以用来进行涂装前的打磨、喷涂底漆和打磨，以及进行面漆的点修补操作。工作区域内的空气在风机的作用下，经过一道初级过滤装置过滤后，再经过二道过滤装置，将含有直径小于 10μm 尘埃的较洁净空气引入风机，80%的风量从进风弯头进入处理室顶部的静压室，20%的风量从排风筒排出室外（保证操作人员始终工作在新鲜空气中）。进入静压室的空气经第二级过滤进入工作区域中，这时空气内的杂物尘埃 98%被过滤掉了，有效地保证了工作区域内所需的洁净空气。向下流动的空气将打磨或涂装产生的灰尘等杂质带走，保证了操作人员的身体健康及表面预处理的质量。

图 2-69　无尘干磨房

技能学习

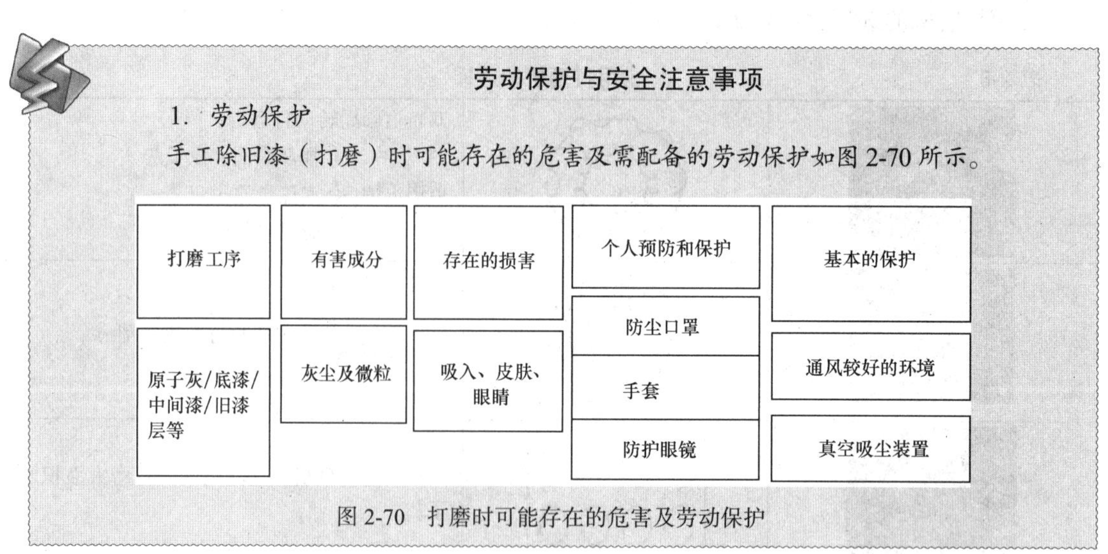

劳动保护与安全注意事项

1. 劳动保护

手工除旧漆（打磨）时可能存在的危害及需配备的劳动保护如图 2-70 所示。

打磨工序	有害成分	存在的损害	个人预防和保护	基本的保护
原子灰/底漆/中间漆/旧漆层等	灰尘及微粒	吸入、皮肤、眼睛	防尘口罩 手套 防护眼镜	通风较好的环境 真空吸尘装置

图 2-70　打磨时可能存在的危害及劳动保护

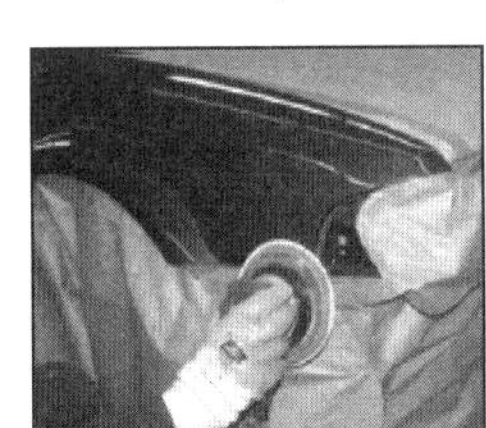

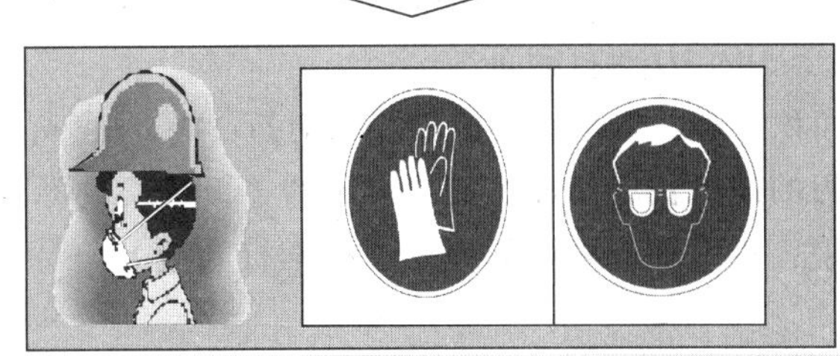

图 2-70　打磨时可能存在的危害及劳动保护（续）

2. 安全注意事项

操作前，必须牢记以下安全注意事项。

（1）采用加热法除旧漆时，应时刻关注电加热器的温度。温度过高时应关闭电源进行冷却。尽量不要用火焰加热。

（2）用加热法除旧漆时，要控制好板件的加热温度，以免因温度过高而使板件变形。

（3）用铲刀除旧漆时，应注意使用安全，以免划伤。

（4）切记不要用刀尖用力铲漆膜，以免对板件表面造成深度划伤。

（5）用打磨机打磨时应该佩戴防护眼镜和防护面罩。

（6）检查打磨机叶轮（针对角磨机而言）的品种及规格是否与当前操作所要求的性能相一致。破损的叶轮，哪怕只有很小一点缺陷，也绝不能继续使用。

（7）检查电源是否在该产品所规定的范围内。

（8）将电源插头插入电源插座之前应仔细检查打磨机的电源开关是否关闭。

（9）更换打磨机叶轮（针对角磨机而言）时，务必按照说明书的要求进行。

（10）绝不可采用电动打磨机打磨铝材、塑料等；可采用磁铁检查基材。

（11）绝不可采用电动打磨机交叉打磨曲面弧度较大、凸出很高的表面或非常凹的表面。

（12）绝不可采用电动打磨机打磨边角、皱褶缝、焊缝、粘接处或刮涂过塑料密封胶的区域。

一、手工除旧漆膜

因为除旧漆膜时，通常会打磨到裸露钢板，此时如果有水沾到钢板上，会很快产生锈蚀，所以在除旧漆打磨时，建议使用干磨。

1. 裁剪砂纸

选择合适的磨料，采用氧化铝磨料的疏式砂纸比较适合干打磨，粒度为 P 80。根据打磨的需要，将砂纸裁成适合打磨的大小。汽车修理厂普遍采用以下几种方式进行裁剪，如图 2-71 所示。

（1）小面积打磨。将水磨砂纸长边对折 2 次，短边对折 1 次，裁成 1/8 大小，约 11.5 cm × 7cm，如图 2-71（a）所示。以这种尺寸配合小垫板适合小面积打磨及处理涂面局部流痕处的磨平，或者直接用手对拐角等处进行打磨操作。

（2）常规打磨。将水磨砂纸竖横各对折 1 次裁成 1/4 大小，约 11.5 cm × 14 cm，如图 2-71（b）所示。这种尺寸大小适中，适合手握操作，方便灵活，是修理时最常用的砂纸尺寸。打磨时将砂纸包在小垫块上，大约 1/2 为打磨面。

（3）大面积打磨。将水磨砂纸沿长边对折 1 次，裁成 1/2 大小，约 14 cm × 23 cm（这需要根据打磨板的规格裁剪而成，如果自制的垫板较长也可以沿短边对折），如图 2-71（c）所示。一般来说，打磨前应把砂纸固定在标准打磨板上，对于较大平面上的缺陷有较好的平整作用。

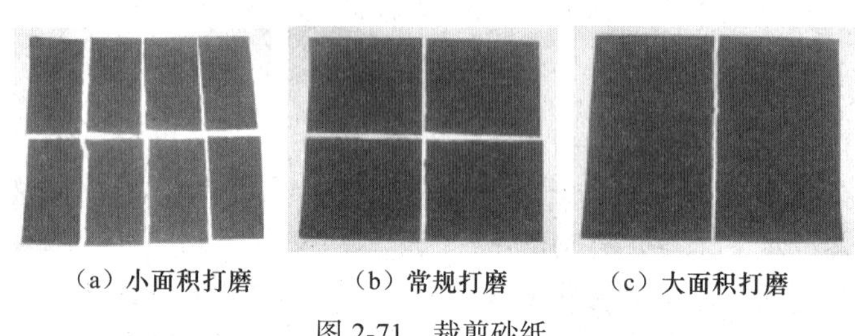

（a）小面积打磨　（b）常规打磨　（c）大面积打磨

图 2-71　裁剪砂纸

2. 打磨

将裁好的砂纸用手握住，有“4+1”握法和“2+3”握法，如图 2-72 所示，在需除旧漆处进行打磨。如果要配合磨块进行打磨，应将裁好的砂纸平贴于磨块下面，两边多出的部分向上折，贴靠到磨块边缘以便用手握住，如图 2-73 所示。将磨块平放于打磨表面，前后及左右移动。打磨时，磨块须保持平移，用力要适当。

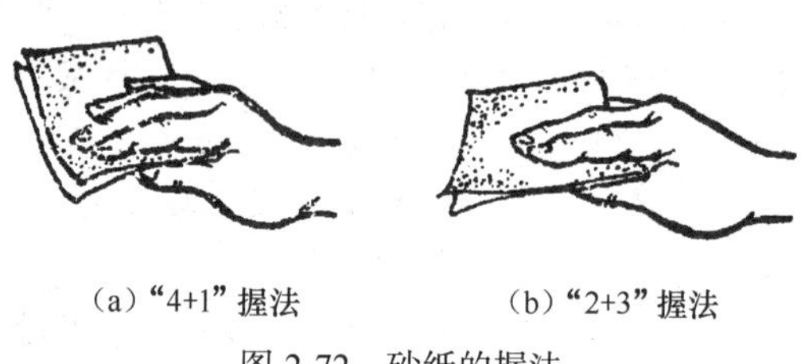

（a）“4+1”握法　（b）“2+3”握法

图 2-72　砂纸的握法

手工打磨的姿势应该以舒服、顺手为原则。对于较大表面，最好采用拇指和小指夹住磨块，中间三指配合手掌用力的握法。

打磨时应尽量轻地握住砂纸。打磨时施加于表面的压力仅仅限于手掌的力量。有时还必须经常改变打磨姿势，以适应不同部位的表面结构。

打磨时可采用以下手法。

（1）手指打磨法。在对汽车某个特殊的部位进行打磨时，有时需要将手掌稍微抬起来一点，将力量加到手指上，进行所谓的手指打磨，有时甚至还要将手掌再抬一点，将力量加到指尖上，用指尖进行打磨。

（2）画圈打磨。用手指按住砂纸，在一个小范围内快速进行圆周运动的打磨称为画圈打磨。这种打磨方式不得用于直径大于 25 cm 的缺陷。

（3）交叉打磨法。在打磨较大面积的表面时，最好采用走直线的方法。在过渡区对相邻表面打磨时，应采用交叉打磨法（也称为米字形打磨），如图 2-74 所示，就是打磨时经常地改变打磨方向，因为这样操作获得的基材表面较为平整。改变打磨方向可以起到和切削差不多的作用，砂平表面的速度最快。如果以 90° 的角改变方向，就无法采用交叉打磨法，这主要是受汽车表面绝大部分结构所限。只有在角度为 30° 或 45° 时改变方向才有可能。

打磨时来回的行程应长而直，如果掌心没有平压在表面上，手指就会接触到打磨表面，这将导致手指与表面之间受力不均匀，所以应避免手指接触打磨表面。打磨时尽量不要进行圆周运动，否则会产生在表面涂层下可见的磨痕。为了获得最好的打磨效果，应该始终保持与车身轮廓相同的方向进行打磨，如图 2-75 所示，也可采用 45° 角方向交叉打磨。如果进行的是大面积的打磨，则应该分成块，一块一块地进行打磨。每一块面积最好不大于 0.1 m^2。不得将身体的重量加压在砂纸上，而只能轻轻地压着砂纸进行打磨。用手摸、用眼看，以检查打磨是否符合要求。

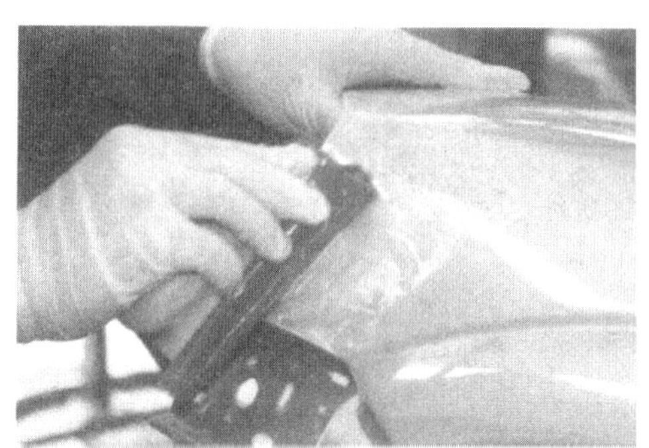

图 2-73　磨块的握法

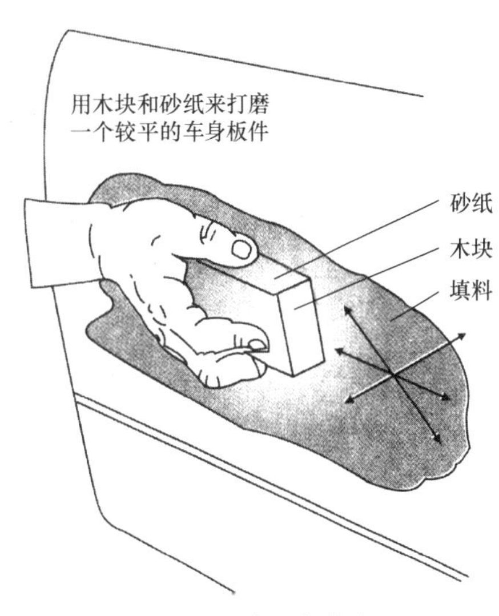

图 2-74　交叉打磨法

初步打磨后，需换用 P150 号砂纸再通磨一遍。

对于旧漆膜有剥离或裂纹处，以如图 2-76 所示的铲刀刀尖部插入剥离层间或缝隙处可以一块块铲掉旧漆膜。

图 2-75　沿车身轮廓线的方向进行打磨

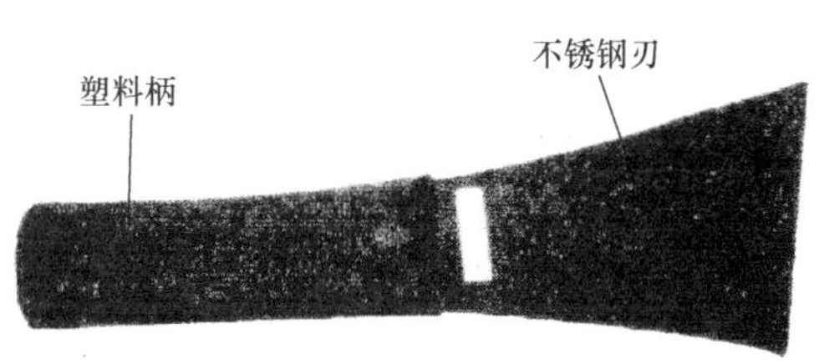

图 2-76　铲刀

对于粘接较实的旧漆或凹槽、拐角等特殊部位，可配合使用如图 2-77 所示的其他手工工具进行清除。

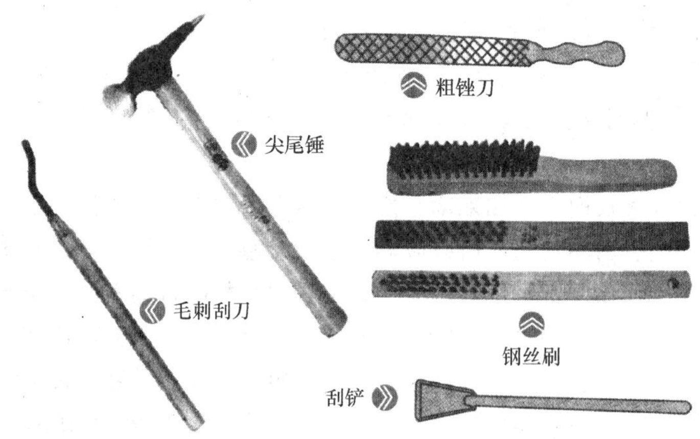

图 2-77　除旧漆常用工具

除旧漆过程中，也可配合加热法。加热法除旧漆就是利用火焰（或烤灯、烤枪，如图 2-78 所示）的高温使旧漆膜软化或碳化（烧焦）从而配合铲刀等工具清除旧漆的一种方法。

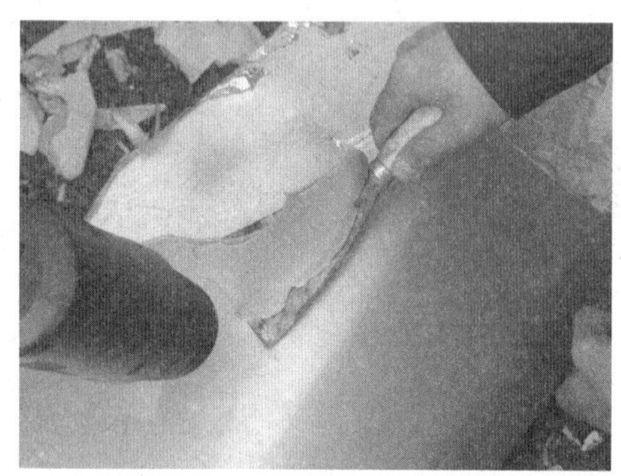

图 2-78　用热风枪配合铲刀除旧漆

① 加热法除旧漆的缺点是，如果加热温度过高，板件会产生热变形，从而产生不良后果，所以使用中一定要注意控制加热温度，必要时可采用多层、多次清除。

② 如果打磨的表面经过钣金处理后凸凹不平，则旧的涂层需完全清除掉，以便打腻子；如果打磨表面没有经过钣金处理，表面平整，只是旧漆膜损坏，则应打磨到原底漆层。若由于失误将底漆打磨过度，则应重新喷涂底漆。

③ 由于清除旧漆膜时，通常要清除到露出金属为止，如果此时金属表面沾上水，会引起金属表面生锈，给后续工作带来很大麻烦，甚至使接下来的涂装产生缺陷。因此，清除旧漆膜时建议用干磨法。

④ 无论是打磨大的还是小的面积，用粗砂纸打磨 50%～75%，用细砂纸进行精加工。粗砂纸打磨的目的是尽快磨掉旧漆膜、腻子、锈斑、大块的底漆等。

⑤ 对于用铲刀或加热法清除旧漆膜的，其后仍需用 P80～P150 的砂纸再进行打磨。

3. 做羽状边

所谓做羽状边（也称为砂薄漆膜边缘）是指在已破坏的漆膜周围，将完整漆膜的边缘打磨成逐渐变薄的平滑过渡状态，如图 2-79 所示。当待修补漆膜的破坏程度还没有深入到金属基材时，则这里的薄边要求更为精细、平滑，为无痕迹修补创造先决条件。

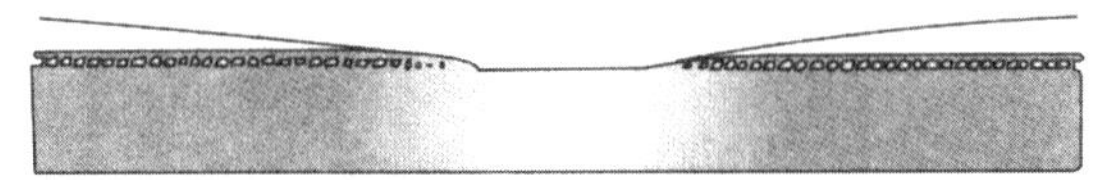

图 2-79　边缘的砂薄过渡

做羽状边的步骤如下。

（1）选择合适的砂纸（通常为 P240）。

（2）采用由内向外磨或由外向内磨均可。对于小面积用画圆圈砂的方法，对于大面积则用走直线磨的方法。做羽状边时，一定要认真细致，保证坡口的角度基本一致。

羽状边坡口的大小取决于漆膜的厚度（层数），通常每一层漆的坡口宽约为 5 mm，总坡口宽大于 3 cm 即可，如图 2-80 所示。

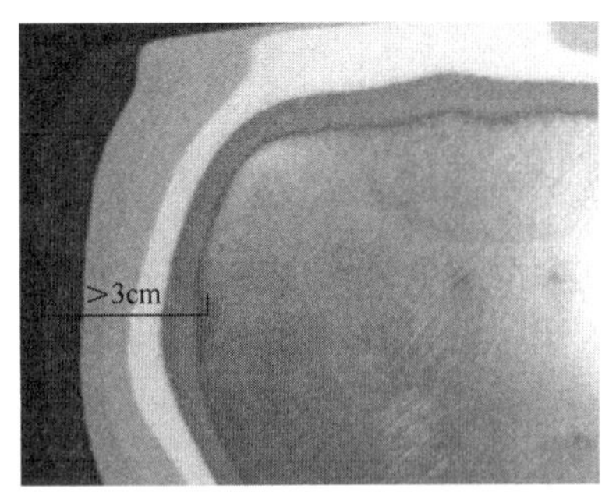

旧漆层　羽状边缘每层漆的宽度不少于 5 mm

5 mm　5 mm

钢板

图 2-80　羽状边的宽度

4. 砂光

砂光是对损伤部位周围区域（过渡区）的表面进行处理，使表面无光、粗糙，这样新喷的漆膜才能牢固地黏附在旧漆膜表面。如果下道工序为刮腻子或喷涂头道底漆，则不需进行砂光操作，可等到进行中涂底漆喷涂前再进行此项作业。

进行砂光操作的步骤如下。

（1）选择合适的砂纸，一般为 P 320 或 P 400。

（2）将砂纸按需要裁开。

（3）按干打磨的工艺走直线的方式进行打磨，如图 2-81 所示。

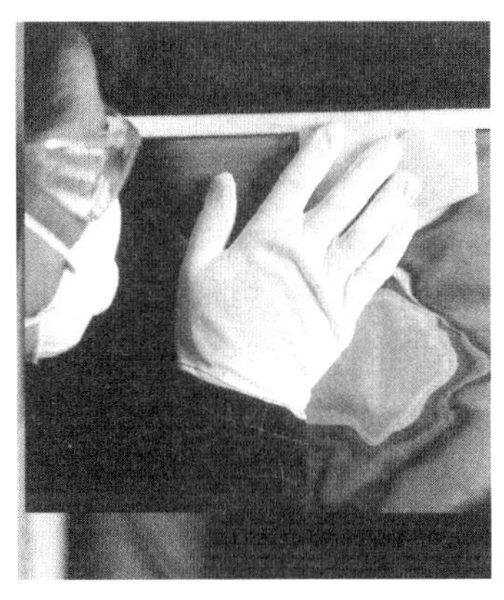

图 2-81　砂光操作中

（4）经常检查砂纸的表面状态，如果砂纸上粘的漆灰较多，应用手刷、钢丝刷或压缩空气将它清理干净。

除旧漆区域最后一道打磨所用的砂纸型号视下道工序而定。如果下道工序为刮腻子，则用

P150 砂纸做完羽状边即可；如果下道工序为补喷底漆，则应用 P180 砂纸打磨原底漆（包括羽状边）；如果下道工序为喷中涂底漆，则最后用 P320 砂纸打磨（包括羽状边及过渡区域）；如果下道工序为喷面漆，则需用 P400 或 P600 砂纸打磨（包括羽状边及过渡区域）。砂纸的递进不应超过 100 号。

5. 整车清理

采用黏性抹布或气枪对整车进行清理。

二、用打磨机除旧漆

1. 干磨系统准备

（1）打磨车间准备。打开照明开关，再打开电动风门开关和排风开关，就可以进行打磨或者喷涂操作了，如图 2-82 所示。

注意

实际工作中，很多人会因为工作时间短，而不打开打磨间排风系统直接进行打磨操作，这样做不但会影响工作质量，还会污染整个车间，是绝对要禁止的。

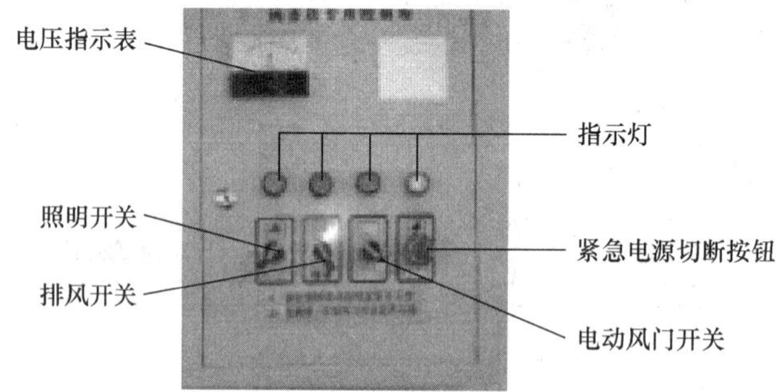

图 2-82 打磨车间控制面板

（2）干磨机的准备。使用前，先将三合一套管分别与吸尘器和磨机连接，检查吸尘器选择旋钮是否旋至 AUTO 挡，电源、气源是否接通。安装打磨头，启动磨机开关试运行一下，如图 2-83 所示。

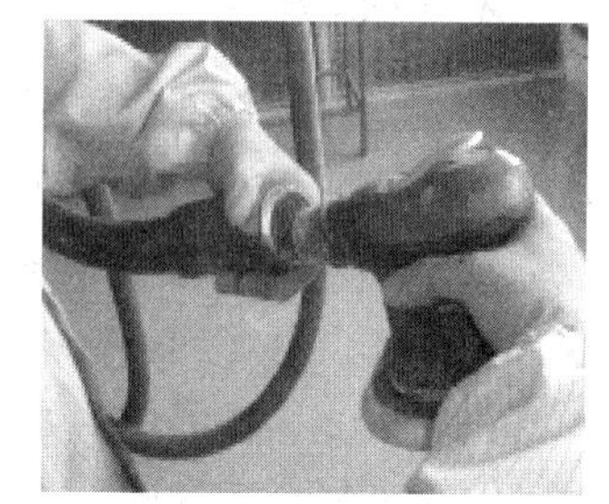

图 2-83 安装打磨头

（3）安装砂纸。选择合适的砂纸后（对于清除旧漆膜，开始应选用 P80 的砂纸，然后根据下道工序要求，逐级递进至下道工序要求的砂纸型号），将砂纸孔对准磨垫孔，砂纸应完全覆盖磨垫，如图 2-84 所示。

注意

应绝对避免不装砂纸打磨或装上砂纸后磨垫搭扣层没有被完全覆盖的情况。

（4）调节压力。打磨机工作的最佳压力是在工作状态下 6 bar（1 bar = 0.1 MPa），低于 6 bar

将影响磨机工作的力量，超过 6.5 bar 会导致磨机加速磨损。

向上拔起压力调节旋钮，顺时针旋转为提高压力，逆时针旋转为降低压力。

让打磨机处于工作状态，旋转调节旋钮，将压力调节到“6”的刻度，按下旋钮锁定。如图 2-85 所示。

注意

通过压力表调节压力只能在既定的上游压力范围内调节，不可能通过调节压力表将压力调高到上游既定压力以上。在没有向上拔起调节旋钮的情况下无法旋动调节旋钮，若强行旋转它将可能使其受到损坏。

2. 打磨

（1）打磨的操作流程如下。

① 穿戴好安全劳保用品。

② 戴好手套，然后轻轻地摸一遍待打磨表面，这有助于决定如何进行打磨。

③ 握紧打磨机，将打磨机以 5° ~10° 的角贴于待打磨表面，打开开关，如图 2-86 所示。

④ 使打磨机向右移动，打磨机叶轮左上方的 1/4 对准加工表面，如图 2-87 所示。

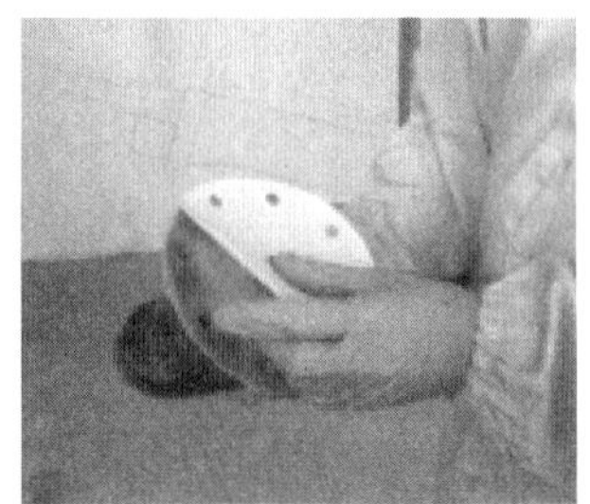

图 2-84 安装砂纸

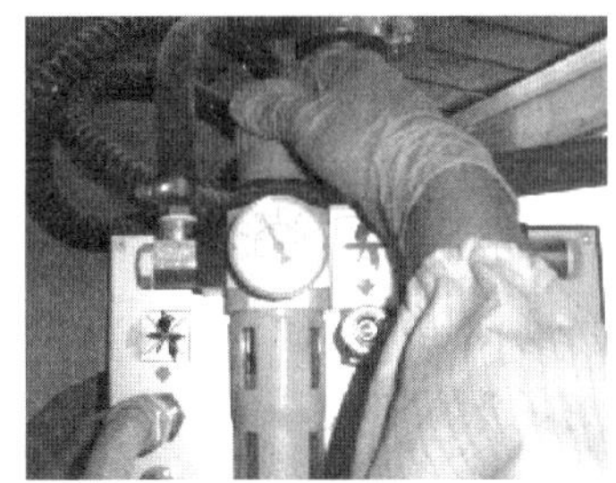

图 2-85 调节气压

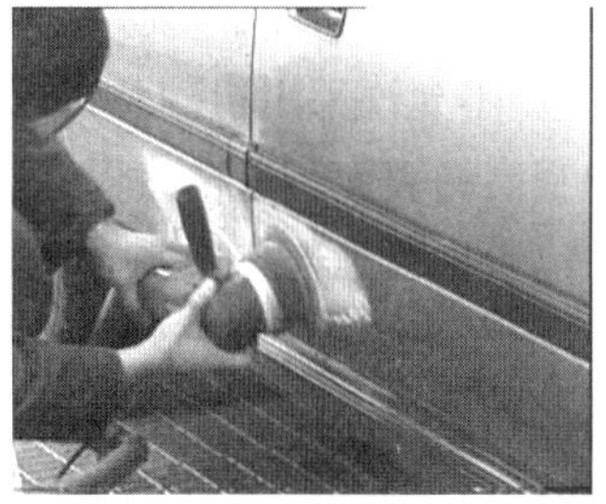

图 2-86 表面预处理

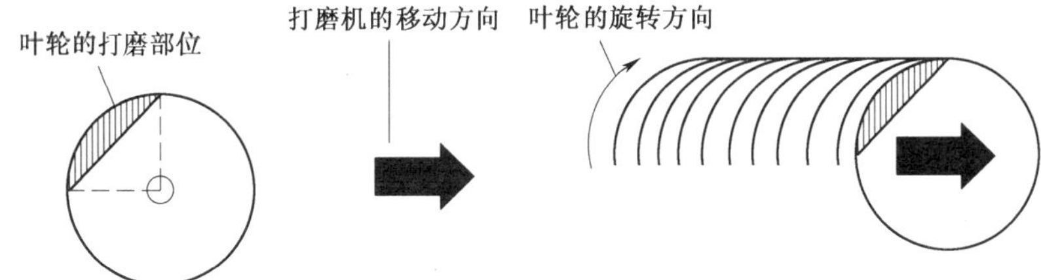

图 2-87 打磨机右向移动的操作

⑤ 当打磨机从右向左移动时，叶轮右上方的 1/4 对准加工表面，如图 2-88 所示。

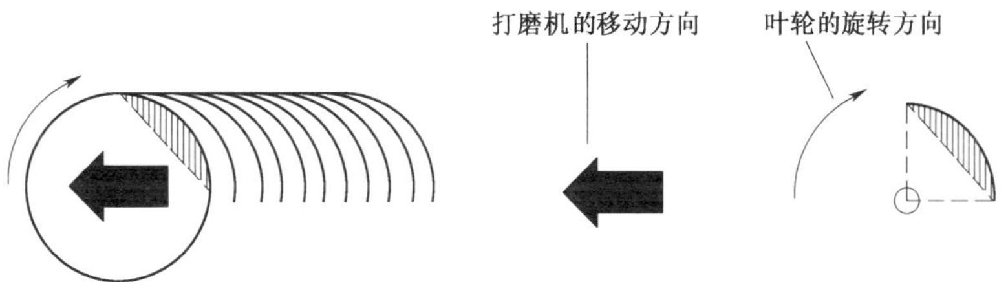

图 2-88 打磨机左向移动的操作

⑥ 打磨较为平整的表面时，移动方式如图 2-89 所示。

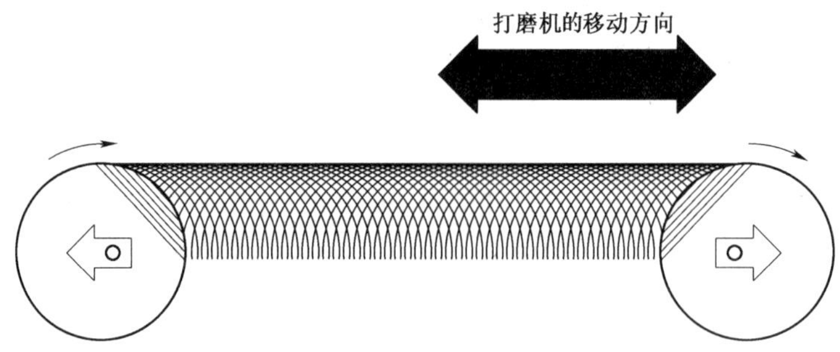

图 2-89　打磨较为平整的表面时的移动方式

⑦ 对于较小的凹穴处，应采用如图 2-90 所示的操作方法。注意，此方法仅限于使用角磨机。

（2）操作打磨机时的注意事项如下。

① 一定要在接触到钣金件表面后，才能开动打磨机。如果打磨机在接触到钣金件表面之前开动，由于空转转速过高，会在初始接触的区域产生很深的划痕并且使打磨机控制困难。

② 为了防止钣金件过热变形，不要使打磨机在一个位置打磨时间过长。

③ 不允许采用粗砂磨料以 90° 角交叉打磨凸出很高的表面，这样做将会造成很深的打磨伤痕，以后将很难将其除去。

④ 千万不要让粗砂磨料接触打磨区域附近完好的油漆表面，最好用胶带把完好的涂层部位保护起来。

⑤ 由于干磨机磨头边缘没有砂纸，所以对于较深的凹穴处，不能用干磨机打磨，可换用角磨机或手工打磨。

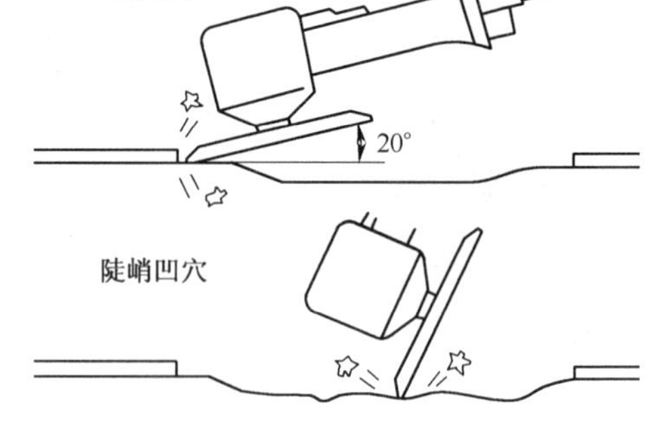

图 2-90　打磨小凹穴的操作

⑥ 经常检查磨料是否清洁，以保证打磨效率。如果磨料被塑料密封胶污染，则应该及时用毛刷、钢丝刷或气枪进行清理。如果出现类似情况，则表明密封胶固化不完全。打磨操作应该在密封胶充分固化后才能进行。

⑦ 对于边角、棱线等处，打磨机无法进行打磨，这时需用手工配合砂纸进行打磨，最好选用带软衬垫的砂纸。

3. 做羽状边

使用干磨机正确的磨缘操作如图 2-91 所示。将整个打磨机压在车身板上，提起一边，仅向板上标有“A”的区域施压，然后沿边界线移动打磨机。边界线和打磨机之间的关系必须保持恒定。

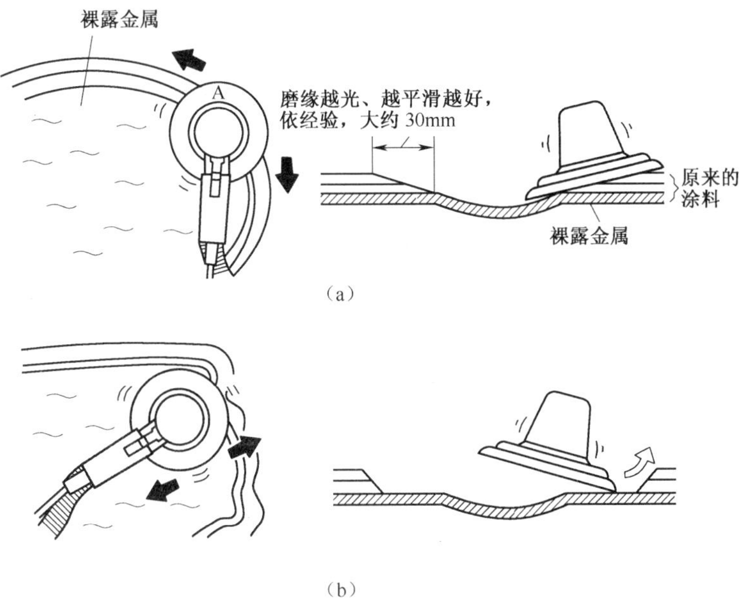

（a）

（b）

图 2-91　磨缘的方法

4. 砂光

砂光操作步骤如下。

（1）选用 P320 ~ P400 的砂纸安装在打磨头上，将旋转着的磨头前方对着表面，而后方稍稍离开表面一点。保持这个方位，上下移动打磨机进行打磨。每一道磨痕之间覆盖面积为 50% ~ 60%，如图 2-92 所示，这将有利于砂平作用。

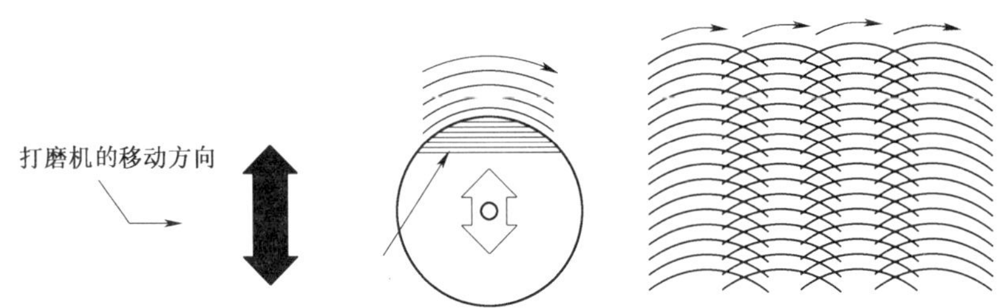

图 2-92　砂光操作时砂轮叶片的移动

（2）用戴着手套的手在打磨过的表面上来回摸一下，检查打磨效果。重复上述打磨过程，直到完成打磨工作的 3/4 左右。

（3）更换细砂纸。

（4）重复打磨操作，先用打磨的方法，然后用砂光的方法，直到表面达到所要求的平整度。

注意

① 由于打磨机转速较快，一定要时时观察打磨进度，千万不要打磨过度。尤其是玻璃钢及塑料件，因其与涂层颜色色差较小，更容易打磨过度甚至将板件打漏。

② 尽量避免倾斜打磨，避免让磨垫的边沿碰触立面。

③ 不要让重物轧过三合一套管，以免导致三合一套管损伤；在移动设备时，应将三合一套管缠绕好后再移动，以免三合一套管在移动的过程中磨穿或被尖锐物体划伤而导致吸尘效果不好。

④ 不要让三合一套管两端沾水，否则将可能导致里面的轴承锈死而引起旋钮旋转不灵活，最后导致三合一套管破裂。

⑤ 绝对避免用三合一套管来吸尘。

⑥ 绝对避免在没有装吸尘袋或吸尘袋破裂的情况下继续打磨操作。如果空气滤清器破损，应立即更换。因为这些情况均可能导致吸尘器马达损坏或磨机损坏。

⑦ 如果吸尘效果变差，应首先检查吸尘器是否工作（有可能电源未连通）、控制选择开关是否置于“AUTO”挡；接着打开吸尘器上盖检查集尘袋或其他地方是否破裂，检查吸尘通道是否有堵塞情况。

⑧ 如果磨机工作无力或者不工作，应首先检查气压是否太低、导气铜管是否断裂、导气铜管上是否有密封垫圈；气路各个连接处是否有漏气情况。

⑨ 若长时间没有使用磨机，则在重新使用前应从导气铜管开口处滴入几滴润滑油。

5. 清洁车身

最好用压缩空气吹净打磨灰尘，必要时可配合使用除尘粘布除尘。

三、钢板表面的除锈

钢板表面的锈蚀会严重影响涂料的附着性并成为进一步扩大腐蚀面的根源，所以必须清除干净。如图 2-93 所示即为钢板表面的锈蚀及清除后的效果。

图 2-93　钢板表面的锈蚀及清除后的效果

1. 手工除锈

将 P 100 砂纸按 1/4 规格裁好，垫好打磨垫，不要加水，直接干磨锈蚀部位。要把锈蚀完全处理掉，露出金属的本身颜色，并且打磨要向未锈蚀的部位扩展 10 mm 左右的范围。手工除锈适合锈蚀不严重、锈蚀范围小的情况。

2. 机器除锈

（1）轻度锈蚀清除。对于轻度锈蚀，可选用专用毛刷配合专用打磨机进行清除。毛刷上黏附有磨料，如图 2-94 所示，靠离心旋转力和磨料的磨削力清除锈蚀。该方法特别适合边角、缝隙等很难触及的地方，如图 2-95 所示。

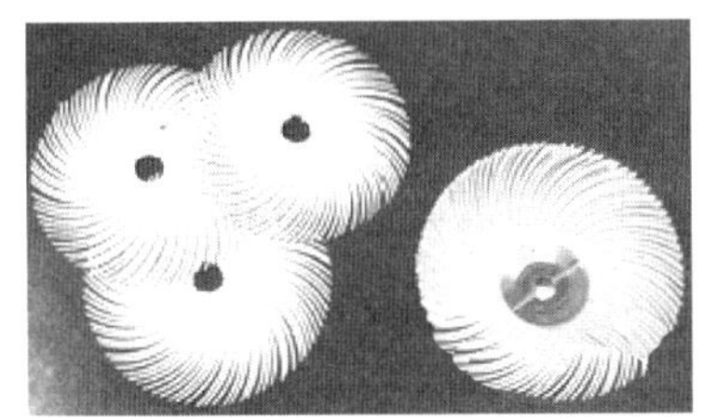
图 2-94　除锈专用毛刷

图 2-95　使用专用毛刷清除狭缝中的锈蚀

使用时应注意以下几点。

① 必须佩戴护目镜。

② 由于转盘需要以较高转速运转，因此打磨下来的颗粒会飞溅到空气中。

③ 必须始终注意旋转方向（参见转盘上的说明），否则如果安装错误，刷毛就会破裂。

④ 注意要达到足够的转速和扭矩，只有这样转盘才能高效工作。

⑤ 使用时不要施加压力，这样可以显著延长转盘的使用寿命。

⑥ 锈蚀严重时禁止使用。

（2）严重锈蚀的清除。如果锈蚀严重，最好使用角磨机配合钢丝轮进行打磨。

① 拆下角磨机上的砂轮片，换上钢丝轮并按规定的力矩紧固，如图 2-96 所示。

② 在保证电动打磨机上的开关处于关闭状态的前提下，将打磨机的电插头插入插座内。

③ 双手握住打磨机，置于身体前方，身体正对需打磨部位，将打磨机靠近需打磨的板件表面。

④ 扣动开关，将打磨机以大约 15° 的倾角移向待打磨表面，以手腕的力量轻压，使钢丝刷紧贴金属表面进行切削除锈。

⑤ 用前后或左右移动的方式移动打磨机，直到将全部表面打磨至光亮无锈迹为止，如图 2-97 所示。

⑥ 关闭电源开关，待钢丝刷完全停止转动后，将电插头拔下，妥善放置打磨机。

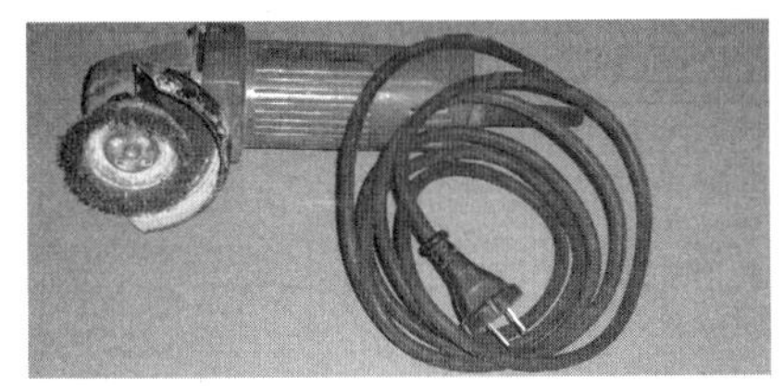
图 2-96　装上钢丝轮的电动打磨机

图 2-97　用带钢丝刷的电动打磨机除锈

四、无损伤板件（裸表面）的表面预处理

对于不同的板材，其涂装工艺（主要是使用的涂料品种）会有差别。因此，对板件进行涂装前，必须确认板件的材质，以便确定合理的涂装工艺。

汽车车身常用板材有电镀锌板（暗灰色）、森氏镀锌板（浅银色，带有小孔）、带电泳底漆的钢板（有黑色、棕色、灰色或绿色的涂层）、镀黄色铬板（透明的黄色，带有虹状效应）、铝合金板（浅银色，打磨时会变软）、钢板（深银色，耐磨）、各种塑料板及特殊材料板（玻璃纤维板、碳纤维板）等。

1. 裸露金属板件的表面预处理

在进行车身修复时，经常会更换新的板件。如果所更换的金属板件为裸表面，通常需进行清洗和打磨处理。不同的涂料生产商所生产的涂料产品特点不同，其推荐的处理项目会有所差别。使用“鹦鹉”系列产品对裸露金属板件表面预处理，如图2-98所示。

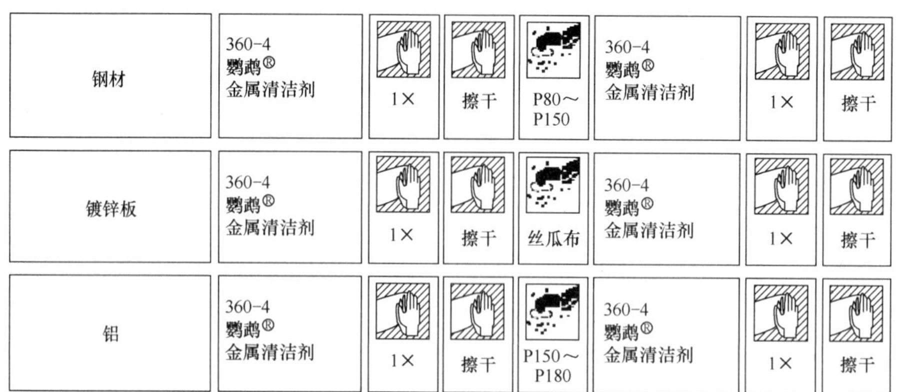

图2-98　裸露金属板件的表面预处理

对于钢板和镀锌板进行上述表面预处理后，应尽快喷涂底漆（侵蚀性底漆或环氧底漆），以保护表面不产生锈蚀。

2. 裸露塑料件的表面预处理

新更换的塑料件，通常为裸表面（可能覆有脱模剂）。对该类板件进行预处理，通常包括清洁、打磨和去湿等操作。图2-99所示为使用“鹦鹉”系列涂装产品对裸露塑料件的表面预处理要求。

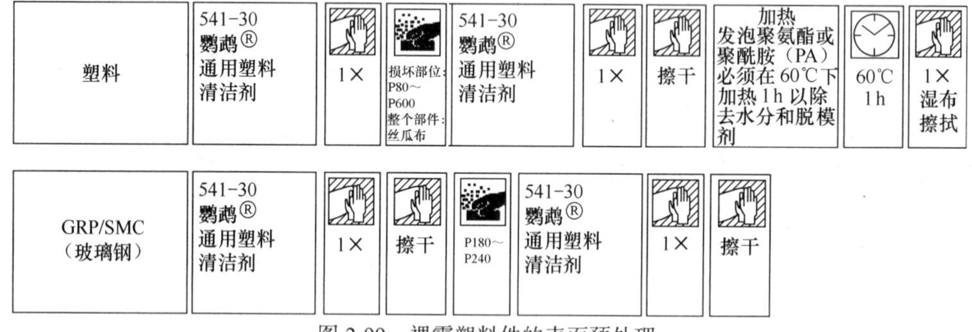

图2-99　裸露塑料件的表面预处理

3. 有原厂底漆的板件表面预处理

更换的新板件，有时已经有原厂底漆。对这类板件的表面预处理通常包括清洁和打磨，图2-100所示为使用“鹦鹉”系列涂装产品对有原厂底漆的板件的表面预处理要求。

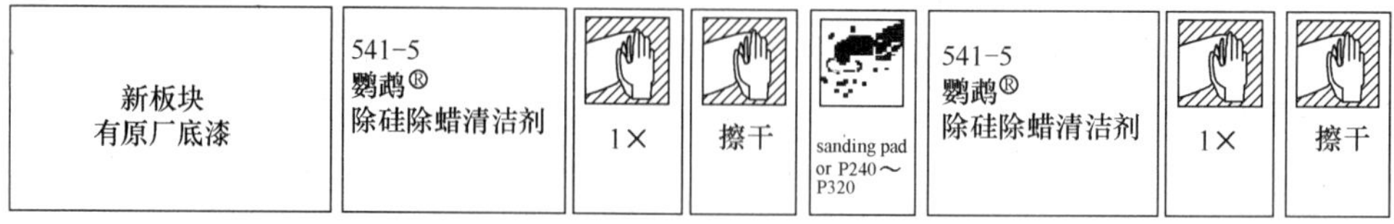

图2-100　有原厂底漆的新板件的表面预处理

4. 无损伤漆面的表面预处理

无损伤漆面包括良好的旧漆膜及不耐溶剂旧漆膜两种。不耐溶剂旧漆膜是指旧漆膜为溶剂挥发型漆膜或严重老化的旧漆膜。图 2-101 所示为使用“鹦鹉”系列涂装产品对无损伤漆面的表面预处理要求。

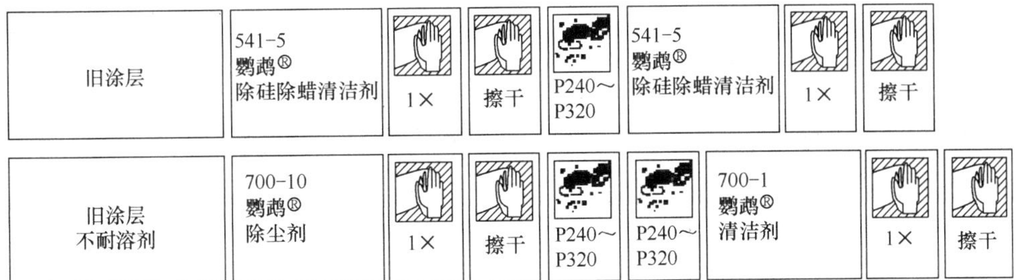

图 2-101　无损伤漆面的表面预处理

思考与练习

1. 什么是底处理？为什么要进行底处理？
2. 为什么要进行漆膜损坏程度的评估？
3. 对术语“清漆”“色漆”“无溶剂涂料”“溶剂涂料”“水性涂料”进行解释。
4. 简要解释涂料的几种成膜方式。
5. 对术语“单工序面漆”“双工序面漆”“三工序面漆”进行解释。
6. 进行全车清洗时，应注意哪些安全事项？
7. 说明判断汽车板件是否经过修补涂装的两种方法。
8. 说明确定漆膜是否为溶剂挥发型涂料的方法。
9. 说明评估车身表面损坏程度的 3 种方法。
10. 清除旧漆膜应遵循什么原则？清除损坏的旧漆膜时，处理到什么程度合适？
11. 简述无尘干磨系统的日维护项目。

项目三 底漆的涂装

任务一 底漆的准备

【学习目标】

1. 能够正确描述底漆的作用、性能要求及其种类。
2. 能够正确描述汽车涂料选配时应参考的主要信息。
3. 能够根据具体涂装的条件正确选配涂料。
4. 能够根据涂料产品不同的包装方式，选择合适的工具与方法进行涂料产品的开封、搅拌头的安装及装架。
5. 能够正确调制涂料。
6. 能够注意培训良好的劳动安全、卫生习惯及团队协作意识。
7. 能够检查、评价和记录工作结果。

任务分析

图 3-1 所示的漆膜损伤，其损伤程度已经到了钢板，在对旧漆膜进行打磨处理后，应该对裸露钢板的表面涂装底漆。

图 3-1　伤及钢板的漆膜

喷涂底漆前，底漆必须准备至适合喷涂的状态。为此，需要选择合适的涂料，并对涂料进行包装的开启、装架及调制等一系列操作。

相关知识

一、底漆的作用

底漆即底涂层用漆，它一般直接涂覆于施工物体表面或涂于腻子表面。它的作用一是防止金属表面的氧化腐蚀，二是增强金属表面与腻子（或中间涂层、面漆）、腻子与面漆之间的附着力。

合适的底漆是面漆耐久、美观的前提。如果底漆不好，面漆的外观就会受影响，甚至出现裂纹或剥落。

二、底漆的性能要求

底漆的性能要求如下。

（1）底漆对经过表面处理的工件表面应有很好的附着力，所形成的底漆漆膜应具有极好的机械强度。

（2）底漆本身必须是腐蚀的阻化剂，底漆涂层必须具有极好的耐腐蚀性、耐水性（耐潮湿性）和抗化学试剂性。

（3）底漆与中间涂层和面漆涂层的配套性应良好。

（4）底漆应能适应汽车涂装工艺的大量流水生产的特点，应具有良好的施工性能。

为达到上述要求，制造汽车底漆用的主要漆基是各种环氧树脂、酚醛树脂和一些优质水溶性树脂。汽车用底漆中都加有优质的防锈颜料。

底漆涂膜的强度和结合能力的大小取决于涂膜的厚度、均匀度及其是否完全干燥，底漆涂膜一般不宜过厚，以 15 ~ 25μm 为宜（在汽车表面装饰性要求不高，底漆上直接喷涂面漆的情况下膜厚可以在 30μm 左右），过厚则涂膜干燥缓慢，还容易造成涂膜强度不够和附着力不强。

三、底漆的种类

1. 根据使用目的不同分类

底漆根据其使用目的不同可分为头道底漆、头二道合用底漆、二道底漆、表面封闭底漆等。

（1）头道底漆。通常所说的底漆即指头道底漆，其颜料含量最低，填充性能较弱，具有较强的附着力，较难被砂纸打磨。由于含黏结剂较多，上层涂料容易与之牢固地结合。应用于金属件表面的头道底漆，主要是防锈漆。头道底漆施工后，只要轻轻磨去一些浮粉即可，不必仔细打磨。

（2）头二道合用底漆。目前，头二道合用底漆多称为填充底漆，颜料含量比头道底漆多，相对头道底漆来说，黏结剂含量较少，附着力不如头道底漆强，但具有较强的填充性能，往往被用作单独的底漆，也可充作头道底漆。它应用于具有很好的平整度，而不必用腻子填嵌的工作表面上。

（3）二道底漆。二道底漆过去称为二道浆，因其通常涂装在底漆或腻子之上，故也称之为中涂底漆。二道底漆在各类底漆中具有最高的颜料含量。它的功能是填塞针孔、细眼等，具有良好的打磨性。在涂装过程中，腻子经打磨后，往往在腻子表面有很多针孔、磨痕，在腻子层表面施工二道底漆，可使这些缺陷得到补救。但二道底漆的附着力较差，所以在涂二道底漆后，必须把表面的二道底漆大部分磨去，否则会影响面层涂料的附着力，造成面层涂料的浮脆、气泡等现象。由于目前生产的二道底漆性能大为提高，故完全可以保留足够的厚度层，以求快速建立膜厚。

（4）封闭底漆。封闭底漆含颜料成分较低，主要用于填平打磨的痕迹，给面层涂膜提供最大的光滑度，使面层涂膜丰满，并可防止产生失光、斑点等现象。在木材表面，封闭底漆一般作为头道底漆；而在金属件表面，封闭底漆大都用于二道底漆层上。

2. 按构成的主要树脂分类

用于制造底漆的树脂种类比较多，现在汽车涂装中，以环氧树脂底漆和侵蚀底漆最为多见。

（1）环氧树脂底漆。环氧树脂底漆简称环氧底漆，是物理隔绝防腐底漆的代表。环氧树脂是线型的高聚物，以环氧丙烷和二酚基丙烷缩聚而成。环氧底漆具有如下优点。

① 附着力极强。对金属、木材、玻璃、塑料、陶瓷、纺织物等都有很好的附着力和黏结力。

② 涂膜韧性好，耐挠曲，且硬度比较高。

③ 耐化学品性优良，尤其是耐碱性更为突出。因为环氧树脂的分子结构内含有醚键，而醚键在化学上是最稳定的，所以对水、溶剂、酸、碱和其他化学品都有良好的抵抗力。

④ 电绝缘性良好，耐久性、耐热性良好。

环氧树脂类涂料也存在一定的缺点，如表面粉化较快，这也是它主要用于底层涂料的原因之一。环氧底漆使用胺类作为固化剂，胺类对人体有一定的刺激性，因此在使用时要加以注意。

（2）侵蚀底漆。侵蚀底漆是以化学防腐手段来达到其防腐目的的，主要代表为磷化底漆。磷化底漆是以聚乙烯醇缩丁醛树脂溶于有机溶剂中，并加入防锈颜料四盐锌铬黄等制成，使用时与分开包装的磷化液按一定调配后喷涂。品牌漆中的磷化底漆一般都已经制成成品，按一定的比例加入固化剂使用即可。

金属表面涂装磷化底漆后，磷化液（弱磷酸）与防锈颜料四盐锌铬黄反应生成同一般磷化处理相似的不溶性磷酸盐覆盖膜，同时生成的铬酸使金属表面钝化。由于聚乙烯醇缩丁醛树脂具有很多极性基团，它也参与了锌铬颜料与磷酸的反应，转变成不溶性络合物涂层，与上述的磷酸盐覆盖膜都起到防腐蚀和增强涂层附着力的作用。

磷化底漆作为有色及黑色金属的防锈涂料，能够代替金属的磷化处理，在提高抗腐蚀性和绝缘性，增强涂层与金属表面的附着力等方面比磷化处理层更好，而且工艺和设备要求比较简单。但磷化底漆涂膜很薄（8 ~ 15μm），因此一般不单独作为底漆使用。所以，在涂装磷化底漆后通常仍用一般底漆打底。

磷化底漆在使用时要注意的一点是，因其具有一定的侵蚀作用，所以不能用金属容器调配，使用的喷枪罐也应使用塑料罐，在喷涂完毕后应马上清洗喷枪。磷化底漆施涂完毕后不要马上喷涂其他底漆，而应等待一段时间（20℃的空气中应等待 2 小时左右）再进行下一步操作。

环氧底漆与磷化底漆对底材都具有良好的防腐性，对其上的涂层也都具有良好的黏结能力，一般在汽车修补中常使用环氧底漆作打底用，而在汽车制造或大面积钣金操作后对裸金属进行磷化防腐处理时常采用磷化底漆。

在现代汽车修补涂装中，有时也使用聚氨酯底漆和硝基底漆。这两种底漆均属于物理隔绝性底漆，应用效果不如环氧底漆好，所以较少使用。

另外，按“汽车油漆涂层”的分组和等级分类，底漆可分为优质防腐蚀性涂层、高级装饰填充底漆、中级装饰性保护性涂层底漆、一般防锈保护性涂层底漆。按底漆使用漆料和颜料的不同可分为醇酸底漆、酚醛底漆、锌黄醇酸底漆等。

四、底漆的涂装方法

涂装效果好与坏是涂装三要素综合作用的结果，其中涂装工艺的正确选用尤为重要。所谓涂装工艺的选择在某种意义上说是涂装方法的选择，不同的涂装方法适用于不同条件下的涂装。因此，选择正确的涂装方法是非常重要的。到目前为止，涂装方法主要有浸涂、喷涂、刷涂、辊涂、电泳、刮涂、静电喷涂和搓涂 8 种。其中，电泳、喷涂、静电喷涂和刮涂在汽车涂装中应用较多。

1. 浸涂

浸涂是将经过表面处理的被涂物直接浸没在大量的液态涂料中，利用涂料与被涂物表面的附着力使涂料附着在被涂物表面的涂装方法。此种涂装方法在早期的生产过程中比较常见，它适用于体积比较小、对涂装质量要求不高的零部件的涂装。浸涂对生产条件的要求较低，对操作人员的技术水平要求较低，但是涂料的浪费比较严重，对环境的影响比较大。

2. 喷涂

喷涂是用特制的喷涂设备（主要是喷枪）将涂料雾化，并涂布于被涂物表面的涂装方法。此种涂装方法出现较晚。它的应用范围很广，大多数的零部件都可以使用喷涂的方法进行涂装。喷涂相对节省涂料，且涂装质量较好，涂膜质量容易控制，但是对操作人员的技术水平要求比较高，对喷涂设备的要求比较严格，对环境的影响比较严重。

3. 刷涂

刷涂是用动物毛发或植物纤维制成的刷子将涂料刷在物体表面的涂装方法。此种涂装方法出现较早，应用范围很广。刷涂对涂装设备的要求较低，涂布过程中涂料的浪费较少，对周围环境影响较小，但对操作人员的技术水平要求较高。

4. 辊涂

辊涂是通过用棉花或化学纤维制成的辊轮的滚动将涂料均匀地涂布在物体表面的涂装方法。此种涂装方法适合于较大面积的涂装。它对涂装设备的要求较低，涂料的浪费较少，但对操作人员的技术水平要求较高。

5. 电泳涂装

电泳涂装是将被涂物浸没于涂料中，被涂物与涂料加以不同极性的电荷，利用电荷移动的原理进行涂装的方法。电泳涂装对涂装附属设备的要求很高，技术难度较大，自动化程度高；但电泳涂装的涂膜厚度能够得到很好的控制，涂装质量高，多用于新车制造中底层涂料的涂装。由于被涂物所加电荷的不同，电泳涂装还可分为阴极电泳和阳极电泳两种。

6. 刮涂

刮涂是用刮板将涂料刮于被涂物表面的涂装方法。刮涂对涂装设备的要求较低，涂料浪费较少，但对操作人员的技术要求较高。刮涂多用于汽车修补涂装中的凹陷填充与外形修复。

7. 静电喷涂

静电喷涂是在喷涂设备上加以一定电压的静电电量，赋予一定电压的静电给喷涂出的涂料，利用静电的吸附原理将涂料涂布于被涂物表面的涂装方法。静电喷涂对喷涂设备的要求较高，但对操作人员的技术水平要求不高，且涂料的浪费较少，对环境的影响较小。

8. 搓涂

搓涂是将布料或其他材料浸沾涂料后用搓拭的方法将涂料涂布于被涂物表面的涂装方法。搓涂应用得较少，一般是在要获得某种特殊效果时才使用。它对涂装设备的要求较低，但对操作人员的技术水平要求较高。

上述 8 种方法中，底漆涂装常用的有喷涂、电泳涂装、刷涂和浸涂。其中，电泳涂装和浸涂一般在汽车制造厂采用；刷涂一般在进行很小面积修补时采用；喷涂最常用于汽车修理厂。

五、涂料的选配应参考的信息

汽车涂料选配时，除应参考汽车原厂涂膜系统外，还应参考如下信息。

1. 被涂物面材料（底材）

由于各种物面材质的极性和吸附能力不同，因而需合理选用与物面材料性质相适应的涂料。

2. 使用的环境条件

不同的地区和气候，对汽车的适应性有不同的要求。例如，在南方湿热地区使用的汽车，要求其涂料对湿热、盐雾、霉菌有良好的三防性能；在北方干寒地区使用的汽车，要求其涂料具有一定的耐寒性能。另外在不同的环境下，对涂料的耐候、耐磨、耐冲击和耐汽油等性能都有不同的要求。

3. 涂料的施工条件

不同性能差异的涂料要求的施工方法就有所不同。因此，选用涂料要根据现有的涂装设备和涂料所适应的涂装方法进行选择。

4. 涂料的配套性

在汽车涂装中，各种底漆、中涂漆和面漆，由于其性能不相同，并不是都能搭配。如果搭配不当，会产生涂膜间附着力差、起层脱落、咬底泛色等现象，严重影响施工质量。

5. 涂层的厚度

涂膜的保护力一般是随涂膜厚度的增加而提高的，在不同使用条件下，涂层的厚度应控制在一定的范围内。若涂层低于厚度的下限，就不能起到理想的保护作用，还会出现露底或肉眼看不见的针孔，外界的水分、化学腐蚀介质等容易侵蚀到涂层内部，降低涂层的寿命。但涂层过厚就会增加成本，还会引起回粘、起泡、桔皮等质量问题。

六、涂料调制工具

调涂料黏度所用的工具为黏度计和调漆比例尺。

1. 黏度计

我国根据 GB 1723—79《涂料黏度测定法》规定，常用测试涂料黏度的黏度计有涂-1、涂-4、落球黏度计。计量单位为“s”。在实际生产中。涂-4 黏度计使用较为广泛，它能用于测定黏度在 10 ~ 15 s 之间的各种油漆产品。

常用的国产涂-4 黏度计有金属和塑料两种。其形状如图 3-2 所示，下部为圆锥形，底部有不锈钢制成的可以更换的漏嘴，圆筒上沿有环形凹槽，用于盛装溢出的多余试样涂料，黏度计容量为 100 mL。

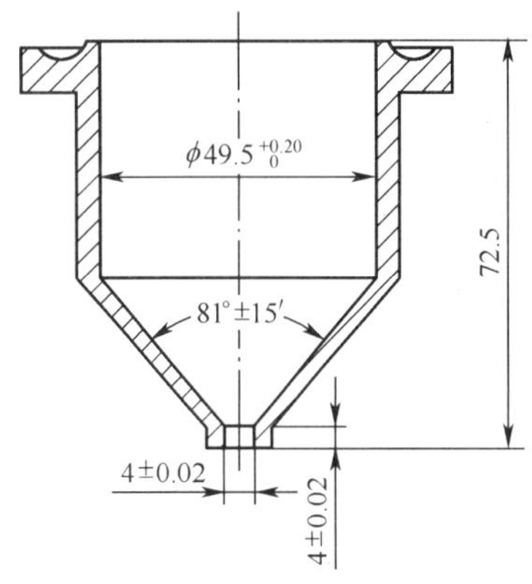

图 3-2　涂-4 黏度计

国际上通用的有两种涂料黏度计，即福特杯和扎恩杯。福特杯适用于大批量涂料黏度的测试，而扎恩杯适用于修补或小批量涂料黏度的测试。

汽车涂料使用的福特杯是一个底部呈圆锥形的圆柱形容器。圆锥的顶部开有测量孔，视孔径的不同又分为两种规格，即福特 3 号杯和 4 号杯。在实际生产中常用的是福特 4 号杯，简称涂-4 黏度计，也称 4 号黏度杯，它分为台式和手提式两种，如图 3-3 所示。它们主要用于测试各种涂料的施工黏度，以使涂料达到便于喷涂、刷涂或浸涂的施工黏度。台式涂-4 黏度计为圆筒型，主要用于涂料检测室或化验室测试涂料黏度用。手提式涂-4 黏度计具有体形小、重量轻、携带方便等特点，适用于涂装施工前现场测试涂料黏度用。涂-4 黏度计的杯容量为 100 mL，有铜制、不锈钢制、铝合金制、塑料制等多种，杯的底部有一标准的小流量圆孔。使用台式黏度计时，需要配合一个容量为 250 mL 的玻璃烧杯（其他容器也可）和一根玻璃棒或刮漆小刀。使用手提式黏度计时，可直接将黏度杯浸入漆液中进行测试。测试时，还必须配备秒表（体育秒表）等。图 3-4 所示为福特 4 号杯黏度计示意图。

（a）台式黏度计

（b）手提式黏度计

图 3-3　台式黏度计与手提式黏度计

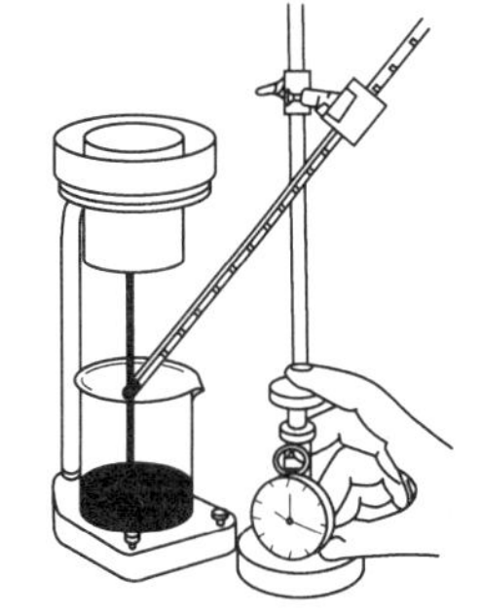

图 3-4　福特 4 号杯黏度计

2. 调漆比例尺

为了避免涂料、稀释剂等的称重调配，世界各油漆生产厂商会提供一种油漆调配比例尺，便于调漆工简化操作。例如，BASF 公司提供的调漆比例尺选用铝质底材，每边用不同颜色蚀刻上不同比例的刻度，图 3-5 所示为系列比例尺中的一种，其中一面是为调配比例为 2:1:5% ~ 10%的产品而设计的（即主剂: 固化剂:稀释剂 = 2:1:5% ~ 10%）；另一面则是为 4:1:1 的产品设计的（即主剂:固化剂:稀释剂 = 4:1:1）。主剂为底漆、中涂底漆、调好色的色浆等。

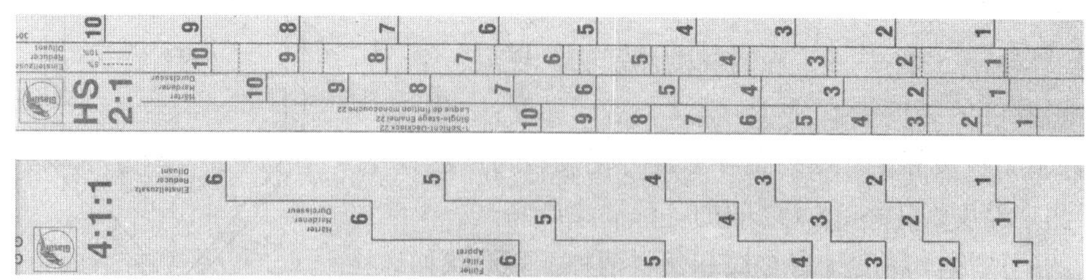

图 3-5　BASF 公司提供的调漆比例尺

技能学习

劳动保护与安全注意事项

操作前，必须牢记以下劳动安全事项：

（1）必须穿好工作服。

（2）注意钢錾子及钢铳子的使用安全。

（3）经常检查平头锤的锤头是否松动。

（4）不同类型的开罐器，其操作方法会有一定的差异，使用前一定要仔细阅读使用说明书。

（5）一定要佩戴防毒面具。

一、常用底漆的选配

不同材料的板件所适合的涂料是有区别的。即使是同一种材料的板件，也要考虑底漆、中涂层与面漆层的搭配。局部修补涂装时，由于旧涂膜的种类不同，其所能适合的修补涂料的类型也有所区别。因此，进行涂装前，正确选配涂料是相当重要的，否则可能会在涂装过程中或完成后出现意想不到的缺陷。

1. 金属基材常用的底层涂料选配

金属基材常用的底层涂料可分为钢铁制品用底层涂料和铝材（包括铝合金）用底层涂料两大类型。

钢铁制品在汽车制造过程中常用的底层涂料主要有防锈漆和铁红底漆两种类型。铝材常用的底层涂料主要有锌黄底漆等。

汽车修补涂料，一般都能适用喷涂方式，以满足汽车维修企业的要求。所以，在进行汽车修补漆选配时，重点考虑底漆与板材的适应性及各类底漆之间的配套性。

不同涂料产生商生产的底漆，均有多个种类。各类底漆与底材的适应性是不同的，选用时一定要注意仔细阅读涂料说明书。“鹦鹉”系列汽车修补底漆与金属类底材的适应性，见表 3-1。“鹦鹉”系列底漆和填充底漆之间的搭配，见表 3-2。

表 3-1　　“鹦鹉”系列汽车修补底漆（金属底材用）与底材的适应性

		钢板	镀锌钢板	铝镁	有电泳漆的原厂件	旧涂层
底漆	70-2 鹦鹉®双组分水性底漆	●	●	●	●	●
	283-150 VOC 鹦鹉®磷化填充底漆（VOC）	●	●	●	●	●
	285-16 VOC 鹦鹉®高浓热固填充底漆	●	●	●	●	●
填充底漆	76-71 鹦鹉®单组分水性填充底漆	❷	❷	❷	❷	❷
	283-150 VOC 鹦鹉®磷化填充底漆（VOC）	●	●	●	●	●
	285-16 VOC 鹦鹉®高浓热固填充底漆	●	●	●	●	●
	285-85 鹦鹉®中浓填充底漆	❶	❶	❶	❶	❶
	285-500 鹦鹉®高浓填充底漆，灰色	❶	❶	❶	❶	❶
	285-550 鹦鹉®高浓填充底漆，黑色	❶	❶	❶	❶	❶
	285-650 鹦鹉®高浓填充底漆，白色	❶	❶	❶	❶	❶
	285-700 鹦鹉®填充底漆	❶	❶	❶	❶	❶
	801-72 VOC 鹦鹉®环氧填充底漆（VOC）	●	●	●	●	●

注：● 表示不需要预处理；
❶ 表示只适用于指定油漆系统（参考S3a）；
❷ 表示添加鹦鹉® 522—111柔软添加剂，仅适用于指定油漆系统（参考S3a）；
S3a表示鹦鹉漆的一种涂装系统，即从底漆到面漆的配套设计，还有一套系统称为S3（下同）。

表 3-2　　“鹦鹉”底漆与填充底漆间的搭配

		70-2	283-150 VOC	285-16 VOC	801-72 VOC
填充底漆	76-71 鹦鹉®单组分填充底漆	●		●	●
	283-150 VOC 鹦鹉®磷化填充底漆				
	285-16 VOC 鹦鹉®高浓热固填充底漆		●		
	285-500 鹦鹉®高浓填充底漆，灰色		●	●	●

续表

填充底漆	285-550 鹦鹉®高浓填充底漆，黑色		●	●	●
	285-650 鹦鹉®高浓填充底漆，白色		●	●	●
	285-700 鹦鹉®填充底漆，灰色		●	●	●
	285-85 鹦鹉®中浓填充底漆，灰色		●	●	●
	801-72 VOC 鹦鹉®环氧填充底漆				

注：□ 表示不适用；

● 表示适合的底漆、填充底漆、中涂漆搭配。

2. 非金属基材常用的底层涂料选配

汽车制造使用的非金属材料主要有玻璃钢和塑料两类材质，如各种轿车的保险杠、客车的保险杠多用玻璃钢或塑料材料制成，而各种中、高档客车的前后围则主要使用玻璃钢材料，同时各种汽车的前面罩、挡泥板、仪表板、轮罩等也由塑料或玻璃钢制成。对于这些基材，必须使用专用底漆或多功能底漆进行涂装，才能保证涂层的质量达到优良，并提高外表装饰性。而对于竹制底板的车辆，各种公交车、普通/中档长途客车的内部使用木制或塑料制地板，也要使用专用底漆进行涂装。“鹦鹉”牌塑料底漆的选用，见表3-3。

表3-3 “鹦鹉”塑料底漆与各类塑料的适应性

		PU-RIM	PP-EPDM	ABS	GRP/SMC	PC-PBTP	PA	PPO	rigid PVC
原子灰	839-90 鹦鹉®塑料原子灰	●	●	●	●	●	●	●	●
	839-20/20K 鹦鹉®多功能原子灰				●				
	1006-23 鹦鹉®高能聚酯喷涂原子灰				●				
底漆	934-0 鹦鹉®单组分塑料底漆	❶	❶	❶		❶	❶	❶	❶
填充底漆	285-16 VOC 鹦鹉®高浓热固填充底漆	❷	❷	❷	●	❷	❷	❷	❷
	285-500 鹦鹉®高浓填充底漆，灰色	❷	❷	❷	●	❷	❷	❷	❷
	285-550 鹦鹉®高浓填充底漆，黑色	❷	❷	❷	●	❷	❷	❷	❷
	285-650 鹦鹉®高浓填充底漆，白色	❷	❷	❷	●	❷	❷	❷	❷
	285-700 鹦鹉®填充底漆，灰色	❷	❷	❷	●	❷	❷	❷	❷

续表

填充底漆	934-70 VOC 鹦鹉®双组分塑料填充底漆	●	●	●	●	●	●	●	●
中涂底漆	285-95 VOC 鹦鹉®高浓可调色中涂底漆	❷	❷	❷	●	❷	❷	❷	❷

注：□ 表示不适用；
● 表示不需要预处理；
① 表示只适用于指定油漆系统（参考S3a）；
② 表示添加鹦鹉® 522—111柔软添加剂；仅适用指定油漆系统（参考S3a）。

二、涂料的开封与装架

油漆制造商供应的涂料一般均装于铁制的罐内（也有部分涂料装于塑料瓶内），其规格有2 L、1 L、0.5 L等。涂料选配完成后，应将选好的涂料准备好，以方便进行下一道工序。

1．不使用涂料搅拌机时的涂料准备

（1）如果涂料罐为永久性密封的包装，开罐时需用钢錾子与平头锤配合，如图 3-6 所示。顺着罐盖的边沿，依次将顶盖打开或大半打开，使搅漆棒能够顺利地进行搅拌工作。各种防锈漆、中涂底漆等都含有较多的体质颜料，在涂料储存过程中颜料易产生沉淀而影响施工质量，故在使用前必须充分搅拌。搅拌时，用专用的搅拌棒或调漆比例尺等，深入到涂料罐的底部，以顺/逆时针方向旋转的方式将涂料充分搅拌均匀。

一些涂装设备制造商根据开启的需要，特别制作了用于开罐的专门工具。图 3-7 所示为德国萨塔公司生产的 SATA dosenboy 开罐器。它可以切除圆形或方形罐的密封盖，切口平整，高度可调，适用于开启各种规格的封闭式涂料罐。使用前应详细阅读产品使用说明书。

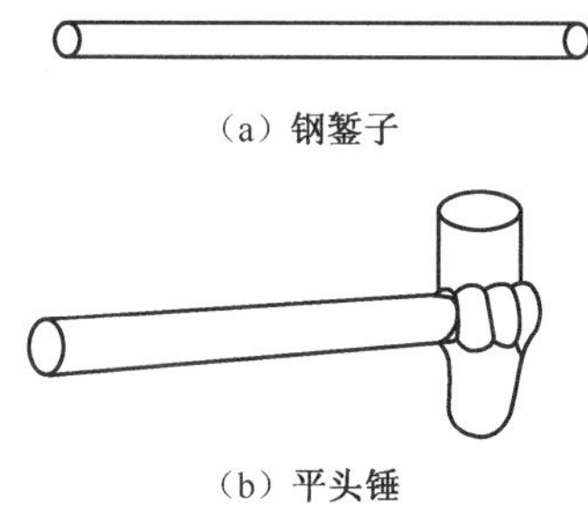
（a）钢錾子
（b）平头锤

图 3-6　涂料罐开盖工具

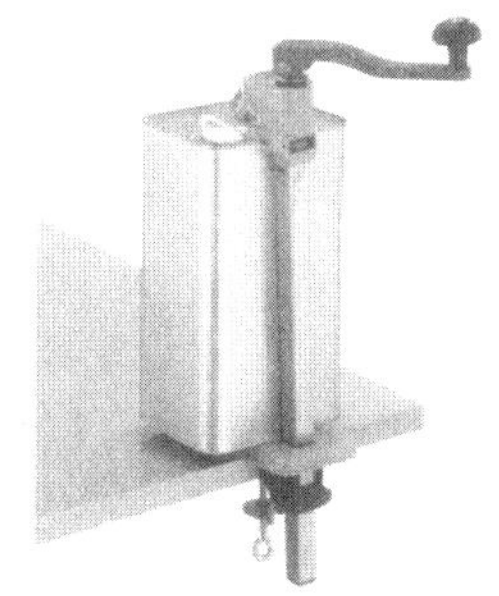

图 3-7　SATA dosenboy 开罐器

（2）有些涂料桶顶部只设计有用于倒出涂料的小口，如图 3-8 所示。为防止倾倒涂料时射流不稳，出现一股一股的漆流而造成浪费（即在倒涂料时射流不稳而溢到地面上），有必要在涂料桶的顶部开一个通气孔。开孔时，先将包装桶的密封小盖打开，然后用如图 3-9 所示的平头锤（或木榔头）配合钢铳子在与密封小盖的对称边沿部位打一小孔，作为倒涂料时的回气孔。

图 3-8　顶部设有小口的涂料桶

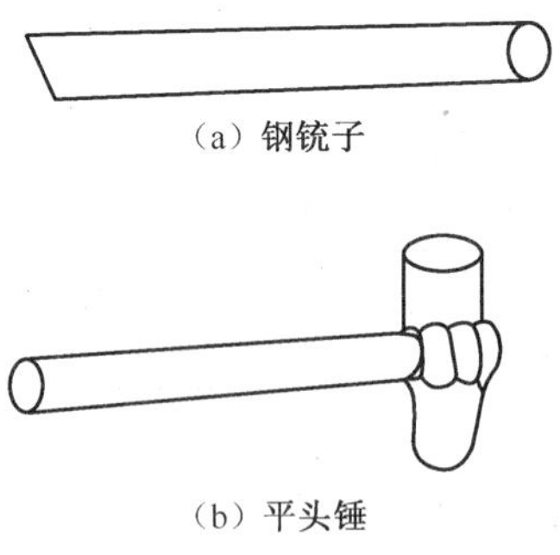
（a）钢铳子

（b）平头锤

图 3-9　涂料罐开通气孔的工具

2. 使用涂料搅拌机时的涂料准备

涂料搅拌机是专门为搅拌涂料（色母）而设计的机器，如图 3-10 所示。使用时，只需启动搅拌电机，即可完成机架上安装的所有涂料罐的搅拌，其搅拌迅速、均匀、省力。

图 3-10　涂料搅拌机

使用涂料搅拌机进行涂料的搅拌，应按下述程序准备涂料。

（1）用专用工具或一字螺丝刀，沿涂料罐盖周边（此种涂料罐均为整体式顶盖，如图 3-11 所示）撬起顶盖并拆下。

（2）将如图 3-12 所示的规格合适的专用搅拌头压装于涂料罐顶部，注意涂料倒出口的方向应面向涂料说明签的侧面，如图 3-13 所示，以防止涂料流滴到说明签上，影响说明书的阅读。

图 3-11　用专用工具打开涂料罐盖

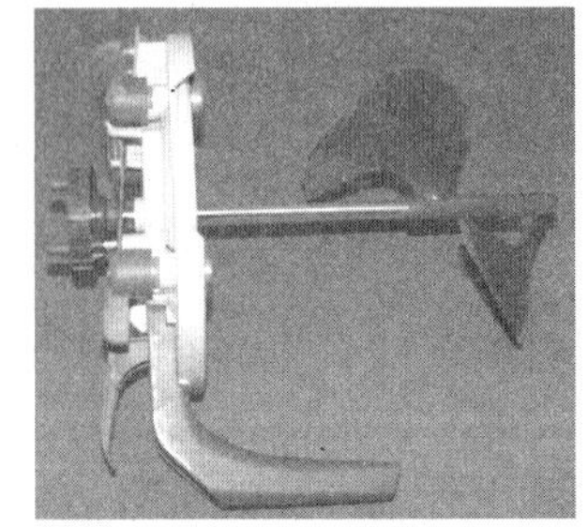
图 3-12　搅拌头

（3）将如图 3-14 所示的搅拌头上的锁紧扳手向中心方向拧到底，即可将搅拌头固定于色母罐上。

图 3-13　装搅拌头后的涂料罐

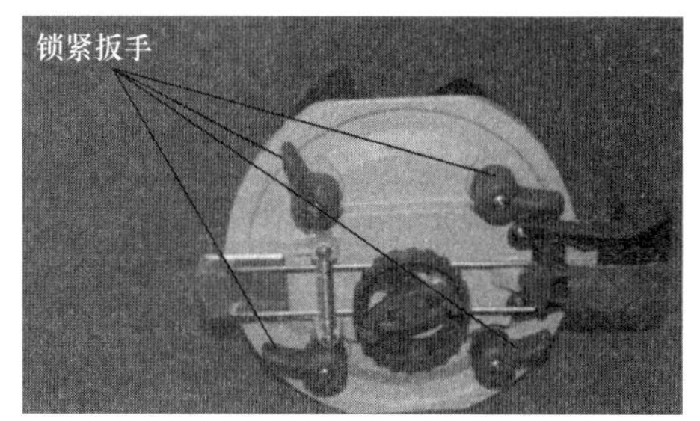

图 3-14　搅拌头上的扳手

将带有搅拌头的涂料罐安装于涂料搅拌机架上。搅拌机架一般设计成 4 ~ 6 个格档，各格档的高度是按照涂料罐的高度尺寸设计的。安装涂料罐时，应根据所安装的涂料罐规格，选择合适的格档进行安装，并确认机架上的搅拌蝶形头与涂料罐搅拌头上的卡口销之间位置正确，使蝶形头能够顺利带动搅拌头旋转。

色母罐在涂料搅拌机架上的摆放要有一定规律，素色漆的色母罐与金属漆的色母罐要分开摆放。例如，“鹦鹉”牌汽车修补油漆色母中，22 系列为素色色母，在涂料搅拌机架上要摆放在一起；55 系列为金属漆色母，它们要摆放在一起；90 系列为水性漆色母，它们要摆放在一起。同一系列的色母要根据色母代号的顺序摆放，以便于取用。

（4）启动搅拌机进行涂料的搅拌，同时观察是否有未被带动搅拌的涂料罐，如果有，则应调整位置。

① 在首次启用设备之前，应认真阅读安全操作规程，不要让未成年人接近设备。
② 所有维护工作必须首先停机并关闭电源，严禁未拔掉插头或运转时进行维护。
③ 所用的涂料罐应与设备相配套，所有的涂料罐不应有变形。
④ 把涂料罐安装在设备上之前，应确保涂料罐上的搅拌头已盖紧。
⑤ 更换任何涂料必须先手动彻底搅拌，然后再放置到搅拌机中进行搅拌。
⑥ 检查是否有障碍物影响设备的正常运转，以保证安全。
⑦ 不要用可燃性液体来清洁设备。
⑧ 设备不能用来处理其设计范围之外的任何产品。
⑨ 涂料搅拌机应每天早上工作前提前 15 分钟启动，下午工作前提前 10 分钟启动。

三、底漆的调制

为适应涂装要求，对于双组分涂料（2K 型）应加入固化剂，然后根据涂料使用说明书的要求及环境温度的不同加入稀释剂进行稀释，以达到要求的施工黏度；对于单组分涂料（1K 型）则直接加入稀释剂进行稀释。

涂料黏度的大小直接影响施工质量。黏度过高将会使表面粗糙不均、产生针孔和气孔等缺陷；黏度过低则会造成流挂、失光，使漆膜不丰满。不同的涂层对涂料的黏度要求也有所不同。所以，车身涂装作业中应根据涂料的技术要求调整黏度，并养成使用黏度计进行测量的习惯。

（1）确定调漆比例。各成分的混合比例，一定要按涂料生产商技术说明书的要求确定。为了形象地描述涂料的技术特点，各涂料生产商设计了一些技术说明图标，使用者只有看懂这些图标，才能快速准确地解读技术说明书。“鹦鹉”漆技术说明书图标如图 3-15 所示。

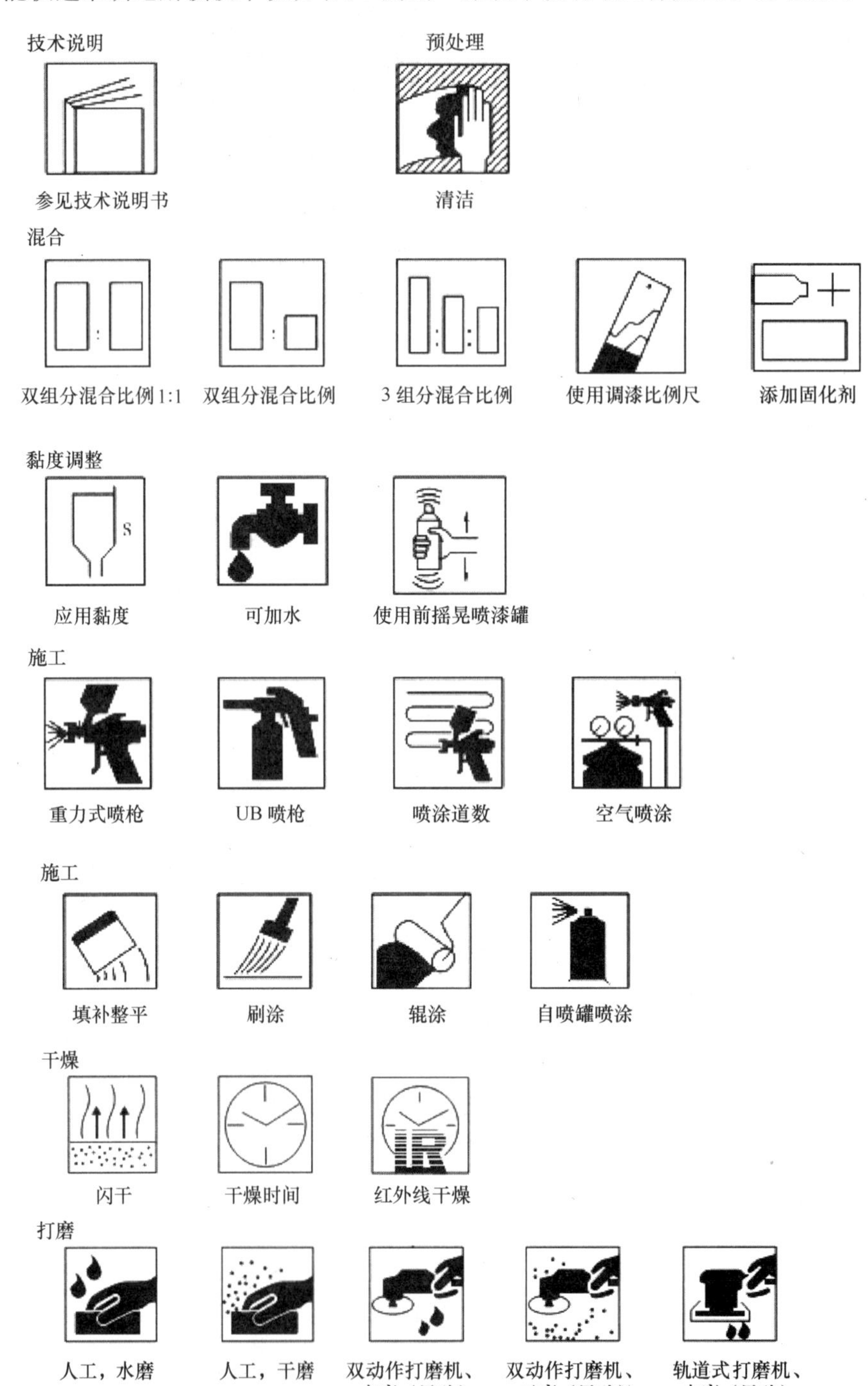

图 3-15 “鹦鹉”漆技术说明书图标

往复振动式打磨机、干磨　抛光

颜色

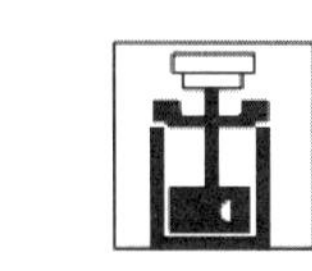
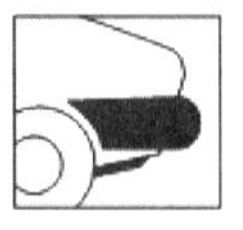

混合　在机器上搅拌　颜色检查　附件　驳口过渡

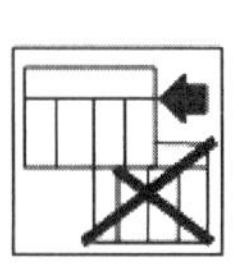

有限的遮盖力　配方已被修改　更适合全车喷　颜色不易调配　在偏差色配方

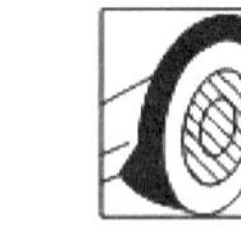
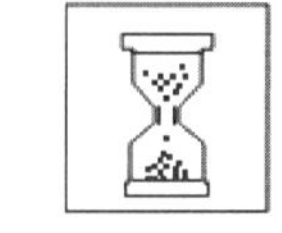

内部颜色　着色的原厂中涂颜色用于引擎室、后行李箱　轮缘和轮罩的颜色　配方使用的色母即将被淘汰　多色调混合色

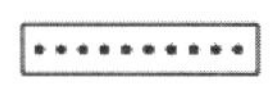

配方中含铅　纹理色　哑光色　可调色清漆

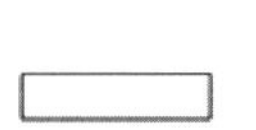

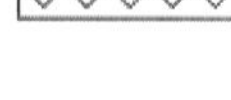

单层高光纯色或多层色底色　底涂　清漆　三层涂装

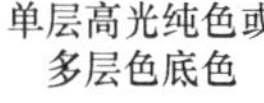
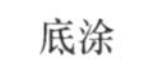

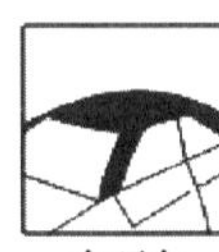

双色车身　装饰条　车顶色　附件颜色

储存

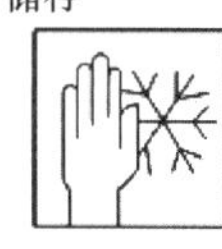

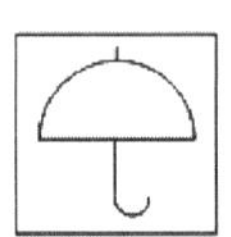
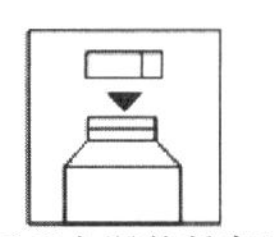

需要防冻保护　于阴凉处储存　需防潮保护　使用后立即盖紧容器　储存寿命

图 3-15　“鹦鹉”漆技术说明书图标（续）

“鹦鹉”环氧填充底漆（801-72）的技术说明，见表 3-4。

表 3-4　“鹦鹉”环氧填充底漆（801-72）技术说明

应用：填充底漆/湿对湿填充底漆/黏附底漆。

特性：具有很好的防腐保护，高膜厚，对鹦鹉®541-5 除硅清洁剂有很好的抗擦性。

注意：① 可作为 1006-23 的预处理黏附层，而喷涂该底漆在镀锌的底材表面。

② 常温干燥的最低温度：+15℃。

③ 801-72 底漆被强制干燥后，最终效果才有可能达到最好。

④ 当被作为黏附底漆时，在 3 小时 20℃的干燥后，801-72 表面可以施涂鹦鹉®839-刮涂腻子或鹦鹉®839-刷涂腻子。

标志	应用	填充底漆
	涂装工艺系统	S1
		可喷涂面积效率：425m²/L（膜厚为 1μm 时）
	混合比例	4:1:1 100%体积比 801-72VOC
	固化剂	25%体积比 965-60
	稀释剂	25%体积比 352-91、–216
	喷涂黏度 DIN 4 在 20℃	18 ~ 20s　　活化时间 20℃：8h
	重力枪罐喷涂气	HVLP 喷枪 1.7 ~ 1.9mm 2.0 ~ 3.0bar（30 ~ 45p.s.i）/0.7bar（10p.s.i）在喷嘴处　　兼容喷枪：1.6 ~ 1.8mm　2 bar
	喷涂层	2　　膜厚：40 ~ 50mm
	干燥　20℃ 　　　60℃ 红外线　（短波） 　　　（中波）	8h 30min 11min 10 ~ 15min
	打磨 轨道式打磨机	P800 P400

从表中可以查到，其调配比例为底漆（801-72）: 固化剂（965-60）: 稀释剂（352-91 或 352-216）= 4:1:1。

（2）确定调漆量。调漆量的多少，主要依据涂料技术说明规定的技术数据。如表 3-4 中提示环氧底漆 801-72 喷涂 1μm 膜厚时，每升底漆可喷涂 425m^2。表中规定，该种底漆需喷涂 2 层，总膜厚控制在 40 ~ 50μm。

根据所要喷涂区域的估计面积及规定的总膜厚，即可估算出底漆的用量。

（3）调制。调制的具体操作方法如下。

① 将比例尺放置于调漆杯内，用手扶正，如图 3-16 所示。

② 选择标有 4:1:1 的一面，假设底漆的用量为 3，把底漆倒进容器至左边第一列刻度 3，

再将固化剂倒入至第二列刻度 3，其比例刚巧是 4:1。

③ 再加入稀释剂至第三列刻度虚线刻度 3，则各成分的加入比例刚好是 4:1:1。

④ 各成分加好后，一定要充分搅拌均匀。

调配单组分涂料时，根据涂料的种类和施工方式，同配套的稀释剂进行混合调配。先将底漆充分搅拌均匀，然后按工艺制定的黏度标准加稀释剂，然后搅拌均匀即可。

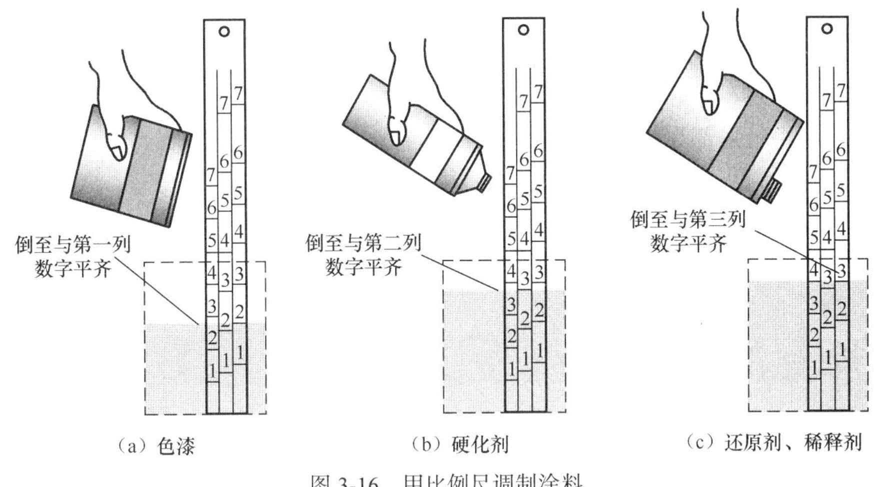

图 3-16　用比例尺调制涂料

有些专用的调漆杯为透明的塑料，外表上有用于指示调漆的刻度，相当于比例尺，如图 3-17 所示，使用时加入各成分的量直接观察刻度即可。

（4）黏度测试与调整。为了检验所调制的涂料的黏度是否符合要求，则需要进行黏度测试。尽管在汽车维修行业中很少进行黏度测试，但为保证涂装质量，建议进行测试。进行黏度测试时，因所用的黏度计不同，测试方法也不同。

① 使用台式黏度计测试黏度时，可先利用黏度计台面下的 4 个螺栓使黏度计在工作台上调放平稳。用左手的中指堵严黏度杯底部的流孔，然后将加入稀料并充分搅拌均匀的漆料倒满黏度杯，用玻璃棒将液面刮平之后，松开堵孔的中指，并同时开动秒表，待杯中的漆料流完（断流）时，立即关闭秒表，秒表上的数据即为该漆的黏度。一般需要测试 3 次，取其平均值，做好记录。测试条件通常要求在室温（25 ± 1）℃条件下进行。

② 使用手提式黏度计测试时，可在施工现场将黏度计直接浸入调好的漆料中灌满漆液，提起黏度计，待黏度计脱离液面的同时立即开动秒表，观察黏度计底部的流孔，待漆料快流完且出现断流时，快速关闭秒表，表上的数据即为测试的黏度。其黏度测试方法如图 3-18 所示。

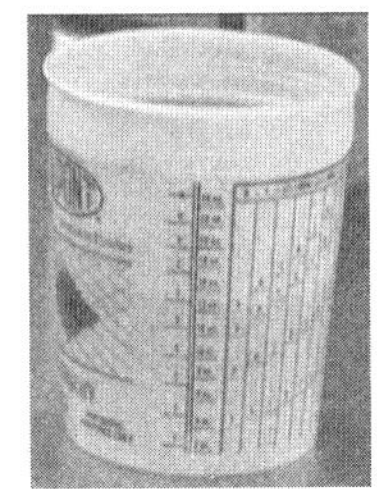

图 3-17　带刻度的调漆杯

图 3-18　用手提式黏度计测试黏度示意图

测试结束后，根据测试的结果进行微调，即补加适量的油漆或稀释剂，并充分搅拌均匀。

任务二 车身的准备

【学习目标】

1. 能够正确描述车身遮盖用的各类材料的用途。
2. 能够正确进行局部涂装、整板涂装及整车涂装的遮盖。
3. 能够正确进行板件表面的除尘与除油。
4. 能够注意培养良好的安全、卫生习惯及团队协作意识。
5. 能够检查、评价和记录工作结果。

任务分析

当损伤的漆膜经过底处理后，由于打磨露出了钢板，需对钢板部位涂装底漆，如图3-19所示。汽车维修行业对底漆的施工常使用喷涂法。为了防止不需要喷涂底漆的部位被喷上底漆，必须对这些部位进行遮盖。同时，为了提高底漆与钢板之间的附着力，得到良好的底漆喷涂效果，需对待喷涂部位进行除尘与除油。

图3-19 待喷涂底漆的板件

相关知识

一、遮盖材料

在准备喷涂的过程中，遮盖是很重要的一步。对于不需要涂装的表面一定要遮盖好，否则会引起不必要的麻烦。遮盖需要使用遮盖材料。遮盖材料不仅在车身修补涂装中使用，而且在汽车生产厂涂装过程中也广泛使用。常用的遮盖材料为遮盖纸和遮盖胶带等。

1. 胶带

胶带在家庭中也经常可以用到，所以其用途较广泛，如图3-20所示。胶带用于将遮盖纸粘贴于车身表面，如图3-21所示。由于使用的环境复杂，有的适用于炎热干燥的沙漠地区，有的则适用于寒冷潮湿的区域。因此，为了很好地完成涂装前的遮盖工作，所选用的遮盖胶带必须满足气候环境的变化和防止车间脏污和灰尘对漆面的影响。有些遮盖胶带有专门的用途，如用于风干油漆面，而有些遮盖胶带适合在烘干的情况下使用。

图 3-20　遮盖胶带

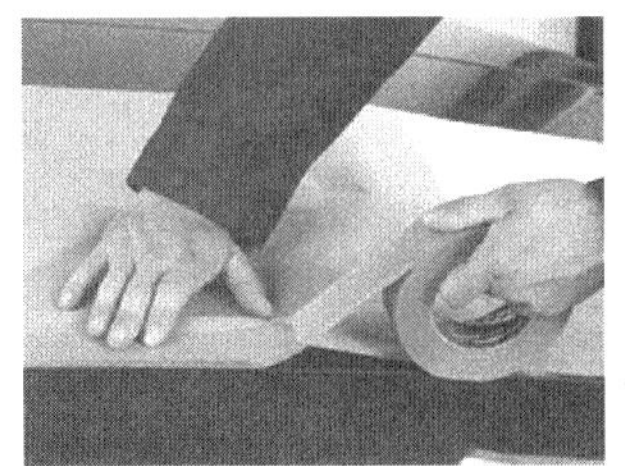

图 3-21　胶带的应用

好的胶带应具有较高的质量，如合适的黏度，既不能太强使拆除困难，又不能太弱使粘贴不牢固。胶带应能很容易地粘贴到装饰条、铭牌、车窗密封条等处，并且应具有较好的伸展性，不影响所贴板件的强度和柔韧性。另外，胶带还应具有良好的强度，在使用中不易断裂，以及足够的伸缩性。同时，胶带还应具有良好的黏附性，在涂层出现收缩或温度变冷或变热时，不脱落；在拆除胶带后，不应有胶带上的黏结剂留在板件表面。

由于遮盖胶带的多用途和使用环境变化较大，因此对车用遮盖胶带的要求较为苛刻。

遮盖汽车时，正确的遮盖方法和细心程度是高质量工作的基础。遮盖前，所有的表面如玻璃、装饰件、灯罩、保险杠等表面均应进行彻底清洗。并将灰尘全部吹除。在装饰条或其他部件上粘贴胶带时，尽量不要拉伸胶带。

高质量的胶带应具有防水功能，并且在湿打磨时不脱落。市场上出售的遮盖胶带有 3mm、6 mm、12 mm、18 mm、24 mm、36 mm、48 mm 和 72 mm 等多种尺寸。最常用的胶带为 6 mm 和 18 mm 两种。

另外，还有一种细胶带常用在两种颜色交界处或非专业涂装时，因为这种胶带柔性好、较薄，并且专门的聚丙烯胶带底层允许胶带粘贴在新喷的磁漆或清漆面上，不会留下痕迹，如图 3-22 所示。这种胶带具有防止溶剂浸透的功能。常用的有 1.5 mm、3 mm、5 mm、6 mm、10 mm、12 mm 和 18 mm 宽的胶带卷。

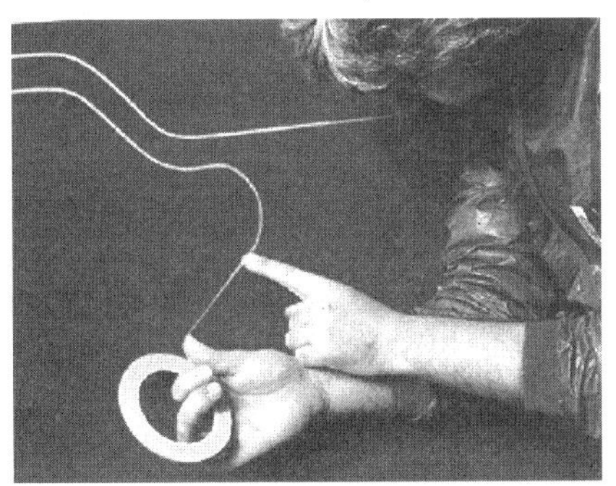

图 3-22　细胶带的应用

目前，市面上还出现了各种各样的专用胶带，是专门为车身特殊部位遮盖而设计的，如风窗玻璃密封条胶带、塑料软发泡胶带、缝隙遮盖胶条等。

2. 遮盖纸

遮盖纸是一种耐溶剂的纸，喷涂时可保护较大面积的被覆盖部分不受涂料的影响。它一般制成 100 cm、80 cm、50 cm 等不同宽度系列的纸卷，通过中间通孔可将其装于专用的遮盖纸机上。图 3-23 所示为一种常用的遮盖纸与胶带机，该机器上装有不同宽度的遮盖纸和不同规格的遮盖胶带，可以很方便地将胶带按需要粘贴到遮盖纸的边缘。同时，机器上还装有一个切刀，可以根据需要切断一定长度的遮盖纸，从而有效地提高工作效率。

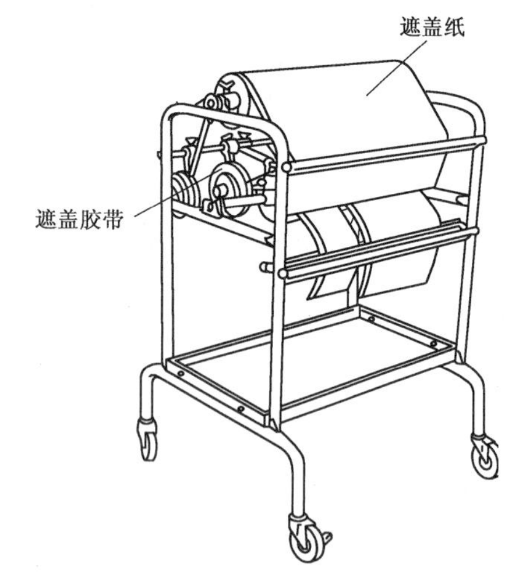

图 3-23　遮盖纸与胶带机

还有一种经特殊处理的遮盖纸，宽度有 8 cm、15 cm、23 cm、30 cm、38 cm、46 cm、69 cm 和 91 cm 几种。这种纸的一侧采用特殊材料处理，比另一侧亮，通常应把光滑明亮的一侧朝外。也有的遮盖纸两侧均用树脂进行浸渍处理，具有较好的防渗透功能和防脏污功能，常用在基层和透明涂层的喷涂过程中。

3. 遮盖膜

遮盖膜即用于遮盖用的塑料薄膜，通常为聚乙烯膜，能既经济又有效地替代遮盖纸，如图 3-24 所示。

图 3-24　遮盖膜

4. 其他遮盖材料

（1）车身罩。车身罩也称车衣，用于快速将整车遮盖，只需将待涂装部位露出，并进行必要的遮盖（用胶带及遮盖纸等）即可，如图 3-25 所示。

（2）车轮罩。车轮罩按车轮外形设计制造，能够快速遮盖车轮，如图 3-26 所示。

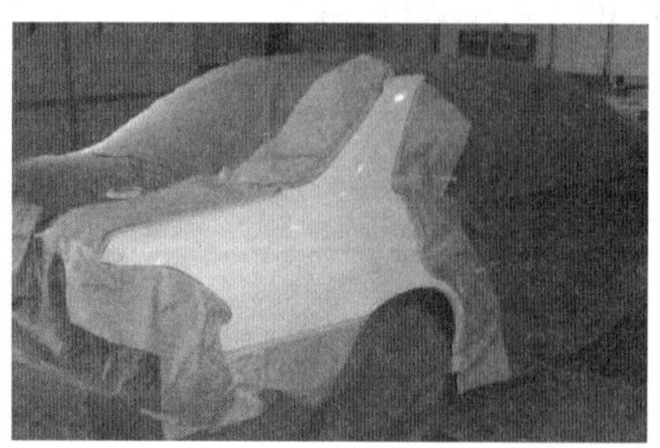
图 3-25　车身罩

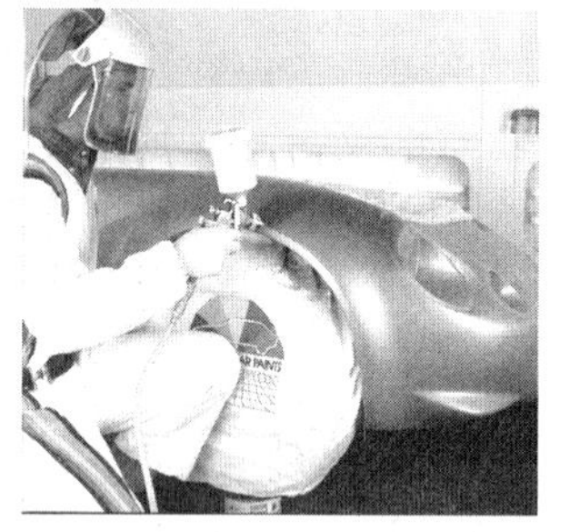
图 3-26　车轮罩

一些小型的汽车维修企业常用报纸进行遮盖。由于报纸较易被撕破，因此使用报纸做遮盖物时应小心。但是绝不能用报纸来遮盖清漆面，因为报纸中含有油墨，油墨会溶入涂料的溶剂中，然后进入漆层，使涂料颜色改变。

有时，可以自己制作一些简便的工具，进行胶带的粘贴和拆除工作。例如，在硬的表面粘贴胶带时，采用短毛的窄的油漆刷，则可以很方便地把胶带展平和粘牢。如果清洗汽车后，某些难以擦到的表面上还留有脏点，则可以采用扁嘴的工具把脏点刮去。还可以将一把小的平头螺丝刀弯曲后，装上一个钩子。在拆除某些较难触到的表面上的胶带时，就可以用螺丝刀上的钩子刮起胶带的边缘，然后拆除胶带。

遮盖纸和胶带的使用是为了防止某些区域被喷漆，因此，不得将遮盖纸和胶带粘贴到需要喷漆的表面。

喷涂清漆时，应采用双层遮盖纸进行遮盖，这样可以防止涂料中的稀料渗入，而损坏原漆面。当涂料足够干燥后，应立即拆除遮盖纸和胶带。由于胶带拆除时会粘掉新喷的漆膜，所以通常不允许胶带接触或粘贴到新油漆面上。

二、擦拭纸

擦拭纸用于擦拭散落的涂料、清洗擦拭喷枪、清洁工作台等，也可用于清除板件表面的灰尘。修补涂装所用的专用擦拭纸为大小不一的卷状，如图 3-27 所示。

三、粘尘布

虽然打磨后的板件会经过压缩空气吹拂，甚至用擦拭纸等擦拭，但也不能完全清除黏附的灰尘，这时最好使用专用的粘尘布，如图 3-28 所示，将整个待涂装表面仔细擦拭一遍。

图 3-27　擦拭纸

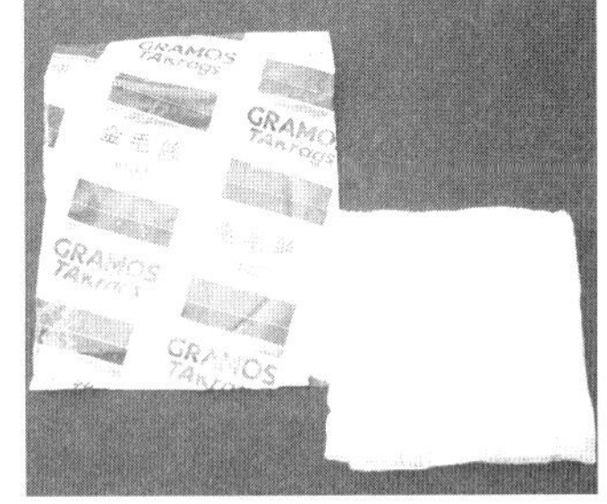

图 3-28　粘尘布

四、除油剂

汽车的主要部件为钢铁等材料，在加工、储运过程中常使用以矿物或动、植物油脂为基础成分，加有各种有机添加剂或无机物质的油品进行保护，这也是汽车钢铁部件表面的主要油污来源。另外，经除旧漆处理后的裸露的金属表面，也会因操作过程（如手触摸）而沾有油脂。油污的存在，会影响酸洗除锈和磷化质量，影响涂层的干燥性能，降低涂层的附着力。

在进行正式喷涂之前，必须确保板件表面没有灰尘和油污，否则必然会造成喷涂缺陷。因此在正式喷涂之前，必须进行除油操作。

油污清除的难易程度与油污组成的物理化学性质有关。动、植物油可以皂化，可用皂化、乳化和溶解作用除去；矿物油不能皂化，主要靠润湿、乳化、溶解、分解等作用除去。通常黏度越大、熔点越高的油污越难清洗；极性较强的油污，由于对金属表面的附着力强，也较难清洗；因长期存放或高温烘烤形成的氧化性干膜难清洗；带有固化微粒的润滑剂、研磨剂、抛光膏等也很难清洗。

有机溶剂脱脂法是指应用有机溶剂溶解皂化和非皂化油脂。用有机溶剂除油的特点是速度快、效率高、操作简单。可用浸洗法、擦洗法、先喷后擦净法等多种方法进行施工，既可在常温条件下进行，也可用将有机溶剂加热浸洗后再用蒸汽除净油污等方法进行。常用的有机溶剂有石油系溶剂、芳香族溶剂、氯系溶剂、氟系溶剂以及醇类溶剂与酮类溶剂等。

对于难以清洗的油污，需采用增强化学反应或加强物理机械作用，以及提高清洗温度等措施才能清除干净。

除油剂，也称为脱脂剂，一般封装于金属或塑料容器内，如图 3-29 所示。使用除油剂时可先将其倒在喷水壶内，如图 3-30 所示。

图 3-29　除油剂

图 3-30　喷水壶

同一个涂料生产商所供应的除油剂会有不同的规格（型号），每一个类型的除油剂有各自的特点和用途。以 BASF 生产的“鹦鹉”系列涂料为例，其除油剂有以下几种。

（1）360-4（金属清洁剂），主要用于钢材、镀锌板及铝合金表面的清洁与除油。

（2）541-30（通用塑料清洁剂），主要用于塑料表面的清洁、除油，并能清除塑料表面的脱模剂。

（3）541-5（除硅、除蜡清洁剂），主要用于有原厂底漆的新板件及旧漆层的清洁，能够清除灰尘、硅油、石蜡等。

（4）700-10（水性漆除油清洁剂），主要用于水性漆系统，能够清除硅油、油脂和打蜡的残留物以及塑料件表面的脱模剂，并可消除塑料件表面的静电。

（5）700-1（水性漆清洁剂），主要用于“鹦鹉”1K 型中涂底漆或水性底色漆系统，在中涂底漆和底色漆施工前及 90 系列水性漆驳口区域预处理时使用，能够清除灰尘；用于塑料件时可起到抗静电的作用；另外，可以用来清洗水性漆喷枪。

技能学习

劳动保护与安全注意事项

（1）穿好工作服。

（2）除尘与除油操作时应戴胶手套。

（3）注意防火。

（4）注意施工场地卫生。

一、遮盖

1. 胶带的基本粘贴方法

粘贴带应选用质量好的，若质量差，则使用后会出现粘贴剂残留或其他问题，造成不必要的麻烦。聚氨酯涂料需加热干燥，应使用耐热胶带纸。粘贴带的基本贴法如图 3-31 所示。

2. 装饰条与嵌条的遮盖

当用胶带遮盖装饰条、嵌条等表面时，用一只手的手指塞入胶带卷中间的孔中，将大拇指放在胶带的外面，控制胶带的方向。拉伸胶带时，胶带的粘贴面背向操作者。不要把胶带拉得过紧，然后把胶带的起始端粘到嵌条或车轮罩的边缘上，如图 3-32 所示。粘贴时，拉伸的胶带面与漆面的间距至少应有 0.7 mm，这样既方便粘贴又可以很好地控制胶带的方向。嵌条或需粘贴面的宽度决定所需胶带的条数。但是，一定要记住在所需喷漆的表面与嵌条间应留有一个小间隙，涂料特别是清漆会填补这个间隙。用足够的压力把胶带压牢。另外，在曲面上粘贴胶带时，还必须拉伸胶带，以适应曲面的要求。如果胶带太宽，应用剪刀把胶带多余的宽度剪去。

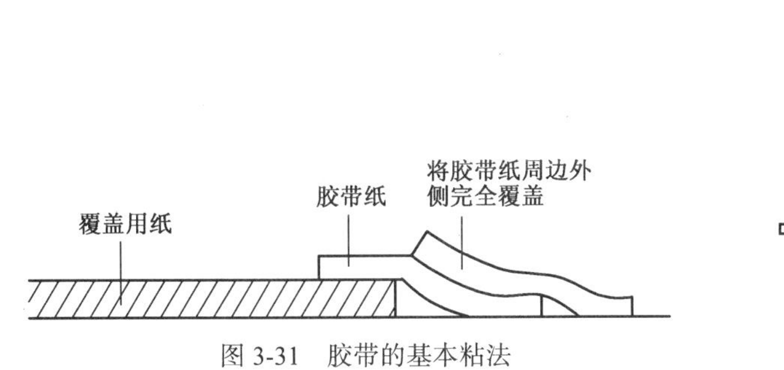

图 3-31 胶带的基本粘法

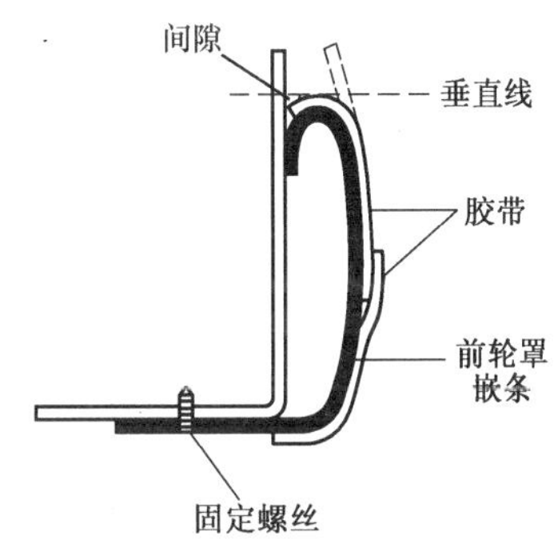

图 3-32 车轮罩嵌条的遮盖

3. 侧窗玻璃的遮盖

当遮盖侧车窗时，需要先用胶带遮盖该区域的周边。然后选用合适尺寸的遮盖纸。遮盖纸的底边粘贴到底部的胶带上。将遮盖纸周边折叠，折叠边用短的胶带粘好，然后全部粘到周边预先贴好的胶带上。

4. 前后风窗的遮盖

如图 3-33 所示，遮盖窗玻璃时，主要使用 50 cm 宽的纸，不够的部分再用 10 ~ 20 cm 宽的纸粘贴上，四周用 12 ~ 15 mm 宽的粘贴带粘住。

如果使用专用的窗缘遮盖胶带，如图 3-34 所示，按下列程序进行遮盖操作。

（1）将窗缘胶带剪取合适的长度，如图 3-35 所示。

（2）在胶带边缘处剪开两个小口，如图3-36所示。

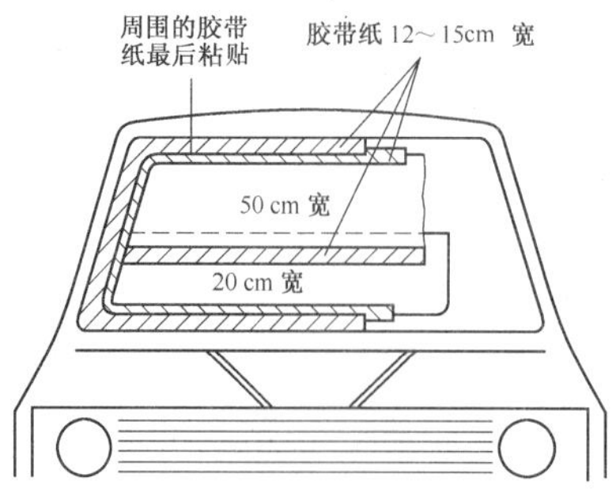

图3-33　窗玻璃的遮盖

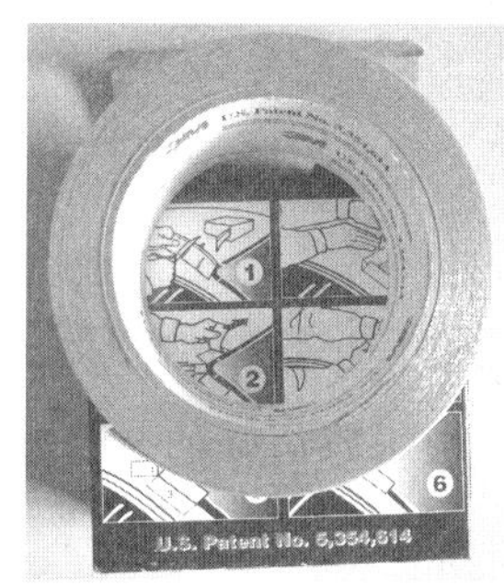

图3-34　专用的窗缘遮盖胶带

图3-35　剪取胶带

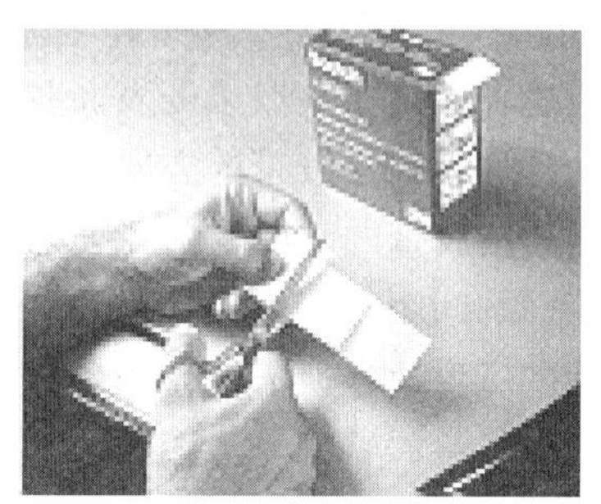

图3-36　胶带边缘剪口

（3）将硬边塞入窗缘饰条下面，如图3-37所示。

（4）将保护纸撕掉，中间部位粘贴在窗缘上，如图3-38所示。

图3-37　塞胶带

图3-38　粘胶带

（5）将其他两边完全遮盖好，如图3-39所示。

（6）在直线部位及其他部位重复上述操作，如图3-40所示。

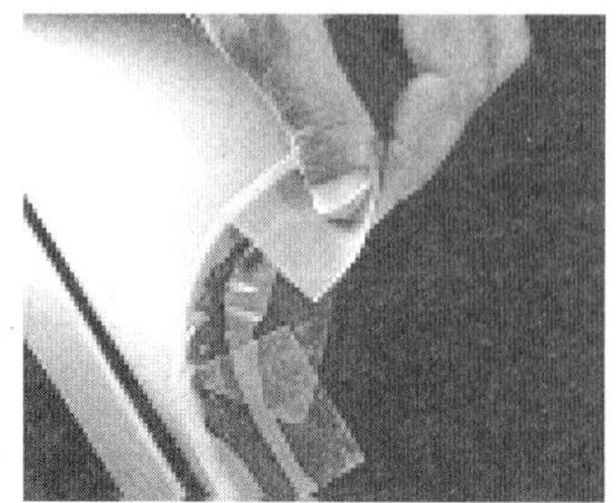

图3-39　粘贴其他部分

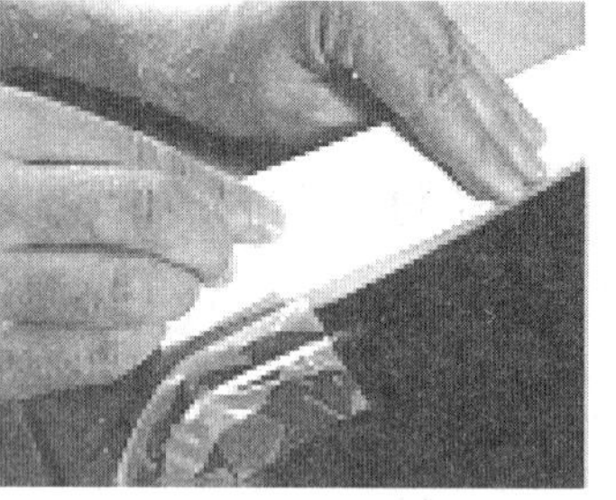

图3-40　粘贴直线部位

（7）最后将带有胶带的遮盖纸粘贴在专用的胶条上进行遮盖，如图 3-41 所示。

图 3-41　用遮盖纸遮盖

5. 车门洞遮盖

如图 3-42 所示，如果要将车门入口全部遮盖，先要按入口宽度准备好遮盖纸。一般是取 50 cm 宽的纸两张，搭接成 1 m 宽，对准入口，先贴住上部。在贴下边之前，要先将纸放松弛，办法是从中间折一下，这样车门才能关住。如果宽度还不够，再加一张 30 cm 宽的纸。如果边切得不整齐，可用胶带补齐。纸与纸相重合的部分，要用胶带粘住，不能留缝隙。

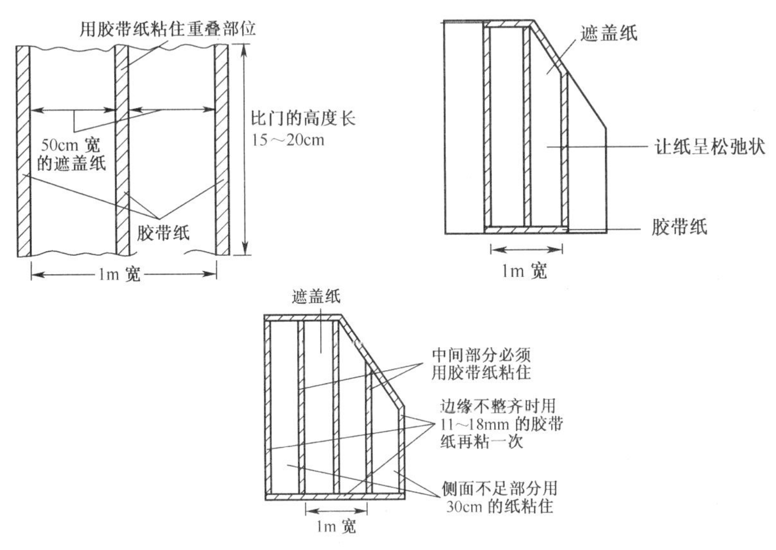

图 3-42　车门洞的遮盖

对于车门洞，可以使用专用的缝隙胶条进行快速遮盖，如图 3-43 所示。用缝隙胶条遮盖缝隙要比传统的胶带加遮盖纸的工艺简单且遮盖效果好，喷涂的漆膜过渡自然，如图 3-44 所示。

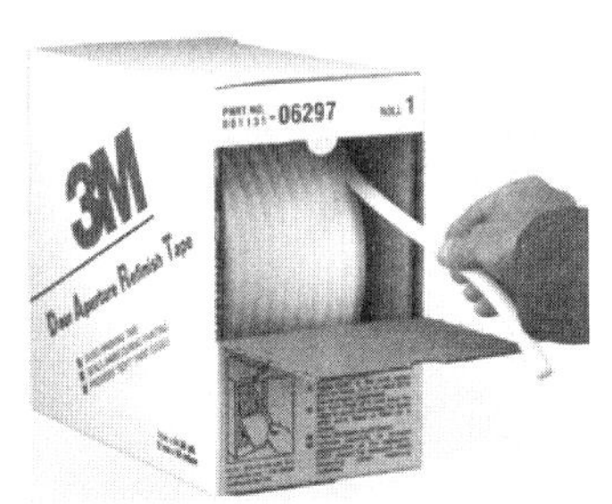

图 3-43　缝隙胶条

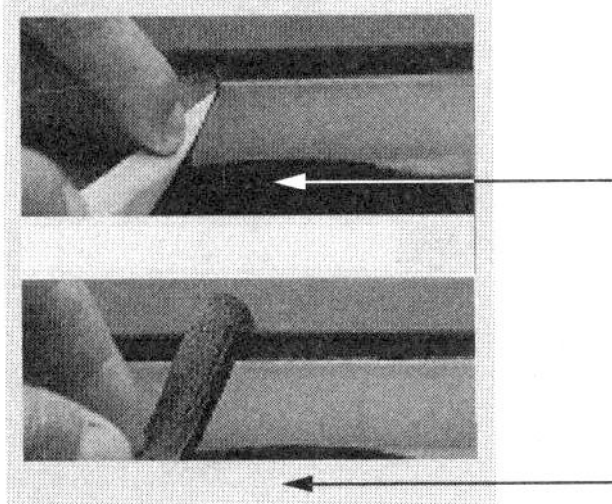

图 3-44　缝隙胶条遮盖与传统遮盖的比较

（1）将车门洞周边需粘胶条的部位清洁干净，如图3-45所示。

（2）粘胶条。如图3-46所示，剪取合适长度的胶条，将胶条粘贴于门洞四周。注意粘贴的位置（深浅程度）要合适，如图3-47所示。

图3-45　清洁

图3-46　粘贴胶条

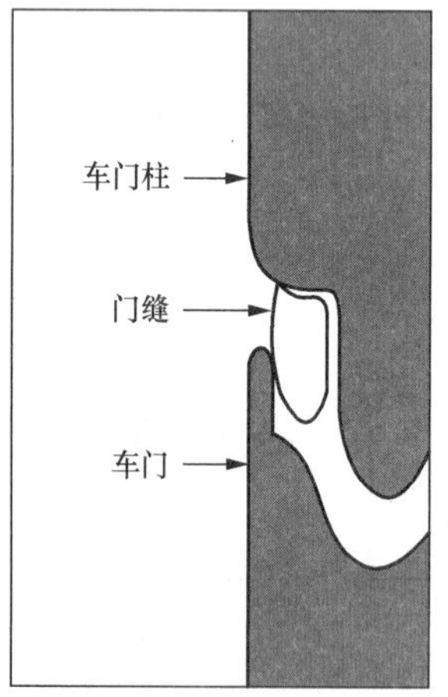

缝隙胶条必须放置于门缝约5mm处，此位置为最佳遮盖处，不会产生漆线或毛边

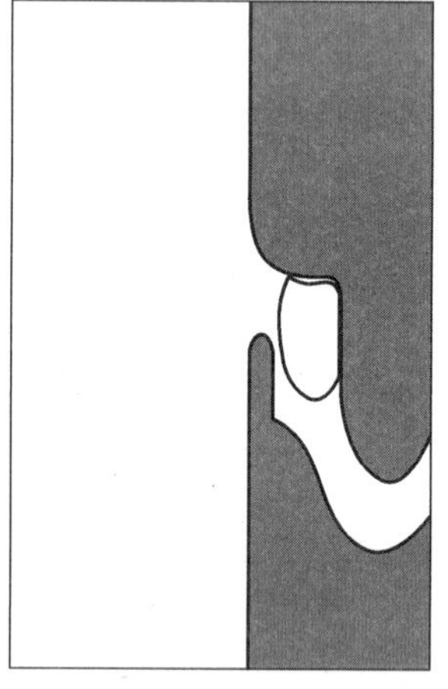

缝隙胶条必须放置太里面，将使喷漆渗入，亦会使车门缝内的脏粒飞出，影响漆面品质

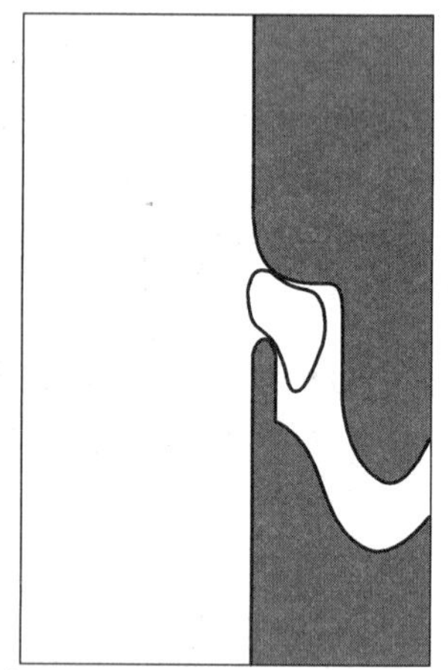

缝隙胶条放置太突出，将使喷漆不良，并产生毛边

图3-47　胶条的粘贴位置

（3）完成其他部位的遮盖，最后遮盖状况如图3-48所示。从图中可以看出，在门洞缝隙处几乎看不到遮盖物，即使接下来进行打磨也不会受到影响。

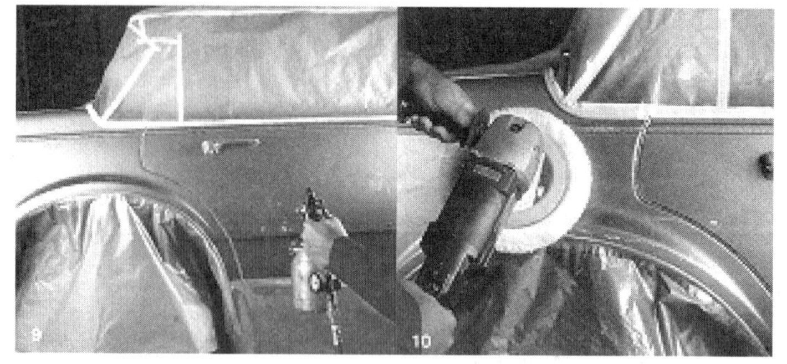

图3-48　胶条遮盖后的状况

6. 保险杠的遮盖

保险杠的遮盖如图 3-49 所示，最好使用遮盖膜+高性能遮盖胶带+聚酯精细遮盖胶带。

（1）先用高性能遮盖胶带配合聚酯精细遮盖胶带沿保险杠与车身交界进行遮盖。

（2）在遮盖胶带的基础上用遮盖膜进行遮盖。

（3）用遮盖膜遮盖其他部位（玻璃、前叶子板、前轮等）。

（4）用高性能遮盖胶带配合聚酯精细遮盖胶带遮盖车灯、散热器面罩（中网）等。

7. 翼子板的遮盖

翼子板的遮盖最好使用车身遮盖膜进行。

（1）用车身遮盖膜覆盖车身。

（2）如图 3-50 所示，将车身遮盖膜覆盖在叶子板部分，用专用刀具割开（车轮部位可以使用裁剪下的车身遮盖膜遮盖）。

图 3-49　保险杠的遮盖

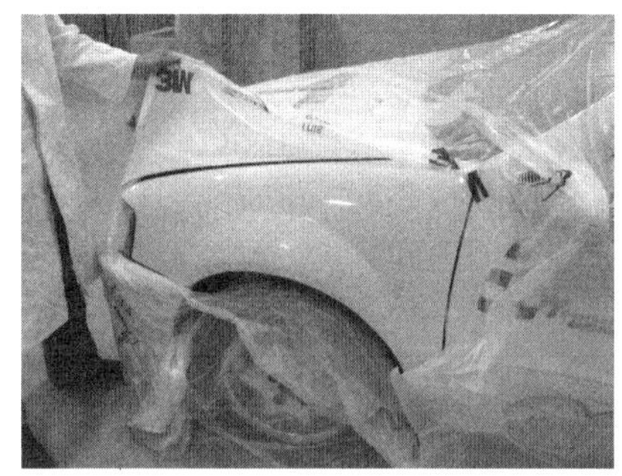

图 3-50　裁剪遮盖膜

（3）为防止飞漆污染发动机罩内板，门缝及翼子板与发动机罩接合缝最好使用缝隙胶条配合车身遮盖膜进行密封，如图 3-51 所示。

（4）用遮盖胶带配合车身遮盖膜进行遮盖。对于车灯等分色界面要求较高，为达到更好的分色效果，需先用聚酯胶带遮盖分色边缘，如图 3-52 所示。

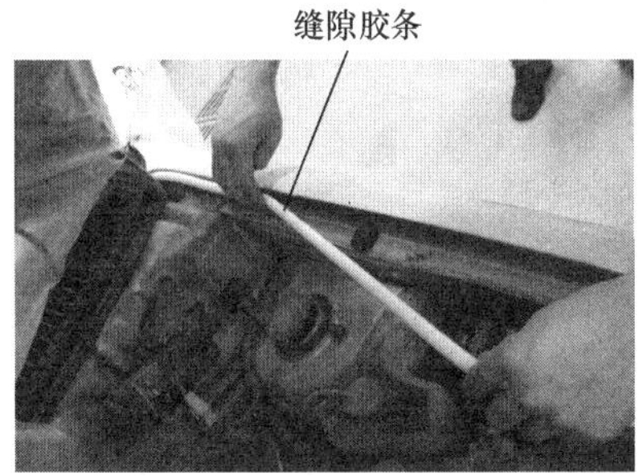

图 3-51　用缝隙胶条遮盖缝隙

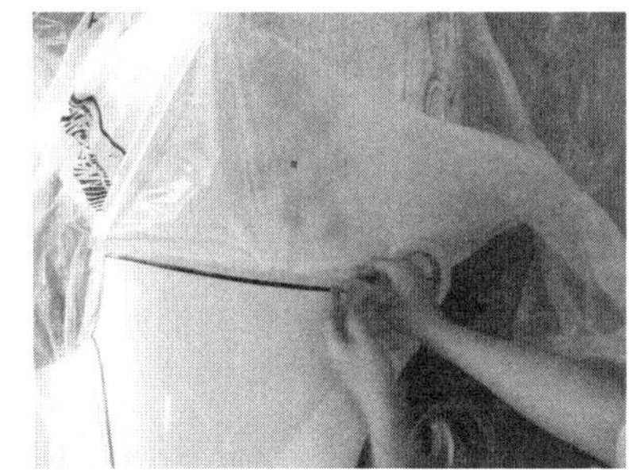

图 3-52　边缘的分色定位

（5）全部遮盖完成后，做一次仔细的检查，确定是否有遗漏处或过多遮盖处。

8. 车门的遮盖

（1）用车身遮盖膜覆盖车身。

（2）将车身遮盖膜覆盖在车门部分用专用刀具割开，如图 3-53 所示。

（3）将开门方向的膜用遮盖胶带再次密封。

（4）为防止飞漆污染门内，门缝用门缝胶条配合车身遮盖膜进行密封，关上车门，如图3-54所示。

（5）用窗缘遮盖胶带遮盖窗子下的密封胶条，如图3-55所示。

（6）用遮盖膜配合窗缘遮盖胶带遮盖窗子及后视镜。注意在油漆驳口部位留下空隙，可以利用门缝遮盖条来配合支撑。

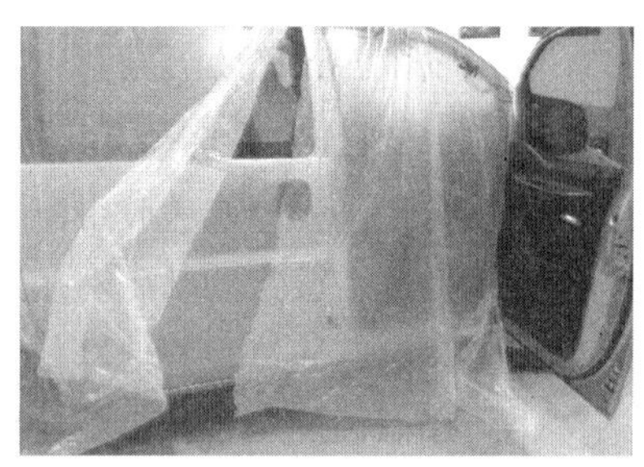

图3-53　剪去车门部分的遮盖膜

（7）用聚酯遮盖胶带遮盖门拉手。如果门拉手已被拆下，其遮盖后的情况如图3-56（a）所示；如果门拉手未被拆下，则遮盖后的情况如图3-56（b）所示。

（8）检查完成遮盖后的情况，如图3-57所示。

图3-54　车门周围的遮盖

图3-55　遮盖门窗玻璃下的密封条

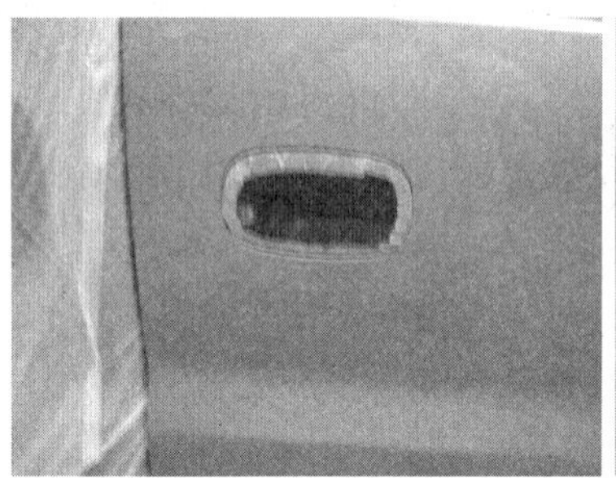

（a）拆除门拉手后的遮盖

（b）未拆除门拉手的遮盖

图3-56　门拉手的遮盖

9. 发动机罩的遮盖

（1）用车身遮盖膜覆盖车身，如图3-58所示。

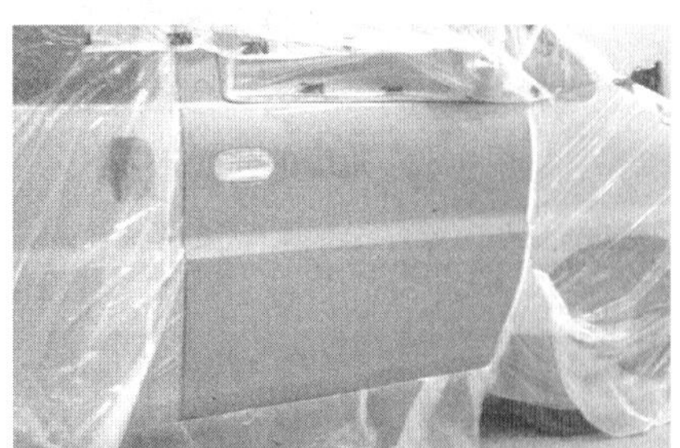

图3-57　完成遮盖后的状态

图3-58　用遮盖膜覆盖车身

（2）将车身遮盖膜覆盖在发动机罩部分用专用刀具割开（注意靠近前挡风玻璃一边的膜不用割破），如图 3-59 所示。

（3）打开发动机罩，将膜从发动机罩与前挡风玻璃之间穿过，覆盖在发动机上，并用遮盖胶带将膜再次连接密封，如图 3-60 所示。

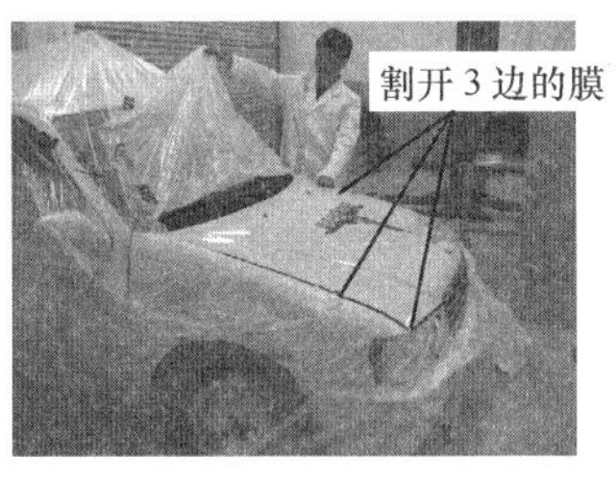

图 3-59　切割遮盖膜

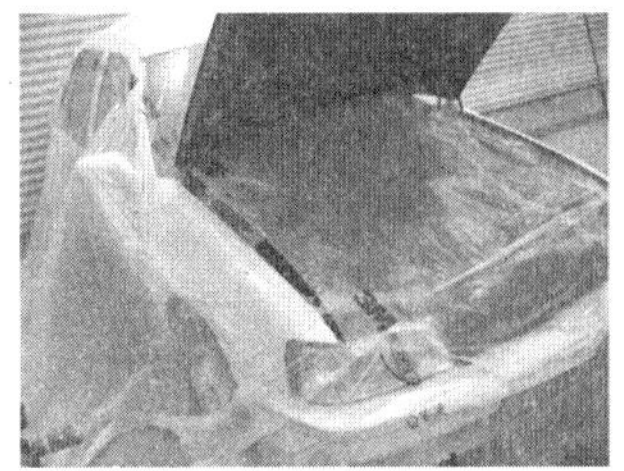

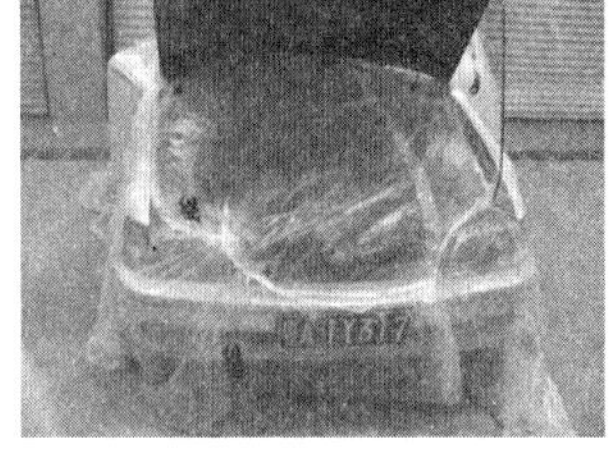

图 3-60　遮盖发动机

（4）为了防止飞漆污染发动机罩背面（某些高档车发动机罩背面是隔热材料，颜色与车身颜色不一致），可以在发动机罩边缘使用门缝遮盖胶条来阻挡飞漆污染，如图 3-61 所示。

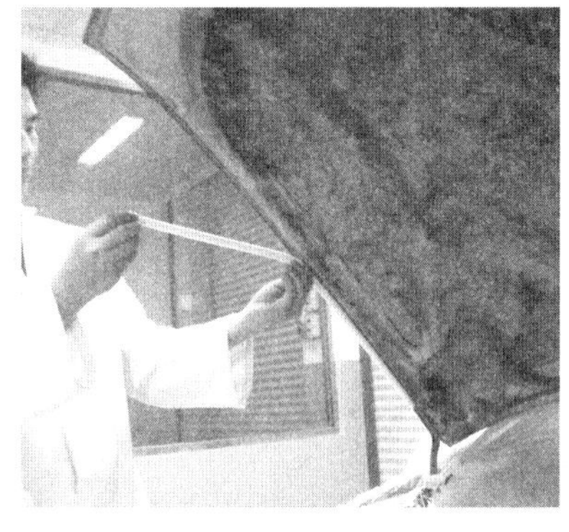

图 3-61　用遮盖胶条粘贴发动机罩边缘

（5）将发动机罩盖上，遮盖分色部位（散热器面罩）。

① 用聚酯精细遮盖胶带遮盖分色部位边缘，如图 3-62（a）所示。

② 用遮盖纸配合聚酯精细遮盖胶带遮盖散热器面罩，如图 3-62（b）所示。

③ 散热器面罩遮盖完成后的状况，如图 3-62（c）所示。

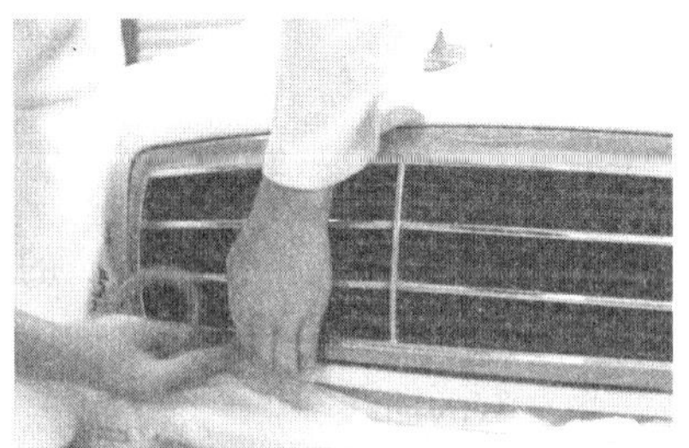

（a）用细胶带遮盖散热器面罩周边

（b）用胶带及遮盖纸遮盖散热器面罩

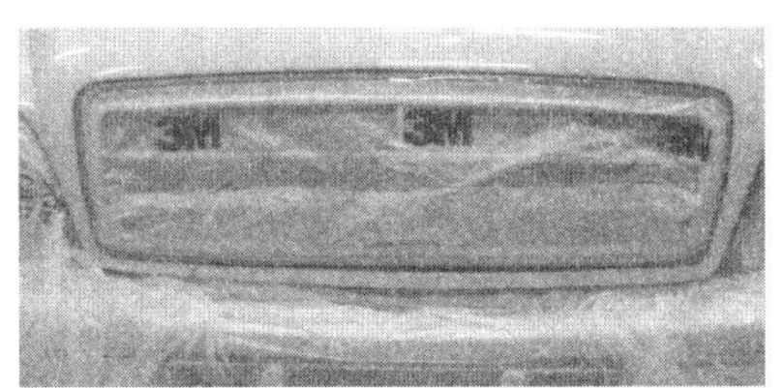

（c）散热器面罩遮盖完后的状况

图 3-62　散热器面罩的遮盖

10. 喷涂两种颜色时的遮盖

当汽车被喷涂成两种不同的颜色时，应首先喷涂一种颜色。涂料干燥后，用 19 mm 的胶带将这种颜色的周边遮盖。有些车身喷漆工喜欢选用细胶带，因为细胶带较薄，可以精确地把两种颜色的漆面分开，留下的条纹少。然后，把该颜色的漆层用合适尺寸形状的遮盖纸遮盖好。遮盖纸上的胶带粘到已粘好的周边胶带上，多余的边折叠，粘贴牢固。然后，根据需要，可以再用遮盖胶带沿遮盖纸的底部和边缘粘贴，清晰地标出另外一种颜色涂料的喷涂面。

11. 反向遮盖

在对板件的局部修补涂装、整板涂装的过渡区域及流线型边缘进行遮盖时，应该使用反向遮盖法，如图 3-63 所示。这种方法一般在喷涂中涂底漆和面漆时使用。采用反向遮盖法，可以在待喷涂区域的边缘形成楔形间隙，喷漆时由于楔形间隙存在会形成边缘向外渐薄的漆膜，从而起到良好的过渡效果而不至于在边缘形成台阶。

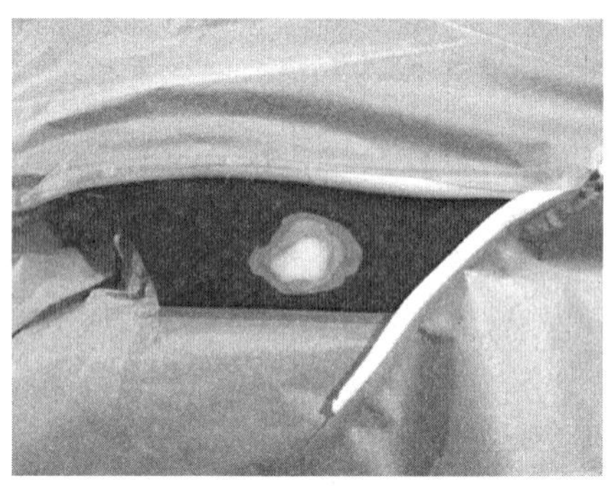

图 3-63　用胶带和遮盖纸进行反向遮盖

进行反向遮盖时，应使用软的胶带，不能使用遮盖膜。

沿流线边缘进行反向粘贴时可以采用预先粘贴好胶带的遮盖纸。首先把遮盖纸沿流线型板件边缘的最高端放置好，用胶带固定。使遮盖纸自然下垂，然后反向折叠，使反向折叠的弧线超过流线型边缘 12 ~ 20 mm。最后，把遮盖纸的另一边固定到板件合适的位置上。

在沿一个曲面流线型边缘进行遮盖时，必须使用遮盖胶带。首先把 19 mm 宽的胶带以正确的角度分别粘贴到流线型边缘上。每条胶带应有 10 ~ 13 mm 长，胶带与胶带之间应有足够的重叠量，整个胶带的粘贴边缘应形成一个与流线型边缘相平行的曲线，然后，把胶带条反折，应从最后一条胶带开始，并保证有一个正确的弧度，如图 3-64 所示。最后，用一条胶带把所有反折过来的胶带端粘贴固定。

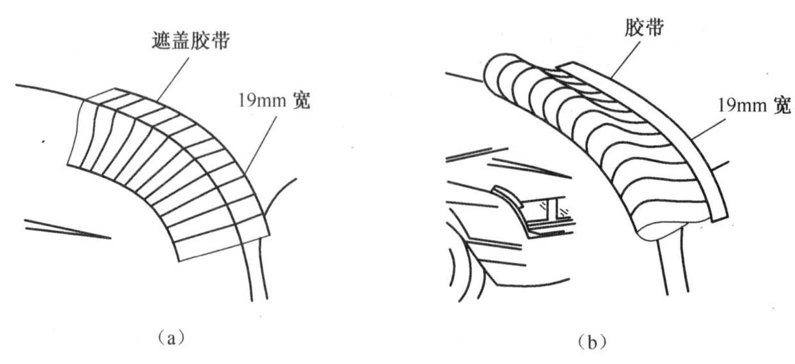

图 3-64　用胶带进行反向遮盖

二、除尘与除油

1. 除尘

（1）带好胶皮手套。

（2）先用擦拭纸将整个待涂装表面擦拭一遍，如图 3-65 所示。

（3）手握粘尘布，按从上到下的顺序将待涂装表面擦拭干净，如图 3-66 所示。

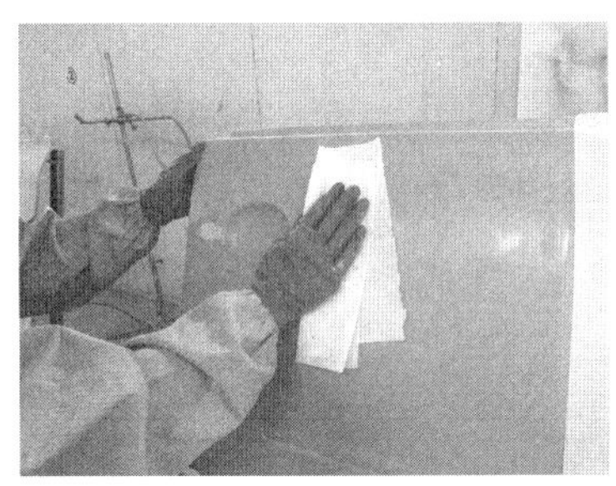

图 3-65　用擦拭纸除尘

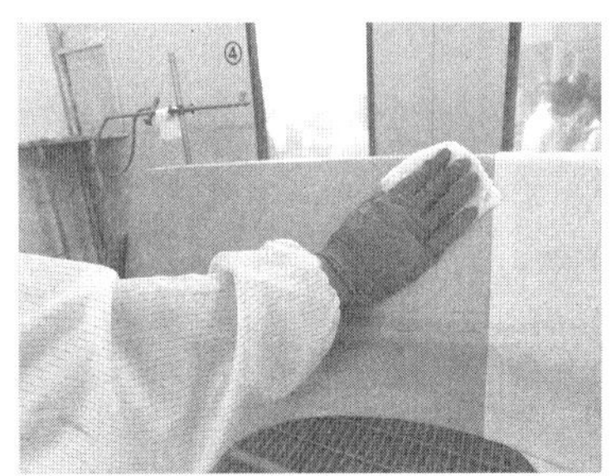

图 3-66　用粘尘布除尘

2. 除油

（1）用擦拭法进行除油，如图 3-67 所示。操作方法如下。

① 双手戴好胶皮手套。

② 双手各持一块干净的除油擦布，其中一块蘸有脱脂剂。

③ 先用带脱脂剂的擦布擦拭待除油表面，一次不要多于一个来回。

④ 接着用干爽的擦布擦拭沾有脱脂剂的表面。

⑤ 重复这样的动作，直到待清理表面全部清理完毕。注意及时蘸脱脂剂和更换擦布，并且不要摸碰已经除过油的表面。

（2）用喷擦结合法进行除油，操作方法如下。

① 将除油剂装入喷液壶内。

② 反复按压喷液壶操作手柄，直到感觉有足够的反弹力。

③ 手持喷液壶，对准需除油表面，保持 20 cm 左右的距离，按压喷水开关，将除油剂均匀地喷到工件表面，如图 3-68 所示。

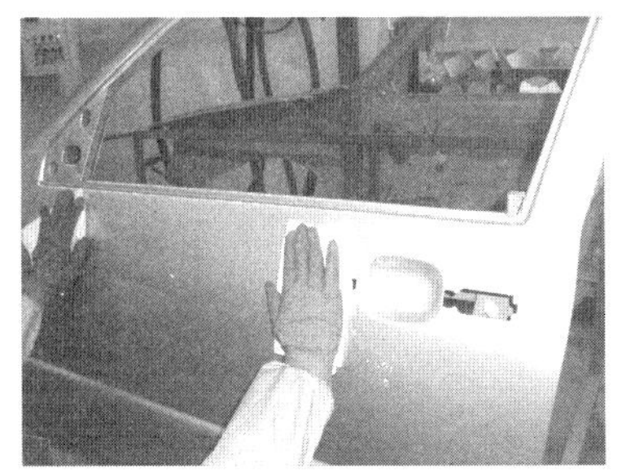

图 3-67　擦拭法除油

图 3-68　喷淋除油剂

④ 手持一块干净的擦布，将喷淋的除油剂擦拭干净，如图 3-69 所示。

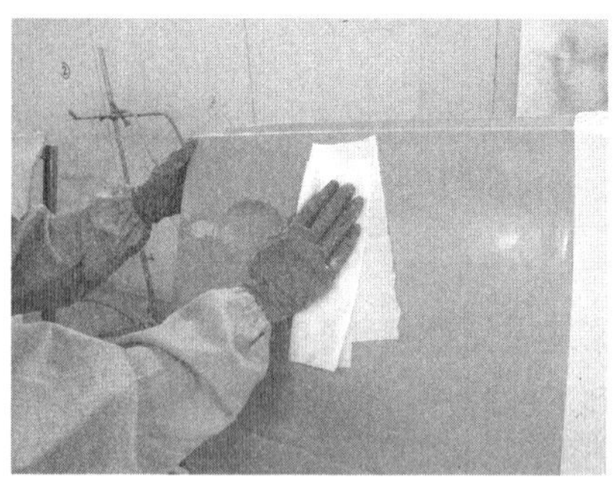

图 3-69　擦拭除油

任务三　底漆的喷涂

【学习目标】

1. 能够正确描述压缩空气喷涂系统的组成、结构与工作原理。
2. 能够正确进行底漆的喷涂。
3. 能够正确进行底漆的干燥。
4. 能够正确进行喷枪的清洗与维护。
5. 能够注意培养良好的安全、卫生习惯及团队协作意识。
6. 能够检查、评价和记录工作结果。

任务分析

如图 3-70 所示，当损伤的漆膜经底处理（露出金属板）、遮盖、除尘及除油后，即准备喷涂底漆。原厂底漆大多采用电泳涂装方法进行涂装，而在修理厂一般采用喷涂的方式进行涂装。在进行喷涂前，应对喷枪进行必要的调整，以满足涂料的喷涂要求。喷枪的调整项目包括喷涂压力、漆流量和喷涂雾形等。

底漆喷涂完成后，应采用合理的方法进行干燥，以形成良好的漆膜。喷涂工作完成后，应及时对喷枪进行清洗与维护。

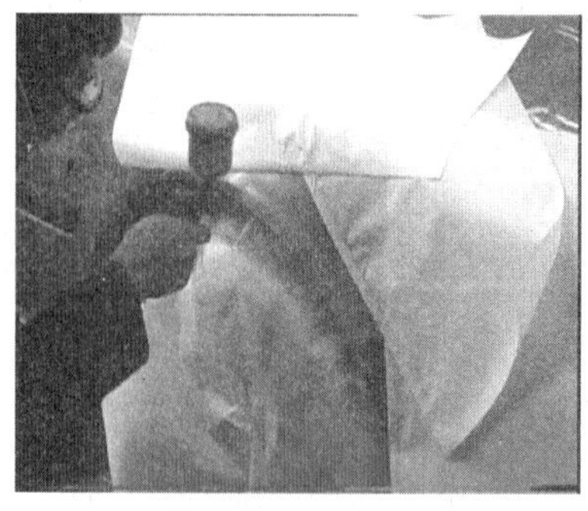

图 3-70　底漆的喷涂

相关知识

一、压缩空气喷涂系统

空气喷涂法就是以压缩空气的气流为动力，以喷枪为用具，使涂料从喷枪的喷嘴中喷出呈漆雾状而涂布到工件表面的一种施工方法。它是一种最为常用的喷涂方法。

1. 空气喷涂的特点

空气喷涂的优点主要是：设备简单，容易操作，能够获得厚薄均匀、光滑平整的涂层膜，使有缝隙、小孔的物件，以及倾斜、弯曲的地方均能喷到。它的适应性强，大部分涂料品种都可用此法施工，对快干漆更为适用。其工效比刷涂高 5 ~ 10 倍。

其缺点是：涂料有效利用率低，有相当一部分的涂料随溶剂在空气中飞散，飞散的漆雾污染环境、对人体有害，且易造成火灾，甚至发生爆炸，故需要有良好的通风设备；漆膜较薄，涂料利用率低。但随着新型喷枪的出现，这些缺点在逐渐改进。

2. 空气喷涂的基本原理

典型喷枪空气喷涂的原理如图 3-71 所示。当扣动扳机时，压缩空气经接头进入喷枪从空气喷嘴急速喷出，在喷嘴的出口处形成低压区。漆壶盖上有小孔使漆壶内与大气相通，漆壶气压始终等于大气压。这样，在压力差的作用下涂料从喷嘴喷出，并被压缩空气吹散而雾化，喷到工件上实现空气喷涂。空气喷涂是当前车身修补中应用最广的一种方法。

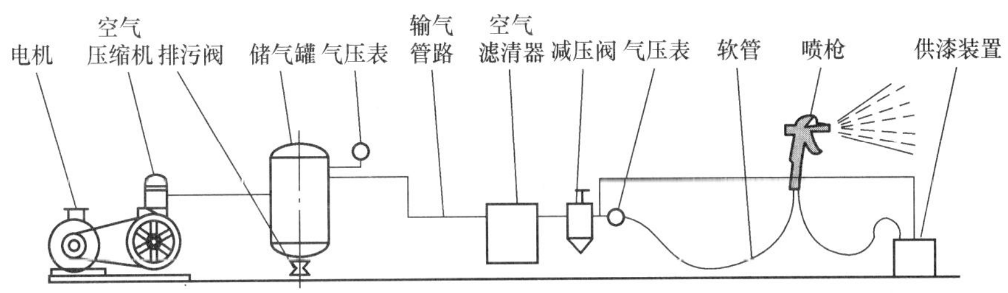

图 3-71　空气喷涂的基本原理

3. 喷枪

（1）喷枪的种类。喷枪的种类和型号很多，各家涂装设备制造公司对喷枪的命名方法和分类有所不同。常用的分类方法有按涂料供给方式分类、按涂料雾化技术分类和按用途分类 3 种。

① 按涂料供给方式分类。按此方法，可将喷枪分为重力式、虹吸式和压送式 3 种类型，如图 3-72 所示。

a. 重力式（上壶式喷枪）。涂料杯位于喷枪喷嘴的后上方，喷涂时利用涂料自重及涂料喷嘴尖端产生的空气压力差使涂料形成漆雾。杯内涂料黏度的变化对喷出量影响小，而且杯的角度可由漆工在有限范围内任意调节，但是它的容量较小（约 0.5 L），仅适用于小物件涂装，且随着杯内涂料的减少，喷涂稳定性降低，同时不宜仰面喷涂。

b. 虹吸式（下壶式）喷枪。涂料杯位于喷枪嘴的后下方，喷涂时利用气流作用，将涂料吸引上，并在喷嘴处由压力差而引起漆雾。喷涂时出漆量均匀稳定。大面积喷涂时可换掉涂料杯，抽料皮管直接从容器中抽吸涂料连续工作，但当黏度变化时易引起喷出量的变化。

（a）重力式（上壶）

（b）虹吸式（下壶）　（c）压送式（压力罐）

图 3-72　按涂料供给方式分类的 3 种喷枪

c. 压力式喷枪。涂料喷嘴与气帽正面平齐，不形成真空。漆料被压力压向喷枪，压力由一个独立的压力瓶（罐）提供。它的优点是适合连续喷涂，喷涂方位调整容易，涂料喷出量调整范围广。其缺点是需要增添设备、清洗麻烦、稀释剂损耗大，不适合汽车修理厂修补漆方面应用。

② 按雾化技术分类。按此种分类方法，可将喷枪分为高气压、低流量中气压和高流量低气压 3 种，如图 3-73 所示。此 3 种喷枪在外形上没有多大区别，只是在内部结构上会有所不同，从而产生不同的雾化效果，并且为便于区别，也会在外形和颜色设计上有所不同。

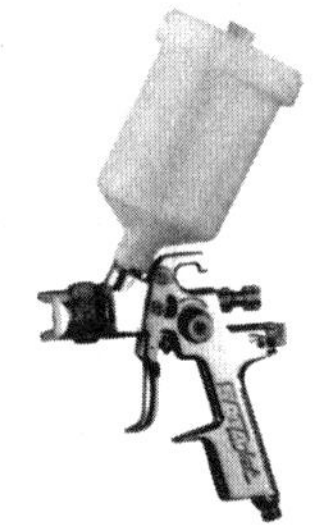

（a）高气压喷枪

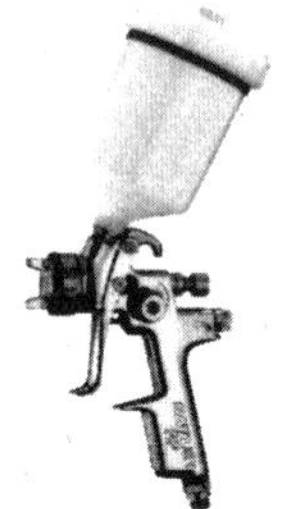

（b）低流量中气压喷

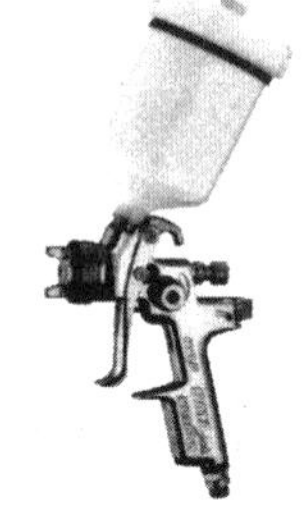

（c）高流量低气压喷枪

图 3-73　按涂料雾化技术分类的 3 种喷枪

高气压喷枪为传统喷枪，其雾化气压较高，耗气量大，上漆率低。高流量低气压喷枪也称为 HVLP 喷枪，其雾化气压低，上漆率高（在 65%以上）。低流量中气压喷枪的各项性能居中。表 3-5 所示为以上 3 种喷枪的使用技术参数差异比较。

表 3-5　3 种喷枪的使用技术参数差异比较

技术参数 ＼ 雾化技术 / 雾化方式	高气压喷枪	低流量中气压喷枪	高流量低气压喷枪
	气压雾化	气压、气流雾化	气流雾化
进气压力	3～4bar	2.5bar	2bar
雾化气压	2～3bar	1.3bar	0.7bar
耗气量	380L/min	295L/min	430L/min

③ 按用途分类。按此种分类方法，可将喷枪分为底漆用喷枪、中涂用喷枪、面漆用喷枪、清漆用喷枪、金属漆专用喷枪、小修补用喷枪等。图 3-74 所示为 SATA minijet4 HVLP 型小修补喷枪的外形图。其特点是体积小，操作方便，备有标准的喷嘴及独特的 SR 喷嘴。喷嘴采用空气扰流原理设计，采用较低的气压即可达到较好的雾化效果，特别适合小面积修补使用。

（2）喷枪的雾化原理。空气喷枪是指利用空气压力将液体转化为液滴的喷涂工具，该过程称为雾化。雾化过程就是喷枪工作过程，雾化使涂料成为可喷涂的细小且均匀的液滴。当这些小液滴被以正确的方式喷到汽车表面后，就会结合形成一层厚度极薄的像镜子一样平整的膜。

图 3-74　小修补喷枪

雾化可分为以下 3 个阶段进行，如图 3-75 所示。

第一阶段，涂料从喷嘴喷出后，被从环形口喷出的气流包围，气流产生的气旋使涂料分散。第二阶段，涂料的液流与从辅助孔喷出的气流相遇时，气流控制液流的运动，并进一步使其分散。第三阶段，涂料受到从空气帽喇叭口喷出的气流的作用，气流从相反的方向冲击涂料，使其成为扇形液雾。

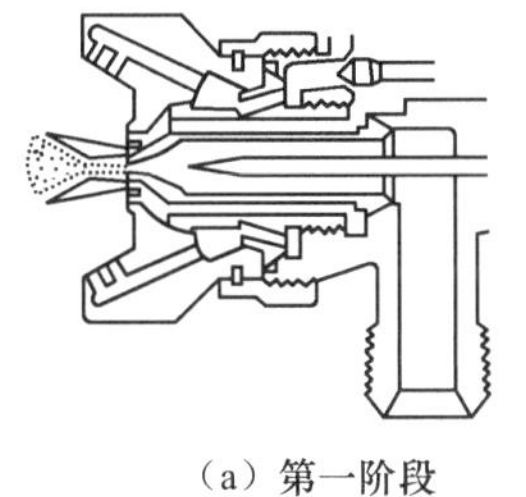
（a）第一阶段

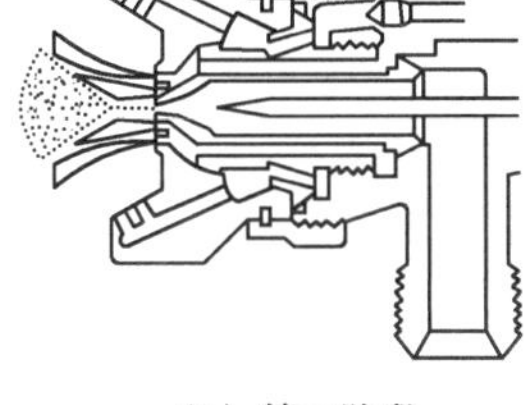
（b）第二阶段

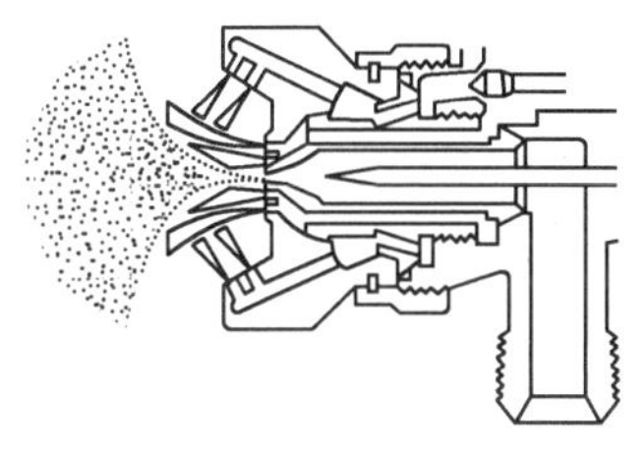
（c）第三阶段

图 3-75　雾化的 3 个阶段

（3）喷枪的组成及各部分的作用。虽然不同的喷枪有许多通用的零部件，但每种类型或型号的喷枪只适用于一定范围的作业。选择合适的工具是以最短时间高质量完成作业的保证。

典型的喷枪由枪体和喷枪嘴组成，如图 3-76 所示。枪体又包括空气阀、漆流控制阀、雾形控制（即漆雾扇形角度调节）阀、控漆阀、压缩空气进气阀、扳机、手柄等。喷枪嘴由气帽、涂料喷嘴、顶针组成。

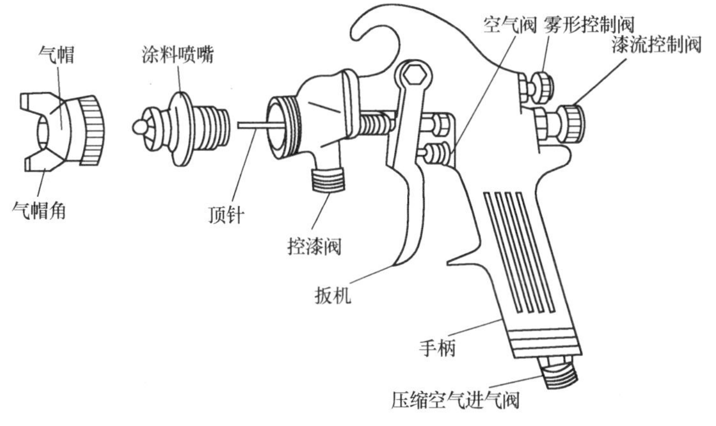

图 3-76　典型的喷枪构造

图 3-77 所示为上吸式空气喷枪的结构纵剖图。

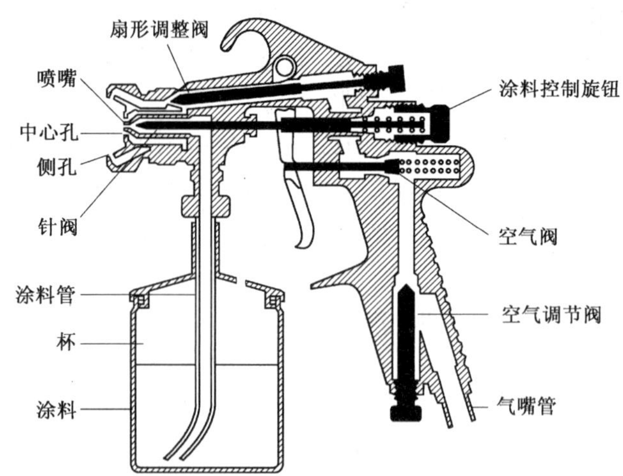

图 3-77 上吸式空气喷枪结构纵剖图

重力式喷枪的结构与虹吸式相似，结构如图 3-78 所示。

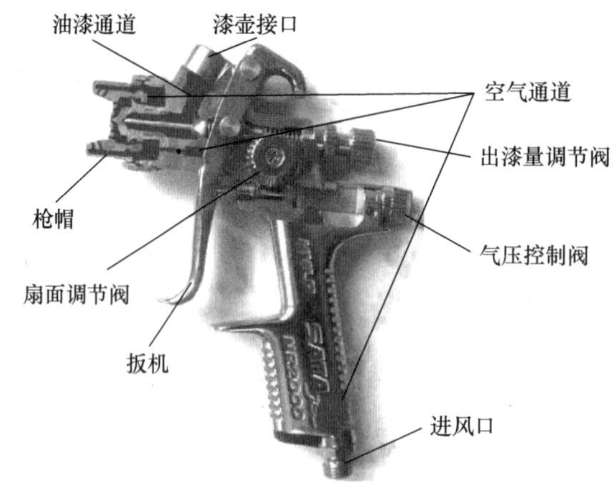

图 3-78 重力式喷枪结构图

扳机为两段式转换，扣下喷枪扳机时，空气阀先开放，从空气孔以高速喷出的压缩空气在涂料喷嘴前形成低压区，再用力扣下时，涂料喷嘴打开，吸引涂料。

喷枪中压缩空气及涂料的流动路线如图 3-79 所示。

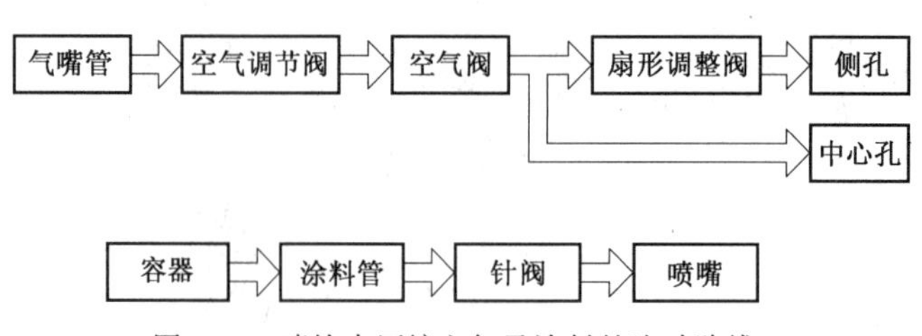

图 3-79 喷枪中压缩空气及涂料的流动路线

气帽把压缩空气导入漆流，使漆流雾化，形成雾形。涂料喷嘴上有很多小孔，如图 3-80 所示，每个小孔的作用都不同。

主雾化孔也称为主空气孔，作用是形成真空，吸出漆液。通常喷枪的口径是指主空气孔的直径。扇幅控制孔也称为角孔，一般有 2 ~ 4 个。它借助空气压力控制雾束形状，雾形控制阀关上，雾束呈圆形；雾形控制阀打开，雾束呈扁椭圆形。辅助雾化孔也称为侧孔，一般有 4 ~ 10 个。它促进漆液雾化。各孔的排列方式有多种，如图 3-81 所示。

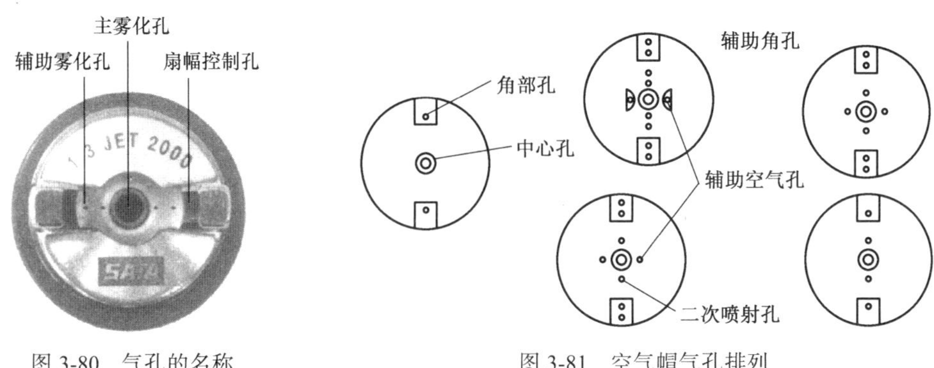

图 3-80　气孔的名称　　图 3-81　空气帽气孔排列

辅助空气孔对喷枪性能有明显影响，如图 3-82 所示。孔大或多，则雾化能力强，能以较快的速度喷涂大型工件；孔小或少，则需要的空气少，雾形小，涂料雾化程度差，喷涂量小，但便于小工件的喷涂或低速喷涂。

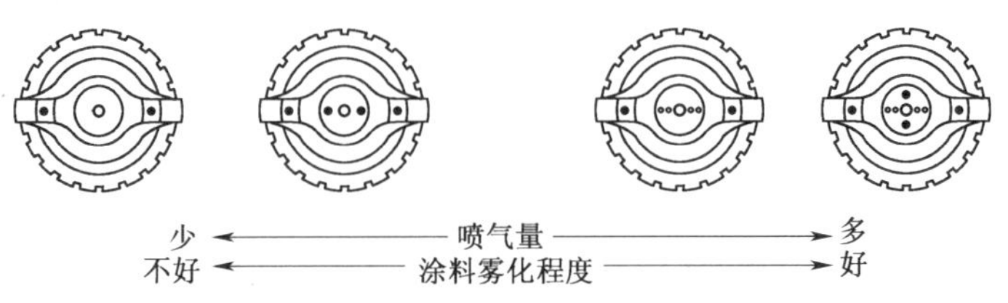

图 3-82　辅助孔的大小与喷枪工作性能的关系

顶针和涂料喷嘴的作用都是控制喷漆量，并把漆流从喷枪中导向气流。涂料喷嘴内有顶针内座，顶针顶到内座时可切断漆流。从喷枪喷出的实际漆量由顶针顶到内座时涂料喷嘴开口的大小决定。控制阀可以改变扳动扳机时顶针离开其内座的距离。

涂料喷嘴有各种型号，可以适应不同黏度的涂料。涂料喷嘴的口径越大，涂料喷出量越大。因此，防锈底漆等下层涂装用大口径的涂料喷嘴。在选择喷枪喷嘴口径时，应查阅涂料制造商的产品说明。

喷枪的性能取决于涂料喷出量与空气消耗量的关系，即涂料喷出量少而空气消耗量大时涂料粒度较小，涂料喷出量多而空气量少时涂料粒度较大、较粗，涂面的效果较差。通常涂料喷出量小型喷枪为 10 ~ 200 mL/min，大型喷枪为 120 ~ 600 mL/min；空气使用量小型喷枪为 40 ~ 290 L/min，大型喷枪为 280 ~ 520 L/min。涂料喷出量越大，则空气使用量越大。

喷枪主要零件的名称及作用列于表 3-6 中。

表 3-6　　喷枪主要零件的名称及作用

序号	零 件 名 称	作用
1	气帽	将压缩空气导入漆流，使漆液雾化，形成雾形
2	涂料喷嘴上的中心孔	形成真空，吸出漆液
3	涂料喷嘴上的侧孔	借助空气压力控制雾束形状

续表

序号	零件名称	作用
4	涂料喷嘴上的辅助孔	①促进漆液雾化 ②孔大或多，则雾化能力强，能以较快的速度喷涂大型工件 ③孔小或少，则需要的空气少，雾形小，喷涂量小，便于小工件的喷涂或低速喷涂
5	雾形控制阀	①控制阀关上，雾束呈圆形 ②控制阀打开，雾束呈偏椭圆形
6	顶针	控制液体涂料喷离喷嘴的流量。喷涂时，通过扳机的动作来控制。连接顶针的尾部有一个螺母，用以调节顶针的伸缩幅度，这是喷枪调整的最基本的操作
7	顶针填料套	起密封作用
8	顶针弹簧	当扳机放开时，将顶针压进喷嘴，封闭喷嘴，控制液体涂料的流动
9	漆流控制阀	当扳动扳机时，控制液体涂料的流量。当其全关时，即使扣死扳机也没有液体涂料流出。当其全开时，液体涂料的流量最大。这是调节喷枪的最为重要的元件之一
10	空气阀	空气阀的开关由扳机控制。打开空气阀所需的扳机行程可由一个螺钉控制。开始扣扳机时空气阀打开，再扣扳机，喷漆嘴打开
11	扳机	扳机用来控制空气和液体涂料的流量。扣动扳机时，最先启动的仅仅是空气，然后才带动顶针运动，开启漆流控制阀，使液体涂料喷出

还有一种类型的喷枪，其储液壶为透明塑料件，外表带有容量刻度线，可以指导涂料的调制。特种喷枪的储液壶组成如图3-83所示。这类喷枪通常适用于喷涂水性漆，但若换用了标准的滤塞，即可用于喷涂其他涂料。

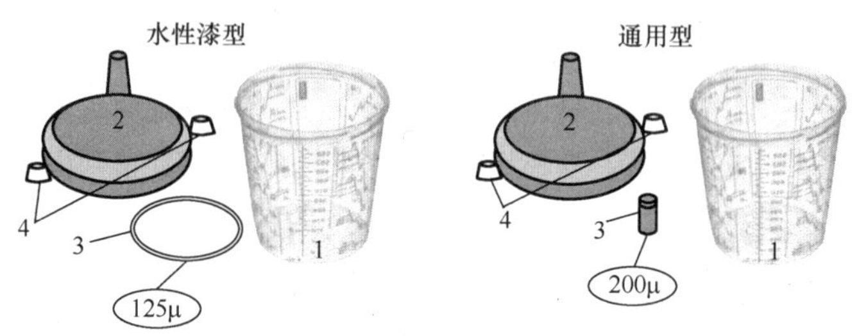

图3-83　特种喷枪的储液壶组成

1—壶；2—壶盖；3—滤网；4—两个防滴漏塞

4. 压缩空气供给系统

压缩空气供给系统用于提供充足的达到预定压力值的压缩空气，以确保喷涂车间所有的气动设备都能有效地工作，如图3-84所示。系统的规格从小型的便携式装置到大型的安装在车间内的设备应有尽有。这些系统的基本配置和安装要求都有以下相同点：一台或一组空气压缩机；动力源一般为电动机，室外工作时可使用便携式汽油机驱动的压缩机；一只或一组用于调节压缩机和电动机工作的控制器；规格合适的储气罐或容器；分配系统是指从空气容器到需要压缩空气的分配点的软管和固定管道，或者软管和固定管道的组合，包括规格合适的软管或固定管道、接头阀、油水分离器、气压调节器、仪表和其他能使特定的气动工具以及喷涂设备有效工作的空气与流体控制装置，是压缩空气系统连接的关键。

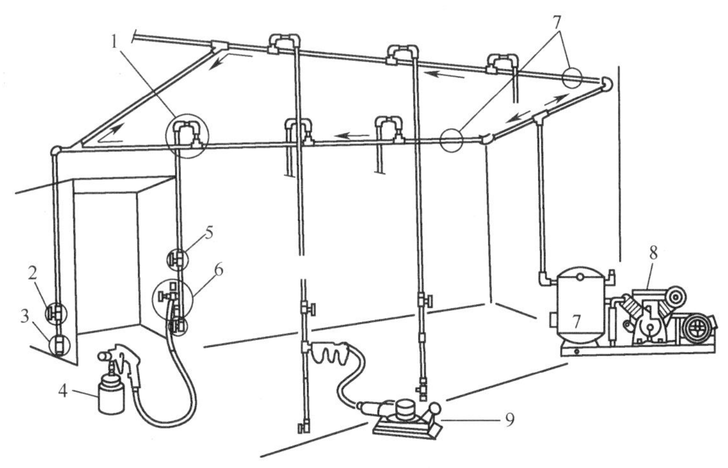

图 3-84　压缩空气供给系统

1—二级管道；2—截止阀；3—自动排水阀；4—空气喷枪；5—截止阀；
6—气压调节器；7—主供气管道；8—空气压缩机；9—轨道式打磨机

由于各种压缩空气使用设备对所用的压缩空气的清洁度和压力要求不同，所以对通往各换接口的连接管直径及油水分离器的要求应有所不同。图 3-85 所示为 SATA 公司建议的压缩空气管路连接示意图。

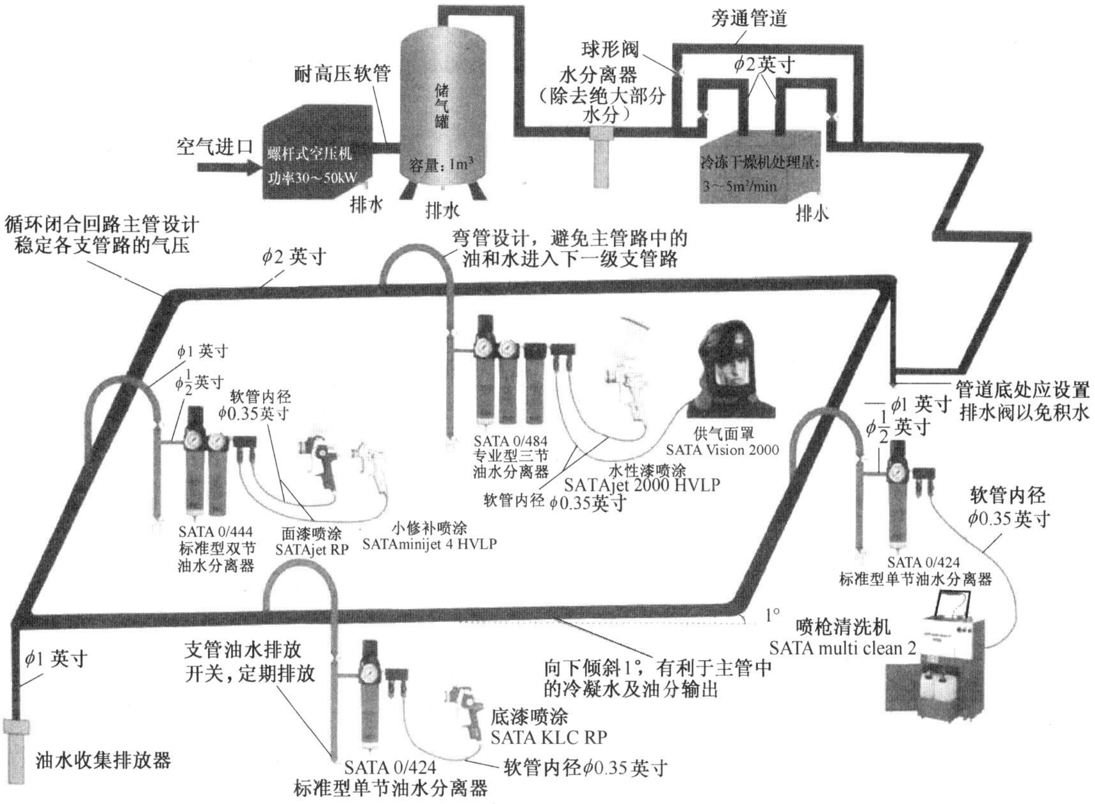

图 3-85　压缩空气管路连接示意图（1 英寸=25.4mm）

（1）空气压缩机。在喷涂施工中常用的供气设备是空气压缩机，喷枪的喷涂、打蜡机的打蜡、打磨机的研磨等无不使用空气压缩机。

空气压缩机由压缩机、储气罐和电动机组成。空气压缩机分为移动式空气压缩机和固定式空气压缩机，如图 3-86、图 3-87 所示。

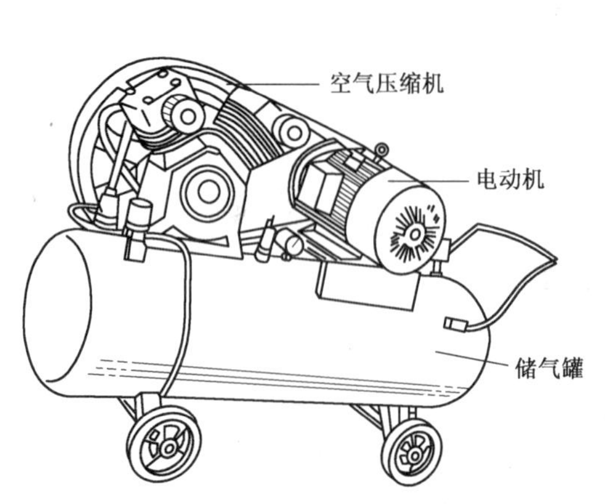

图 3-86　移动式空气压缩机

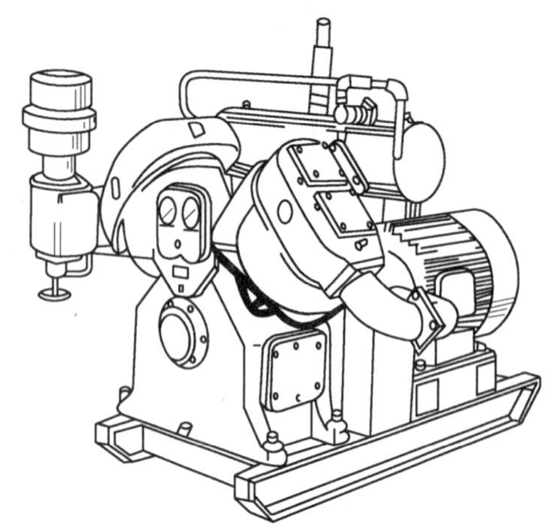

图 3-87　固定式空气压缩机

空气压缩机一般常用活塞式，主要由活塞、活塞环、汽缸、连杆、进气阀、排气阀等组成，如图 3-88 所示。它的工作原理就像汽车发动机一样，是通过往复式的活塞运动来增压的。空气通过进气阀进入空气压缩机，然后被压缩，通过排气阀送往储气罐或压缩空气管道。空气由进气阀进入汽缸，经一次行程压缩后，由排气阀直接排入储气罐，称为一级压缩式；如压缩后空气由排气阀再进入高压汽缸，经两次行程压缩后，由高压汽缸排气阀送入储气罐，称为二级压缩。二级压缩式的效率优于一级压缩式。一级压缩式空气压力为 0.7 MPa，二级压缩式空气压力为 1 ~ 3 MPa。一般涂装修理用压力不高，一级压缩式就能满足要求。同时，在选择空气压缩机时要考虑的另一个重要参数是它的送风量。确定送风量的原则是：0.7355 kW（1 马力）至少应能产生 0.11 m^3/min 的送风量。

压缩空气含有压缩热，且压缩气体断续产生，不能直接利用，为了分离油分和水分，必须将其贮入储气罐。

典型的压缩机安装形式如图 3-89 所示。

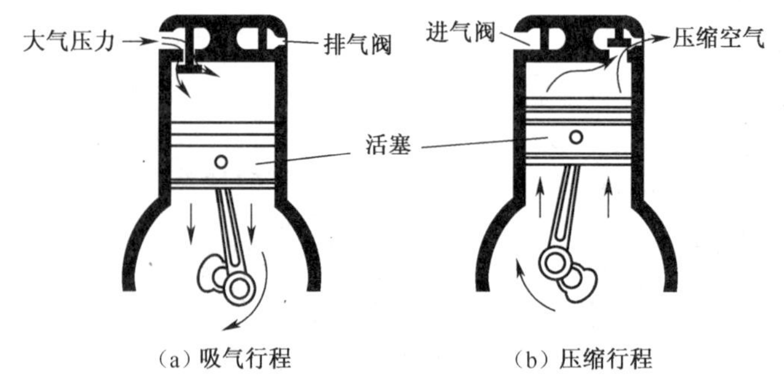

图 3-88　活塞式空气压缩机

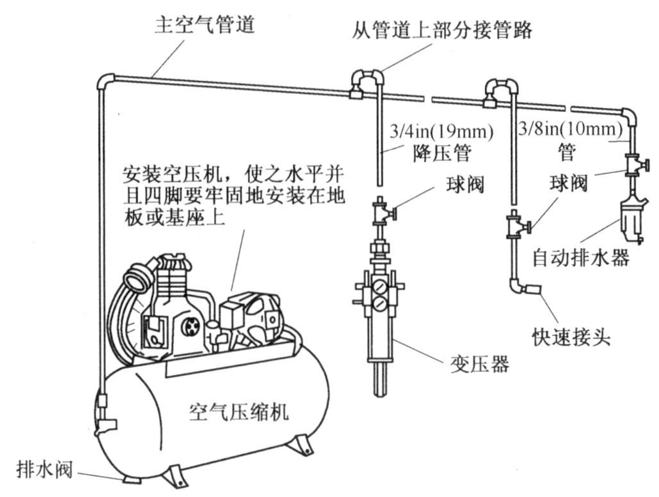

图 3-89　典型的空气压缩机安装图

空气压缩机除了活塞式之外，还有隔膜式和螺杆式等也常用于涂装车间。

（2）空气清洁器（空气过滤器、空气转换器）。如图 3-90 所示，空气清洁器是将压缩空气通过金属网、PVC 海绵等空气滤清器，除去微细粉尘。水、气及油分在清洁器内膨胀导致降温而形成水滴、油滴，水滴、油滴从下部的排水阀排出。

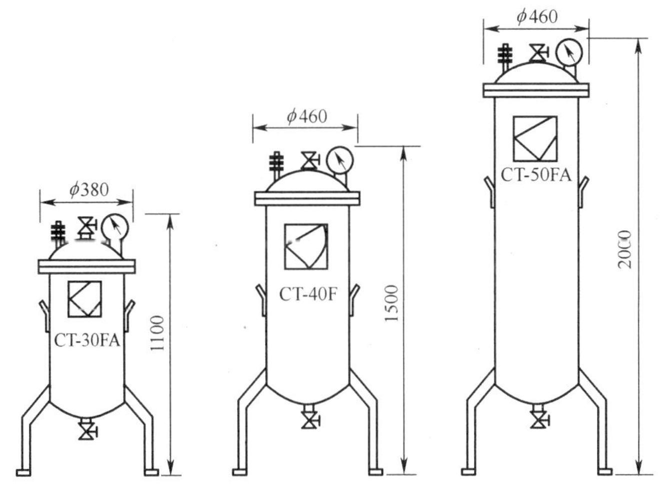

图 3-90　空气清洁器

（3）分水滤气器。如图 3-91 所示，分水滤气器主要起水气分离和过滤空气的作用，为喷枪提供纯净而干燥的空气。由于空气中水分经压缩机压缩后，气体中带有油气，这些油气和水分若随漆雾喷涂到工件上，会使漆膜表面产生水泡和麻点，影响漆膜的质量，所以在空气压缩机上都装有分水滤气器。

（4）油水分离器。油水分离器有单节式，也有两节或三节组合式，其结构如图 3-92 所示。油水分离器能凝结空气中的油和水分，调节空气的压力和过滤空气的灰尘。它的空气出口可以连接喷枪、除尘器等。变压器能借助机械装置和空气膨胀分离油和水分，只允许清洁干燥的空气到达喷枪。

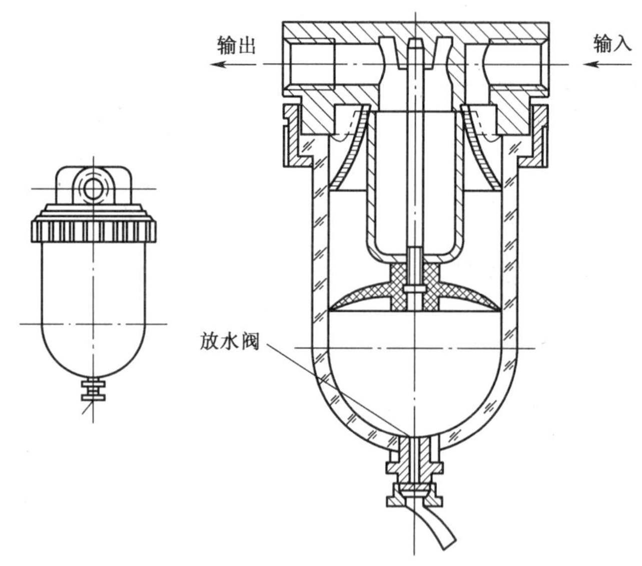

图 3-91　分水滤气器

油水分离器能调节和控制喷枪压力，得到理想的雾化效果；并装备有主通道压力表和工作压力表，有主通道压力出口和工作压力出口。油水分离器的旋钮能调节空气的工件作压力，用汽缸底部的放水阀可以排出凝结的水分。油水分离器通常安装在主管路上距离压缩机至少7.75 m的地方。

油水分离器的工作原理相当简单。空气进入变压器主通道后，利用调整手柄可以把压力调整到所需值。空气经过金属滤网、水分离器和节气门冷凝器，去除杂质后，通过变压器的侧面出口到达喷枪，应该每天对变压器排水。

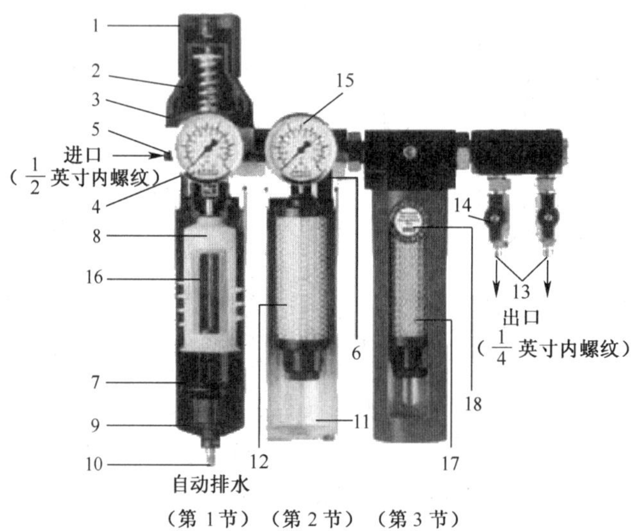

图 3-92　典型的油水分离器

1—压力调节旋钮；2—固定螺套；3—隔膜和调压阀（内部）；4—气压表（第 2 节滤芯进口压力）；5—空气进口；6—连接螺母；7—第 1 节过滤器外壳；8—旋风分离器；9—自动排水阀；10—冷凝水排泄软管；11—第 2 节过滤器外壳；12—纤维棉滤芯；13—两个空气出口；14—球阀；15—气压表（第 2 节过滤出口压力）；16—黄铜滤芯；17—活性炭滤芯；18—标签

二、喷漆室

如果没有一个符合要求的喷漆室，即使拥有经验丰富、技术熟练的高级喷漆技师、效果良好的喷枪、高品质的汽车修补涂料等，仍可能出现意想不到的质量问题。其主要原因是，在汽车修补工作中，最棘手的事情是如何避免在涂装过程中，空气中的灰尘黏附到刚刚喷涂完成但尚未达到表干的涂层上。如果涂层表面黏附有粒径在ϕ1mm 以上的颗粒，这些点即使是肉眼都很容易分辨出来，给喷漆质量带来影响。同时，漆雾无法排除，严重影响操作人员的身体健康。所以，设立喷漆室的主要目的是提供干净、安全、照明良好的喷漆环境，使喷漆过程不受灰尘的干扰，并把挥发性漆雾限制在喷漆室内。

汽车维修企业所采用的喷漆房通常为集喷漆与烤漆于一体的喷烤两用房。喷烤两用房采用高能钢组件式房体、无接缝式无机过滤棉，配合进风过滤系统及正风压，以确保进入房内的空气得到良好的净化。全自动循环进风活门使烤漆时的热空气在烤漆房内循环，配合房体的夹心式隔热棉，升温及保温效果特佳。烤漆房还采用无影灯式日光照明光管，色温与太阳光线极为接近，令颜色校对更为准确。全自动操作控制仪表一经预调，便能自动提供适当的喷漆、挥发、烘烤、冷却等工序所需的时间及温度。

当喷烤两用房当作喷漆室时，室内温度可控制在 20℃ ~ 22℃。同时，从顶棚送下暖空气，空气流速为 16 ~ 40 m/min，顺重力方向至底部并被抽出，经排风系统分离出漆雾和空气后排除室外。

喷漆完毕后的工件静置 10 min 左右后，随即进行加温。送进经热能转换器加温的热空气，使房内温度达到指定的烘烤温度。空气流速为 3 m/min 左右（流速太高，会引起漆膜出现小凸泡）。此时，气流为封闭式循环系统，空气为加速工件干燥作重复循环。

在喷烤两用房中有的还配备活动旋转台、轨道式拖车系统，便于操作人员喷涂施工、烘烤，以及加速车辆的进出。一间喷烤两用房每天可喷烤 7 ~ 9 辆车。图 3-93 所示为一种喷烤两用房的外形图，其结构示意图如图 3-94 所示。

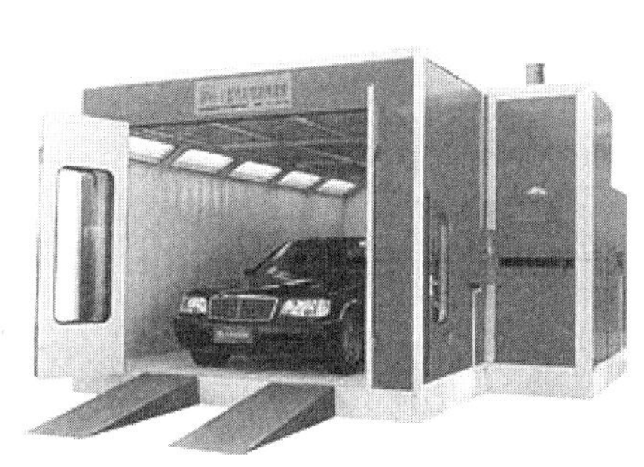

图 3-93　喷烤两用房外形图

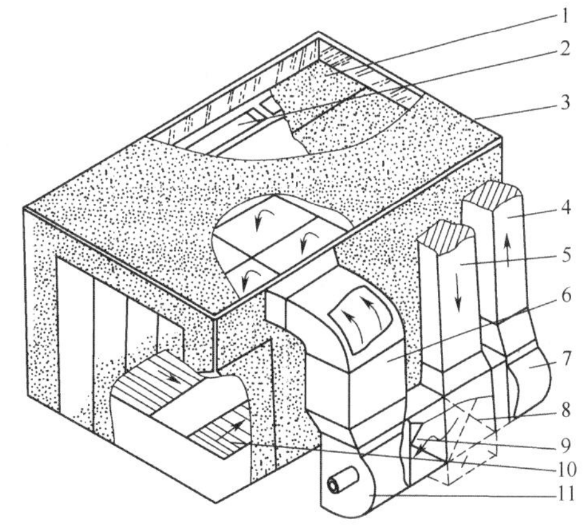

图 3-94　热空气对流式喷烤两用房

1—顶部过滤网；2—日光灯；3—房体；4—排气管；5—进气管；6—加热器；7—排风机；8—工作状态选择活门；9—二次过滤网；10—底沟；11—进气机

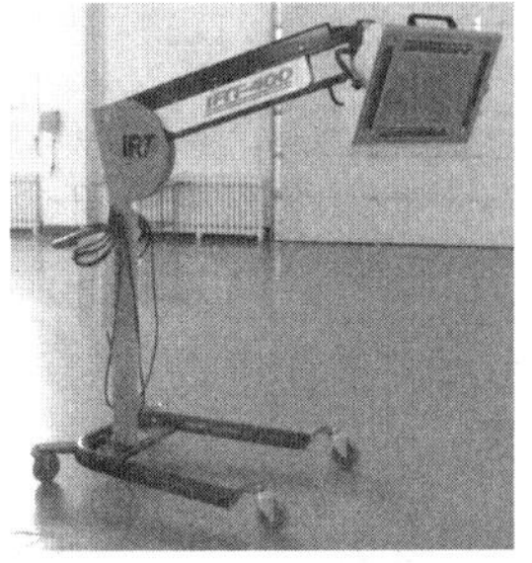
图 3-95　红外线烤灯

对于车身的局部烘烤，常采用红外线烤灯。红外线烤灯也称为 IRT 灯，通常由 1 ~ 4 个短波（或中波）红外线灯管组合而成，其可移动的特点非常适合车身任何部位的局部烘烤。图 3-95 为一种典型的红外线烤灯外形图。

三、喷涂操作要领

1．喷枪与工件表面的角度

喷枪与工作表面必须保持垂直（即 90° ），如图 3-96 所示。

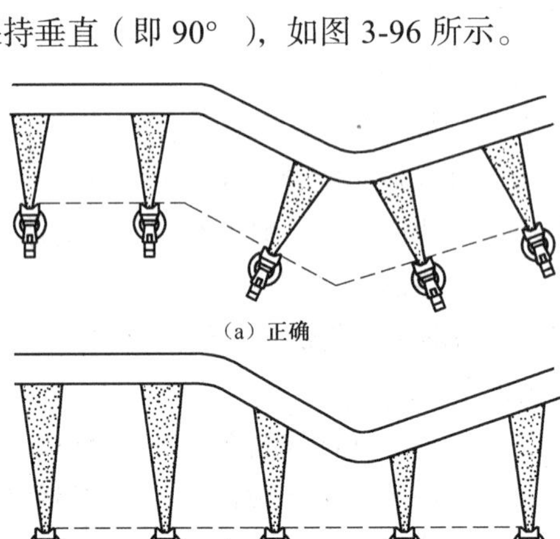
（a）正确

（b）不正确

图 3-96　喷枪与工件表面的角度

即使对于弧形表面，也应掌握垂直这一要领，如图 3-97 所示。

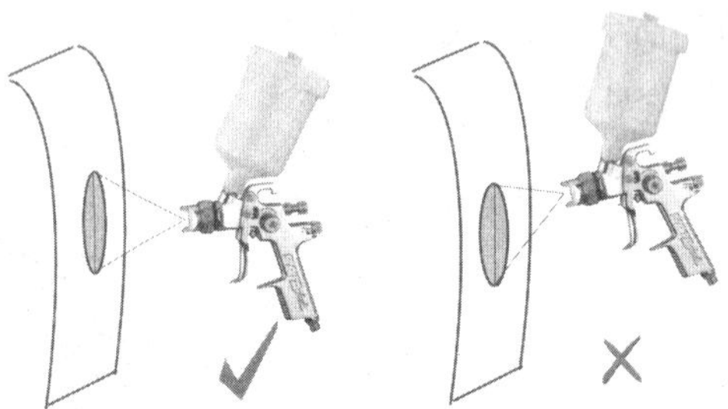
图 3-97　弧形表面喷涂要领

绝对不可由手腕或手肘作弧形的摆动，如图 3-98 所示。

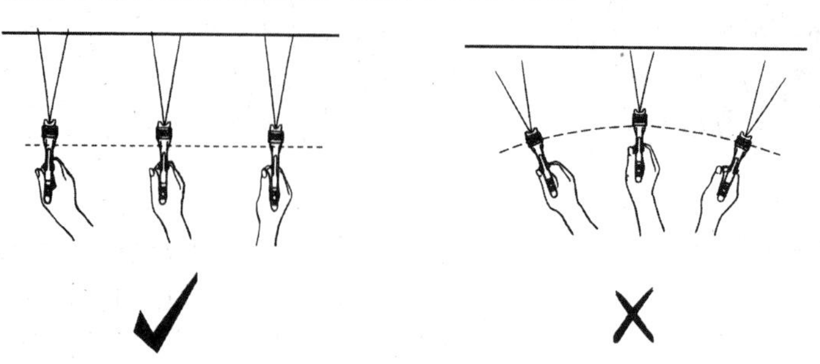
图 3-98　喷枪的运行

2. 喷枪嘴与工件表面的距离

正常的喷涂距离应与喷枪的气压、喷枪的扇面调整大小以及涂料的种类相配合。一般喷涂距离为 20 cm 左右（可按涂料供应商提供的工艺条件进行操作）。实际距离可通过对贴在墙上的纸张试喷而定，如图 3-99 所示。如果喷涂距离过短，喷涂气流的速度就较高，则会使涂料堆积，涂层出现波纹；如果喷涂距离过长，就会有过多的溶剂被蒸了，喷雾落到喷涂表面时已经无力，导致涂层出现桔皮或发干，并影响颜色的效果。

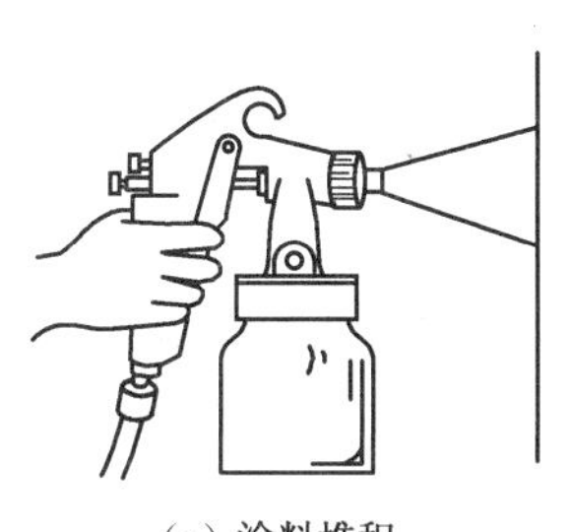

（a）涂料堆积

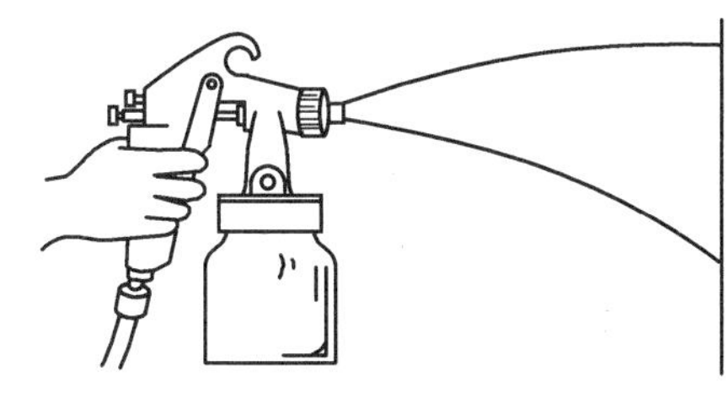

（b）喷雾落到喷涂表面时已经无力

图 3-99 喷枪与工件表面的距离

喷涂距离还与喷枪的类型有关。传统高气压喷枪与 HVLP 喷枪喷涂距离的差别如图 3-100 所示。

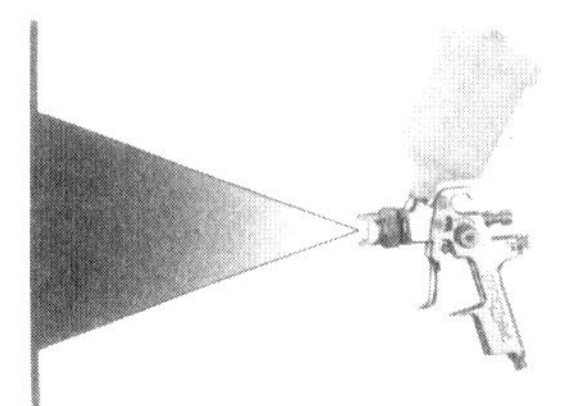

传统高压喷枪的喷涂距离为18～23 cm

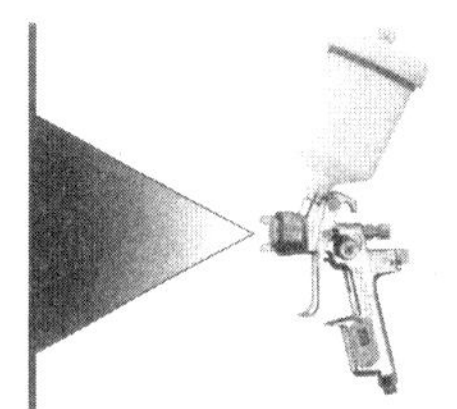

HVLP高流量低气压喷枪的喷涂距离为13～17 cm

图 3-100 传统高气压喷枪与 HVLP 喷枪喷涂距离的差别

3. 喷枪的移动速度

喷枪的移动速度与涂料干燥速度、环境温度及涂料的黏度有关，约以 30 cm/s 的速度匀速移动。喷枪移动过快，会导致涂层过薄；而喷枪移动过慢，会出现流挂的现象。

4. 喷枪扳机的控制

喷枪扳机扣得越深，液体流速越大。传统走枪，扳机总是扣死，而不是半扣。为了避免每次走枪行将结束时所喷出的涂料堆积，有经验的漆工都要略略放松一点扳机，以减少供漆量，如图 3-101 所示。

扣扳机的正确操作一般分 4 步：先从遮盖纸上开始走，扣下扳机一半，仅放出空气；当走到喷涂表面的边缘时，完全扣下扳机，喷出涂料；当走到另一头时，松开扳机一半，涂料停止流出；反向喷涂前再往前移动几厘米，然后重复上述操作步骤。

在“斑点”修补或者新喷涂层与旧涂层的边缘润色加工时都要进行“收边”操作。该操作要求在走枪开始时不扣死扳机，也就是说，开始时的供漆量很小，随着喷枪的移动，逐渐加大供漆量，直到走枪行将结束时再将扳机放开，使供漆量大大减少，从而获得一种特殊的过渡效果。

5. 喷涂方法、路线的掌握

喷涂方法有纵行重叠法、横行重叠法和纵横交替喷涂法。喷涂路线应按从高到低、从左到右、从上到下、先里后外的顺序进行。在行程终点关闭喷枪，喷枪第二次单方向移动的行程与第一次相反，喷嘴与第一次行程的边缘平齐，雾型的上半部与第一次雾型的下半部重叠，两次走枪重叠幅度应为 1/3 或 1/2 左右，如图 3-102 所示。

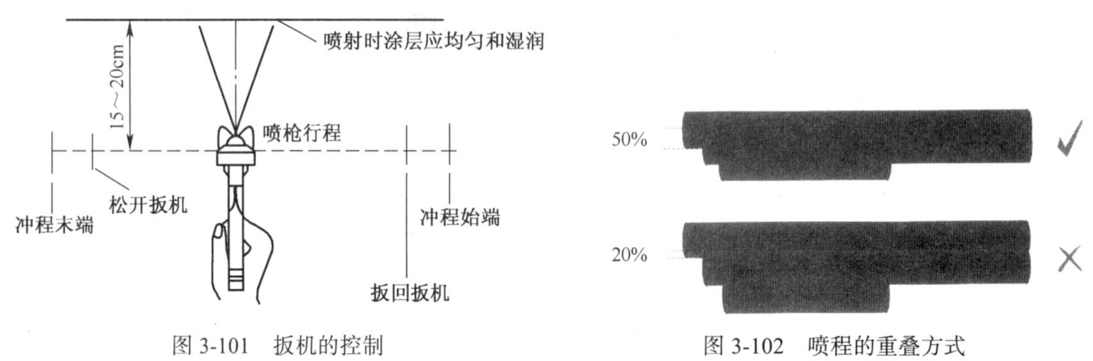

图 3-101　扳机的控制　　图 3-102　喷程的重叠方式

6. 走枪的基本动作

汽车修补涂装中，被涂物的情况不同，喷漆走枪的手法也不同，以下叙述几种常用的喷漆走枪手法。

（1）构件边缘的走枪手法。在构件边缘喷涂时，一般由右至左进行喷涂，并采用纵喷（喷出雾形呈垂直方向扁椭圆），如图 3-103 所示。

（2）构件内角的走枪手法。在构件内角喷涂时，一般采用由下而上，再由上而下喷涂，并采用横喷（喷出雾形呈水平方向扁椭圆），如图 3-104 所示。

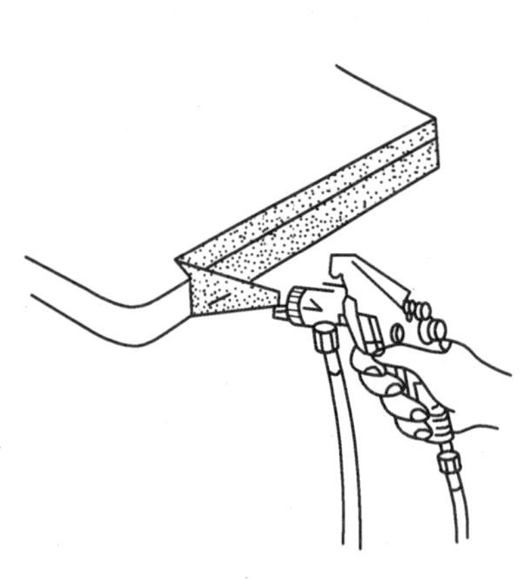

图 3-103　构件边缘喷涂

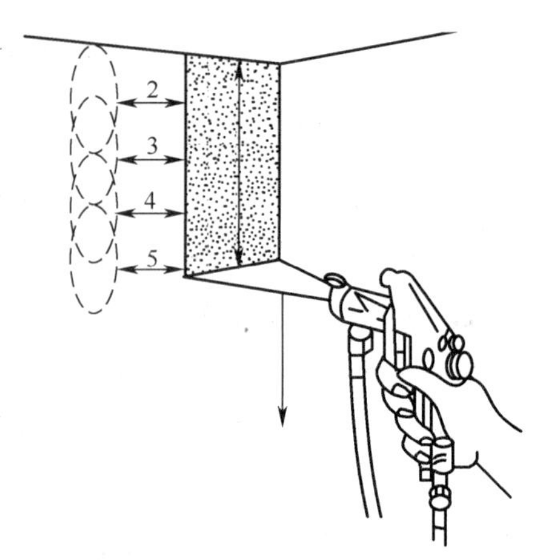

图 3-104　构件内角的喷涂

（3）小而直立的构件平面的走枪手法。喷涂小而直立的构件平面时如图 3-105 所示，是由上而下的行程进行（1—2），然后由左至右（2—3），再由下而上进行（3—4），依次完成（4—5—6—7—8—9）。

（4）长而直立的构件平面的走枪手法。如图 3-106 所示，喷涂长而直立的构件平面时也是由上而下行程进行，再由左而右，依次沿横向行程，每行程 45 ~ 90 cm ，即按板长方向分段进行，每段之间交接处，有 10 cm 左右的行程重叠。

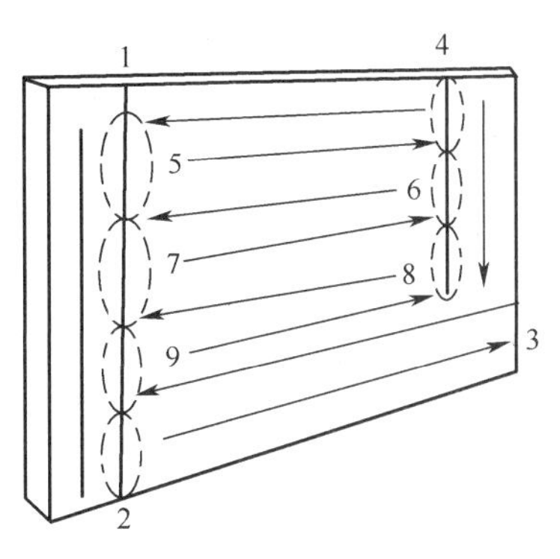

图 3-105　小而直立平面的喷涂

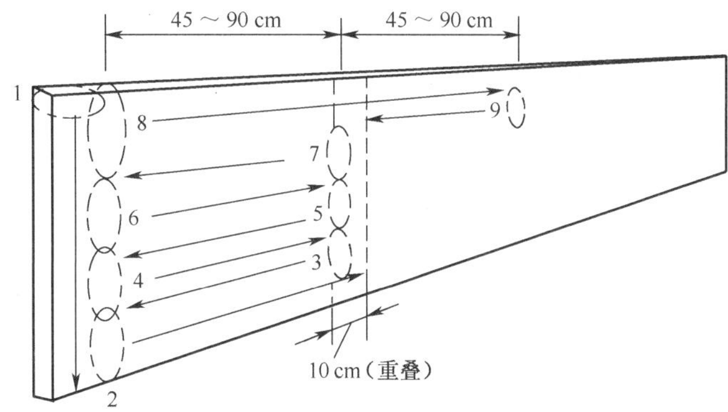

图 3-106　长而直立平面的喷涂

（5）小圆柱构件的走枪手法。如图 3-107 所示，喷涂小圆柱构件时，由圆柱顶自上而下再自下而上，分 3 ~ 6 道垂直行程喷完。

（6）大圆柱构件的走枪手法。喷涂大圆柱体时，则由左至右再由右至左，水平行程，依次喷完，如图 3-108 所示。

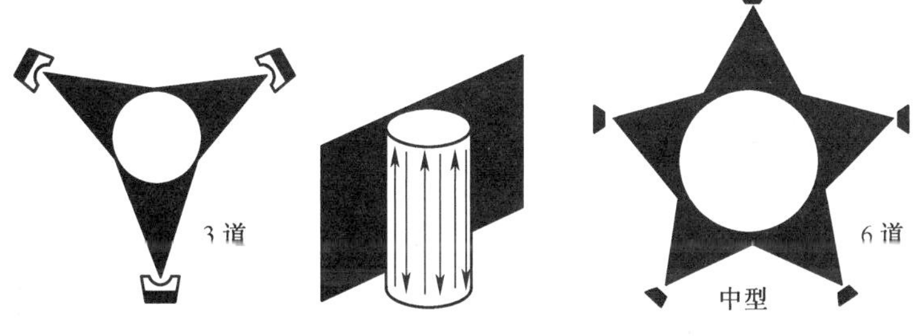

图 3-107　小圆柱体、中圆柱体的喷涂

图 3-108　大型圆柱体的喷涂

（7）棒状构件的走枪手法。喷涂较长的、直径不大的棒状构件时，最好将雾束调窄一些与之配合。然而，很多漆工为了省事，不愿经常调整喷枪，而是将喷枪雾束的方位与棒状构件相适应，这样也可达到完全覆盖又不过喷的目的，如图 3-109 所示。

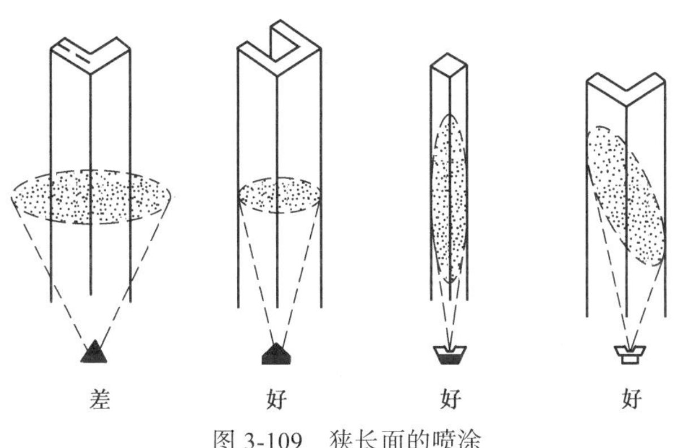

图 3-109　狭长面的喷涂

（8）大型水平表面的走枪手法。喷涂大型水平表面如发动机罩、车顶、行李箱盖等，可以采用长而直立构件平面的走枪手法，即由左至右移动喷枪至临近基材表面时扣扳机，继续移动喷枪至离开基材表面时放开喷枪。这样可以获得充分润湿的涂层，而不过喷或干喷最少。

在喷枪使用上 ，最好使用压送式喷枪，如果采用的是虹吸式喷枪，也应尽量保持与板件呈垂直状态，如图 3-110 所示。当需要倾斜喷枪时，千万小心，不要让涂料滴落到构件表面。为了防止涂料泄漏、滴落，在喷杯中涂料不要装得太满，整个操作过程要平稳、协调，随时用抹布或纸巾擦净泄漏出来的涂料。

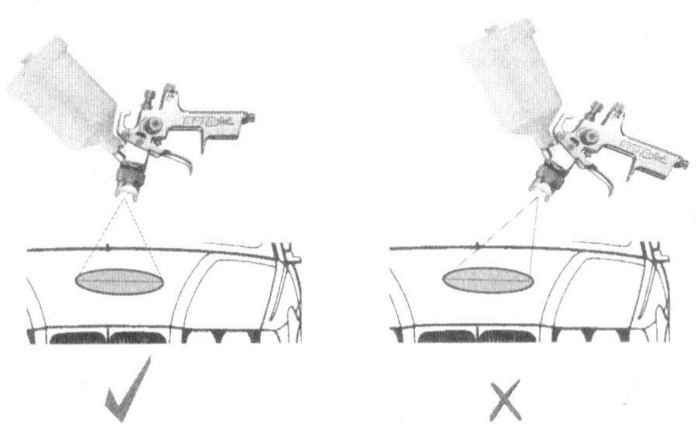

图 3-110　水平板件的喷涂要领

7. 不同板件的走枪顺序

（1）车门。首先喷涂车门框的顶部，然后下移直到车门的底部。如果只喷涂一个车门，首先应喷涂车门边缘；喷涂门把手时应该特别小心，因为某点的涂料太多将会导致下垂，如图 3-111 所示。

（2）前翼子板。发动机罩的边缘和前翼子板的翻边应该首先喷涂，然后是前大灯周围部分、面板的穹起部分，最后是面板的底部，如图 3-112 所示。

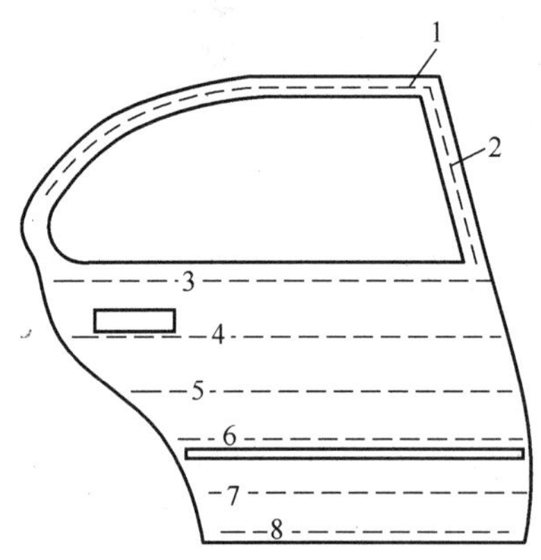

图 3-111　车门的喷涂顺序

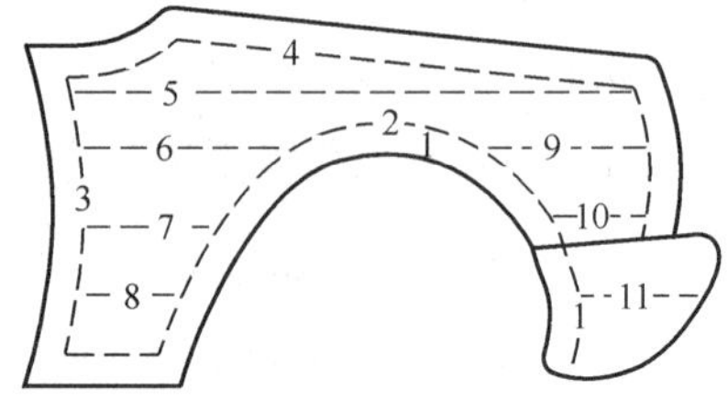

图 3-112　前翼子板的喷涂顺序

（3）后翼子板。首先喷涂边缘，然后喷漆工站在面板的中间，以一个长的连续的行程喷涂面板，如图 3-113 所示。如果无法一次完成，就把这个区域分成两个部分。使用这种方法时，一定要特别注意中间的重叠。如果重叠的涂料太多，将会发生下垂。

（4）发动机罩。首先喷涂发动机罩的边缘，然后是发动机罩的前部，下一步是在前翼子板的侧面，从中心开始向边缘进行喷涂，如图 3-114 所示；另一侧也使用相同的方法喷涂。

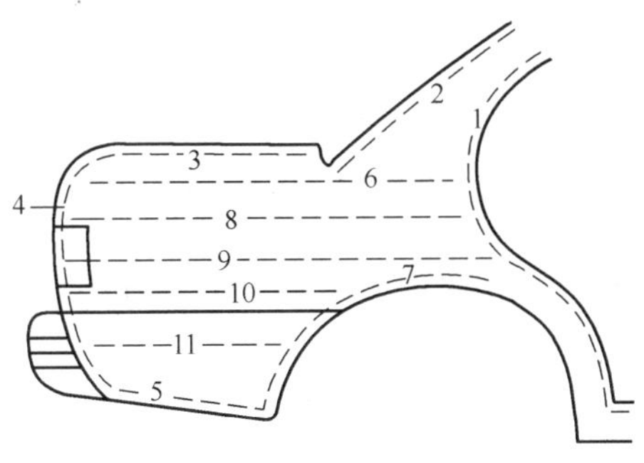

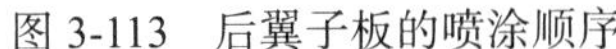
图 3-113　后翼子板的喷涂顺序

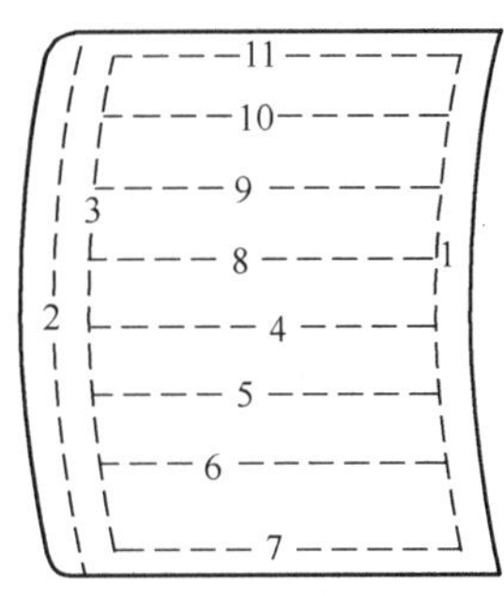

图 3-114　发动机罩的喷涂顺序

（5）车顶盖。为了方便对车顶盖进行喷涂，喷漆工应站在长凳上，以便能够喷到车顶的中心。如图 3-115 所示，首先喷涂一侧的挡风玻璃边缘，然后从中心到外边；一侧完成后，再用相同的方法完成后部和侧面。

（6）整车喷涂。当修整整个汽车时，对汽车不同部位的喷漆顺序可能不同。通常，在横向排风的房间里，首先喷涂离排风扇最远的地方，这样能保证落在喷漆表面的灰尘最小，使漆面更光滑。具体操作如图 3-116 所示，首先对车顶盖喷涂，然后是左侧或右侧车门，下一步是同侧的后翼子板，接着是行李箱盖和后围板。对汽车另一侧的喷涂是从后翼子板开始，然后是车门和前翼子板、发动机罩、前裙板、门窗框，最后对另一侧的前翼子板喷涂。

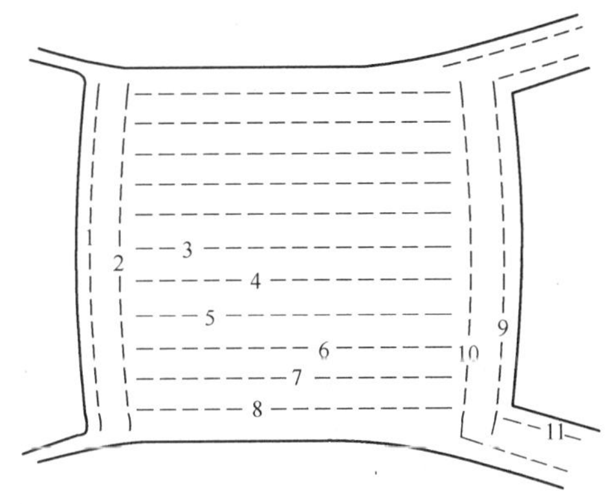

图 3-115　车顶盖的喷涂顺序

在向下排风的喷涂房里，因为空气是从棚顶向汽车底部的检修坑流动，所以喷漆工必须改变喷漆方法。为了能够保持涂料边缘的湿润，车顶盖应该首先喷漆，接着是发动机机罩和行李箱盖，然后对车身右侧喷涂，接着是后围板，最后是车身左侧，并逐渐向前移动直到全部完成。

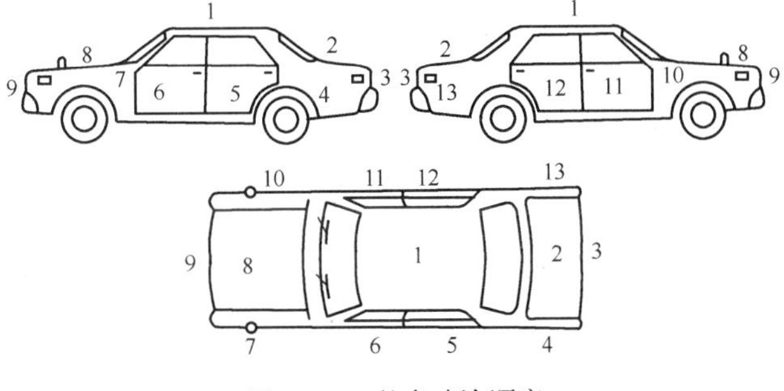

图 3-116　整车喷涂顺序

四、涂料的干燥方式

涂料的干燥成膜是指涂料施工后，由液态或黏稠状涂膜转变成固态漆膜的化学和物理变化过程。为了达到预期的涂装目的，除了合理地选用涂料，正确地进行表面处理和施工外，充分而适宜的干燥过程也是重要的环节。涂料的干燥方式主要有自然干燥、加速干燥和高温烘烤干燥 3 种。

1. 自然干燥

自然干燥也称空气干燥，它是指涂膜可以在室温条件下干燥，其干燥条件是温度为 15℃ ~ 20℃，相对湿度不大于 80%。可自然干燥的涂料包括溶剂挥发型、氧化聚合型和双组分型涂料等。自然干燥型涂料由于在自然环境下就可以固化，对促进涂膜固化的设备要求不高或不要求，因此应用广泛。

2. 加速干燥

为了缩短涂装的施工周期，加快生产速度和效率，常常在自然干燥型涂料中加入适量的催干剂以促进固化。另一种加速干燥的方法是将自然干燥型涂料以 50℃ ~ 80℃低温烘烤。例如，醇酸磁漆在常温下完全干燥需要 24 h，而在 70℃ ~ 80℃时仅仅需要 3 ~ 4 h。适于低温烘烤加速干燥的涂料与一般自然干燥型涂料有一定的区别。由于涂料的主要成膜物质不同，有些树脂具有热塑性，即在常温下是固体性状，而加温到一定程度时会变软，恢复或部分恢复其可塑性。以这类树脂为主要成膜物的涂料，要加速干燥只能用加入催干剂的方法，而不能用低温烘烤的方法。

3. 高温烘烤干燥

有许多涂料在常温下是不能干燥结膜的，一定要在比较高的温度即 120℃ ~ 180℃下，涂料中的树脂才会发生化学反应而交联固化成膜，这一类涂料称为热聚合型涂料。热聚合型涂料经烘烤干燥后的涂层在硬度、附着力、耐久性、耐腐蚀、抗氧化和保光、保色以及涂料的鲜映性等方面都要比自然干燥型和加速干燥型涂料要好得多。许多高品质、高装饰性的原厂涂层多用这种涂料。

自然干燥型和加速干燥型涂料由于干燥温度比较低，所以又称为低温涂料。在汽车修补涂装中由于车身上许多部件不耐高温的烘烤，所以通常采用低温涂料。而大型的汽车制造厂家在新车制造的自动喷涂流水线上通常使用高温烘烤型涂料。

五、底漆喷涂的操作流程

底漆喷涂的操作流程如图 3-117 所示。

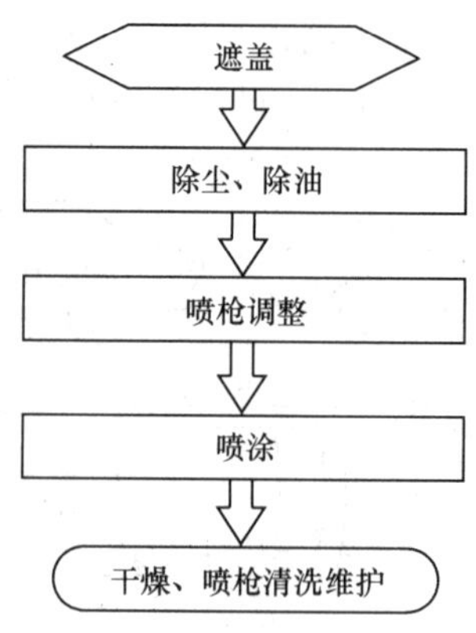

图 3-117　底漆喷涂操作流程

技能学习

劳动保护与安全注意事项

1. 防火安全措施

（1）每个工作人员应会使用防火设备，懂得各种灭火方法。

（2）涂装场地严禁烟火，不准携带各种火种进入施工现场。

（3）擦拭涂料用的沾污棉丝、棉布等物品应集中，并应妥善地存放在装有清水的密封桶中，不要放置在暖气管或烘房附近，以免引起火灾。

（4）施工操作时，应避免铁器之间敲打、碰撞、冲击、摩擦，以防发生火花而引起火灾。

（5）易燃物品如涂料、稀释剂等，应存放在储藏柜内，施工场地不得储存。

（6）清洗工具用后的稀释剂，应集中存放，不得倒入下水道或随意乱倒。

（7）各种电器设备开关不得随意操作，应由专人定期检查和维修。

（8）确保紧急通道、门窗等出口畅通。

（9）工作区域内不要存放太多涂料，一般够半天使用的量即可。

2. 个人劳动保护

喷涂底漆时应该佩戴的劳动保护用品如图 1-13 所示。

3. 发生意外情况的应对措施

（1）着火。在安全距离内用灭火器灭火。对于一般的涂料着火，可以用水进行灭火。

（2）涂料撒落。用膨胀云母（郅石、珍珠岩）吸收，然后用塑料板铲除，用大量的水冲洗。

（3）皮肤接触涂料、溶剂等。用肥皂水彻底清洗，涂抹羊毛脂的护肤膏。

（4）眼睛和嘴接触涂料、溶剂等。立刻用水或 5%的抗坏血酸钠或 2%的苏打水冲洗，然后就医。不要使用油膏和油类物质处理。

（5）过氧化物残渣处理。用膨胀云母吸收，然后小心焚毁，运离建筑物和可燃物。

一、喷漆房的准备

典型的喷烤漆房控制箱面板，如图 3-118 所示。

（1）使用烤漆房首先要打开电源开关 9，按亮电源指示灯 4，电压表显示 380V。

（2）打开照明开关 13，按亮照明指示灯 8，烤房内的光线达到施工要求。

（3）常温喷漆时，顺时针旋转喷漆开关 11，需要加温喷漆时，逆时针转到开关 11，同时调整温控仪 2，设定恒定的喷涂温度到 18℃即可。

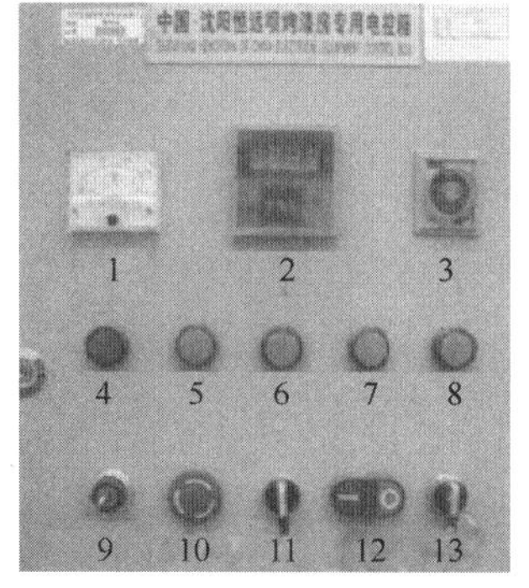

图 3-118　喷烤漆房控制箱面板

1—电压表；2—温控仪；3—烘烤时间设定；4—电源指示灯；5—升温指示灯；6—喷漆指示灯；7—烤漆指示灯；8—照明指示；9—电源开关；10—急停开关；11—喷漆开关；12—烤漆开关；13—照明开关

喷漆完毕后风机再工作 5 min，使烤房内的漆雾彻底排净。

二、喷枪的检查与调整

1. 喷枪选择

喷涂底漆时，首先应选择底漆专用喷枪，主要是这种喷枪口径大。正确选择喷枪，应查阅涂料生产商的涂料技术说明。例如，从“鹦鹉”801-72 环氧底漆的技术说明中可以查到，该涂料适合的喷枪口径为 1.7 ~ 1.9 mm（HVLP 喷枪）或 1.6 ~ 1.8 mm（兼容喷枪，即其他可以使用的高气压喷枪），见表 3-7。

表 3-7　鹦鹉环氧填充底漆（801-72）技术说明

	重力枪罐喷涂气	HVLP 喷枪：1.7 ~ 1.9mm 2.0 ~ 3.0bar（30 ~ 45p.s.i）/ 0.7bar（10p.s.i）在喷嘴处	兼容喷枪：1.6 ~ 1.8mm 2bar

2. 检查

（1）喷杯上的气孔，无污垢堵塞。

（2）喷杯上密封圈无渗漏等。

3. 涂料装枪

（1）将调好黏度的中涂底漆通过漏斗过滤后装入喷枪漆罐内，如图 3-119 所示。

放主剂和固化剂的容器，使用之后一定要盖严实。

图 3-119　涂料的过滤与装枪

对于如 SATA SPR 型的喷枪，由于其储液壶内带有滤网或滤塞，故涂料装枪时无需过滤（如过滤，效果会更好），其涂料装枪过程如下。

① 如图 3-120（a）所示，拆下密封塞。

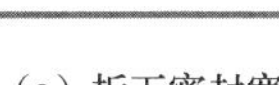

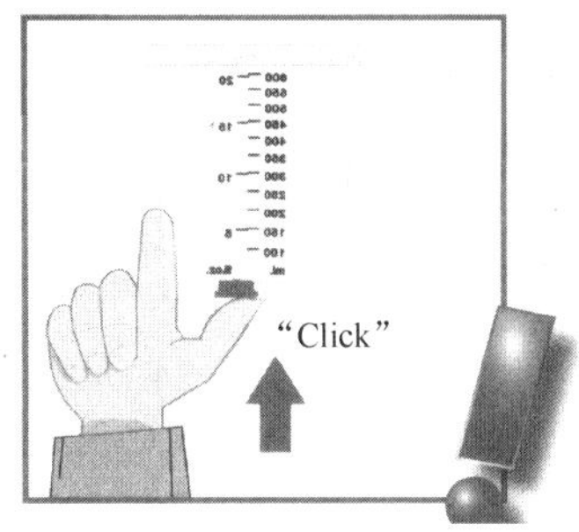

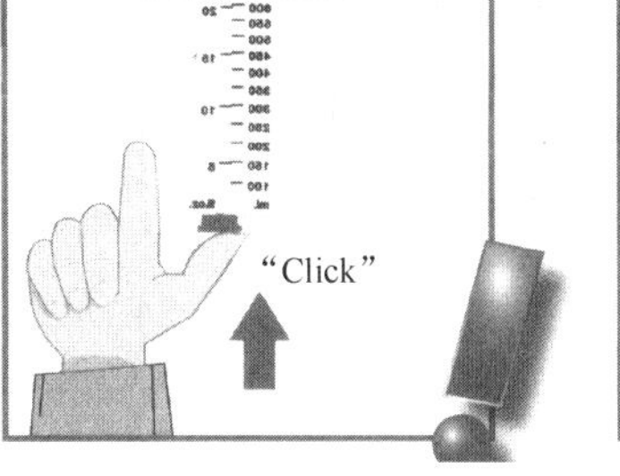

（a）拆下密封塞　（b）将密封塞压入储液壶底部小孔　（c）将调制好的涂料倒入储液壶

图 3-120　SATA SPR 型喷枪的涂料装枪（1）

② 如图 3-120（b）所示，将密封塞压入储液壶的底部小孔。

③ 如图 3-120（c）所示，将调制好的涂料倒入储液壶内（少量用漆时，也可根据储液壶上的容量刻线进行涂料的调制，也可辅以调漆比例尺进行）。

④ 如图 3-121 所示，安装滤网（滤塞）。

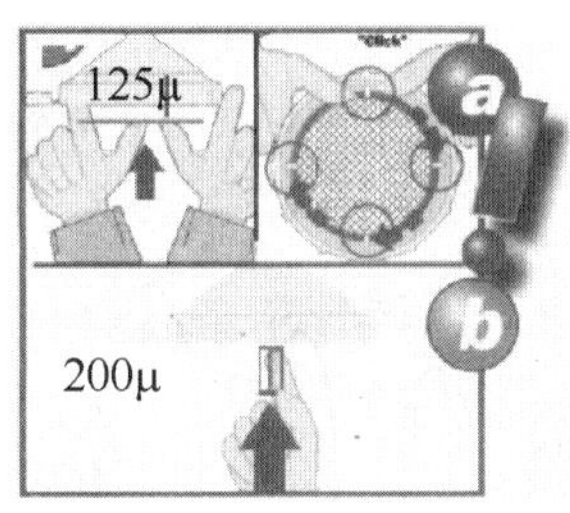

图 3-121　SATA SPR 型喷枪的涂料装枪（2）

⑤ 如图 3-122（a）所示，将壶座拧紧在喷枪上，将储液壶拧紧在壶座上。

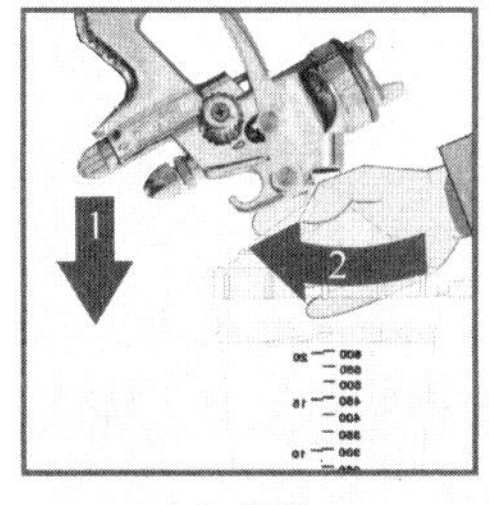

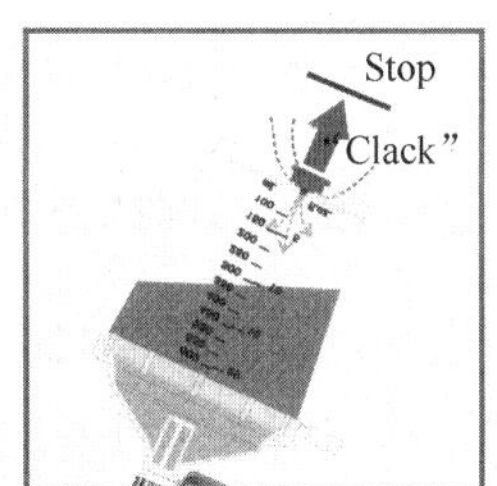

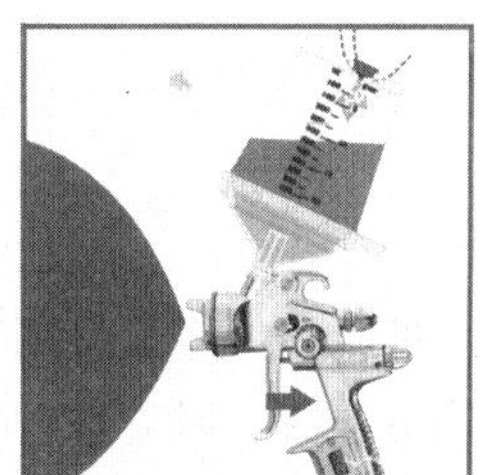

（a）拧紧　（b）翻转喷枪、上提密封塞　（c）进行喷涂

图 3-122　SATA SPR 型喷枪的涂料装枪（3）

⑥ 如图 3-122（b）、（c）所示，翻转喷枪，将储液壶底部的密封塞向上提起一点（不要拉掉），即可进行喷涂操作。

（2）将喷枪通过快速接头接入压缩空气系统。

4. 喷枪调整

（1）气压调整。手握喷枪柄，以食指与中指压扣扳机到 1 挡位，压缩空气阀门首先打开，如图 3-123 所示。当喷涂气压调节旋钮处于与枪体平行位置（最大雾化状态）时，顺时针旋转喷涂气压调节旋钮，喷涂气压变小；当喷涂气压调节旋钮处于与枪体垂直位置（最小雾化状态）时，逆时针旋转喷涂气压调节旋钮，喷涂气压变大。调整过程中，观察气压表直到气压符合规定。调整气压的大小，一定要按涂料说明书的规定。例如，从“鹦鹉”801-72环氧底漆的技术说明中可以查到，该涂料适合的气压：HVLP型为2.0～3.0 bar（0.3～0.4 MPa）；兼容喷枪为2 bar（0.2 MPa）。

（2）喷幅调整。喷幅调节旋钮的位置如图3-124所示。增大喷幅，需要逆时针旋转喷幅调节旋钮；减小喷幅，需要顺时针旋转喷幅调节旋钮，如图3-125所示。喷幅的大小主要取决于修补面积的大小。一般情况下对于整板（或整车）喷涂，为了获得良好的喷涂效果，建议将喷枪喷幅调节到最大状态。

图3-123　调整气压

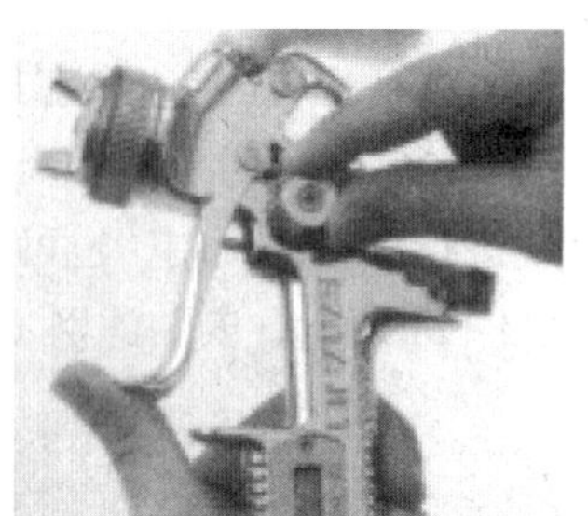

图3-124　喷幅调整旋钮

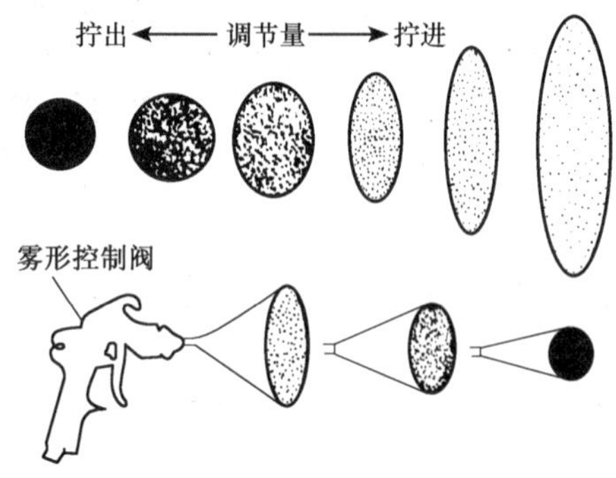

图3-125　喷幅调节原理

（3）漆流量调整。漆流量调节旋钮的位置如图3-126所示。增大涂料流量，需要逆时针旋转涂料流量调节旋钮，增大枪针行程，从而增大涂料流量；减小涂料流量，需要顺时针旋转涂料流量调节旋钮，减小枪针行程，从而降低涂料流量，如图3-127所示。

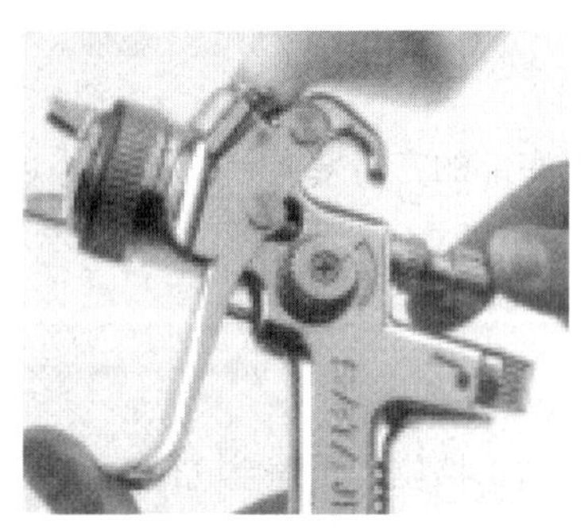

图3-126　漆流量调节旋钮

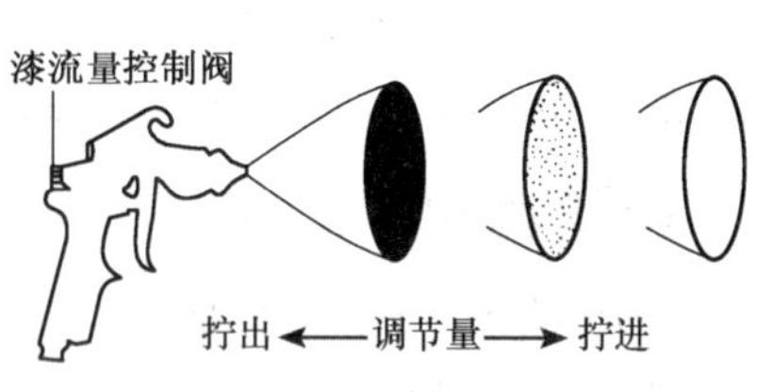

图3-127　漆流量调节原理

（4）雾形测试与调整。将气帽角调整至垂直位置，使雾形呈水平状态，如图 3-128 所示，进行雾形测试，并视情况调整。

通过雾形测试，看流挂情况，检查调整是否正确。松开空气帽定位环并旋转空气帽，使喇叭口处于竖直位置，此时喷出的图案将是水平的。如图 3-129 所示，再喷一次，按住扳机直到涂料开始往下流，即产生流挂，检查流挂情况。如果各项调整正确，各段流挂的长度应近似相等。如果流挂呈分开的形状，是由于喷束太宽或气压太低。把雾形控制阀拧紧半圈，或把气压提高一些，交替进行这两项调整直到流挂长度均匀；如果流挂中间长两边短，则是因喷出的漆太多，应把漆流量控制阀拧紧，直到流挂长度均匀。

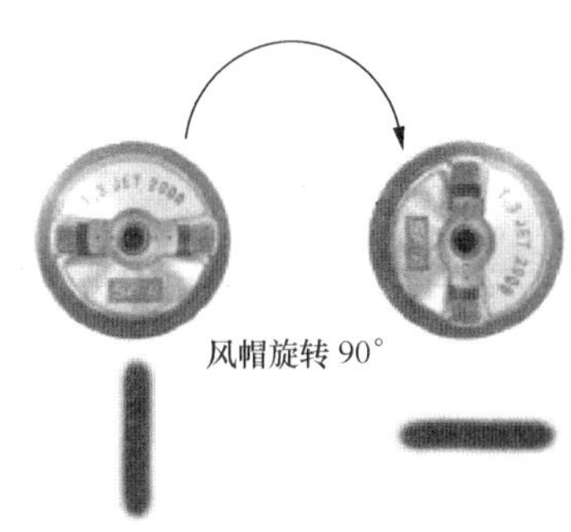

图 3-128　气帽位置与扇形

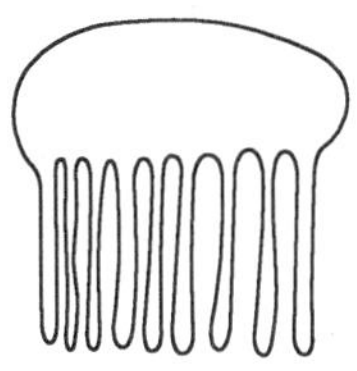

（a）合适的喷涂图形　（b）分离的喷涂图形　（c）中间过重的喷涂图形

图 3-129　雾形测试

雾形测试时，可能会出现故障雾形，不同的故障雾形特点及产生的原因，见表 3-8。

表 3-8　不同的故障雾形特点及产生的原因

喷幅中央油漆太多	倾向一边的圆形喷幅，严重弯曲	喷幅不连续，跳动	喷幅破裂，呈燕尾状	喷幅朝一边扭曲
雾化压太低；黏度太高；涂料太多	雾化气孔没有清洁干净	喷嘴或喷针松；枪壶通风口堵塞	稀释剂太多；气压太高；喷幅太宽	其中一边雾化孔不干净

三、底漆的喷涂

1. 喷第一层底漆

根据板件的特点，选择正确的操作要领，实施底漆的喷涂，注意第一层一定要薄喷，以提高底漆和板件表面的附着力。

2. 闪干

不同的底漆，闪干时间要求不同。例如，从“鹦鹉”801-72 环氧底漆的技术说明中可以查到，该涂料需要喷涂 2 层，每层之间不需要闪干，即喷涂完第一层后，马上就能喷涂第二层，见表 3-9。

表 3-9　“鹦鹉”801-72 环氧底漆的技术说明

标志	应用		填充底漆	
	喷涂层		2	膜厚：40 ~ 50μm
	干燥	20℃	8h	
		60℃	30min	
	红外线	（短波）	11min	
		（中波）	10 ~ 15min	
	打磨		P80	
	轨道式打磨机		P400	

3. 喷涂第二层底漆

第二层一定要厚喷，以达到要求的涂膜厚度，如“鹦鹉”801-72 环氧底漆的技术说明要求二层底漆总厚度为 40 ~ 50μm，见表 3-9。不同的底漆要求喷涂的层数和总漆膜厚度是不同的。施工时应严格按照涂料技术说明执行。

底漆是直接喷涂于板件表面的，故对于局部涂装喷底漆时，一定要遮盖好，以使底漆只喷涂在裸板表面，如图 3-130 中箭头所指处。

在喷涂过程中，如果喷枪的出漆明显减少，应及时检查涂料是否已用完，如果用完了，则应及时补充。如果还有涂料，则应检查是否有堵塞之处，若有则应检查、疏通。普通喷枪补充涂料与开始时涂料装枪操作相同。对于 SATA SPR 型喷枪，其补充涂料的操作如下。

（1）如图 3-131 所示，将储液壶底部的密封塞压紧，将喷枪翻转后扣扳机，使枪内涂料流回储液壶。

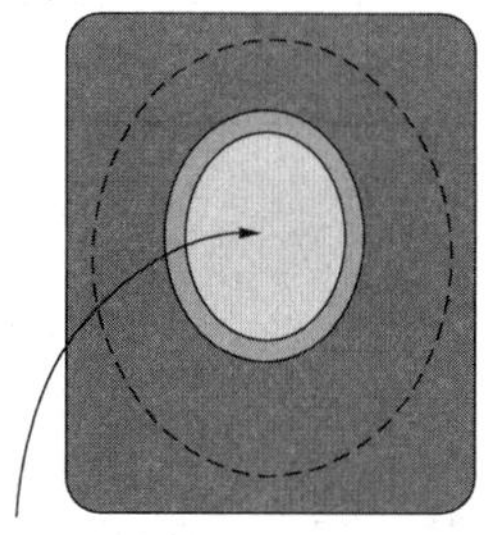

图 3-130　局部涂装时底漆的喷涂区域

图 3-131　涂料的补充（1）

（2）如图 3-132 所示，将储液壶旋下，添加涂料后重新装枪。

每种涂料均有其适合喷涂的时间限制，这个时间限制也称为活化时间。如“鹦鹉”801-72 环氧底漆的技术说明规定的活化时间为常温（20 ℃）8 h。超过这个活化时间，所调制的涂料就不能使用了。

对于普通喷枪，如果有较多的剩余涂料没用完，可以倒入合适的罐内密封保存，但期限也不能超过其活化期的规定。

对于 SATA SPR 型喷枪，如果喷涂工作完成，但储液壶内剩余较多的涂料，可以利用储液壶直接保存，其操作方法如图 3-133 所示。将喷枪翻转后旋下储液壶，拆下另一个密封塞，将壶座底部的孔塞紧，即可保存。为了便于识别，最好在壶上做好标记（如标准颜色、色号等）。对于长时间保存，应将储液壶拆下，放置于专用架上，如图 3-134（a）所示；对于短时间储存，可不拆下储液壶，而将整枪置于专用置枪架上，如图 3-134（b）所示。

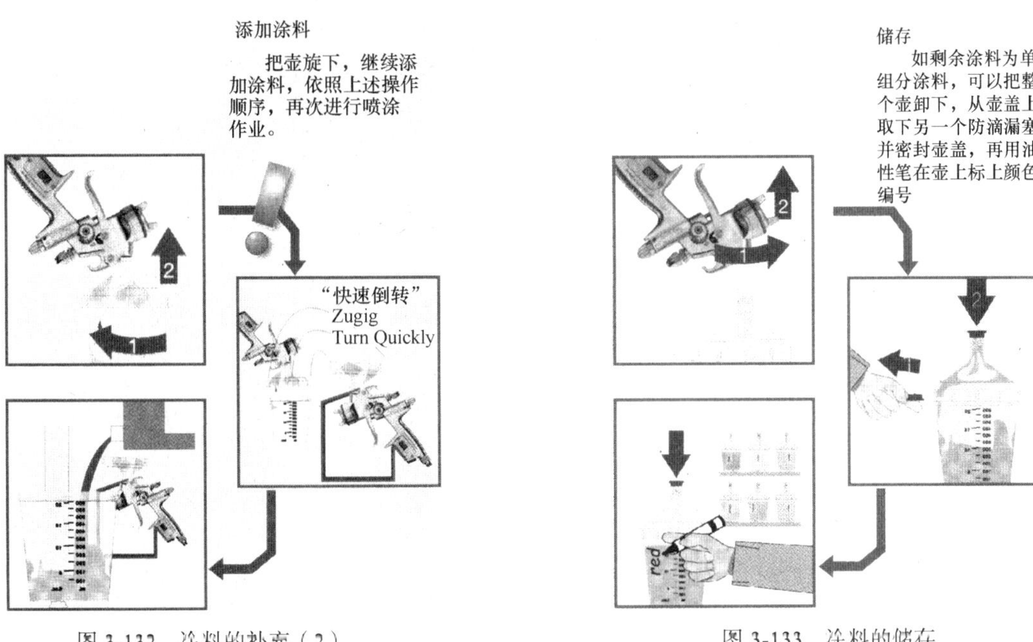

图 3-132　涂料的补充（2）

图 3-133　涂料的储存

（a）长时间保存

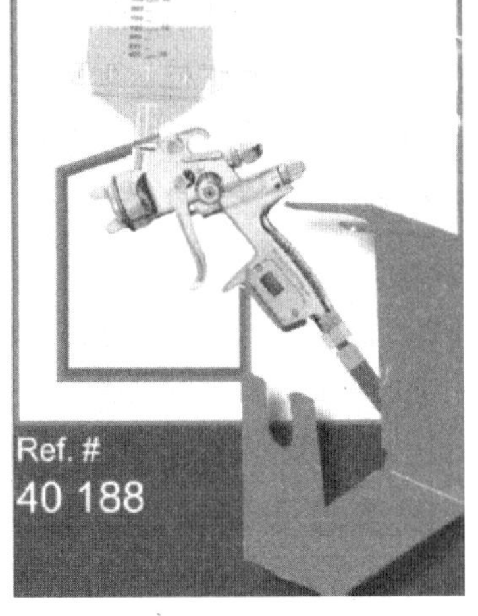

（b）短时间保存

图 3-134　SATA SPR 型喷枪涂料的存储

如果喷涂完后，壶内没有多少涂料，就可将壶做废弃处理。如图 3-135 所示，将储液壶拆下，拉出底部的密封塞，将废弃的涂料倒在专门的废漆桶内，将储液壶弃于垃圾桶内。当然，为节约材料，也可将储液壶彻底清洗干净后，晾干重复使用。

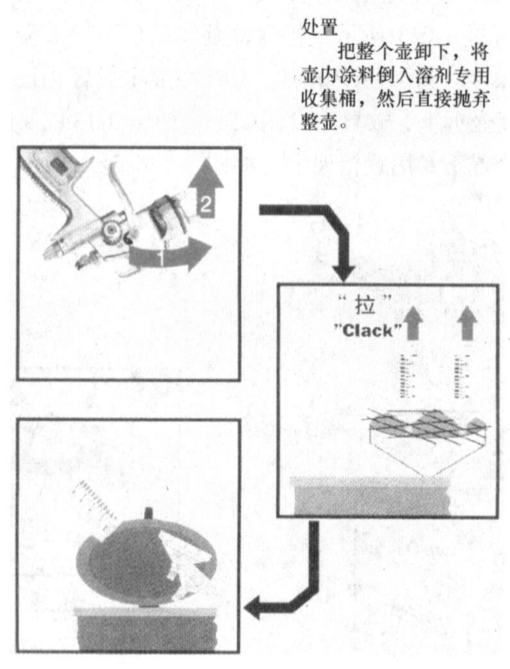

图 3-135　储液壶的弃置

四、底漆的干燥

不管是常温干燥还是烘烤干燥，最好在进行干燥之前拆下遮盖。拆除遮盖的最佳时机为最后一层喷涂的闪干时间结束时，通常为 15 ~ 20 min。

1. 常温干燥

当采取常温干燥时，喷涂结束后，即可关闭喷漆室电控箱上的“喷漆”、照明开关，关好门，使板件（整车）在喷漆室内自然干燥至规定的时间（具体数据参阅涂料使用说明书，如“鹦鹉”801-72 环氧底漆的技术说明规定的常温干燥时间为 8 h）。

2. 用烤漆房烘烤干燥

喷涂完成后需要加温烘烤时，设定温控仪到合适的温度（具体数据参阅涂料技术说明，如“鹦鹉”801-72 环氧底漆的技术说明规定的烘烤干燥时间为温度 60 ℃，30 min；短波红外线烤灯烘烤，11 min；中长波红外线烤灯烘烤，10 ~ 15 min）。关闭照明开关，打开烘烤开关，进行加温烘烤。烘烤完毕，风机再工作 10 min。关闭各操作开关。

3. 用红外线烤灯干燥（以 IRT400 型烤灯为例）

（1）调整灯光的位置。通过调节活动支臂的高低来适应不同高度的烘烤要求，烤灯头部可以作任何角度的调整，以适应车身不同的形状要求，如图 3-136 所示。

（2）控制面板的操作。烤灯的控制面板如图 3-137 所示。打开电源后，数字面板上会显示运行程序，系统提供了底层腻子、中层腻子、表层腻子、底漆、水基、面漆、光漆、塑料件和自设程序等多个程序供选择。根据实际工作情况通过上翻键或下翻键选择合适的程序，按“确定”键进入该程序。

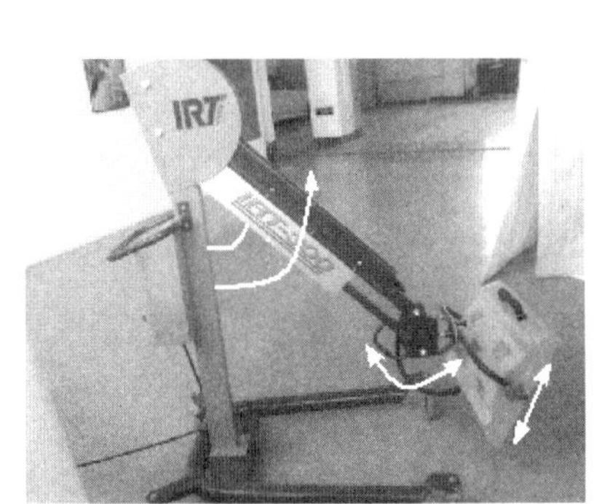

图 3-136　调节角度

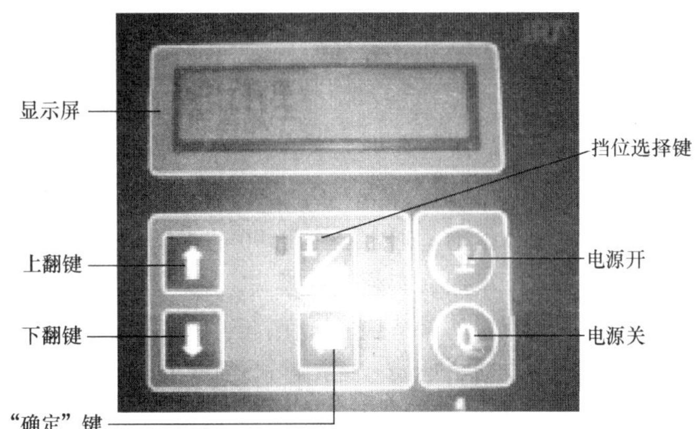

图 3-137　控制面板

如果需要重新设定烘烤功率和烘烤时间可以长按“确定”键进入重新设定，如图 3-138 所示。此时上排第 1 位表示时间的数字会闪烁，可以按上翻键或下翻键在 0 ~ 30 min 之间选择，按“确定”键确定；第 2 位表示功率的数字会闪烁，可以在 1 ~ 8 之间选择，按“确定”键确定；下排第 1 位表示时间的数字会闪烁，可以按上翻键或下翻键在 0 ~ 30 min 之间选择，按“确定”键确定；第 2 位表示功率的数字会闪烁，可以在 1 ~ 8 之间选择，按“确定”键确定。

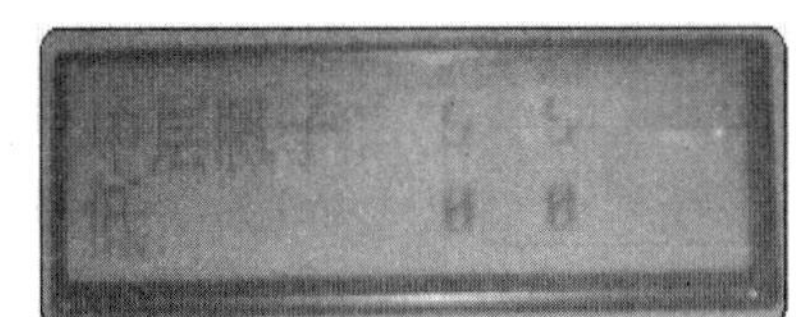

图 3-138　烘烤程序设定

全部设定完成后，或者不需要重新设定时，按“电源开”键，屏幕会显示“人工检查距离”，此时需要通过使用烤灯头部的卷尺测量烤灯与被烤工件之间的距离，如图 3-139 所示。确定好烘烤距离后，按“电源开”键进行烘烤，如图 3-140 所示。

图 3-139　测量烘烤距离

图 3-140　开始烘烤

烘烤过程分两个阶段：第一阶段为闪烁烘烤，屏幕显示闪烁关闭的剩余时间，单位为秒，倒数计时，闪烁关闭后进入下一阶段；第二阶段为烘干，屏幕显示烘干剩余时间，单位为秒，倒数计时。烘烤结束后烤灯自动关闭，并有蜂鸣提示。此时切记不要关闭电源，因为烤灯风机还需要运转 1 min 使自身散热，当风机停机后再关闭电源，同时要整理好电线，将烤灯支臂升起，轮子锁止防止烤灯自己移动。

五、底漆的打磨

汽车修补所使用的底漆大多为填充底漆，喷涂干燥后应进行适当的打磨，以便为面漆喷涂提供良好的表面。

填充底漆的打磨可用手工湿打磨和干磨机打磨两种方法，选用时主要考虑底漆的特点，参阅涂料的技术说明书进行。例如，“鹦鹉”系列填充底漆的打磨技术说明，见表 3-10。从表中可以看出，部分底漆适合手工水磨，部分底漆适合干磨机打磨，还有部分底漆适合这两种方法。

填充底漆的打磨，无论是水磨还是干磨，其操作方法与除旧漆相似，不同点体现在以下几个方面。

（1）手工水磨时，通常选用 P800 的水磨砂纸。

（2）手工水磨时，必须使用磨块，对于有软硬面的磨块，应选用软面。

（3）手工水磨时，磨块必须保持与板件表面平贴，以获得平滑的表面。

（4）用干磨机打磨时，选用的砂纸为 P400。

（5）用干磨机打磨时，必须保证磨头与板件表面平贴，以获得平滑的表面。

（6）无论是手工水磨还是干磨机打磨，千万注意不要打磨过度，只轻轻打磨至光滑即可。

表 3-10　　填充底漆的打磨说明

		使用干磨机粗打磨 	使用干磨机细打磨 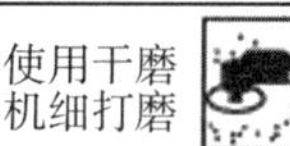	手工湿磨 
填充底漆	76-71 鹦鹉®单组分填充底漆			P800
	283-150 VOC 鹦鹉®磷化填充底漆			P800
	285-16 VOC 鹦鹉®高浓热固填充底漆			P800
	285-500 鹦鹉®高浓填充底漆，灰色		P400	
	285-550 鹦鹉®高浓填充底漆，黑色		P400	
	285-650 鹦鹉®高浓填充底漆，白色		P400	P800
	285-700 鹦鹉®填充底漆，灰色		P400	P800
	285-85 鹦鹉®中浓填充底漆，灰色		P400	P800
	801-72 VOC 鹦鹉®环氧填充底漆		P400	P800

六、喷枪的维护

1. 喷枪的清洗

使用后，应立即清洗喷枪及其附件，不注意维护和清洗喷枪是喷枪发生故障的主要原因。

以上吸式喷枪为例，清洗时，首先应先卸下涂料罐，将吸料管留在杯内。接着松开空气帽2～3圈，用一块叠好的抹布挡住空气帽，然后扣扳机，使喷枪内的涂料流回涂料罐内，如图 3-141 所示。

图 3-141　利用压缩空气使枪内的漆流回涂料罐

使用的气压要低，当涂料罐还装在枪上时，不要进行上述操作，否则涂料会从罐内飞溅出来。

重新将空气帽拧紧，并把涂料罐中的涂料倒回废料罐中。用溶剂和毛刷清洗杯内和杯盖，用一块浸过溶剂的抹布擦掉残余物。然后，向杯内倒入少许干净的清洁剂，扣动扳机，将清洁剂喷出，清洗输料管，如图 3-142 所示。

旋下气帽，用专用工具卸下混漆嘴，如图 3-143 所示。

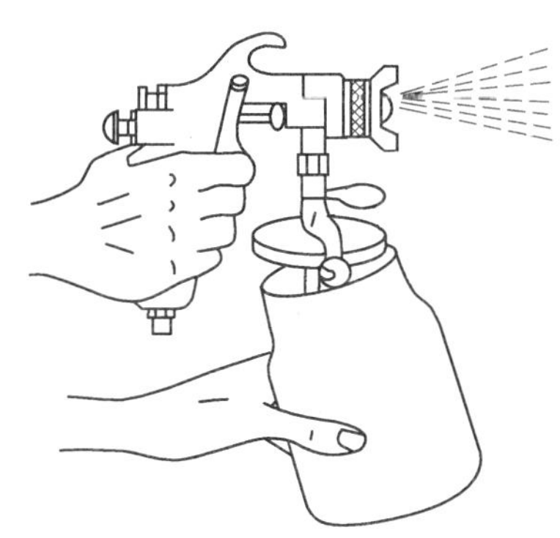

图 3-142　冲洗喷枪

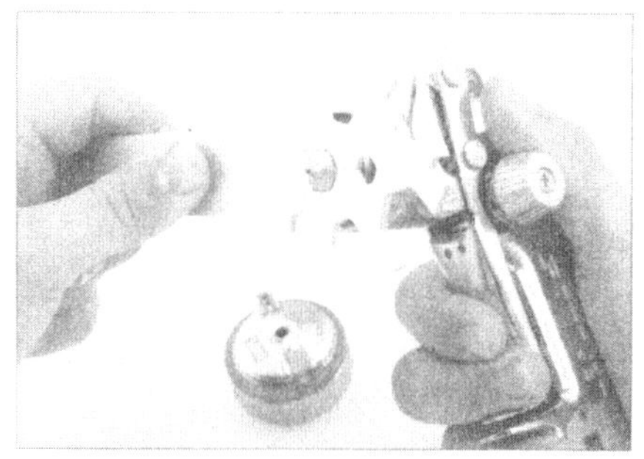

图 3-143　用专用工具拆下混漆嘴

将拆下的气帽泡在稀释剂或溶剂中，用类似于圆头牙刷或稻草扫帚的软刷子清洗堵塞的小孔，如图 3-144 所示。注意，绝不能用铁丝或铁钉类的东西清理这些小孔，因为这些小孔都是精加工钻出的。用喷枪刷和溶剂清洗喷嘴。用泡过稀释剂的抹布将枪体外部擦干净，注意擦掉所有涂料的痕迹。

目前，一些维修厂开始使用喷枪自动清洗机，如图 3-145 所示。利用喷枪清洗机，结合人工手洗来清洗喷枪，清洗效果非常好。将喷涂设备（包括喷枪、储料杯、搅拌器和滤网等）放到喷枪清洗机的大桶内相应位置上，接好喷嘴（具体方法参阅相关设备使用说明书），盖上桶盖，然后打开气动泵使清洗桶内的清洗液旋转。不用 1 min，该设备就能清洗干净各部件。

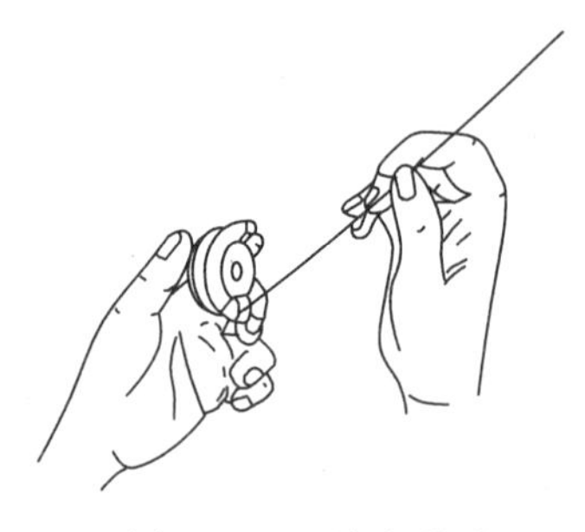
图 3-144 通气帽的孔

图 3-145 喷枪清洗机

新型超声波清洗机效果更好。只要在机器内注入清洗液，将零件放入容器中，打开开关即可，并可以人工设定清洗时间，如图 3-146 所示。注意，如果喷枪选装了数字式气压表，则不能放入超声波清洗机中清洗。

2. 喷枪的润滑

最好每天工作完后都进行润滑喷枪，用轻机油润滑如图 3-147 所示的各部件。由于正常的磨损和老化，密封圈、弹簧、针阀和喷嘴必须定期更换。更换应按生产厂家的说明进行。由于机油过量就会流入涂料和机油通道，机油和涂料混合后就会降低喷涂质量，因此润滑时必须非常小心。

图 3-146 用超声波清洗机清洗喷枪

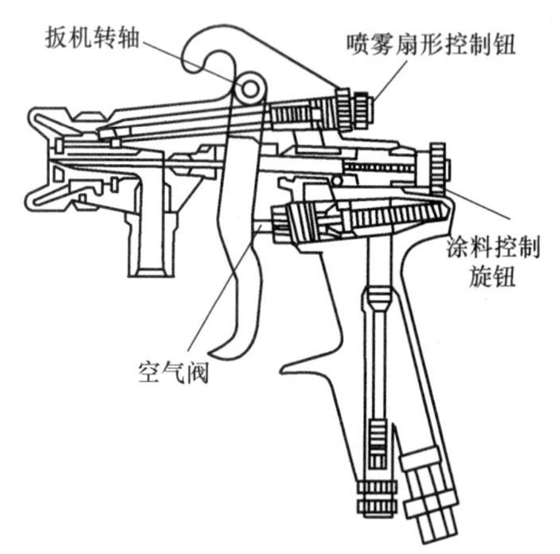

图 3-147 喷枪需要润滑的部位

不要把整支喷枪长时间泡在清洗液中，这样会使密封圈硬化，并破坏润滑效果。

为了获得最佳的修补效果，在不同的涂层和情况下要使用不同的喷枪。建议每人配 4 把喷枪，一把用于底漆、中涂层喷涂，一把用于面漆、罩光层喷涂，一把用于银粉漆喷涂，还有一把小修补喷枪用于点修补时使用。如果这些喷枪在使用过程中保持良好的清洗和工作顺序，就会节省大量的换枪时的调整和清洗时间。

对 SATA SPR 型喷枪，当喷涂了水性漆后，清洗时应使用清水和专用清洗液。如图 3-148 所示，首先将清水（专用）装于喷液壶内，将壶打压后，使壶嘴对准喷枪上的储液壶安装孔压紧，扣压喷枪扳机的同时按压喷液壶的按钮，初步清洗；然后用专用清洗剂按上述相同操作再清洗一遍，晾干即可。

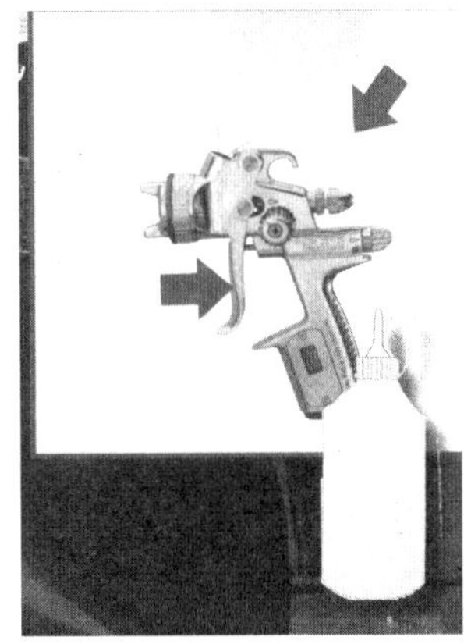

图 3-148　SATA SPR 型喷枪的清洗

思考与练习

1. 底漆有哪些作用？什么情况下应该喷涂底漆？
2. 说明头道底漆、头二道合用底漆、二道底漆、表面封闭底漆的特点及应用。
3. 说明磷化底漆的作用及应用。
4. 说明涂料的选配应参考的信息。
5. 对于金属基材，如何选配底层涂料？
6. 使用混漆机时，有哪些注意事项？
7. 环氧底漆 801-72 技术说明如下：可喷涂面积效率为 $425m^2/L$ 在 1μm，喷涂 2 层，总膜厚 40 ~ 50μm。现估算准备喷涂该底漆的板件表面积为 $0.5m^2$，请计算该底漆的用量。
8. 如何使用手提式黏度计测试涂料的黏度？
9. 汽车漆装修复选用遮盖胶带时，应注意哪些质量因素？
10. 汽车车身板件表面的油污从何而来？为什么喷漆前一定要彻底清除油污？
11. 什么情况下应使用反向遮盖？为什么？
12. 空气喷涂有何特点？
13. 简单描述喷枪的品种。
14. 说明重力式喷枪的特点。
15. 喷枪气帽上都有哪几类孔，各起什么作用？
16. 在涂装操作过程中，发生着火、涂料撒落、过氧化物残渣撒落、眼睛和嘴接触涂料、皮肤接触涂料等意外情况时，应采取什么相对措施？

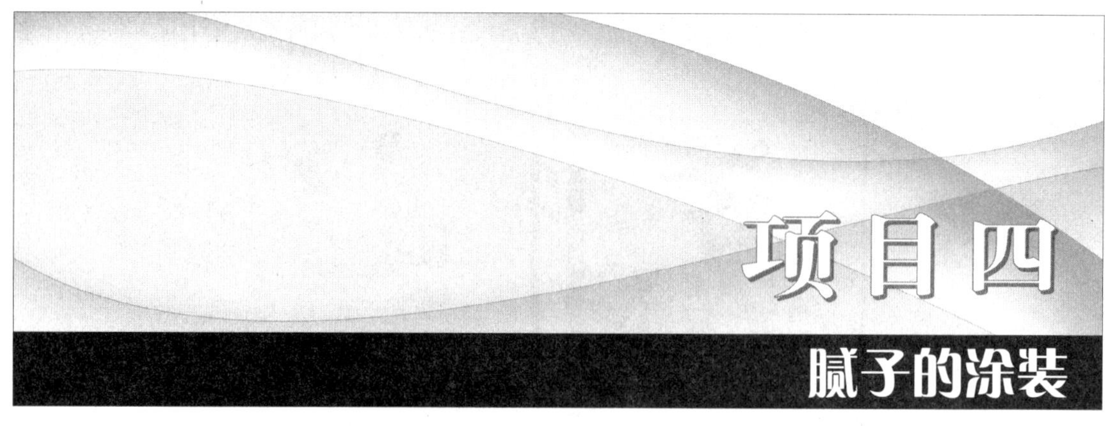

任务一 腻子的刮涂与干燥

【学习目标】

1. 能够正确描述腻子的类别及各类型腻子的特点及应用。
2. 能够正确描述腻子的涂装工艺流程。
3. 能够正确刮涂腻子。
4. 能够用正确的方法对腻子进行加热干燥。
5. 能够注意培养良好的安全、卫生习惯及团队协作意识。
6. 能够检查、评价和记录工作结果。

任务分析

如图 4-1 所示，车门板处的漆膜损伤经打磨处理后，由于板件表面不平，且旧漆膜较厚，所以应刮涂腻子，以填充不平并快速建立足够的涂层厚度。

对于非常平整的板件，喷完底漆后，即可进行中涂底漆或面漆的涂装。但是，对于不够平整的表面，特别是经过钣金处理后的表面，由于凸凹较大，底漆很难将其填平，如图 4-2 所示，此时就应用涂腻子的方法来处理。

图 4-1　刮涂腻子

图 4-2　底漆的填平能力

在国外的一些汽车维修业中，涂腻子的工作是由钣金工来完成的，即腻子的施工属于底处理项目；而在国内，腻子通常是由涂装工来完成的，故也把腻子施工归入中涂层施工。

相关知识

一、腻子的组成

腻子学名为原子灰，又称为聚合型腻子，是一种膏状或厚浆状的涂料。它容易干燥，干后坚硬，能耐砂磨。腻子一般使用刮具刮涂于底材的表面（也有使用大口径喷枪喷涂的浆状腻子，称为喷涂腻子），用来填平底材上的凹坑、缝隙、孔眼、焊疤、刮痕以及加工过程中所造成的物面缺陷等，使底材表面达到平整、匀顺，使面漆的丰满度和光泽度等能够充分地显现。

严格地讲，原子灰与通常所指的腻子是有区别的。通常所指的腻子一般是用油基漆作为黏结剂，加以熟石膏粉等填充料，并加入少量的颜料和稀释剂调和后填补用。这种腻子干燥时间长，干燥后质地比较软而且会出现不同程度的凹陷，对其上面的涂膜具有一定的吸收作用，不利于涂装修补和面漆的美观，现已很少使用。20 世纪 80 年代，我国研制出了水性腻子，用水作为稀释剂调和后使用。该种腻子在一定程度上对油性腻子的性能有所改善，但仍存在塌陷、吸收、质软等缺点，现在也已少用。而原子灰硬化时间短，常温下 0.5 h 即可干燥硬化，可以进行打磨；经打磨后的原子灰表面细腻光洁，坚硬且基本无塌陷，对其上面的涂料吸收很少甚至不吸收，附着能力强、耐高温，正常使用时不出现开裂和脱落现象，因此现在被广泛应用于汽车的制造和修补工作中。

腻子是涂料，所以也是由树脂、颜料、溶剂和填充材料等组成的。现在较为常用的腻子树脂有聚酯树脂和环氧树脂等。环氧树脂腻子具有良好的附着力、耐水性和防化学腐蚀性能，但涂层坚硬不易打磨，由于其附着力优良，可以刮涂得较厚而不脱落、开裂，多用于涂有底漆的金属或裸金属表面。聚酯树脂腻子也具有优良的附着力、耐水性和防化学腐蚀性能，而且干后涂膜软硬适中，容易打磨，经打磨后表面光滑圆润，适用于很多底材表面（不能用于经磷化处理的裸金属表面，否则会发生盐化反应造成接触面不能干燥而影响附着力），经多次刮涂后，膜厚可达 20 mm 以上而不开裂、脱落，所以应用最为广泛，现在常见的腻子基本都是聚酯树脂腻子，因此，现代的汽车修补用腻子人们几乎全部称之为原子灰。

腻子中的颜料以体质颜料为主要物质，配以少量的着色颜料。填充材料主要使用滑石粉、碳酸钙、沉淀硫酸钡等，起填充作用并提高腻子的弹性、抗裂性、硬度以及施工性能等。着色颜料以黄、白两色为主，主要是为了降低彩度，提高面层的遮盖能力。

腻子多为双组分产品，需要加入固化剂后方能干燥固化，以提高硬度和缩短干燥时间。聚酯树脂型腻子多用过氧化物作为固化剂，环氧树脂型腻子多用胺类作为固化剂。

二、腻子的种类

腻子的种类很多，经常使用的有以下几种。

1. 普通腻子

普通腻子多为聚酯树脂型，膏体细腻、操作方便、填充能力强，适用于大多数底材，如良好的旧漆层、裸钢板表面等。因其具有良好的附着力和弹性，故也可用于车用塑料保险杠和玻璃钢件，但刮涂不宜过厚。普通型腻子不适用于镀锌板、不锈钢板和铝板等和经磷化处理的裸金属表面，否则易造成附着能力不够而开裂；但在这些金属表面首先喷涂一层隔绝底漆（通常为环氧基）后即可正常使用。

2. 合金腻子

合金腻子也称金属腻子，比普通腻子性能更加良好，除可用于普通腻子所用的一切场合外，还可以直接用于镀锌板、不锈钢板和铝板等裸金属而不必首先施涂隔绝底漆；但不适用于经磷化处理的裸金属表面。合金腻子因其性能卓越、使用方便，所以应用也很广泛，但价格要高于普通腻子。

3. 纤维腻子

纤维腻子其填充材料中含有纤维物质，干燥后质轻但附着能力和硬度很高，因此能够一次刮涂得很厚，可以直接填充直径小于 50 mm 的孔洞或锈蚀而无须钣金修复，对孔洞的隔绝防腐能力也很强，用于有比较深的金属凹陷部位时填补效果非常良好，但表面呈现多孔状，需要用普通腻子做填平工作。

4. 塑料腻子

塑料腻子专用于柔软的塑料件的填补工作。调和后呈膏状，可以刮涂也可以揩涂，干燥后像软塑料一样，与底材附着良好。虽然干后质地柔软，但打磨性很好，可以机器干磨也可以用水磨，常用于塑料件的修复。

5. 幼滑腻子

幼滑腻子也称填眼灰，有双组分的，也有单组分的，以单组分产品较为常见。填眼灰膏体极其细腻，一般在打磨完中涂层后，喷涂面漆之前使用，主要用途是填补极其微小的小坑、小眼等，提高面漆的装饰性。因其填补能力比较差，且不耐溶剂，易被面漆中的溶剂咬起，所以不能作为大面积刮涂使用。但它干燥时间很短（几分钟），干后较软易于打磨，用于填补小坑非常适合，可以提高生产效率并能保证质量，所以也是涂装必备的用品。

不同涂料生产厂家对其生产的腻子分类方法不同，所生产的各类型腻子的特点与用途也各有差异。例如，日本立邦油漆公司生产的耐可施（Nax）系列汽车修补腻子主要有修补腻子（为单组分硝基腻子，主要用于细小凹陷修补）、中间腻子（为双组分不饱和聚酯腻子，主要用于防锈钢板和浅度或中度凹陷修补）、钣金腻子（为双组分不饱和聚酯腻子，主要用于防锈钢板和深度凹陷修补）；德国 BASF 油漆公司生产的汽车修补用原子灰有多功能原子灰（839-20/20K，米色）、超细原子灰（839-25）、原子灰（893-53，粗整平，浅灰）、通常型原子灰（839-70/70K，浅灰）、刷涂型原子灰（839-80）、塑料件原子灰（839-90）、玻璃纤维原子灰（901-21）、高浓聚酯喷涂原子灰（1006-23，灰色）等。每一种原子灰都具有各自的特点、适用范围及工艺要求，选择及使用时，一定要认真阅读其技术说明书。

三、腻子的施工方法

腻子是一种加有添加剂的底层涂料，填充在表面缺陷部位，提高表面质量。所谓填充就是把足够的填充材料堆积到一个表面上，当填充物干燥、收缩后，可以对多余的填充物进行打磨，从而减小整个表面的不平度，便于施涂面涂层，如图 4-3 所示。

图 4-3　涂腻子的作用

为达到上述目的，要求腻子中要包含大量的固体成分，包括颜料等物质，涂抹在板件表面后，能够快速固结，形成有一些厚度的涂层。

腻子还可以采用刷涂、喷涂等方法施工，但所选用的腻子必须能够适应相应的施工方法。施工时，具体的操可参阅涂料的技术说明。

刮腻子又称打腻子，是一项手工作业。常用工具有调拌腻子盒（木制或金属制作）、托腻子板、腻子铲刀、腻子刮刀（又分牛角刮刀、橡皮刮刀、钢片刮刀）等，如图 4-4 所示。

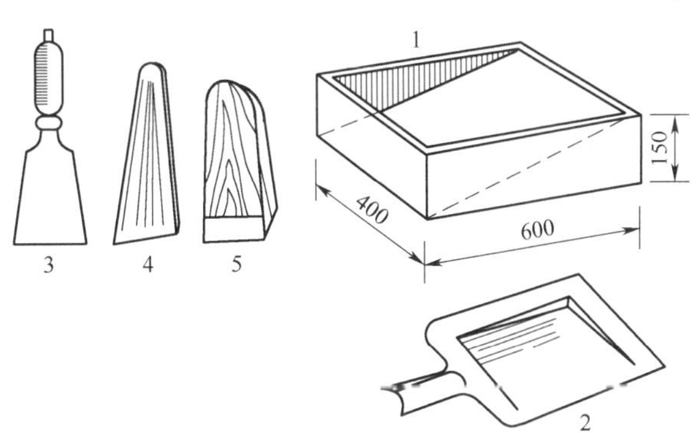

图 4-4　刮腻子的常用工具

1—调拌腻子盒；2—钢制腻子板；3—腻子铲刀；4—牛角刮刀；5—橡胶刮刀

钢刮刀由木柄和刀板构成。木柄可用松木、桦木等制作，刀板可用弹性较好的钢板制作，要求刃口平直。

橡胶刮板采用耐油、耐溶剂的橡胶板制成，外形尺寸和形状根据需要确定。新制的橡胶刮板用约 P100 的砂纸将刃口磨齐、磨薄，不得有凸凹。

橡胶刮板有很好的弹性，对于刮涂形状复杂面非常适用，尤其是圆角、沟槽等处特别适用。还可根据工件形状将刃口做成相应形状，用后擦净保管。

嵌刀用普通钢制成，两端有刃口，一端为斜刃，另一端为平刃；也有用钳工手锯条磨出刃口缠上胶布即可，用于将腻子嵌入孔眼、缝隙或剔除转角、夹缝中的异物。

腻子盒采用 1.0 ~ 1.5 mm 的低碳钢板制成，用于调配腻子或盛装腻子。

腻子托板用钢板或木板等制成，在刮腻子时放少量腻子以方便施工；也可用较厚的大型钢刮刀代用。

四、腻子的施涂工艺

常用的刮腻子的工艺如图 4-5 所示。

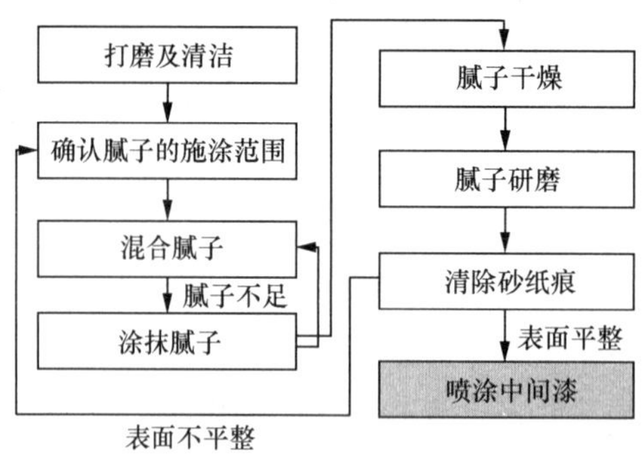

图 4-5　刮腻子的一般工序

技能学习

劳动保护与安全注意事项

操作前，必须牢记以下劳动安全事项。

（1）必须穿好工作服。

（2）一定要确认腻子已经凉透了，才能将其弃置。因为如果遗留在混合板上的腻子在腻子施涂工作以后就立即被放在垃圾筒里，则腻子在固化过程中产生的热可能会引燃垃圾筒内的易燃物品。

（3）不要将报废的砂纸随地乱扔，应将其丢弃在废物箱内。

一、刮腻子

1．准备工作

（1）板件（车身）的准备。清除掉受损伤或老化的旧涂膜，修整好与保留旧涂膜的边缘交接部位之后，对于需刮涂腻子的表面，必须用压缩空气彻底清除粉尘。对于裸露的金属表面，要用除油剂进行脱脂处理。

雨天和湿度高的季节，金属表面往往带有湿气，应该用红外线灯和热风加热器提高金属表面温度，除去湿气，寒冷季节也可采用相同的办法处理。这样既可以提高腻子的附着力，又可以避免面漆涂装后出现起层、开裂等质量事故，同时腻子层的干燥速度也随之而提高。

（2）腻子的准备。步骤如下。

① 腻子的选择。挑选腻子有 3 个标准：一是腻子要与金属和旧涂膜的附着性能好；二是腻子要具有耐热性，要能在 120℃条件下，承受 30 min 以上，而不产生起层、开裂、气泡等现象；

三是腻子的刮涂和打磨施工作业性能要好，刮腻子后 30 min 左右就能进行打磨。

如果打磨性能差，会使作业时间变长、操作者疲劳，既难以保证表面打磨质量，砂纸的消耗量也会增加。这些时间和材料的浪费，都将直接导致经济性下降。

如果腻子过硬难以打磨，就会过多地磨掉周围的涂膜，形成如图 4-6 所示的情况，使表面凹凸不平，不得不再次补腻子。

易产生气孔的腻子，也会导致作业效率下降。如图 4-7 所示，如果出现了气孔，不仅必须重新补腻子，还会导致起泡和起层等质量问题。

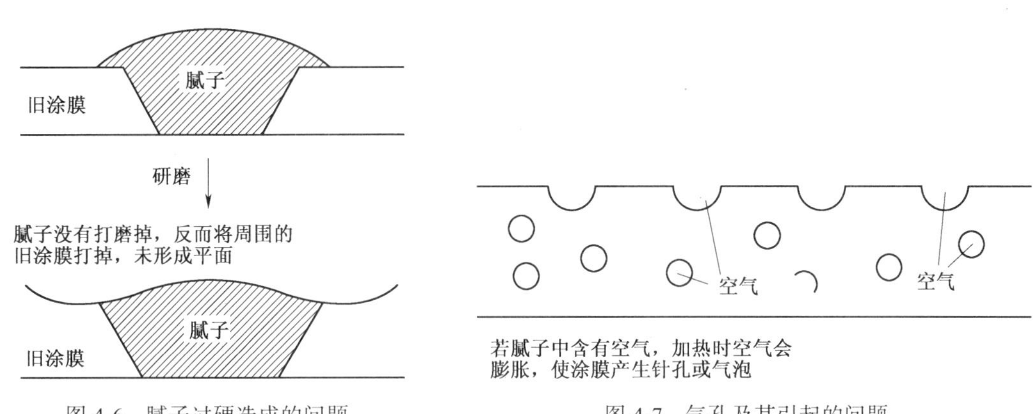

图 4-6　腻子过硬造成的问题　　　图 4-7　气孔及其引起的问题

耐水性也是选择腻子的重要条件之一。当然，如果对腻子采用干研磨，可以免去这一条件；而如果采取湿研磨，就必须考虑这一因素，要对腻子进行耐水性试验。

在实际汽车修补涂装工作中，选择腻子重点考虑的因素是被涂物面材料，因为不同类型的腻子与板材之间的适用性是不同的。表 4-1 所示为“鹦鹉”原子灰与不同材料的适用性。

表 4-1　“鹦鹉”原子灰与不同材料的适用性

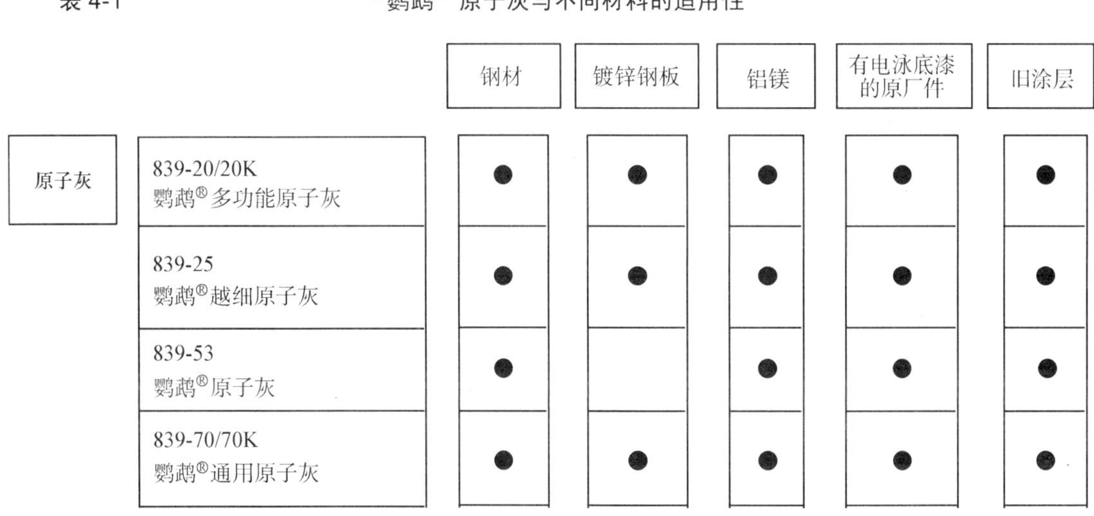

		钢材	镀锌钢板	铝镁	有电泳底漆的原厂件	旧涂层
原子灰	839-20/20K 鹦鹉®多功能原子灰	●	●	●	●	●
	839-25 鹦鹉®越细原子灰	●	●	●	●	●
	839-53 鹦鹉®原子灰	●		●	●	●
	839-70/70K 鹦鹉®通用原子灰	●	●	●	●	●

续表

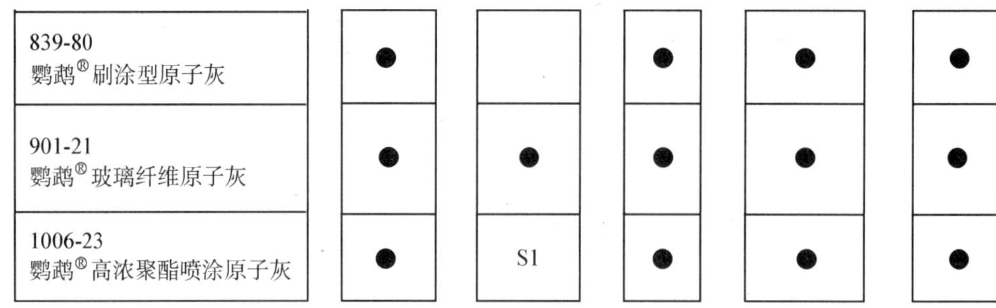

839-80 鹦鹉® 刷涂型原子灰	●		●	●	●
901-21 鹦鹉® 玻璃纤维原子灰	●	●	●	●	●
1006-23 鹦鹉® 高浓聚酯喷涂原子灰	●	S1	●	●	●

注：[ ]表示不适用；[●]表示可以直接使用。

各涂料生产商均为自己所生产的汽车修补涂料开发设计了多个修补涂装系统，在各系统中均对采用的处理工艺、各类涂料的选用及其涂装要求等做了详细的规定。实际运用中，根据修补损伤的具体情况，首先应选择合适的涂装系统，然后根据系统的建议选择需用的涂料。“鹦鹉”高浓系统技术说明，如图 4-8 所示。从表中可知应选用多功能原子灰（839-20/20K），而“鹦鹉”多功能原子灰的技术说明见表 4-3。

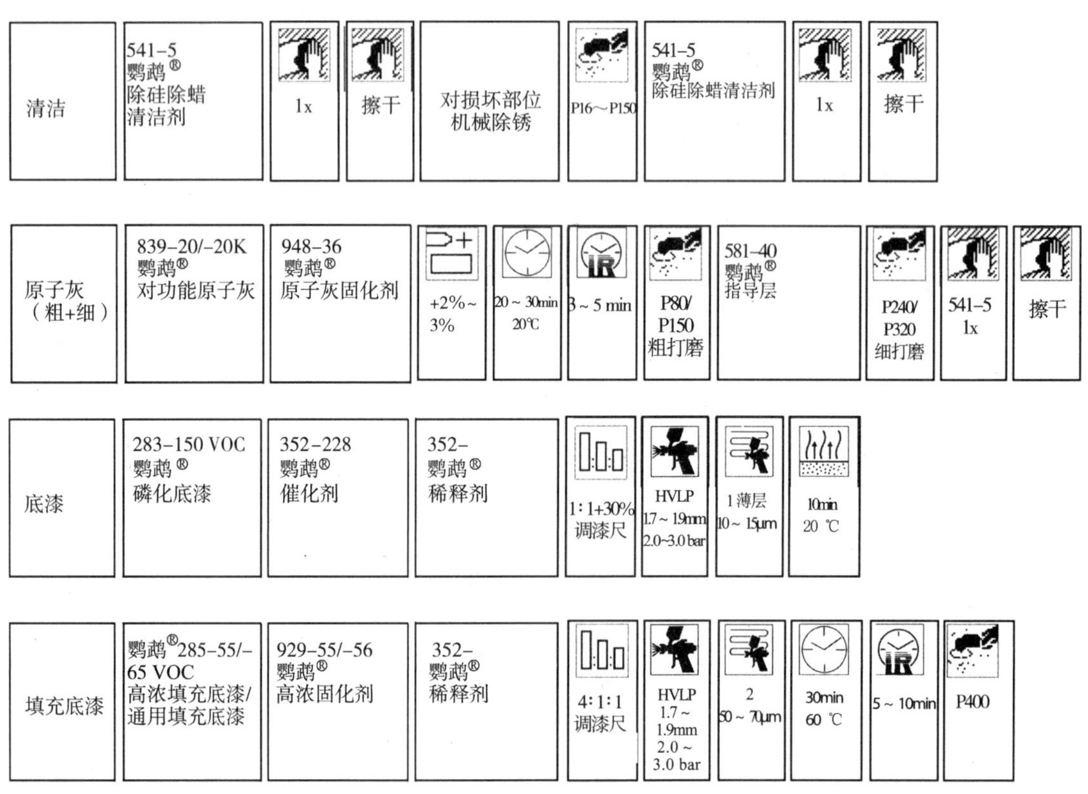

图 4-8 “鹦鹉”高浓系统技术说明

或者： 鹦鹉®通用高浓填充底漆285-60 VOC,鹦鹉®高浓可调色底漆285-95 VOC,
鹦鹉®高浓填充底漆285-51 VOC

面漆	22 Line 鹦鹉® 双组分高浓面漆 VOC 3.5	929- 鹦鹉® 固化剂	352- 鹦鹉® 稀释剂	2:1+10% 调漆尺	HVLP 1.2～1.3 mm 2.0～3.0 bar	2	30min 60 ℃	7～10min
清漆	923-255 鹦鹉® 高浓多功能清漆	929- 鹦鹉® 高浓面漆固化剂	352- 鹦鹉® 稀释剂	2:1+10% 调漆尺	HVLP 1.2~1.3 mm 2.0~3.0 bar	2	30min 60 ℃	7～10min

或

面漆	22 Line 鹦鹉® 双组分高浓面漆	929- 鹦鹉® 高浓面漆固化剂	352- 鹦鹉® 稀释剂	2:1+10% 调漆尺	HVLP 1.2～1.3 mm 2.0～3.0 bar	2	30min 60 ℃	7～10min

图 4-8 “鹦鹉”高浓系统技术说明（续）

表 4-2 “鹦鹉”多功能原子灰（839-20/20K）技术说明

应用：粗细兼用的多功能原子灰。

特性：高固体粉，普遍适合用于铁板、镀锌钢板、铝材、快干、易磨、附着力好。

注意：① 施涂前充分混合原子灰和催化剂（要求颜色均匀、无大理石效果）；

② 不要添加超过 3%的催化剂；

③ 过多的过氧化物会造成面漆表面有浮色现象。

标志	应用	839-20 粗整平原子灰和细整平原子灰	829-20K 粗整平原子灰和细整平原子灰
	涂装系统	RATIO AQUA 水性系统、RATIO-CLASSIC 经典、RATIO-HS 高浓系统	
	混和比例	100%重量比 839-20（缸装）	100%重量比 839-20K（火箭筒式包装）
	固化剂	2%～3%重量比 948-36	948-52 由催化剂筒自动控制添加量
	稀释剂		
	活化时间在 20℃	4～5min	4～5min
	干燥 在 20℃ 在 60℃	20～30min	20～30min
	红外线 （短波） （中波）	4～5min 20～30min	4～5min 20～30min
	打磨： 轨道式打磨机	P80/150 581～40 指导层 P240 整平区域和周边旧漆层	P80/150 581～40 指导层 P240 整平区域和周边旧漆层

② 腻子用量的确定，有以下 3 步。

a. 检查需刮涂腻子的表面面积及凸凹不平度的大小。

b. 确认腻子的刮涂范围。原则上腻子只刮涂在裸金属表面及其羽状边范围内，特别是对于单组分旧漆膜及热塑型旧漆膜，其表面不允许刮涂腻子（双组分），否则容易因附着力不足而产生开裂。为此，最好做旧漆膜类型测试，如图 4-9 所示，用棉布配合稀释剂检查羽状边是否有热塑型的涂层（可被溶解），如果有热塑性涂层，则腻子只能刮涂在该涂层范围以内。

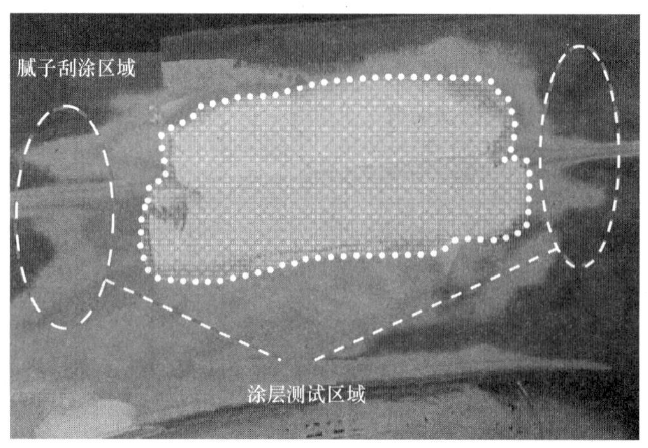

图 4-9　旧漆膜类型测试

c. 根据以上检查，最终确定应拌和多少腻子，这类数据通常需要凭经验确定。

③ 取腻子。腻子通常装于铁制的罐内，固化剂装在软体的管子内，如图 4-10 所示。

腻子罐每次用后必须盖好，以防溶剂蒸发。如果溶剂蒸发了，要向罐中倒入专用的溶剂。

腻子装在罐中的时候，其各种成分如溶剂、树脂及颜料会分离。由于腻子不可以以这种分离的形态使用，故使用前必须将罐盖打开并充分搅拌。用专用工具撬开腻子盒盖，可使用长柄腻子刮刀或搅拌棒之类的工具将腻子充分搅拌均匀，如图 4-11 所示。装在管子中的固化剂也是如此，使用前应充分挤压装固化剂的胶管，使管中的固化剂在使用前充分混合，如图 4-12 所示。

图 4-10　腻子与固化剂的盛装

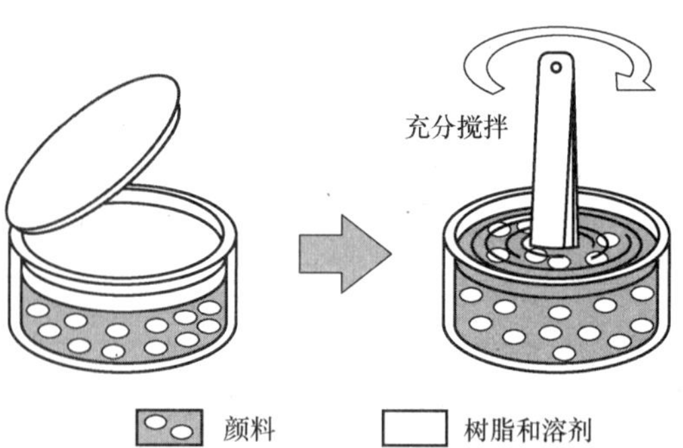

图 4-11　盒装腻子的搅拌

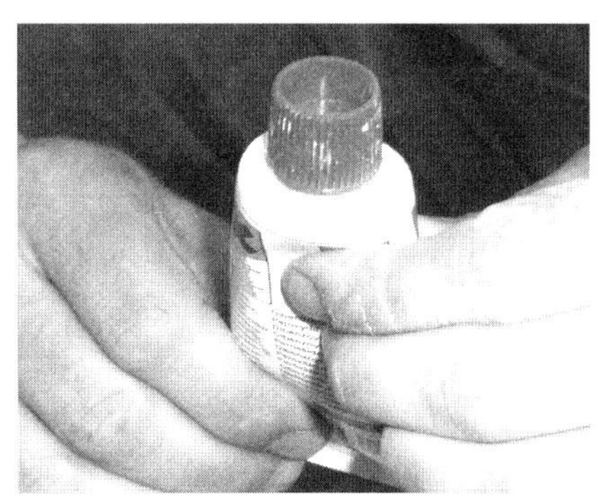

图 4-12　管装固化剂的搅拌

将适量的腻子基料放在混合板上，然后按规定的混合比例添加一定量的固化剂。固化剂的加入量一般为（100:2）~（100:3），具体数据应以涂料技术说明书为准。从表 4-3 中可以查到，原子灰 839-20 适合的配合比例为 3%重量比（固化剂为 948-36）。

注意

若固化剂过多，则干燥后会开裂；若固化剂过少，则难以固化干燥。近来，有一种方法是将主剂和固化剂采用不同的颜色相区别，通过其混合后的颜色来判断其混合比。腻子主剂与固化剂拌和时，固化剂的容许量有一定范围，可以随气温的变化而适当调整，具体数值应以产品说明书为准。

一次不要取出太多的腻子来调和，因为调和后的腻子会很快固化，如果还没刮涂到规定部位即固化，则调和的腻子便不能再用，造成浪费。

④ 拌和腻子的操作方法如下，如图 4-13 所示。

a. 用刮刀的尖端舀起固化剂，将其均匀散布在腻子基料的整个表面上，如图 4-13（b）所示。

b. 抓住刮刀，轻轻提起其端头，再将其滑入腻子下面，然后将其向混合板的左侧提起。

c. 在刮刀舀起大约 1/3 腻子以后，以刮刀右边为支点，将刮刀翻转，如图 4-13（c）所示。

d. 将刮刀基本上与混合板持平，并将它向下压，如图 4-13（d）所示。一定要将刮刀在混合板上刮削，不要让腻子留在刮刀上。

e. 拿住刮刀，稍稍提起其端头，并在混合板上混合的腻子全部舀起。

f. 将腻子翻身，翻的方向与步骤 c 中的相反，如图 4-13（e）所示。

g. 与步骤 d 相同，将刮刀基本上与混合板持平，并将它向下压，从步骤 b 重复。

h. 在步骤 b ~ f 的过程中，腻子往往向上朝混合板的顶部移动。在腻子延展至混合板的边缘时，舀起全部腻子，并且将它向混合板的底部翻转。重复步骤 b ~ f，直到腻子充分混合。

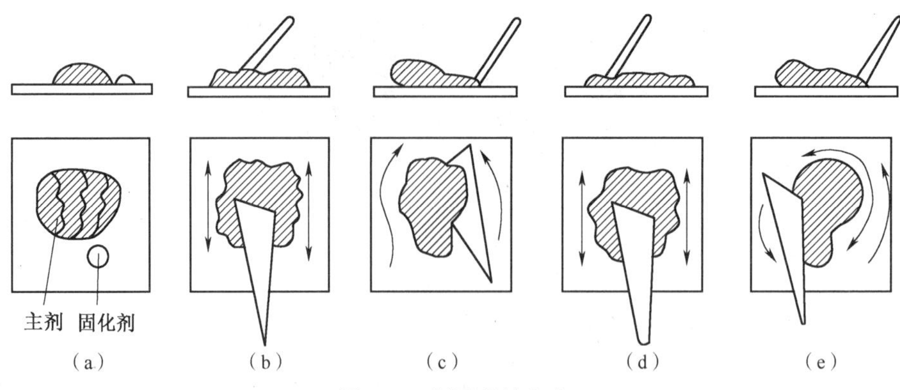

图 4-13　腻子的拌和法

腻子有可用时间的限制，即主剂和固化剂混合后，保持不硬化而能进行刮涂的时间限制，通常在 20℃条件下，可以保持 5 min 左右。因此，应根据拌和所需时间和刮涂所需时间，决定一次拌和的量。如果总是拌和不好，反复长时间拌和，超过可用时间（或留给涂抹的时间过短），就会使其固化而不能使用，因此拌和的关键是速度要快，动作要熟练。

是否拌和良好，主要可通过混合物的颜色是否均匀来判定（不呈现大理石效果）。如果拌和不良，就会引起固化不良和附着不良等问题。有的腻子随季节不同，固化剂的配合比要相应变化，应根据产品说明书的要求去做。

2. 刮腻子

（1）刮刀的握法。刮腻子时，应左手握腻子托板，右手拿刮刀。刮刀有以下几种握法。

① 直握法。如图 4-14 所示，直握时食指压紧刀板，拇指和另外 4 指握住刀柄。这种握法适用于小型钢刮刀。

② 横握法。如图 4-15 所示，横握时拇指和食指夹持住刮刀靠近刀柄的部分或中部，另外 3 个手指压在刀板上。

图 4-14　刮刀的直握法

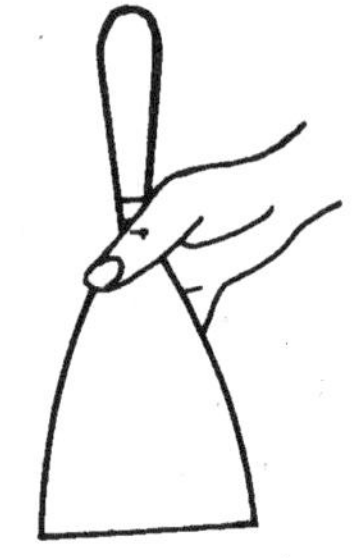

图 4-15　刮刀的横握法

③ 其他握法，如图 4-16 所示。对于右手握刀的人，图 4-17 所示是较常用的握法。

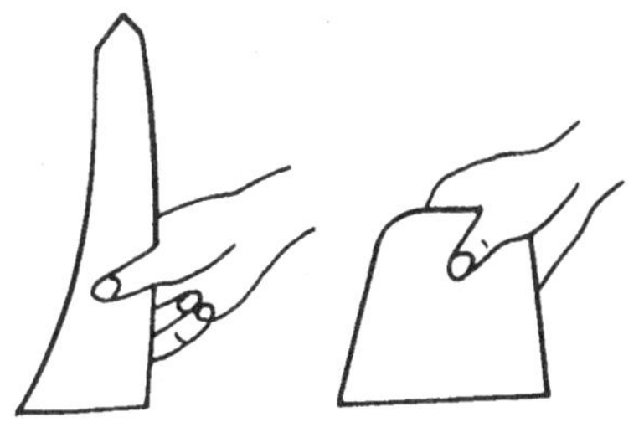

图 4-16　刮刀的其他握法

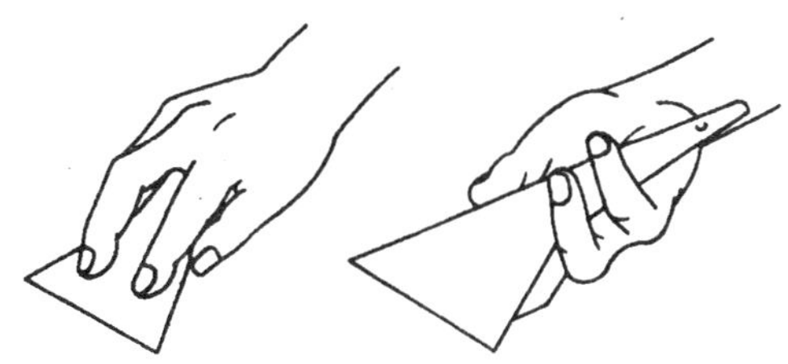

图 4-17　右手握刀者常用的握法

（2）刮腻子的手法。往返刮涂法与一边倒刮涂法为刮腻子的常用手法。

① 往返刮涂法。往返刮涂法是先把腻子敷在平面的边缘成一条线。刮刀尖成 30° ~ 40° ，向外推向前方，将腻子刮涂于低陷处，多余腻子挤压在刮刀口的右面成一条线。这种方法适合于刮涂平面物体。

② 一边倒刮涂法。一边倒刮涂法就是刮刀只向一面刮涂。汽车车身刮涂腻子的顺序是从上往下刮，或从前往后刮。手持刮刀的方法有两种：一种是用拇指与中指等握住刮刀，食指压在刮刀的一面，腻子打在托板上，刮刀将腻子刮涂于物面，即从上往下刮涂，依次进行，最后将多余腻子刮回到托板上；另一种是用拇指与食指握刮刀，腻子黏附在刮刀口内面，从外向里刮涂，依次进行。这种方法适合于刮涂汽车翼子板、发动机罩等，如图 4-18 所示。

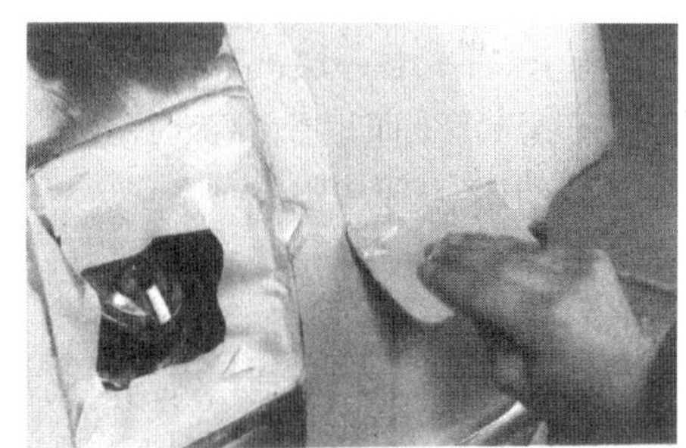

图 4-18　一边倒刮涂法

刮涂腻子时应将刮刀轻度向下按压，并沿长轴方向运刮，如图 4-19（a）所示。每次涂刮腻子的量要适度，避免造成蜂窝和针孔。对于区域性填补应按图 4-19（b）中所示的方向进行运刮。

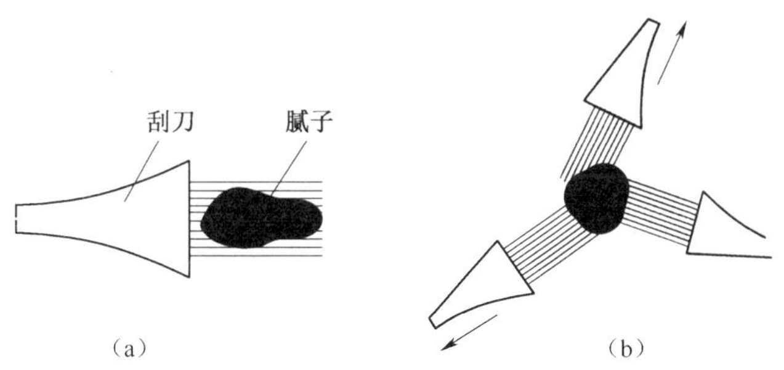

图 4-19　刮具的运刮方向

刮涂腻子的方式有满刮和软硬交替刮两种。其中，满刮又分填刮和靠刮；软硬交替刮又分“先上后刮”“带上带刮”“软上硬收”“硬上硬收”和“软上软收”等。

填刮：用较稠的腻子分若干次将构件表面的凹陷填平。填刮时主要用硬刮具靠刀口上部有弹力的部位与手劲配合进行操作。

靠刮：所用的腻子稠度稍低，用于最后一二次的刮涂，用于平滑的表面。刮涂时使硬刮具在刮口起主要作用而将腻子刮涂，使腻子刮得薄、刮得亮。

先上后刮：先将腻子逐一填满或挂平，然后再用硬刮具将其收刮平整，适应较大面积的刮涂。

带上带刮：边上腻子边将其收刮平整，适用于较小面积或形状较复杂部位的刮涂。

软上硬收：先用软刀在垂直平面上刮挂腻子，然后再用硬刮具将腻子收刮平整，这样腻子不容易发生掉落现象。

硬上硬收：上腻子和收腻子都用硬刮具以利于刮涂面平整，适合刮涂有平面又有曲面的构件。

软上软刮：上腻子和收腻子时均采用软刮具，以利于按构件表面的图形刮出弧度来，适合刮涂单纯曲面构件。

（3）不同表面刮腻子的操作。拌和结束后，用刮刀刮涂。腻子与复合油灰的刮涂要领是相同的，关键在于要仔细地刮出平面，同时尽量避免出现气孔。

平面局部修补腻子时，一般采用填刮的刮涂方法，如图 4-20 所示。第一步，先将腻子往金属表面上薄薄地抹一层，刮刀上要加一定的力，以提高腻子与金属表面的附着力；第二步，逐渐用腻子填满修补的凹坑，刮涂时刮刀的倾斜角度随作业者的习惯而存在差异，通常以 35° ~45° 为好（要注意腻子中不要混入空气，否则会产生气孔和开裂）；第三步，用刮刀轻轻刮平修补表面。如果是曲面，第一步和第二步可采用填刮，第三步应换用橡皮刮刀进行刮涂，以刮出正确的曲面形状。

大面积刮腻子时，使用宽刮刀比较方便。例如，对车顶、发动机罩、行李箱盖、车门等进行刮腻子作业时，使用宽的刮板，可以提高刮涂速度。

曲面刮涂应使用橡胶刮刀，根据被刮涂面的形状，使用弹性不同的刮刀，可以促使作业合理化，如图 4-21 所示。用软刮刀刮除圆角部分的操作方法如图 4-22 所示。

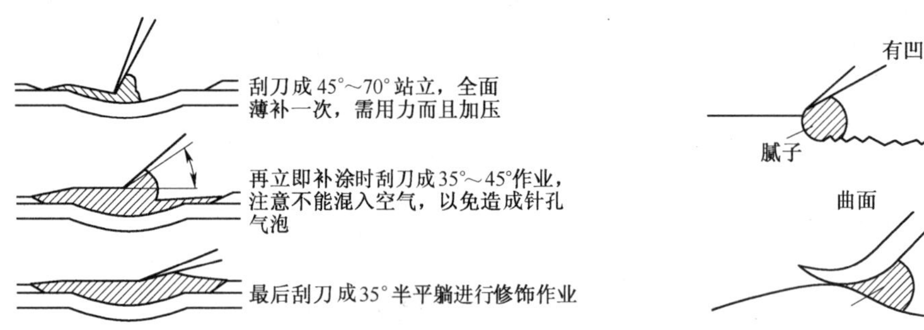

图 4-20　局部修补腻子刮涂法

图 4-21　根据刮涂面的形状选用不同弹性的刮刀

对于冲压形成按一定角度交接的两个面（有棱线处），若需在冲压线部位进行刮腻子修补，则其方法如图 4-23 所示。沿交接线贴上胶带纸遮盖住一侧，刮好另一侧的腻子；稍隔片刻（约 5 min）待腻子干了，揭下胶带，再在已刮好的一侧贴上胶带纸遮盖，接着刮涂好余下的一侧。如此进行，可很好地恢复冲压棱线的线形。

冲压线部位的腻子修补严重，或原来的旧涂膜较厚，一次刮涂填不满时，可以如图 4-24 所示那样，分成 2 ~ 3 次刮涂。这种情况下，可以在前一层处于半干的状态下，刮上新的一层。一次刮涂过厚，会形成气孔等问题。

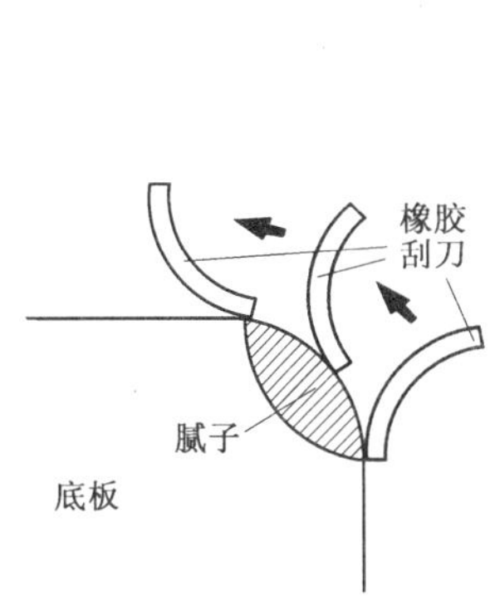

图 4-22　带曲面的刮刀使用方法

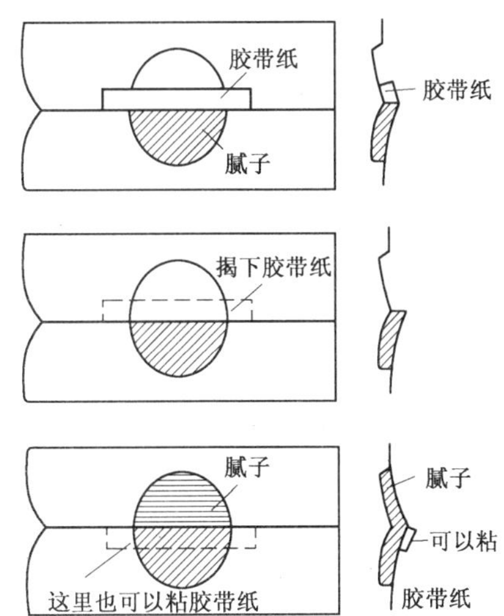

图 4-23　冲压线部位的腻子修补

对于较大平面，可以按下述步骤进行腻子刮涂。

① 如图 4-25（a）所示，施涂第一层腻子时，将腻子薄薄地施涂在整个表面上。

② 为了最大限度地减少在后续打磨工序中所需施加的力，施涂第二层腻子时，边缘不要厚。当刮刀处于图 4-25（b）所示的位置时，用食指向刮刀的顶部施力，以便在边缘涂一薄层。

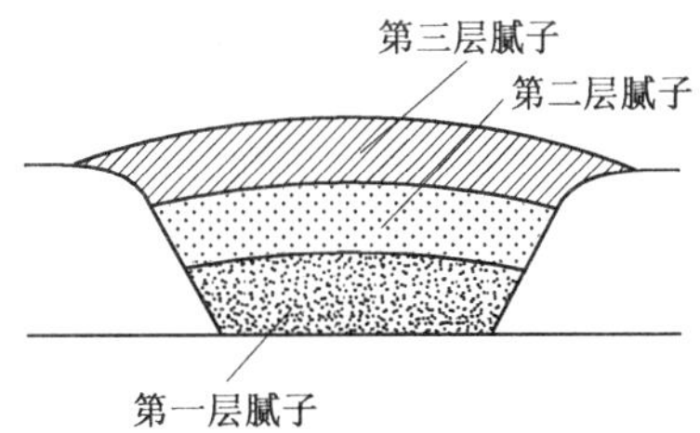

图 4-24　填补较厚时的腻子刮涂

③ 在下一道施涂腻子时，如图 4-25（c）所示，要与在第二层中覆盖的部分稍有重叠。为了在这一道开始时涂一薄层，要用一点力，将刮刀抵压在工件表面上，然后释放压力，同时滑动刮刀。此外，在施涂结束时，要向刮刀施一点力，以便涂一薄层。

④ 重复步骤③，如图 4-25（d）所示，直到在整个表面上施涂的腻子达到要求。

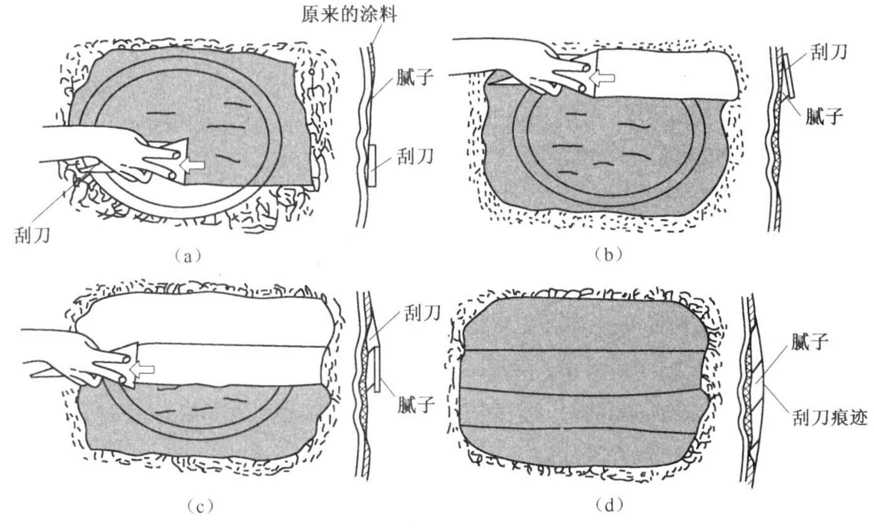

图 4-25　平面施涂腻子步骤

较大平面的刮涂也可采用图 4-26 所示的方法，首先将腻子涂于待刮涂区域中间，然后用刮刀向四周摊开。

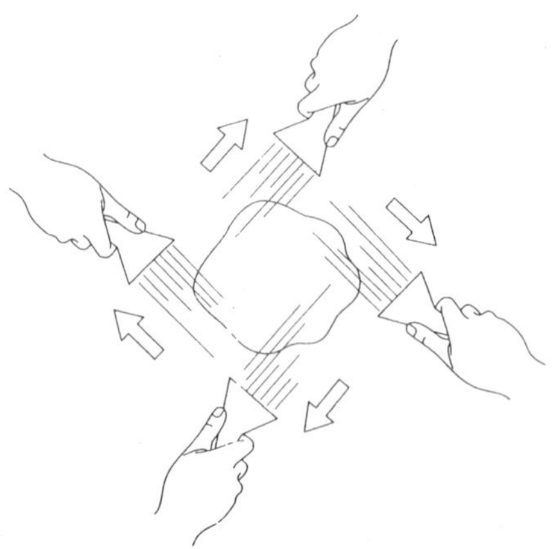

图 4-26　由中间向四周的刮涂方法

在进行刮涂操作时，一定要注意，各次运刮应有一定的重叠（约 1/3），如图 4-27 所示，以防止出现刮棱而影响表面平整度及打磨。

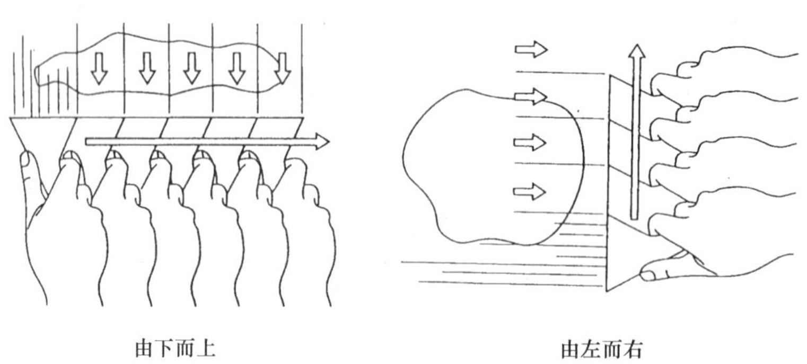

图 4-27　各次运刮的重叠

无论是大平面还是局部刮涂腻子，最后完工后，腻子的表面一定要比周边的旧漆膜要高，以便在后续的打磨后获得与旧漆膜等高的表面。

在向平面施涂腻子时，要注意以下事项。

① 如果刮刀在各道施涂中，仅向一个方向移动，腻子高点的中心就有所移动。这种情况很难打磨，所以刮刀在最后一道中必须反向移动，以便将腻子高点移回中央。

② 腻子必须比原来的表面高。但是，只能略微高一点，因为如果太高了，在打磨过程中，就要花许多时间和力气来清除多余腻子。

③ 腻子施涂在工件表面上的范围，必须以在磨缘过程中所留下的打磨划痕为限。如果没有打磨划痕，腻子就粘不牢，日后可能剥落。

④ 施涂腻子要快，必须在混合以后大约 3 min 以内施涂完。如果花费时间太长，腻子就可能在该道施涂完成前固化，影响施涂。

⑤ 腻子在固化中会产生热。如果遗留在混合板上的腻子在腻子施涂工作以后立即放在垃圾筒里，腻子产生的热可能引燃易燃物品。因此，一定要确认腻子已经凉透了，才能将之弃置。

（4）刮腻子时应注意的事项，具体如下。

① 刮涂前被涂装表面必须干透，以防产生气泡或龟裂；若被涂装表面过于光滑，可先用砂纸打磨，以使腻子与底面结合良好。

② 应在一两个来回中刮平，手法要快、要稳，且不可来回拖拉。拖拉刮涂次数太多，腻子易脱毛，表面不平、不亮，还会将腻子里的涂料挤到表面，造成表干内不干，影响性能。

③ 洞眼、缝隙之处要用刮刀尖将腻子挤压填满，但一次不宜刮涂太多、太厚，以防止干不透。

④ 刮涂时，四周的残余腻子要及时收刮干净，否则表面留下残余腻子块粒，干燥后会增加打磨的工作量。

⑤ 若需刮涂的腻子层较厚，要多层刮涂，则每刮一道都要充分干燥，每道腻子不宜过厚，一般要控制在 0.5 ~ 1.0 mm，否则容易收缩开裂或干不透。

⑥ 在板件连接处或对整车外观影响较小处，腻子的总刮涂厚度（打磨后）不允许超过 3 mm；而在对整车外观影响较大处，特别是车身侧面，腻子总刮涂厚度（打磨后）不允许超过 1 mm。

⑦ 自配的桐油厚漆石膏腻子不宜加水过多，加入的熟桐油不能过少，以防止腻子变粉，刮涂后易起泡和开裂脱落。

⑧ 腻子刮涂工具用完后，要清理干净再保存。刮刀口及平面应平整无缺口，以保障刮涂腻子的质量。

⑨ 夏季天气炎热，温度较高，腻子容易干燥。成品腻子可用稀料盖在上面，自配的石膏腻子可用湿布或湿纸盖住。冬季放在暖处，以防结冻，用时可加些清漆和溶剂，但不宜久放。

⑩ 腻子不能长期存放于敞口的容器中，以免黏合剂变质，溶剂挥发，造成粘挂不住，出现脱落或不易涂刮等问题。

二、腻子的干燥

新施涂的腻子会由于其自身的反应而变热，从而加速固化反应。一般在施涂以后 20 ~ 30 min 即可打磨。如果气温低或湿度高，腻子的内部反应速度降低，则需较长的时间来进行固化。为了加快固化，可以用红外线灯加热。

加热时间的控制可查阅涂料的技术说明，如从表 4-2 中可查到，原子灰 839-20 的干燥时间为常温（20℃），15 min；短波红外线烤灯烘烤，4 min；中波红外线烤灯烘烤，5 ~ 10 min。

用红外线烤灯烘烤腻子的操作方法，可参阅本书项目二中“底漆干燥部分”的内容。

在使用红外线灯或干燥机来加热和干燥腻子时，一定要使腻子的表面温度控制在 50℃以下，以防止腻子分离或龟裂。如果表面热得不能触摸，则说明温度太高了。

涂层薄的地方的温度往往比涂层厚的地方低。这种较低的温度会减慢涂层薄的地方的固化反应。因此，一定要检查涂层薄的部分，以确保腻子的固化状况良好。

检测腻子是否完全干燥的方法通常是用刮刀在腻子表面轻划，如果有轻微的划痕即可。注意重点检查腻子的周边区域，如图 4-28 所示，因为边缘区域干燥慢（反应热少）。

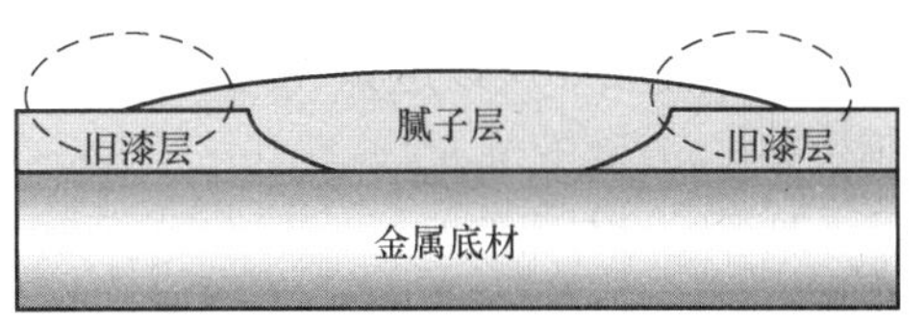

图 4-28　检查腻子干燥的区域

任务二 腻子的打磨与修整

【学习目标】

1. 能够正确进行腻子的打磨。
2. 能够规范地进行腻子修整。
3. 能够注意培养良好的安全、卫生习惯及团队协作意识。
4. 能够检查、评价和记录工作结果。

任务分析

如图4-29所示，刮涂后的腻子表面非常不平，必须经过充分的打磨后才能进行下一涂层的涂装。另外，刮涂的腻子干燥后，其表面要比周围的旧漆膜高，所以必须经过打磨，使其有合适的涂膜厚度，保证在其上涂装中涂底漆和面漆后，总漆膜厚度与周围的旧漆膜接近。同时，腻子打磨后的表面，会有一些气孔和大的砂纸痕，必须经过修整。

图4-29　刮涂腻子后的状况

相关知识

一、腻子锉刀

腻子的粗锉削，要用如图4-30所示的专用的腻子锉刀进行。腻子层刮涂厚度一般都超过实际需要，所以应该先用锉刀初步锉削打磨后，再使用打磨机进一步打磨，以提高作业效率。

腻子锉刀有圆锉刀、半圆锉刀和平锉刀3种，可根据腻子层和车身曲面的状态分别使用。锉刀使用的材料是经特殊淬火处理的钢。锉刀刃呈网状排列，通常是装上手柄使用，如图4-31所示。但当用于锉削腻子时，将手柄去掉似乎更为方便。

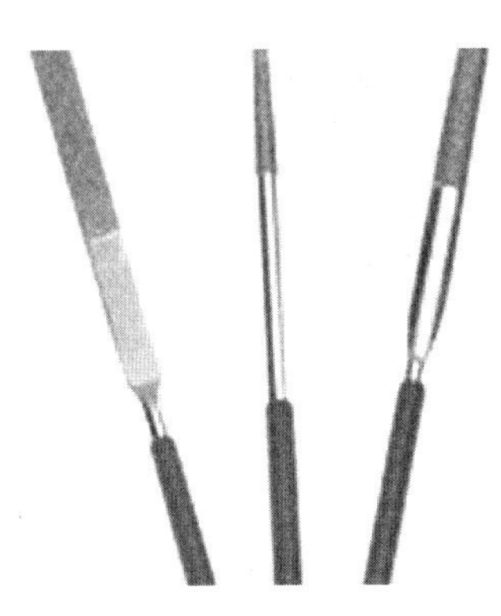
图 4-30　腻子锉刀

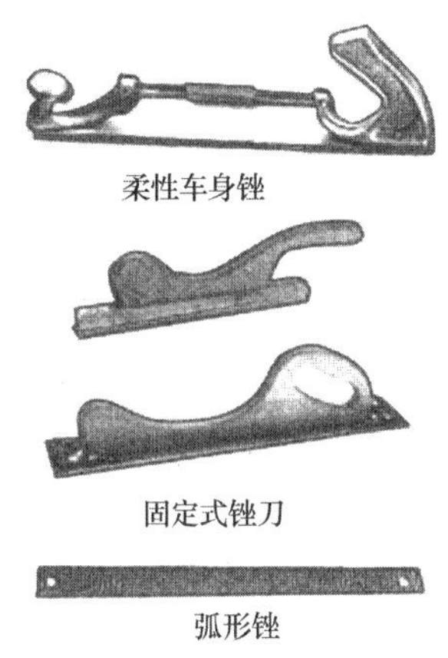

图 4-31　常用车身锉刀外形

锉削时的施力方向，一种是往回拉，一种是向前推，可根据个人的习惯来选择。

半圆锉刀最适宜腻子的锉削，因为呈半圆状，锉刀口不易弯曲，容易形成平面。使用时倾斜 30° ~ 40° ，这样锉削面比较大，锉削起来也不吃力，如图 4-32 所示。

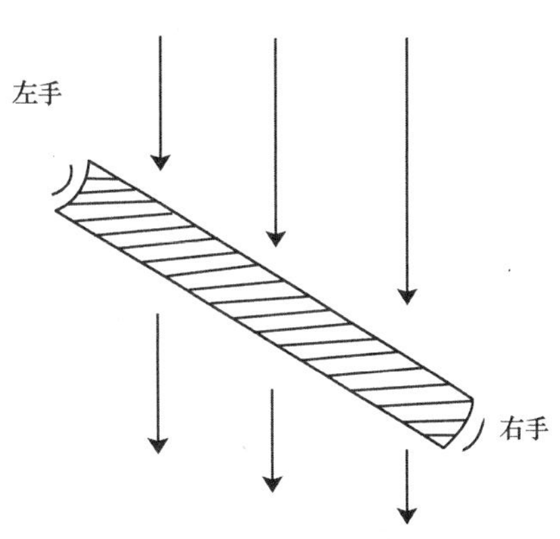

图 4-32　锉刀的使用方法

平锉刀只是为了修整半圆锉刀锉削后的平面，锉刀易弯曲，用力过大就会折断；但其优点是锉削痕不会变深，因此用于曲面锉削也比较方便。

圆锉刀主要用于半圆锉刀和平锉刀无法使用的部位，如内凹的曲面和孔状部位等。

二、填眼灰

腻子表面经打磨后，会出现气孔及打磨留下的划痕，如图 4-33 箭头所指。对这类缺陷，应该用填眼灰进行填充，打磨后方可形成平整表面，以适合喷涂中涂底漆或面漆，如图 4-34 所示。

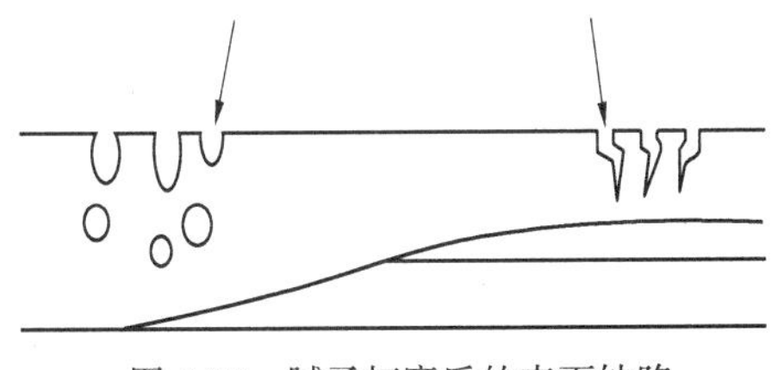
图 4-33　腻子打磨后的表面缺陷

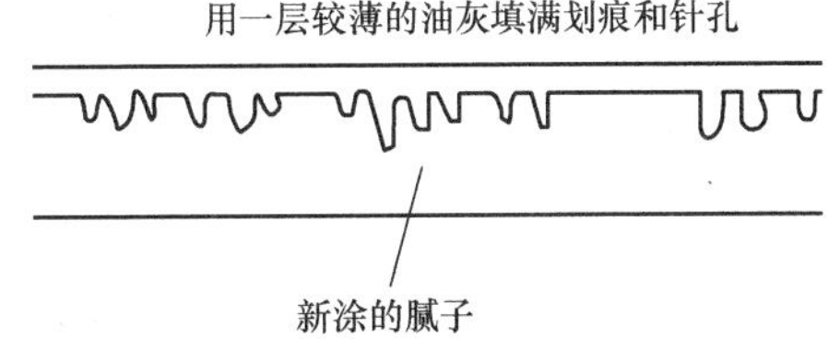

图 4-34　用填眼灰填平后的表面

填眼灰，也称为麻眼灰、沙眼灰、幼滑原子灰、油灰、红灰等，是专门用来填充腻子或中涂底漆打磨后留下的气孔、划痕等缺陷的涂料，通常有罐装和胶管装两种包装形式，如图 4-35 所示。填眼灰内含有溶剂，使用前应充分搅拌。

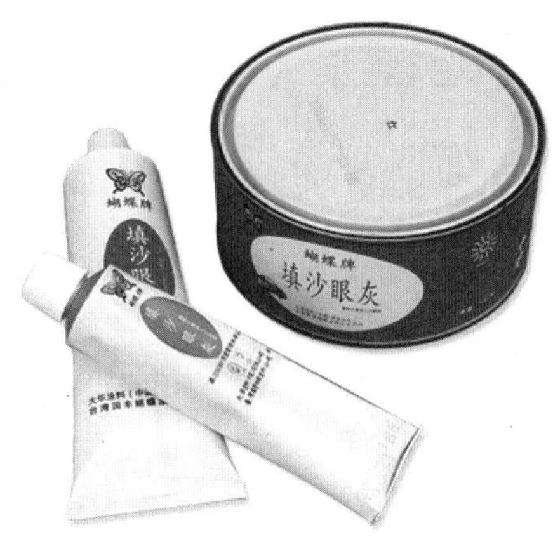

图 4-35 填眼灰的包装形式

三、打磨指导层

为了使腻子打磨平整，有时需要施涂打磨指导层，用于指导腻子的打磨。打磨指导层有打磨指导碳粉和打磨指导涂料两种。

打磨指导碳粉，如图 4-36 所示，由粉扑和粉盒两部分组成。粉扑用于将黑色的碳粉涂于待打磨表面，粉盒内盛装碳粉。

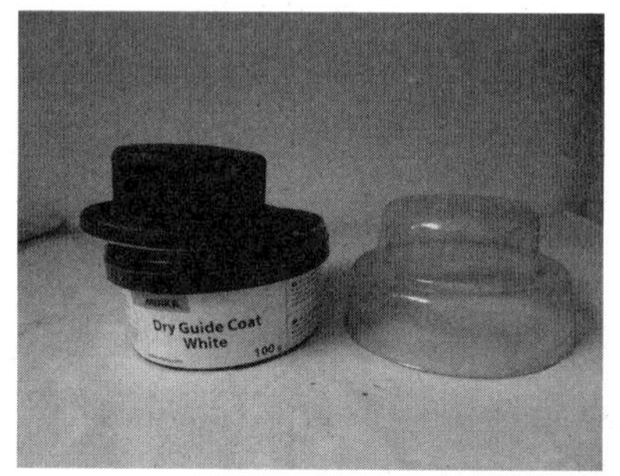

图 4-36 打磨指导碳粉

打磨指导涂料，也称为指导层漆，使用时应在打磨前，将其喷涂于待打磨表面。“鹦鹉”指导层漆有使用喷枪喷涂式和手喷罐式两种，其技术说明见表 4-3 和表 4-4。

表 4-3 “鹦鹉”指导层漆（581-40）技术说明

应用：鹦鹉® 581-40 指导层可用于底漆和中涂底漆，以及聚酯腻子的打磨效果检查。

	修补涂装工艺系统	
	VOC 应用含量	<804 g/L
	混合比例	10%体积比 584-40
	稀释剂	90%体积比 352-50.-91
	重力喷枪 喷涂气压	HVLP 喷枪：1.7 ~ 1.9mm 2.0 ~ 3.0 bar (30 ~ 45 p.s.i.)/0.7bar (10 p.s.i)风帽气压 兼容喷枪：1.2 ~ 1.4min 2 bar
	喷涂层数	1 雾喷层
	刷涂	1 层

表 4-4　“鹦鹉”指导层漆（581-90）技术说明

鹦鹉®指导层漆，黑色

应用：鹦鹉®　581-90 指导层漆，黑色可以用于底漆和中涂底漆，及聚酯腻子，以便检查打磨的效果。

特性：该产品是自喷罐式包装。

	修补涂装工艺系统	
	摇动	2min
	喷涂层数	1 ~ 2 雾喷层

技能学习

劳动保护与安全注意事项

操作前，必须牢记以下劳动安全事项。

（1）穿戴好工作服。

（2）戴好棉手套。

（3）打磨腻子时必须佩戴防尘口罩。

（4）用干磨机打磨腻子时，须佩戴护目镜。

一、手工干打磨腻子

1. 用锉刀粗修整

（1）要先用半圆锉刀锉削。锉削中要注意不能施力过大，否则会在表面留下深深的锉痕。另外，锉削方向始终要保持平行，既可全部沿前后方向，也可倾斜或沿上下方向，总之要锉削出平整的表面。

（2）为消除半圆锉刀的锉痕，可使用平锉刀进行第二次锉削。若最初腻子表面比较平整，则可以开始就用平锉刀。

腻子过于干燥，锉起来就很困难，所以应争取在腻子完全固化前完成锉削作业。如果锉削下来的腻子呈较长的粗线状，说明腻子质量好，锉削的时机也掌握得较适宜。

如果刮涂的腻子表面比较平整，可不用锉刀锉修，而直接进行砂纸打磨。

2. 手工砂纸打磨

在汽车涂装施工过程中，打磨操作通常采用手工打磨和机械打磨两种方式。手工打磨适用于对小面积腻子的粗磨和大面积腻子的细磨以及需精工细磨部位（如对型线、曲面、转角及圆弧和弯曲等部位）的修整。手工打磨是用磨块上包砂布（纸）的方法进行打磨的。

手工打磨又分为手工干磨法和手工湿磨法两种。手工湿磨法也称水磨法，操作时无粉尘飞扬，生产效率高，打磨质量好；但水磨后的涂层上有水分，需经烘干后方可进行下道工序的施工，故生产周期长，而且会造成由于水分清理不彻底而形成后续施工的缺陷，故几乎所有的涂料生产商均建议采用干磨法。

手工砂纸干打磨的步骤如下。

（1）选择合适的磨料，采用氧化铝磨料的疏式砂纸比较适合干打磨，粒度为 P80。

（2）准备好气枪，将气枪连接到压缩空气管道上。

（3）戴好手套和防尘口罩。

（4）裁好砂纸。

（5）粗打磨。打磨时砂纸的递进程序如图 4-37 所示。

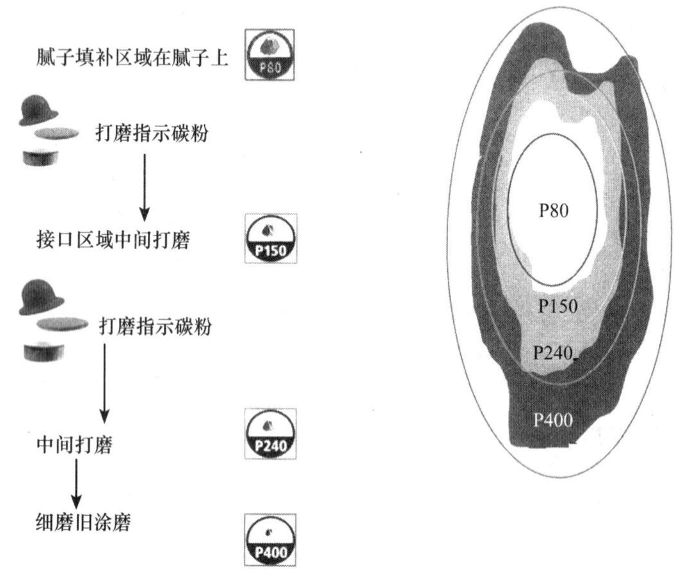

图 4-37　打磨时砂纸的递进程序

① 用 P80 的砂纸打磨。只打磨腻子中部较高的表面，直到整个腻子表面略高于旧漆层为止。打磨时应注意不要始终按一个方向打磨，即应经常改变打磨方向，以“米”字形交叉打磨可获得较为平滑的表面。

② 换用 P150 的砂纸打磨。此次打磨应扩展到整个涂了腻子的区域。

（6）检查腻子表面。如果腻子表面有明显的凹陷等缺陷或整体/局部表面高度不够（低于旧漆膜），则应再次补涂腻子→干燥→粗打磨，直到确认腻子表面平整、高度符合要求（比旧漆膜高）为止。注意再次补涂腻子前，需清洁表面，因为聚酯腻子表面多孔容易有水或灰尘残留在孔中，因此打磨以后需要用压缩空气吹去灰尘，才可以再次刮涂腻子，如图 4-38 所示。

（7）清洁。用吸尘器吸净表面的灰尘（或用压缩空气吹净）。

（8）施涂填眼灰。检查腻子表面，若发现有气孔和小的伤痕，应马上修补。如果都等到喷中涂底漆之后再修整的话，往往更麻烦。因此应尽可能在该工序就使表面平整，消除引起缺陷的原因。但是，如果腻子的施工非常标准（固化剂加入量合适，腻子搅拌均匀，每一道刮涂都很薄），打磨后表面将非常平整，几乎不会存在气孔及深度的划痕，则无需施涂填眼灰。

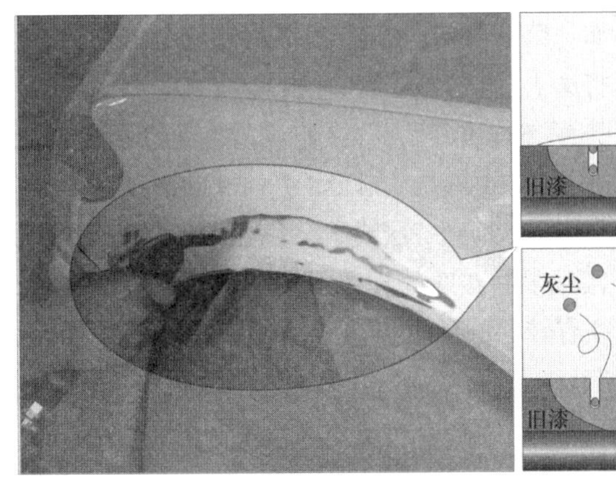

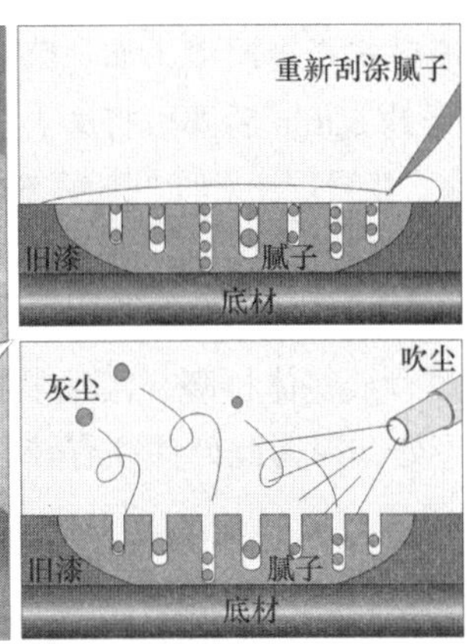

图 4-38　用压缩空气吹净腻子表面

① 搅拌填眼灰。对于盛装于软体金属或胶管内的填眼灰，搅拌时，用手反复捏揉管体即可；对于盛装于金属罐内的填眼灰，可用专用工具打开盖后，用搅拌棒进行充分搅拌。

② 取填眼灰。用腻子刮刀取少量填眼灰，置于腻子托板上，也可以置于另一个刮刀刀片上。由于填眼灰一般不需要添加固化剂，取出后即可使用（有的填眼灰需按比例加入稀释剂混合后才能使用），而且其固化时间很短，用量也少，所以应少取，并且应在尽量短的时间内用完。

③ 施涂填眼灰。如图 4-39 所示，用小的腻子刮刀，以刀尖部取很少量的填眼灰，对准气孔及划痕部位，用力将填眼灰压入气孔或划痕内，必要时可填补多次。

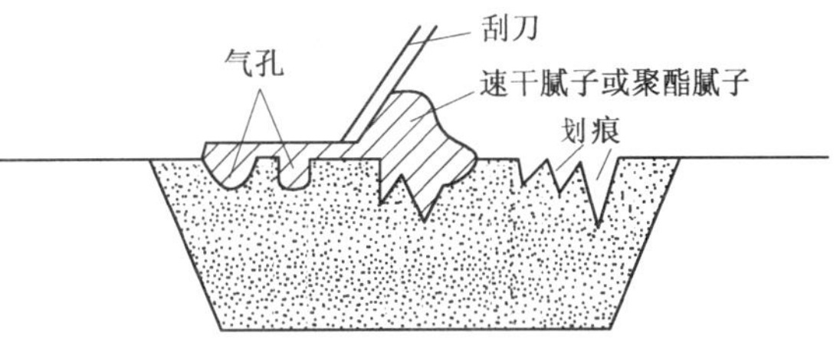

图 4-39　气孔和深划痕的修补

④ 干燥填眼灰。一般填眼灰施涂后，在自然条件下 5 ~ 10 min 即可完全干燥，无需烘烤。

⑤ 打磨填眼灰。填眼灰施涂后，会破坏原来打磨平整的腻子表面，另外，填眼灰的性能不如腻子，所以必须将多余的填眼灰完全打磨掉。干打磨采用粒度为 P150 ~ P180 的砂纸；若湿打磨则采用 P240 ~ P320 的砂纸。打磨时要配合磨块，直到气孔和划痕外的填眼灰完全被打磨掉为止，如图 4-40 所示。

（9）细打磨。细打磨操作步骤如下。

① 施涂打磨指导层。将粉扑按压在粉盒上，上下摇晃粉盒使粉扑粘上碳粉，然后用粉扑将碳粉涂抹在腻子表面，如图 4-41 所示。

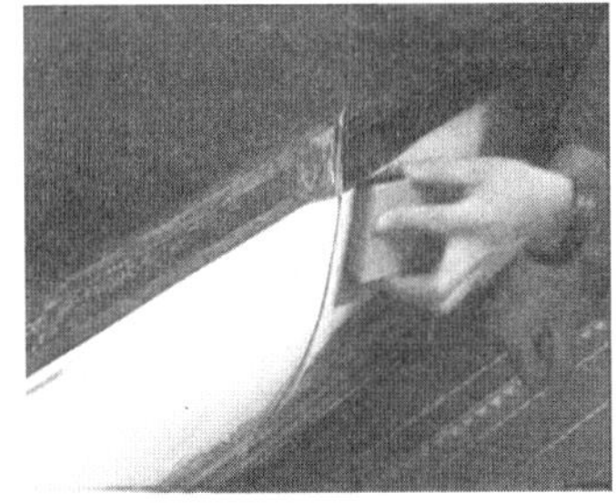

图 4-40　打磨填眼灰

图 4-41　涂打磨指导碳粉

如果采用自喷罐式指导层漆（如“鹦鹉”581-90），只需将罐充分摇匀后，在腻子表面薄喷 1 ~ 2 层，待其闪干约 5 min 后即可打磨。

如果采用喷涂式指导层漆（如“鹦鹉”581-40，见表 4-3），则需将其与稀释剂（352-50 或 352-91）以 1:9 的体积比配比并搅拌均匀后，选用 HVLP 喷枪（口径 1.7 ~ 1.9 mm，喷涂气压 2.0 ~ 3.0 bar）或兼容喷枪（口径 1.2 ~ 1.4 mm，2 bar），以雾状薄喷一层或刷涂一层，待其闪干后即可进行打磨。

② 用 P240 的砂纸整体打磨，区域限制在底处理留下的羽状边以内。此时，应重点关注腻子与旧漆膜的交界处，因为此处往往有较深的砂纸痕，必须仔细打磨，如图 4-42 所示。

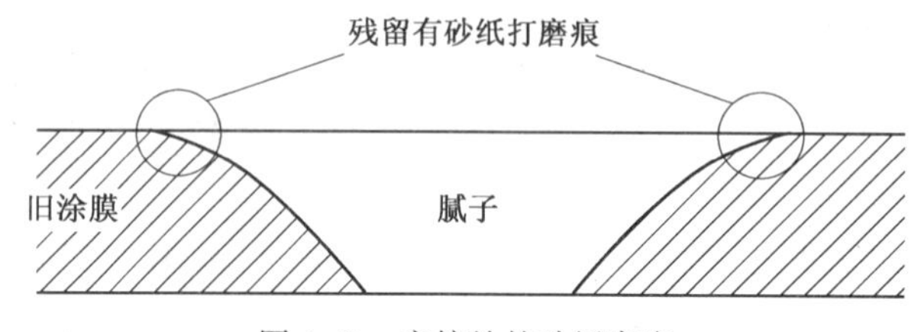

图 4-42　交接处的砂纸磨痕

③ 换用 P400（或 P320）的砂纸整体打磨，先打磨腻子周边的旧漆膜，如图 4-43 所示。接着，打磨的区域应扩展到旧漆膜上凡准备喷涂中涂底漆的地方，如图 4-44 所示。此时，还需重点关注腻子与旧漆膜的交界处，因为如果此处不打磨平滑，则会在后续的喷涂中涂底漆时，由于砂纸痕内易存留溶剂而产生起泡现象，如图 4-45 所示。

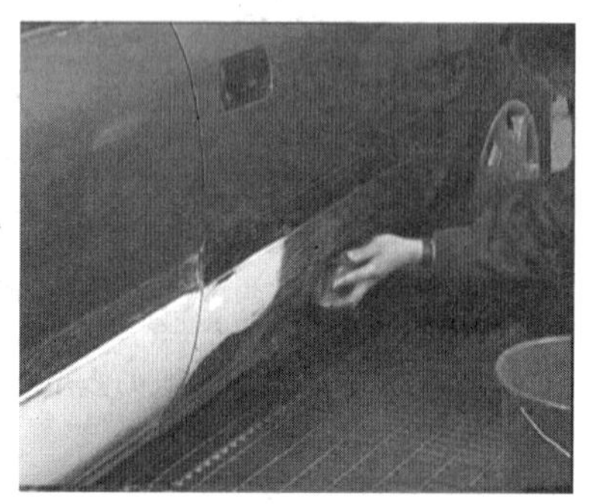

图 4-43　打磨腻子周边的旧漆膜

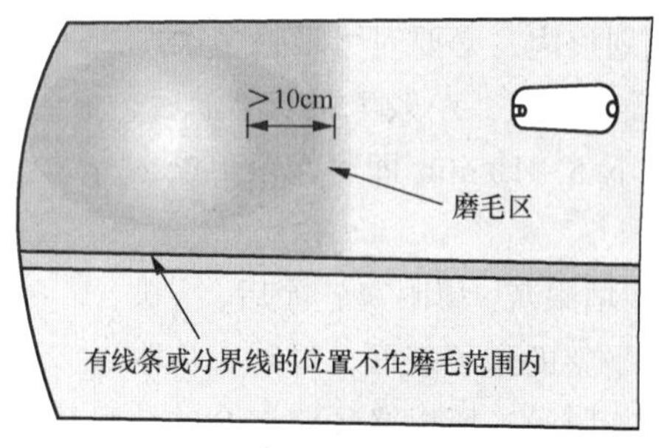

图 4-44 磨毛范围

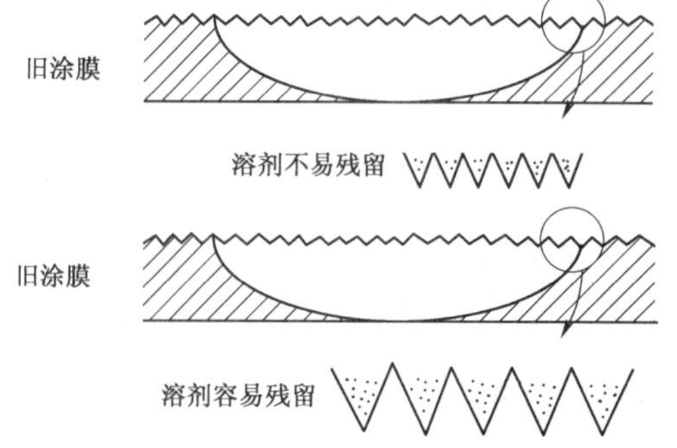

图 4-45　砂纸磨痕残留后的影响

（10）清洁表面。用吸尘器吸净表面的灰尘（或用压缩空气吹净）。

各涂料生产厂商均生产细原子灰（超细原子灰），也称为保丽补土、塑胶补土等。“鹦鹉”

超细原子灰（839-25）技术说明，见表 4-5，适合于在普通原子灰打磨之后刮涂，可以获得几乎无孔的表面。这种原子灰也可以直接涂抹在铁板、镀锌板及铝材表面。

表 4-5　“鹦鹉”超细原子灰（839-25）技术说明

应用：超细原子灰

特性：高固体粉；普遍适用于铁板、镀锌钢板、铝材；快干、易磨、附着力好；
特别适用与 839-刮涂原子灰后的第二遍原子，灰可以获得几乎无孔的表面。

注意：① 施涂前充分混合原子灰和催化剂（要求颜色均匀、无大理石效果）；
② 不要添加超过 3%的催化剂；
③ 过多的过氧化物会造成面漆表面有浮色现象。

标志	应用	839-25 超细原子灰
	涂装系统	RATIO-AQUA 水性系统、RATIO-CLASSIC 经典系统、RATIO-HS 高浓系统
	混合比例	100%重量比　839-25
	固化剂	2% ~ 3%重量比　948-36
	稀释剂	
	火化时间 20℃	4 ~ 5 min
	干燥时间　20℃ 60℃	20 ~ 30 min
	红外烤打　（短波） （中波）	4 min 5 ~ 10 min
	打磨： 轨道式打磨机	P150 581-40 指导层 P240 整平区域和周边旧漆层

如果采用刮涂细原子灰（第二遍原子灰），则可不进行填眼操作。采用刮涂细原了灰修整腻子表面缺陷时，粗打磨腻子后的表面必须比旧漆膜低，如图 4-46 所示。

图 4-46　腻子打磨后的表面高度（需施涂细原子灰时）

细原子灰的施涂工艺与刮腻子相似，如图 4-47 所示。

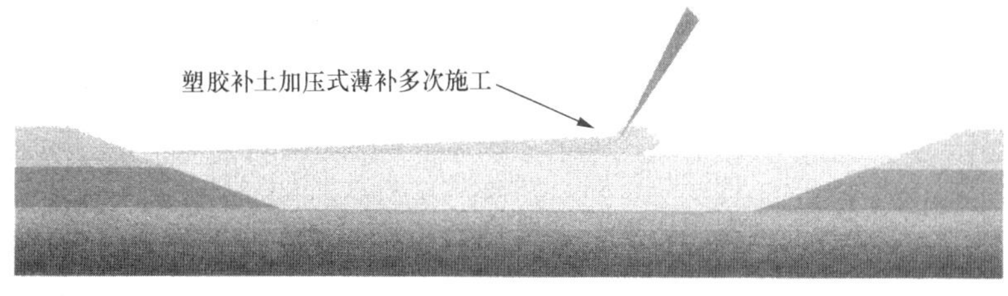

图 4-47　细原子灰的刮涂

细原子灰刮涂后干燥，用 P320 的砂纸直接打磨平整后（包括需喷涂中涂底漆的旧漆膜表面），即可进行中涂底漆的喷涂。细原子灰打磨后的表面应与周边旧漆膜高度接近，如图 4-48 所示。喷涂中涂底漆后的状况如图 4-49 所示。

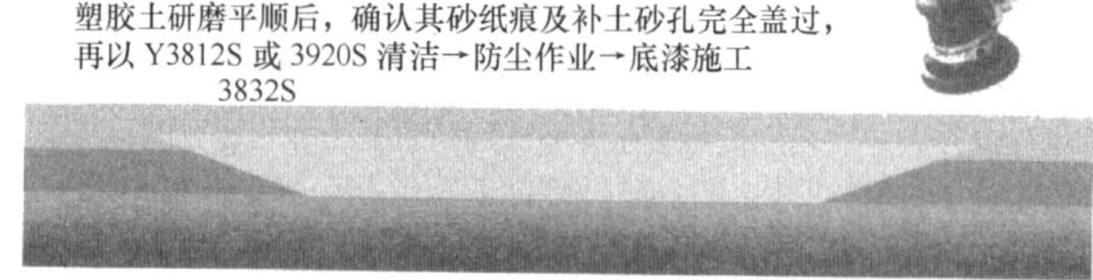

图 4-48　细原子灰打磨后的情形

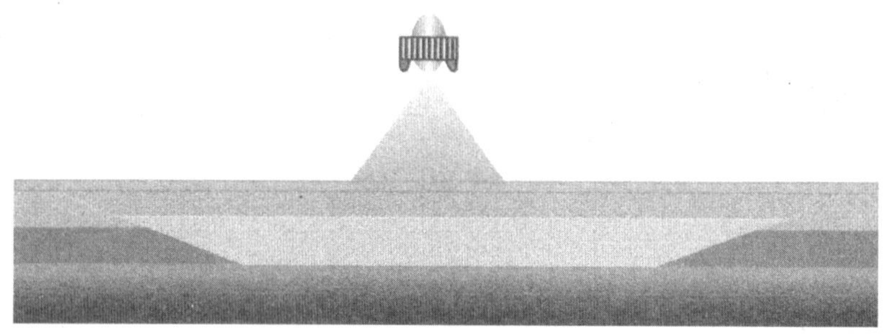

图 4-49　喷涂中涂底漆后的情形

干打磨之所以被认为是打磨腻子的首选方法，其原因是它有以下优点。

① 减少了因水的原因造成的质量问题。

② 显著缩短了打磨工序的时间。机械处理效率更高，减少了清理车身表面的程序与时间，不再需要多次干燥的环节，简化了修补流程。

③ 显著提升维修企业的专业形象。

④ 适应越来越严格的环境保护的需要。

⑤ 显著减轻了操作人员的劳动强度，提高了员工满意度。

⑥ 显著降低了污水、粉尘的困扰，保证了员工的身体健康。

⑦ 单位工时产出更多，同样的产出需要更少的工时成本。

⑧ 减少了返工成本，保证了正常利润。

⑨ 有利于按时交车，提高了客户的忠诚度。

⑩ 提升了企业的专业形象和社会形象。

究竟采用干打磨好，还是湿打磨好，关键在于要灵活运用两种方法的特点，推进作业的合理化，得到近乎完美的加工质量。

手工打磨腻子时，除了手工干打磨这一方法外，修理厂习惯采用手工湿打磨，即用水磨砂纸浸水（或喷水，或以海绵吸水后不时地挤淋到要打磨的表面）进行打磨。

湿打磨的优点：一是研磨质量高，因为打磨时水能起到润滑作用，相对滑动阻力小，容易消除表面的凹凸不平；二是不起粉尘，这对后面的工序是有利的；三是从经济性方面来说，湿打磨比干打磨少消耗砂纸 3～4 倍。

湿打磨的缺点：一是操作人员长期接触水，对人体会产生不利影响；二是水磨后必须进行去湿处理，因而影响工作效率；三是如果水分清理不彻底，会产生起泡或锈蚀等涂装缺陷，如

图 4-50 所示。

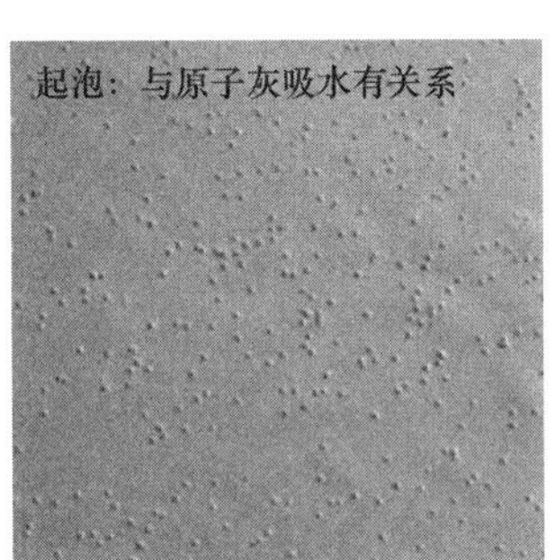

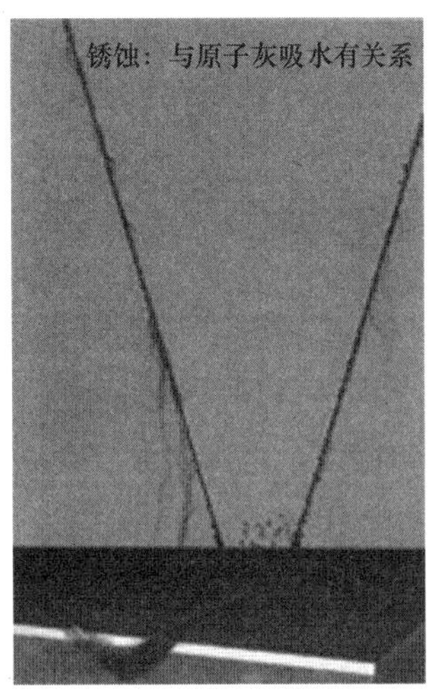

图 4-50　水磨后易产生的涂装缺陷

二、用干磨机打磨腻子

1. 干磨系统准备

干磨系统准备工作可参阅本书项目一的相关内容。

打磨机最好选用直行式或往复式，用双作用式也可。无论哪种打磨机，选择好打磨头是提高作业效率的重要因素，其中包括砂纸的装卸应简单方便，安装砂纸的表面应平整，能与涂膜接触良好，硬度要适宜等。

另外，腻子的技术说明书中，也会有关于打磨机选择的建议，尽量按建议选择。

2. 打磨

用打磨机打磨方法如下。

（1）穿戴好安全劳保用品。

（2）戴好手套，然后轻轻地摸一遍待打磨表面，这有助于操作技师决定如何进行打磨。

（3）握紧打磨机，将打磨机轻压在腻子层表面，打开开关进行打磨。

打磨时应注意，打磨头的工作面应保持与腻子表面平行，如图 4-51 所示。打磨时不能施力过大，应将打磨机轻轻压住，靠旋转力进行打磨。若施力过大，就不能形成平整表面。打磨机应采用“米”字形的移动方向进行打磨。

图 4-51　打磨机的使用方法

用打磨机打磨腻子时的操作程序与手工干打磨相似，一般包括以下操作步骤。

① 用 P80 的砂纸打磨。只打磨腻子区域的中部较厚处，直到整个腻子表面略高于旧漆层为止。

② 换用 P150 的砂纸打磨。此次打磨应扩展到接口区域即底处理留下的羽状边区域。

③ 根据需要施涂填眼灰，待填眼灰干燥后用 P150 的砂纸手工打磨填眼灰。

④ 施涂打磨指导层。

⑤ 换用 P240 的砂纸打磨。此次打磨应扩展至旧漆膜，区域不要太大，按 P150 的砂纸打磨区域向外扩 3 ~ 5 cm，重点关注腻子与旧漆膜的交界处。

⑥ 换用 P400 的砂纸打磨。此次打磨扩展至旧漆膜，区域为需要喷涂中涂底漆的整个表面。

① 无论是手工打磨还是用打磨机打磨，腻子最终打磨完成后，如果下道工序为喷涂中涂底漆，则腻子表面应与周边的旧漆膜等高。

② 因打磨机的打磨效果不是很好，而且对边角区域打磨困难，故在用打磨机打磨时，常需配合手工干打磨，以彻底清除细小的凹凸不平及打磨边角区域。通常从第一级砂纸打磨开始，至最后一级砂纸打磨过程中，更换每一级砂纸前，均要用同型号的砂纸进行手工打磨，重点是打磨机打磨不到的地方。

（4）清洁车身。最好使用压缩空气吹净打磨灰尘，必要时可配合使用除尘布除尘。

思考与练习

1. 说明汽车修补中常用的腻子种类、各类型腻子的特点及应用。
2. 什么情况下需要刮涂腻子？
3. 说明腻子的涂装工艺流程。
4. 板件的准备到什么程度可以刮涂腻子？
5. 在选择腻子时，应考虑其哪些方面的性能？
6. 对腻子刮涂范围的要求原则是什么？如何判定原漆膜中是否含有热塑性涂层？
7. 在向平面施涂腻子时，要注意哪些事项？
8. 简要说明手工砂纸打磨腻子的操作流程。
9. 用打磨机打磨腻子的操作要领是什么？

项目五

中涂底漆的涂装

【学习目标】

1. 能够正确描述中涂底漆的功用及选择方法。
2. 能够正确进行中涂底漆的喷涂操作。
3. 能够正确进行中涂底漆的干燥。
4. 能够正确进行中涂底漆的修整。
5. 能够正确进行中涂底漆的打磨。
6. 能够正确进行中涂底漆打磨后的质量检查，并对出现的缺陷进行合适的处理。
7. 能够注意培养良好的安全、卫生习惯与团队协作意识。
8. 能够检查、评价和记录工作结果。

任务分析

腻子表面打磨完成后，通常需要喷涂中涂底漆，如图 5-1 所示，以填平腻子表面缺陷，为面漆喷涂建立良好的表面质量。但如果在腻子的表面整体施涂了细腻子，经打磨平整后检查，表面符合喷涂面漆的需要，则可不喷涂中涂底漆。对于施涂了底漆的表面，如果无需施涂腻子，则可在其表面直接喷涂中涂底漆，以封闭底层缺陷，并快速建立涂层厚度。对于旧涂膜起细微桔皮的部位，可喷涂中涂底漆，填平凹陷部位，然后经打磨平整后即可喷涂面漆。

当中涂底漆干燥后，即可进行打磨，如图 5-2 所示。

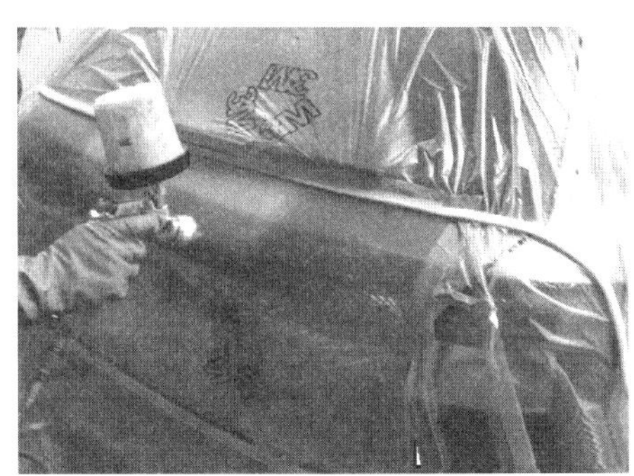

图 5-1　喷涂中涂底漆

图 5-2　中涂底漆的打磨

由于腻子表面残留的气孔、划痕、油污以及不正确的喷涂施工方法等，均会在中涂底漆的表面留下缺陷，故在打磨之前，需要对缺陷进行修整（也可在粗打磨中涂底漆后修整）。待修整完成后再进行打磨，为面漆喷涂准备良好的表面。

相关知识

一、中涂底漆的功用

对腻子层表面的气孔进行填眼灰填平后，由于填眼灰干燥后的收缩，会在表面留下凸凹不平点，如图 5-3 所示。尽管经过手工精打磨操作，仍不能满足喷涂面漆的需要。另外，腻子表面打磨后，仍会留下细小的划痕，也不适合直接喷涂面漆，此时一般需要喷涂中涂底漆。

中涂底漆的主要作用一是填补平整表面，二是防锈保护。作为汽车修理涂装，主要偏重于前者，而且一直是以作业性为中心来选择使用。因此，对于中涂底漆，一直受到重视的是如何提高其厚涂性、干燥性、打磨性、防渗透能力等施工性能，对涂层自身的质量性能要求却居于其次。

但是近来，随着合成纤维素丙烯酸硝基漆涂料和丙烯酸聚氨酯、聚酯-聚氨酯等各种面漆涂料的使用，出现了更加强调涂膜质量保证的倾向。为此，要求使用打磨性、耐水性优良的腻子，厚涂性好，不吸水的中涂底漆与之相匹配。如起泡问题，当各涂层耐水性不均衡，水分（溶剂）就会集中到耐水性差的部位，使涂膜膨胀起泡。在图 5-4 中，中涂底漆层被夹在耐水性能较好的腻子层和水分难以透过的面漆涂膜之间，因此水分将会聚集在耐水性差的中涂底漆层。

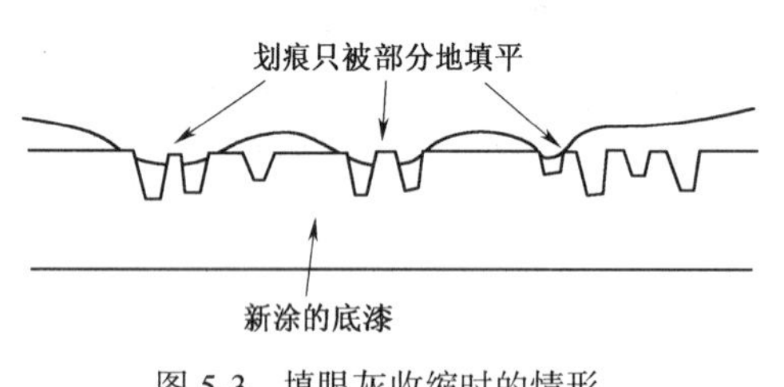

图 5-3　填眼灰收缩时的情形

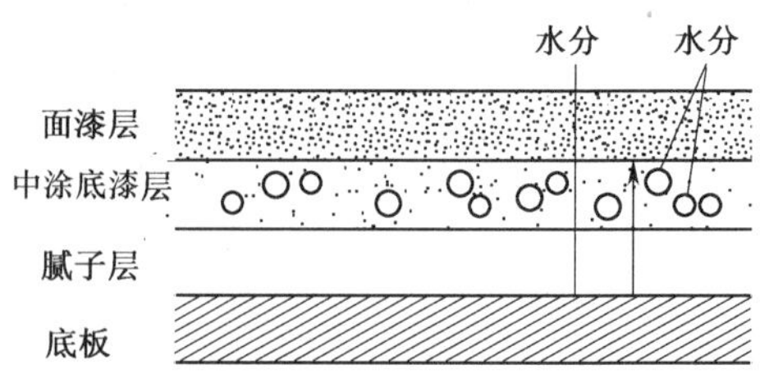

图 5-4　各涂层性能不均衡产生的起泡问题

由此可见，随着对涂膜质量要求的提高，中涂底漆层的耐水性和附着性显得更为重要。尤其是当面漆涂料使用丙烯酸聚氨酯这一类涂膜性能和表面质量好的涂料时，应使用耐水性和附着力都高的中涂底漆涂料。

除上述功能之外，中涂底漆还有覆盖作用。有桔皮的旧涂膜，如果直接喷涂面漆，会使旧涂膜溶解，打磨痕会渗到表面，或引起开裂、气孔等质量问题。先喷涂中涂底漆，形成涂膜层，可以抑制面漆溶剂向旧涂膜的渗透，防止质量事故的出现。另外，如果待中涂底漆涂膜硬化后再喷面漆，防止溶剂的渗透效果会更好。

由于上述原因，在国外汽车修理业，双组分的聚氨酯类中涂底漆很受欢迎。

二、中涂底漆涂料的选择

目前，使用的中涂底漆有硝基中涂底漆（1K 型）、丙烯酸中涂底漆（1K 型）和聚氨酯中涂底漆（2K 型）。各类型中涂底漆的特点对比，见表 5-1。

表 5-1 常用中涂底漆的特点对比

性能	1K 丙烯酸中涂	聚氨酯中涂	1K 硝基中涂
附着力	○	◎	*
填充性	○	◎	#
隔离性	○	◎	*
抗水性	#	◎	*
干燥性	○	#	◎
打磨性	◎	○	◎
防吸收性	#	◎	*
配合面漆颜色	#	◎	*

注：◎表示优越；○表示良好；#表示一般；*表示不良

随着面漆涂料的不同，与之配套使用的中涂底漆也应不同。中涂底漆涂料的合理选用，是避免涂装出现质量问题的关键。

当旧涂膜是烤漆涂料或丙烯酸聚氨酯涂料时，选用硝基类中涂底漆也问题不大，但要注意其质量、层间黏着力和耐水性一定要满足要求。

当旧涂膜是改性丙烯酸或合成纤维素丙烯酸硝基漆时，以采用聚氨酯类中涂底漆为宜。这种中涂底漆涂膜性能好、覆盖效果好，即使旧涂膜有轻微缺陷，也不易出质量问题。但应注意，这种中涂底漆不适宜用于局部修补，因为局部喷涂了聚氨酯类中涂底漆后，再喷涂面漆，往往会在补修腻子与旧涂膜的边缘交接处出现桔皮现象，故这种中涂底漆只适宜于对旧涂膜或腻子的整块覆盖。

厚涂型合成树脂中涂底漆的涂膜性能比不上聚氨酯中涂底漆，但由于其所使用的溶剂溶解力较弱，不会侵蚀底漆，干燥速度也比较快，因而常常被采用。对这种中涂底漆，重点应检查其层间黏着力和耐起泡性。

硝基类和丙烯酸类中涂底漆，通常若耐起泡性和层间黏着力好，则覆盖效果差；反之若覆盖效果好，则前两种性能差。因此，有必要检查其溶剂挥发性能、覆盖效果、耐水性、丰满度、施工性能等。

在全涂装、腻子涂装面积宽的场合以及当旧涂膜出现桔皮时，使用聚氨酯类中涂底漆效果最好。除此之外，从作业性方面考虑，厚涂型合成树脂中涂底漆也很方便。这些中涂底漆的使用方法，有时随厂家不同而有若干差异，故应注意不要弄错。若需对中涂底漆进行稀释，则应使用指定的专用稀释剂，否则会影响性能。

有的聚氨酯中涂底漆被称为无需打磨型中涂底漆，但实际上随着中涂底漆层的不断硬化，层间黏着力往往会下降。为提高层间黏着力，仍需轻轻打磨，在表面留下打磨痕，以提高与面漆层的黏着力。

实际施工中，只要购买了质量合格的涂装产品，上述性能即均能满足要求。表 5-2 所示为“鹦鹉”系列中涂底漆与板件材料的适用性说明。从表中可以看出，中涂底漆是不能直接施涂在板件表面上的，必须经过适当的处理后方能使用（如喷涂填充底漆）。因而在实际工作中，选择中涂底漆重点关注的是中涂底漆与底漆的搭配。不同涂料生产商的产品，搭配情况是不同的。“鹦鹉”系列中涂底漆与底漆的搭配，见表 5-3。从表中可以看出，除水性底漆外，系列中涂底漆基本上均能相互搭配。

表 5-2　　“鹦鹉”系列中涂底漆与底漆的适用性

		钢板	镀锌钢板	铝镁	有电泳底漆的原厂件	旧涂层
中涂底漆	285-0VOC 鹦鹉®高浓透明中涂底漆VOC			❶	❶	❶
	285-31VOC 鹦鹉®高浓免磨中涂底漆（VOC）	❶	❶	❶	❶	❶
	285-38VOC 鹦鹉®高浓免磨中涂底漆，白色	❶	❶	❶	❶	❶
	285-49VOC 鹦鹉®高浓免磨中涂底漆，黑色	❶	❶	❶	❶	❶
	285-95VOC 鹦鹉®高浓可调中涂底漆	❸	❸	❸	❸	❸
	285-100VOC 鹦鹉®快干中涂底漆	❶	❶	❶	❶	❶

注：□ 表示不适用；

● 表示可以直接使用，甚至在裸露的金属表面也可使用；

❶ 表示在打磨至裸露金属或裸露金属表面时使用鹦鹉®283-150VOC磷化填充底漆或鹦鹉®285-16VOC高浓热固填充底漆；

❷ 表示在打磨至裸露金属或裸露金属表面时使用鹦鹉®70-2双组分水性底漆或鹦鹉®285-16VOC高浓热固底漆；

❸ 表示在打磨至裸露金属/或裸露金属表面时使用鹦鹉®285-16VOC高浓热固底漆。

表 5-3　　鹦鹉系列中涂底漆与底漆的搭配

		70-2 VOC	283-150 VOC	285-16 VOC	801-72 VOC
中涂底漆	285-0VOC 鹦鹉®透明底漆		●	●	●
	285-31VOC 鹦鹉®高浓免磨中涂底漆		●	●	●
	285-38VOC 鹦鹉®高浓免磨中涂底漆，白色		●	●	●

续表

		70-2 VOC	283-150 VOC	285-16 VOC	801-72 VOC
中涂底漆	285-49VOC 鹦鹉®高浓免磨中涂底漆，黑色		●	●	●
	285-95VOC 鹦鹉®高浓可调色中涂底漆			●	●
	285-100VOC 鹦鹉®快干中涂底漆		●	●	●

注：① □ 表示不适用；● 表示适合的底漆/填充底漆/中涂底漆搭配；

② 70-20VOC为鹦鹉双组分水性底漆；283-150VOC为鹦鹉磷化填充底漆；285-16VOC为鹦鹉高浓热固填充底漆；801-72VOC为鹦鹉环氧填充底漆。

当接下来准备喷涂的面漆采用聚氨酯涂料时，中涂底漆也应采用聚氨酯类。如图 5-5 所示，当面漆采用聚氨酯而中涂底漆采用硝基涂料时，涂膜形成就会不完全，引起起泡和开裂。另外，以双组分丙烯酸聚氨酯硝基漆作为面漆时，也以聚氨酯类中涂底漆为好。全涂装（尤其是静电涂装）、车顶和行李箱等大面积涂装、旧涂膜为硝基漆的涂装等，均应使用聚氨酯类中涂底漆。

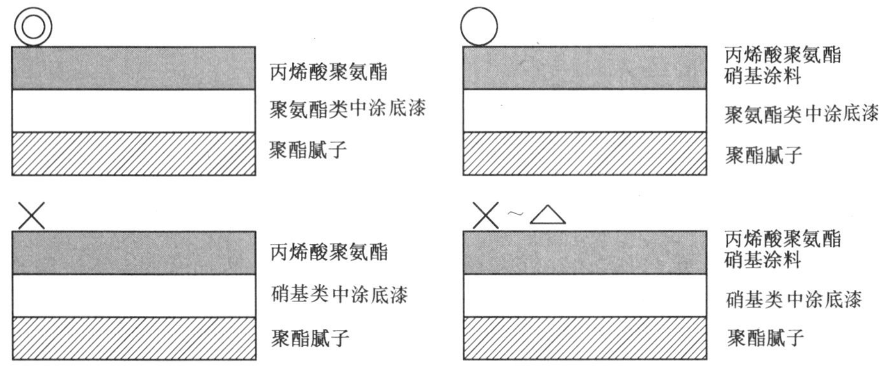

图 5-5　面漆涂料与中涂底漆涂料的组合

◎　良好　○　较好　△　一般　×—不好

三、中涂底漆的涂装程序

中涂底漆的涂装程序如图 5-6 所示。

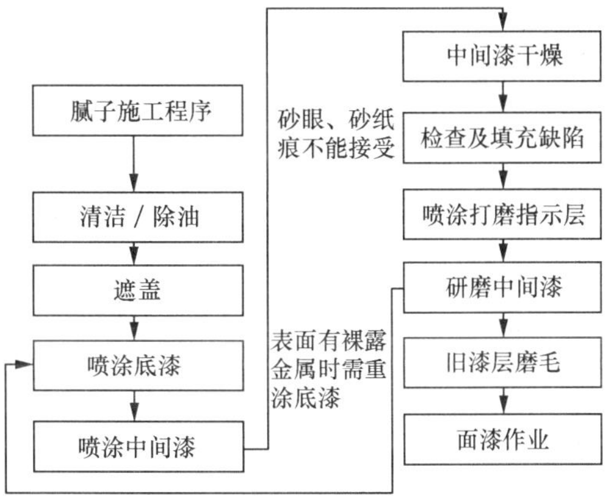

图 5-6　中涂底漆涂装工艺程序

技能学习

劳动保护与安全注意事项

中涂底漆施工时的劳动保护与安全卫生注意事项与底漆施工相同。

一、准备工作

（1）先用压缩空气清除表面粉尘。

（2）若进行过湿打磨，应作去湿处理，使被喷涂表面干燥。

（3）对于不需喷涂的部位，可按图 5-7 所示的方式覆盖，重点应注意喷涂时可能产生飞溅的部位。

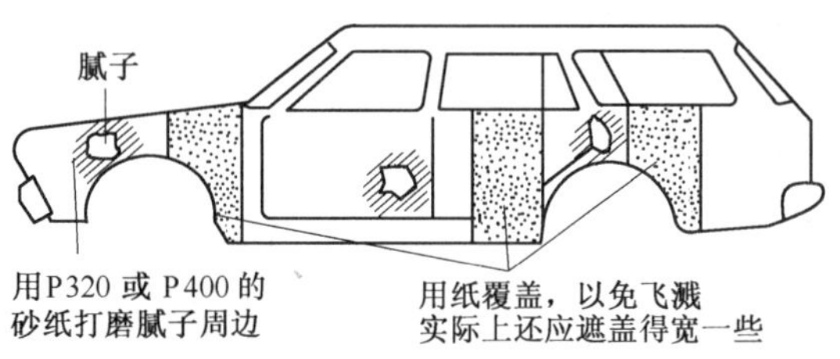

图 5-7　喷涂中涂底漆前的遮盖与打磨

注意

对于局部遮盖，一定要使用反向遮盖法，以使喷涂的中涂底漆有渐近的过渡，如图 5-8 所示。

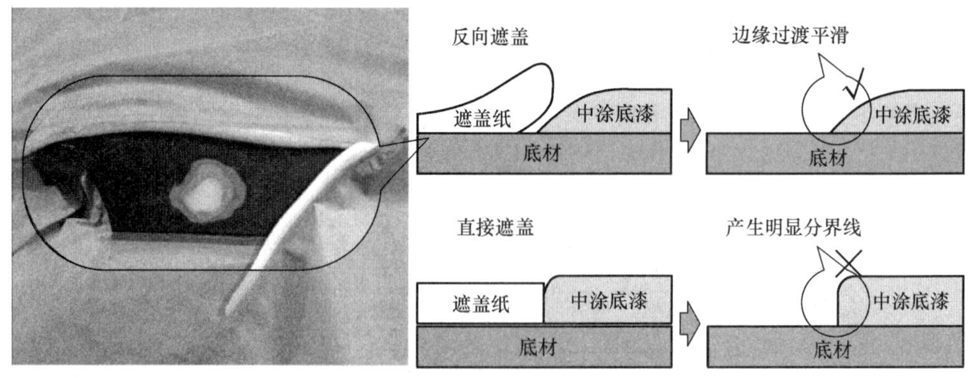

图 5-8　反向遮盖法的应用

（4）进行除尘与除油，具体如下。

① 用除尘布将需喷涂表面进行一次细致的除尘。

② 用脱脂剂进行脱脂处理。

（5）调制中涂底漆。方法如下。

① 因准备涂装中涂底漆的表面为腻子，之后要进行打磨以获得更为平滑的表面，故应在“鹦鹉”系列中涂底漆中选择快速中涂底漆（285-100VOC），其技术说明见表 5-4。

表 5-4　“鹦鹉”快速中涂底漆（285-100VOC）技术说明

鹦鹉®快速中涂底漆（VOC），白色

应用：打磨中涂底漆（3 层涂装系统）；湿对湿中涂底漆，塑料件涂装的填充底漆：图案喷涂的附着力增强剂；

TPA 修补时，整个板的填充底漆。

特性：良好的填充性、抗溶剂性和附着力；快干；最终涂膜完美。

注意：① 针对磨穿区域，要先喷涂鹦鹉®283-150VOC 磷化底漆（以 1:1 的比例混合 352-228，再加 30%352-）；

② 最低常温干燥温度为 15℃。当作为表面图案喷涂层下的黏附层或用于热塑性旧涂膜（TPA）表面时，仅喷涂薄层，并且给予较长的闪干时间。

标志	应用	快速打磨中涂底漆
	涂装工艺系统	
		可喷涂面积：375m²/L（膜厚为 1μm 时）
	混合比例	4:1:1 100%体积比 285-100VOC
	固化剂	25%体积比 929-56，-55
	稀释剂	25%体积比 352-91
	喷涂黏度 DIN4 在 20℃	18 ~ 21s　　活化时间 20℃：2h
	重力喷枪 喷涂气压	HVLP 喷枪：17 ~ 19mm 2.0 ~ 3.0bar(30 ~ 45p.s.i)/0.7bar (10p.s.i)在喷嘴处　　兼容喷枪：1.6 ~ 1.8mm　2.0 bar
	喷涂层数	2　　膜厚：50μm
	干燥 20℃ 60℃ 红外线（短波） （中波）	2h 30min 8min 10 ~ 15min
	打磨	P800

② 确定中涂底漆的用量。由表 5-4 可以查得，快速中涂底漆的可喷涂面积效率为 375m²/L（膜厚为 1μm 时）；喷涂层数为 2 层，总膜厚为 50μm。然后，根据需喷涂面积的大小（估算），及喷涂的总膜厚即可估算出漆的用量。

③ 根据涂料说明书建议的各成分比例（主剂、固化剂和稀释剂），利用调漆比例尺进行涂料的调制，视需要进行黏度测试。中涂底漆的喷涂黏度随厂家而异。采用 4 号福特杯时，硝基类中涂底漆 16 ~ 20 s，丙烯酸类中涂底漆 13 ~ 15 s 为宜，丙烯酸类黏度不宜过高。聚氨酯类中涂底漆适宜于喷涂的黏度一般为 16 ~ 18 s。从表 5-4 中可以看出，“鹦鹉”快速中涂底漆（285-100VOC）的调制比例（体积比）为 4:1:1，即中涂底漆（285-100VOC）: 固化剂（929-56/55）:稀释剂（352-91）= 4:1:1。黏度在常温下为 18 ~ 21 s。

（6）选择合适的喷枪。硝基类和丙烯酸类中涂底漆（1K 漆）选用的喷枪口径一般在 1.3 ~ 1.8 mm，采用上吸式和重力式都可以。聚氨酯类中涂底漆所用喷枪若是重力式，喷孔直径为 1 ~ 3 mm，若是上吸式则为 1.5 ~ 1.8 mm。具体要求还需查阅所用涂料的产品说明书。从表 5-4 中可以查到，喷涂“鹦鹉”中涂底漆（285-100VOC）选用重力式喷枪，用 HVLP 喷枪时，口径为 1.7 ~ 1.9 mm；用兼容喷枪时，口径为 1.6 ~ 1.8 mm。

（7）将调好黏度的中涂底漆充分搅拌后通过漏斗过滤后装入喷枪漆罐内。

二、中涂底漆的喷涂

中涂底漆的种类不同，其作业方式也有一定差异。同一种中涂底漆也可以有两种施工工艺，图 5-9 所示为“鹦鹉”2K 型中涂底漆的两种不同的施工工艺及其作用差异。在本任务中，选择研磨型喷涂工艺。

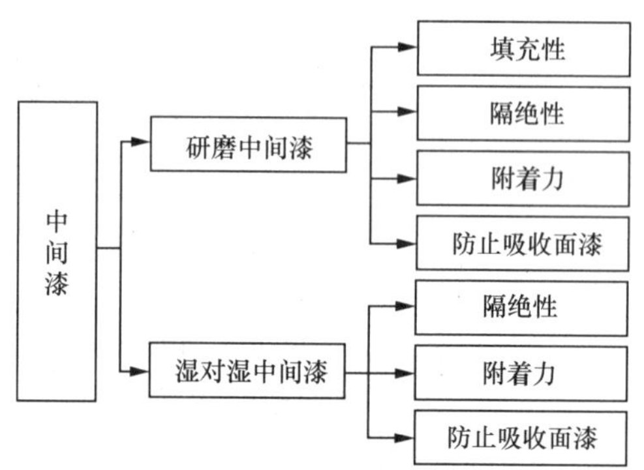

图 5-9　中涂底漆的两种施工工艺

1. 调整喷枪

（1）根据涂料的产品说明书调整喷枪的气压。从表 5-4 中可以查到，喷涂“鹦鹉”中涂底漆（285-100VOC）选用重力式喷枪，用 HVLP 喷枪时，气压 2.0 ~ 3.0 bar；选用兼容喷枪时，气压为 2.0 bar。

（2）根据喷涂面积调整雾形大小。

（3）调整漆流量（最好做雾形测试）。

2. 喷涂

（1）按正确的喷涂要领（喷涂距离、走枪速度、扳机控制、雾形重叠比例等），先在腻子与旧漆膜边缘交接部位薄薄地喷涂一层，使旧漆膜与腻子的交界面融合，如图 5-10 所示。

（2）待其稍干之后，接着给整个腻子表面薄喷一层，喷涂后形成的表面应平整光滑。

（3）取适当的时间间隔，分几次进行薄喷，一般要喷 3～4 层，注意每层之间需留出足够的闪干时间（一般为 5 min）。

中涂底漆的喷涂面积应比修补的腻子面积宽，而且要达到一定程度，如图 5-11 所示。喷第二遍比第一遍宽，第三遍比第二遍宽，逐渐加大喷涂面积。

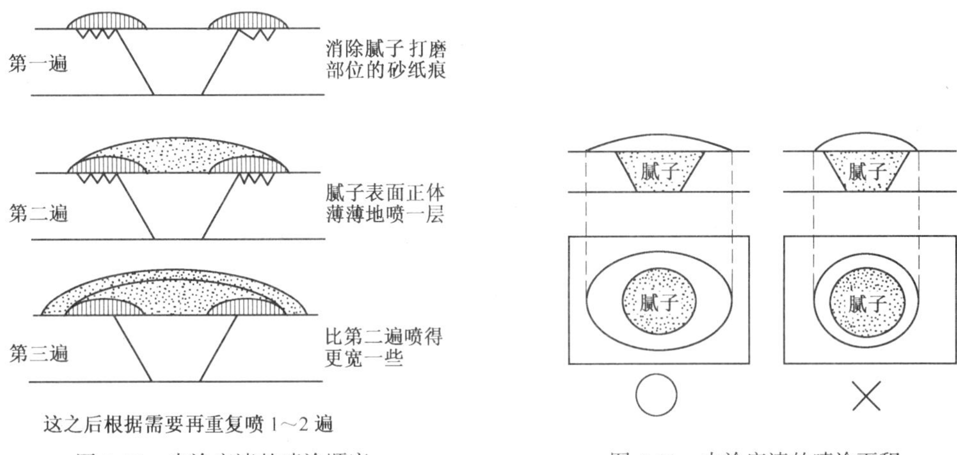

图 5-10　中涂底漆的喷涂顺序

图 5-11　中涂底漆的喷涂面积

如图 5-12 所示，相邻的几小块腻子修补块，可先分别预喷两遍，然后再整体喷涂 2～3 次，连成一大块，这样处理可以取得良好的效果。注意，不宜一次喷得过厚，而且应取适当的时间间隔，分几次喷涂。

当旧漆膜是改性丙烯酸硝基漆等易溶性涂料时，对黏度和喷涂时间间隔应十分注意。若采用硝基类中涂底漆，黏度应取 18～20 s，要反复薄薄地喷涂，以免喷涂后表面显得粗糙。如果用丙烯酸类中涂底漆，黏度可取 14～15 s。

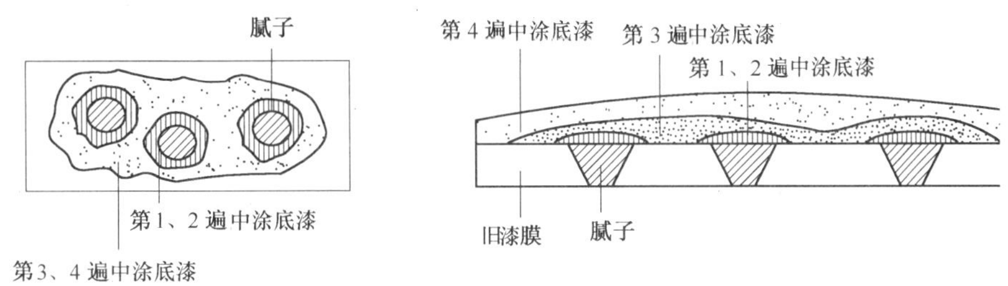

图 5-12　相邻油灰修补块的中涂底漆喷涂

聚氨酯中涂底漆的喷涂方法与硝基类中涂底漆一样，但聚氨酯中涂底漆每道形成的漆膜较厚，一般喷 2 遍就够了。若需更厚则可喷 3 遍，如旧漆膜剥离后的表面，如果直接喷涂中涂底漆，就需喷涂 3 次。

当旧漆膜是硝基类涂料时，如果只在修补了腻子的部分喷涂聚氨酯中涂底漆，则在中涂底漆与硝基旧漆膜的交界处，在喷涂了面漆之后，往往会起皱。为防止这一点，应在整块板上全部喷涂聚氨酯中涂底漆。如图 5-13 所示，旧漆膜为硝基漆时应整体喷涂中涂底漆，应先在补腻子处薄薄地喷一层，然后整体喷涂两遍。

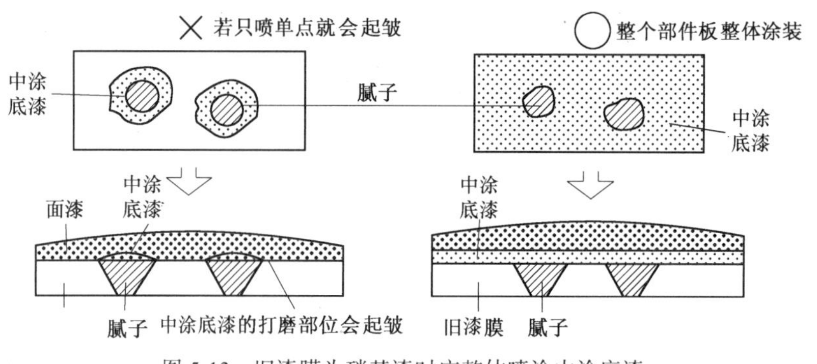

图 5-13 旧漆膜为硝基漆时应整体喷涂中涂底漆

3. 注意事项

（1）中涂底漆一次不能喷涂得太厚。分几次喷涂表面看起来更花时间，但实际上，喷涂中途漆时，边喷边用吹风机加快溶剂的挥发，比一次厚厚地喷涂干燥速度更快，作业效率也更高。其原因是，若漆膜过厚，溶剂会滞留在漆膜内难以挥发。如前所述，溶剂的挥发速度与膜厚的二次方成反比。如果将分3次涂装的膜厚一次喷涂，则挥发速度反而大大减慢，导致打磨和修补无法进行，最终结果是作业速度下降。

如果一次喷涂过厚，使溶剂残留在漆膜内难以挥发，如图5-14所示，腻子边缘的旧漆膜就会被浸润膨胀，在喷涂了面漆之后就会起皱，所以中涂底漆切忌一次喷涂得过厚。即便是所谓的厚涂型中涂底漆，也并不是指一次喷涂就很厚，而是分几次喷涂，最终形成的中涂底漆涂层较厚。

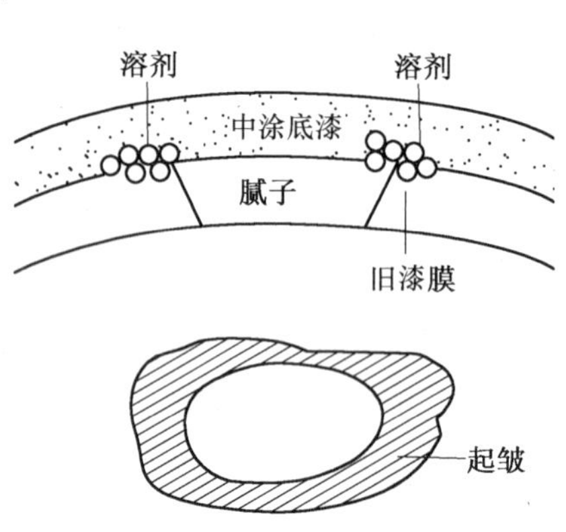

溶剂浸蚀旧漆膜，而腻子部位已经硬化，故在腻子边缘出现起皱现象

图 5-14 腻子边缘起皱的原因

（2）寒冷季节和雨天喷涂中涂底漆的注意事项。当气温低和湿度大的时候，应采用红外线灯管或热风加热器，将涂装面加热到25℃左右，以除去湿气。喷涂的中涂底漆黏度取18～20 s为宜，其他操作基本不变。加热干燥时，不能突然提高温度，而要渐渐加热，否则易产生大量的气孔。

三、中涂底漆的干燥

图 5-15 用红外线烤灯烘烤中涂底漆

（1）中涂底漆喷涂完后，闪干10～15 min后，即可拆除遮盖纸。

（2）若采用常温干燥，则关好喷漆间的门，关闭相关电源即可。从表5-4中可查到，“鹦鹉”中涂底漆（285-100VOC）的常温（20℃）干燥时间为2 h。

（3）若采用烤房烘烤干燥，则应先关闭喷漆开关，根据涂料产品说明书的规定，调好烘烤温度和时间，启动“烘烤”按钮，关好喷漆间的门即可。从表5-4中可查到，“鹦鹉”中涂底漆（285-100VOC）的烘烤干燥温度为60℃，时间为30 min。

（4）若采用红外线烤灯烘烤，如图5-15所示，操作方法可参阅烤灯的说明书。从表5-4中可查到，“鹦鹉”中涂底漆（285-100VOC）采用短波红外线灯烘烤时，时间为8 min；使用中波红外线灯烘烤时，时间为10～15 min。

如果干燥不充分，不仅打磨时涂料会填满砂纸，使作业难以进行，而且喷涂面漆之后，往往会出现漆膜缺陷。

四、喷涂效果的检查

中涂底漆喷涂干燥后，应达到下列要求。

（1）涂层丰满，达到规定厚度。

（2）桔皮纹理均匀，能将所有缺陷部位完全遮盖，边缘过渡平顺、无明显凸台。

（3）无明显流挂产生，流挂高度不超过1 mm，长度不超过10 mm。

（4）无咬底、油点等涂膜缺陷。

（5）车身其他部位保护良好，无漆雾附着。

如果不能达到上述要求，应视情况进行补喷。

五、中涂底漆涂层的修整

（1）准备好刮刀。

（2）如果填眼灰为胶管式包装，则在取灰前，应用手反复揉搓胶管使填眼灰充分混合均匀；如果填眼灰为铁罐包装，打开盖后发现有明显的分层现象，也应用搅拌杆充分搅拌均匀。

（3）取少量填眼灰置于小托板上（也可置于一个刮刀上）。

（4）用刮刀的尖部用力将填眼灰薄薄地刮涂于缺陷处，如图5-16所示，切忌一次填得过厚。若一次填不满，间隔5 min左右再填。

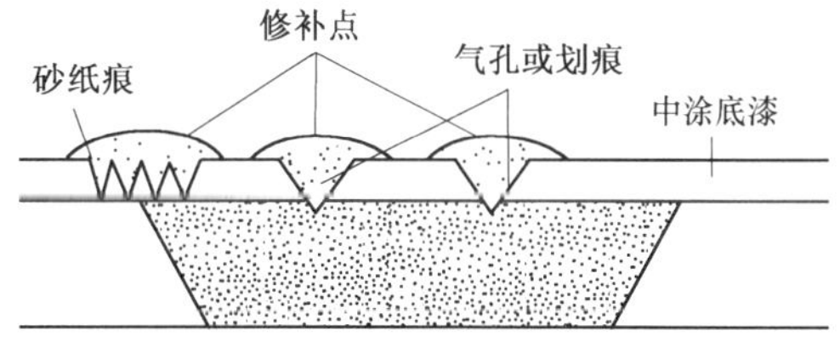

图5-16　用填眼灰修补中涂底漆表面缺陷

实际施工中，并不是一定要对中涂底漆表面施涂填眼灰，这主要取决于喷涂的质量和汽车的档次。如果喷涂质量很好，缺陷极少，则不必施涂填眼灰。而汽车的档次不同，质量要求也不同，故在刮涂填眼灰时的要求也不同，与其相对应的刮涂法有普通汽车麻眼刮涂法、中档汽车麻眼刮涂法和高档豪华汽车麻眼刮涂法，现分别介绍如下。

① 普通汽车麻眼刮涂法。普通汽车如一般的货车、客车、公交车等，它们的麻眼刮涂是在面漆前的涂层，如中涂底漆或第一道面漆干燥水磨后进行的一次细致的找麻眼，以此将水磨后漆膜表面上的小麻坑、粗砂痕、桔皮坑等小毛病找净、刮平，使表面达到质量要求的平度，为喷面漆做好准备，打好基础。

② 中档汽车麻眼刮涂法。常见的中档汽车有普中档轿车、中高档客车、进口货车等。对它们的麻眼常分2～3次来刮涂，才能把各种麻眼找净、刮平。

③ 高档豪华汽车麻眼刮涂法。高档豪华汽车包括高档轿车、高档豪华客车等。通常是在最末道面漆喷涂之前，进行3～4次或4～5次的麻眼找平，才能达到质量要求的平滑度。

对高档轿车中涂底漆的涂装通常喷涂 2 道，每喷涂一道就要找 2 次麻眼（即中涂底漆干后找一次麻眼，在全面水磨后再找一次麻眼）；喷 2 道就需要找 4 次麻眼。这样，基层的平度才能基本达到质量要求，再经过一道面漆 2 次麻眼的找平，就可完全达到要求的平度了，这样就可喷涂末道面漆了。

对高档豪华客车的麻眼刮涂法，通常可分 4 次进行，也就是在中涂底漆干后全面找刮一次，水磨后再细找刮一次。在第一道面漆后细找一次，水磨后再进行一次更细致的全面找平即可。例如，涂金属漆（铝粉漆、珠光漆），可在灰色中涂底漆干后找一次，水磨后再细找一次，而后待金属色漆喷好并且干后，找一次麻眼，水磨后再细找一次，再喷涂一次金属色浆，干燥后，即可用清漆罩光。

六、中涂底漆层的打磨

1. 干打磨

（1）手工干打磨。用手工打磨块干打磨时，也应使用软磨头或橡胶块。如图 5-17 所示，对于用麻眼灰修补部位，先以修补部位为中心，用 P240 的砂纸将凸出部分磨平，然后用 P400 或 P600 的砂纸将整个表面打磨平整（包括需喷涂面漆的旧漆膜）。

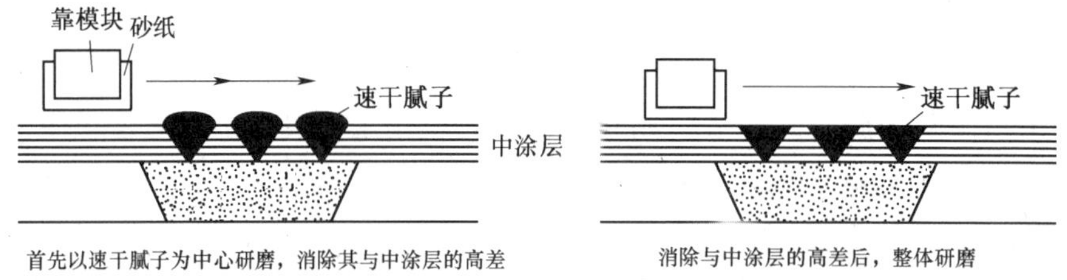

图 5-17　麻眼修补部位的打磨

目前，涂料制造商基本不建议手工干打磨中涂底漆。

（2）使用打磨机打磨。采用双动式或往复式打磨机也可进行中涂底漆层的打磨，开始所用砂纸粒度以 P240 ~ P280 为宜。往复式打磨机，比双动式打磨机的打磨速度慢，但操作更为简单。

干打磨时，先用 P240 的砂纸将凸起部位打磨平，随后用 P320 的砂纸进行整体打磨，最后用 P400 的砂纸进行整体打磨（包括需喷涂面漆的旧漆膜）。不同的涂料要求的打磨砂纸粒度有所不同。由“鹦鹉”中涂底漆（285-100VOC）的技术说明可知，采用打磨机进行干打磨时，应选用 P400 的砂纸。但这并不意味着一开始就必须使用 P400 的砂纸，而是可以先用 P240 或 P320 的砂纸，然后逐步过渡至 P400 的砂纸。

不论使用哪种打磨机打磨，都不可以太大的力压在漆膜上，只需稍用点力沿车身表面移动。用力过大，砂纸磨痕就会过深。

打磨时应注意，不能只打磨喷涂了中涂底漆的部位，旧漆膜及其与中涂底漆的交界区域也应进行打磨。

打磨过程中可配合使用碳粉作为打磨指导，以便获得良好的打磨效果。

干打磨结束后，拆去遮盖，用吹风机进行清洁，也可用黏性抹布擦拭打磨表面。

2. 湿打磨

湿打磨一般采用 P320 ~ P600 的耐水砂纸。若面漆为金属闪光涂料，则用 P400 的砂纸；若面漆为硝基涂料，则要用 P600 的砂纸；若还是用 P400 的砂纸，则漆膜表面往往会有较深的砂纸磨痕。

当面漆为素色时，可以用 P320 的砂纸，但如果是素色硝基涂料，则应用 P400 以上的砂纸进行打磨。

从“鹦鹉”中涂底漆（285-100VOC）的技术说明可知，采用手工水磨时，应选用 P800 的砂纸。

打磨时使用的垫块应柔软。手工打磨时应避免手指接触被打磨表面。打磨要仔细，不能有遗漏。

打磨结束后，如图 5-18 所示，对玻璃滑槽缝、门把手、玻璃四周等边缘部位，要用刷子蘸上研磨膏进行打磨，清除残余的污物；也可以使用 P2000 的美容砂纸进行打磨。

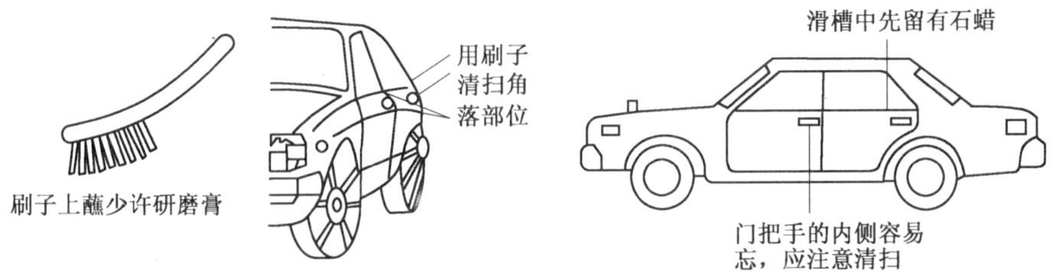

图 5-18　边缘部位的清扫打磨

现在，许多涂料生产商制造了免磨中涂底漆，这类中涂底漆喷涂完后，表面非常平整光滑，因此无需进行打磨，如“鹦鹉”285-31VOC、285-38VOC 和 285-49VOC，均为免打磨型中涂底漆，“鹦鹉”285-31VOC 的技术说明见表 5-5。但如果表面有灰点等喷涂缺陷，则还是应用细砂纸（可选用 P800）进行打磨，表面效果会更好。

表 5-5　“鹦鹉”高浓免磨中涂底漆（285-31VOC）的技术说明

应用：经济型修补的湿喷湿中涂底漆。

特性：无须打磨，无须强制干燥，漆膜丰满；喷涂性能可靠，有较好的耐候性。

注意：① 在喷涂该中涂底漆前，要对腻子整平处用 P320 的砂纸进行细磨（干磨），并使用 581-90 指导层；
② 使用鹦鹉® 283-150 磷化底漆喷涂于磨穿处，然后再喷涂此底漆。

标志	应用	填充底漆
	涂装工艺系统	S.4
		可喷涂面积效率：331m²/L(1 μ m)
	混合比例	3:1:1 100%体积比 285-31
	固化剂	33%体积比 929-56，-55
	稀释剂	30%体积比 352-91/-216

续表

标志	应用	填充底漆
	喷涂黏度 DIN 4（20℃）	16 ~ 18s　　活化时间(20℃):2h
	重力喷枪 喷涂气压	HVLP 喷枪：1.2~1.3mm　　兼容喷枪：1.2 ~ 1.4mm 2.0~3.0 bar (30~45 p. a.i)/0.7 bar（10 p.s.i.）在喷嘴处　　2 bar
	喷涂层数	2（先喷一层于腻子整平处，再喷涂于整个需要喷涂的区域）　　膜厚：20 ~ 35μm
	闪干时间　（20℃）	10min　　纯色面漆/15~20min，底色漆（闪干至亚光）

七、收尾工作

若采用的是湿打磨，就要用清水冲洗干净的打磨部位，然后用红外线灯和热风加热器等将表面除湿干燥。

若采用的是干打磨，则应用吸尘器将打磨粉尘彻底清除干净。如果是局部修补涂装，周围的旧漆膜要用粗颗粒的研磨膏进行研磨，以彻底清除污物和油分。

最后，应仔细检查漆膜表面，不能遗漏未经打磨的部位，如果有，则再用 P400 ~ P600 的砂纸进行打磨。

八、中涂底漆施工质量的检查

中涂底漆施工结束后，应达到下列要求。

（1）打磨彻底，但无打磨露底。对于整板喷涂，打磨露底范围要控制在 20 mm × 20 mm 范围内，并且露底情况不明显。

（2）打磨后表面光滑，无桔皮现象。

（3）所有需要喷涂的部位都要打磨到，不能有遗漏，尤其是窗口饰条、板件边缘等部位。

思考与练习

1. 为什么要喷涂中涂底漆？
2. 如何根据旧漆膜的情况，正确选择中涂底漆？
3. 如何根据接下来准备要喷涂的面漆类型选择中涂底漆？
4. 在腻子表面喷涂中涂底漆时，为什么开始一定要在腻子与旧漆膜交界处薄薄地喷一遍？
5. 为什么中涂底漆一次不能喷得太厚？
6. 喷涂中涂底漆到什么程度为合格？
7. 对于高档轿车，应在何时找麻眼？
8. 中涂底漆打磨结束时的收尾工作有哪些？
9. 中涂底漆打磨结束后的质量检测有哪些要点？

项目六 面漆的调色

任务一 素色漆的调色

【学习目标】

1. 能够正确描述面漆的分类方法。
2. 能够正确描述常用面漆的性能特点。
3. 能够正确描述色彩的特性。
4. 能够利用色卡进行素色漆的调色。
5. 能够注意培养良好的安全、卫生习惯及团队协作意识。
6. 能够检查、评价和记录工作结果。

任务分析

中涂底漆打磨完成后，即准备喷涂面漆。为了使修补区域喷涂的面漆颜色与周边的旧漆膜一致，必须对准备喷涂的面漆进行颜色调配，即所谓调色。

涂料本身有一定的颜色，在实际使用中，特别是在汽车的涂装维修中，往往购得的涂料与维修汽车的表面颜色不同。这就必须根据色彩的基本知识和原理，并结合涂料的具体使用要求，进行色漆的调配，使涂料的颜色与汽车的原色漆颜色一致。

在涂装工业中，调色是一种非常重要的基本技法，也是一种不容易掌握的技法。在涂料的调色中，首先要清楚涂料的化学性质，不同性质的涂料是不能进行色彩调配的。

由于素色漆中不含有金属粉粒（铝粉、云母粉等），所以漆面色彩呈单一性，从各角度观察基本一致，故素色漆的调色工作难度也相对较小。

相关知识

一、色彩的性质

色彩的性质就是指色调、明度、彩度，也称为颜色的 3 个空间或颜色的 3 属性，要想完整、准确地描述一个颜色，需要包含这 3 个方面的内容，缺一不可，如图 6-1 所示。

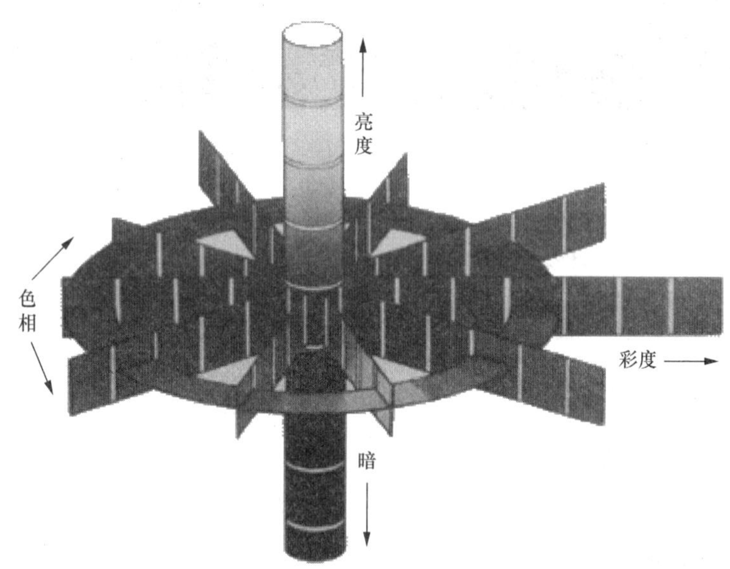

图 6-1　颜色的 3 属性（附彩图）

1. 色调

色调，也叫色相，是颜色之间的区别，是一定波长单色光颜色的相貌，通常用 H 表示。它取决于光源的光谱组成以及物体表面对各种波长可见光的反射比例，是表示物体的颜色在“质”的方面的特性。

色相是色彩的第一种属性，这一特性使我们可将物体描述为红色、橙色、黄色、绿色、蓝色和紫色等。色彩系统中最基本的色调是红色、黄色和蓝色，它们也称为“三原色”，几乎所有的颜色都可以用它们调配出来。而橙色、绿色、紫色又是红、黄、蓝三原色按 1:1 的比例两两调配出来的，称为“三间色”，这 6 种颜色又统称为颜色的 6 种基本色调。将这些色调排列成一个圆环，沿着圆环的周边每向前一步，色调都会产生变化，如图 6-2 所示。若从色光的角度来看，色调又随波长变化而变化，紫红、红、橘红等都是红色类中的特定色调，这 3 种红色之间的差别就属于色调差别。同样的色调可能较深或较浅。

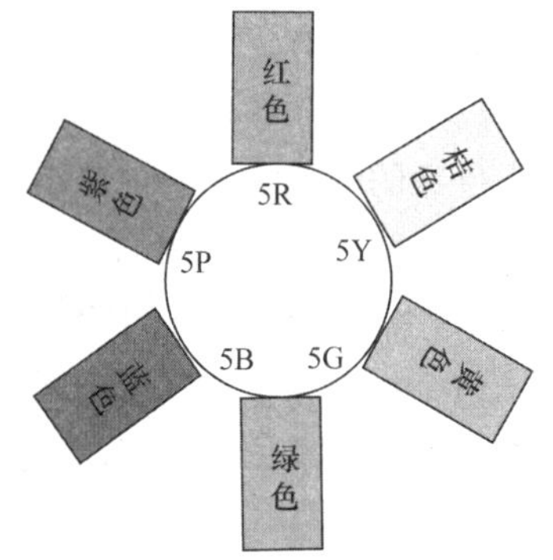

图 6-2　色调的变化（附彩图）

颜料的三原色可以配成各种数不胜数的颜色。每两种原色混合就可得到一种间色，如黄+蓝=绿，红+黄=橙，蓝+红=紫。两种原色混合时，有的颜色多些，有的颜色少些，混合成的复色就带有多原色色相。例如，黄和蓝混合，当黄较多时成为黄绿，蓝较多时成为蓝绿；同理，黄和红混合，会得到黄橙、红橙；红和蓝混合，会得到蓝紫、红紫；而红、黄、蓝加在一起可得到黑色。

2. 明度

明度，也叫亮度、深浅度、光度或黑白度，是人们看到颜色所引起的视觉上明暗（深浅）程度的感觉，是说明从有色物体表面反射能量的数量，是物体的颜色在“量”方面的特性，通常用 L 表示。

明度随光辐射强度的变化而变化，是色彩的第二个最容易分辨出的属性。明度是一种计量单位，它表明某种色彩呈现出的深浅或明暗程度。同一色调可以有不同的明度，如红色就有深红、浅红之分。不同色调也有不同的明度，如在太阳光谱中，紫色明度最低，红色和绿色明度中等，黄色明度最高，人们感到黄色最亮就是这个道理。明度可标在刻度尺上，从黑至白依次排列，如图 6-3 所示。越近白色，明度越高；越近黑色，明度越低。因此，无论哪个颜色加上白色，都可提高混合色的明度；而加入灰色，则要根据灰色深浅而定。

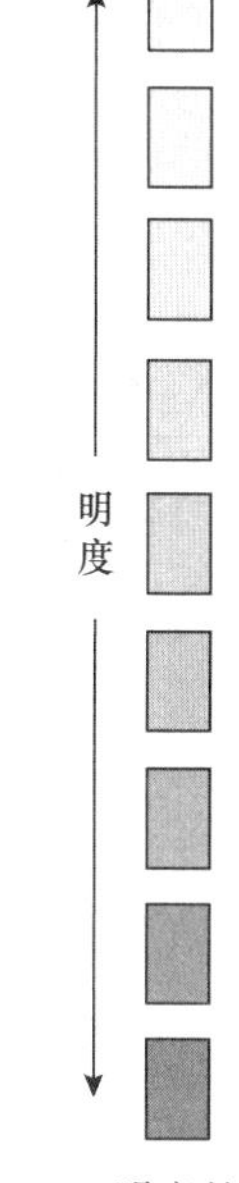

图 6-3 明度的变化

3. 彩度

彩度，也叫纯度、鲜艳度或饱和度，表示颜色偏离具有相同明度灰色的程度，是颜色在心理上的纯度感觉，通常以 C 表示。彩度是色彩的第三个属性，也是一种不易察觉并经常受到曲解的性质。当比较同一色调和明度的两种颜色时，我们才会意识到它的表现形式。进行这种比较时，我们通常会使用“鲜艳”或“黯淡”、“鲜亮”或“浑浊”这样一些词语来进行描述。如图 6-4 所示，在图中央，颜色看上去很黯淡，沿着图中央每向外一步，彩度的值就会相应增加，而颜色看上去也更加鲜亮。当某一颜色浓淡达到饱和，而又无白色、灰色或黑色掺入其中时，即称为正色；若有黑色或灰色掺入，即为过饱和色；若有白色掺入，即为未饱和色。

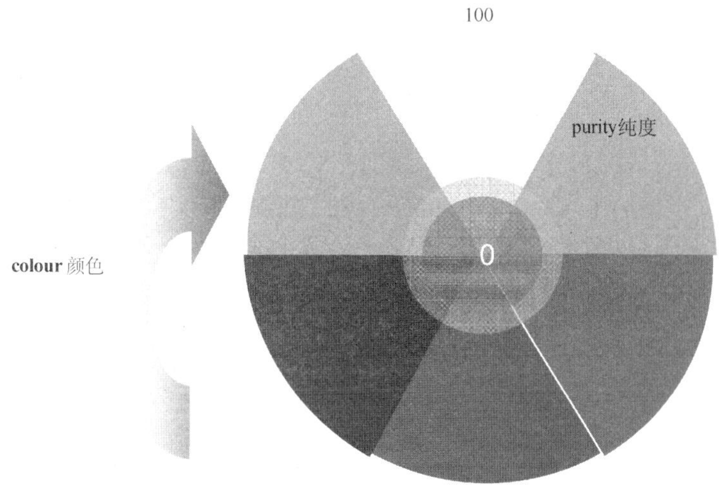

图 6-4 彩度的变化

物体反射出的光线的单色性越强，物体颜色的彩度值越高。每个色调都有不同的彩度变化，标准色的彩度最高（其中红色最高，绿色低一些，其他居中），黑、白、灰的彩度最低，被定为零，称之为消色或无彩色。除此之外的其他颜色称为有彩色，有彩色有色调、明度和彩度变化；无彩色只有明度变化，没有色调和彩度。无彩色从白到黑的黑白层次称为明度等级，从 0～10 共 11 个等级。如果将色调连续起来，并且每个色调均以其标准色为最高彩度等级，再按明度连续变化，则构成了颜色立体球，如图 6-5 所示。由于各色调的彩度值不同，所以实际的颜色立体球并不是标准的球形。

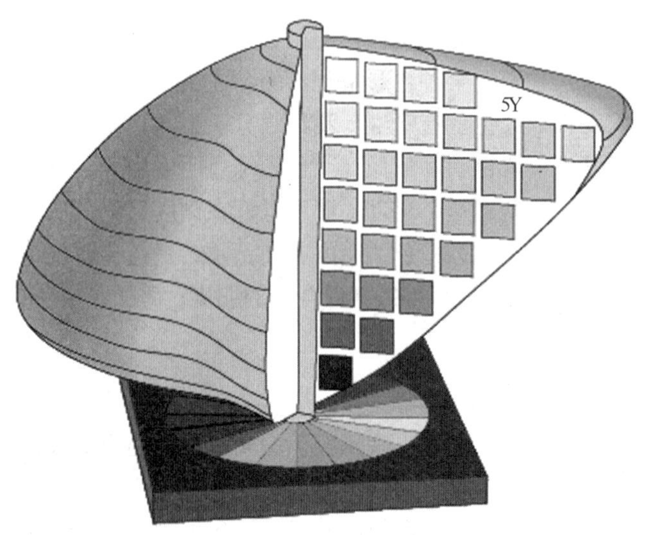

图 6-5　颜色立体球（附彩图）

为了准确地描述某一个颜色，人们发明了颜色三维坐标，如图 6-6 所示。其中，“L”明度，相当于空间三维坐标系的垂直轴（Z 轴），共分 100 个等级；“a”值表示红绿值，相当于空间三维坐标系的 X 轴；“b”值表示黄蓝值，相当于空间三维坐标系的 Y 轴。这样，在颜色三维坐标中的任何一点，均可用 L、a、b 这 3 个具体的数值来表示；同样，任何一组 L、a、b 数值均确切地表示某一种颜色。

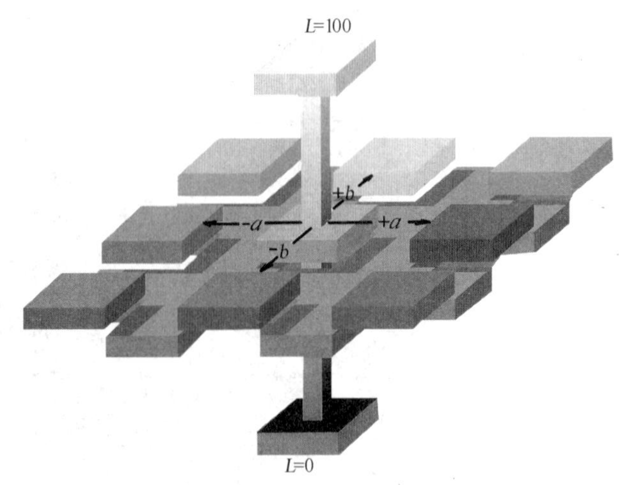

图 6-6　颜色三维坐标（附彩图）

二、颜色的命名

1. 颜色的系统命名

（1）消色（非彩色）类的系统命名规则如下。

色相修饰语+消色基本色名=色名。

色相修饰语分为带红的、带黄的、带绿的、带青的和带紫的；

消色的基本色名分为白色、明亮的灰色、灰色、暗灰色和黑色 5 个等级。

例如，带青的+明亮的灰色=带青的明灰色。

（2）彩色类的系统命名规则如下。

色相修饰语+明度及饱和度修饰语+彩色基本色名=色名。

彩色的基本色名有 10 种：红色、黄红色、黄色、黄绿色、绿色、青绿色、青色、青紫色、紫色和红紫色。

例如，带红的+暗灰+紫=带红的暗灰紫。

色相修饰语有一定的适用范围，一般不能修饰相反色相和相同色相的基本色名。例如，带绿的红色实际不存在，带绿的绿色也不合理。

2. 颜色的习惯命名

通常，颜色以花、草、树木或果实的颜色命名，如玫瑰红、桃红、草绿、荷叶绿、橄榄绿、檀紫、竹叶绿、苹果绿、葱绿、橙黄等。

3. 以动物的特色命名

有时，颜色以动物的颜色命名，如鹅掌黄、鼠背灰、鸽灰、孔雀蓝、蟹青等。

4. 以天、地、日、月、星辰、山水、金属、矿石的颜色命名

有时，颜色以天、地、日、月、星辰、山水、金属、矿石的颜色命名，如天蓝、土黄、月灰、水绿、金黄、银灰、石绿、翠绿、钴蓝、铅白、锌白、湖蓝、石青等。

5. 以染料或颜料色的名称命名

有时，颜色以染料或颜料色的名称命名，如苯胺紫、甲基红等。

6. 以形容色调的深浅、明暗等形容词命名

有时，颜色以形容色调的深浅、明暗等形容词命名，如朱红、蓝绿、紫灰、明绿、鲜红等。

7. 以古今中外词汇中常用的抽象名词或形容词命名

有时，颜色还以古今中外词汇中常用的抽象名词或形容词命名，如酱紫、肉色、枯绿、满江红等。

三、颜色的变化

颜色有数百万个，色群有着它们最基本的颜色，即原色。万千个颜色都是以原色按一定规律混合而调配成的成色。成色之间相互交错混合，产生了色的无穷变化。颜色按照其三属性的基本特征，按有彩色与无彩色的规律进行多种变化，形成无数色的组合。

人对颜色的视觉感是光刺激人的眼睛后，由人的视觉生理本能反应的结果，因此，人能看

到各种颜色。光的波长不同，其强度也不一样，同一种光源却能产生不同的颜色。所以，辨别颜色仅靠人的眼睛是比较困难的。我们必须找出基本颜色，由此进行混合成色，才能使配色有规律可循。颜色的3个原色是红、黄、蓝，因为这3个颜色是用其他任何色也不能调出来的，而将这3个基本色混合可以调配出其他无数种颜色。

（1）三原色。红、黄、蓝是三原色。用色彩的产生及颜色的色调、明度和饱和度来解释三原色，以及两个原色相调并继续再用其中的两个色相相调，如此下去，其颜色的名称含义十分复杂，只能概念性地了解它们的配色与成色的规律，以供配色之用。

（2）间色。以1:1比例将两种原色相调配而形成的一种颜色称为间色。间色也只有3个，即紫色（红色+蓝色）、绿色（黄色+蓝色）和橙色（红色+黄色）。

（3）复色。两种间色混调或三原色按不同比例混调而形成的颜色为复色。

（4）补色。两个原色形成一个间色，另一个原色即为补色；两个间色混调为复色，与其相对应的另一个间色也称为补色。

（5）消色。在原色、复色中加入一定量的白色，可调出粉红、浅红、浅蓝、浅天蓝、淡蓝、浅黄、牙黄、奶黄等深浅不一的多种颜色；加入黑色可调出棕色、灰色、褐色、墨绿等不同的颜色。由于白色和黑色起到了消色的作用，因此将白色和黑色称为消色。

四、颜色的调配

1. 颜色调配的定义

将两个颜色调节到视觉上相同或等同的方法称为颜色匹配或颜色调配，具体到涂料工业便是复色漆的配制，简称配色。

2. 颜色调配的类型

颜色调配有两种类型，即相加混合与相减混合。

（1）颜色相加混合。色光相加后的混合色光，其明度是原来各单色光的明度之和，所以加色混合，明度与饱和度都提高，颜色更鲜艳。例如，彩色电视机的呈色是通过红、绿、蓝三色电子枪将彩色光束射在荧光屏上，依靠颜色叠加而获得各种各样颜色的。

（2）颜色相减混合。色混合的实质是色料的选择性吸收，使色光能量削弱。故色料相加，能量减弱，越加越暗，饱和度下降。涂料呈色就属于这一类。

3. 色彩的基本色

与涂料颜色匹配的三原色是品红、黄和青，而不是通常所说的红、黄和蓝。但是，在涂料配色实践中因为没有品红、青这两种颜色的颜料，所以颜色的配制只能用红、黄、蓝三色来配制，我们把红、黄、蓝称为三基色，将橙、绿、紫称为次级色。这6种颜色构成了一个颜色圆环，称为色环，如图6-7所示。

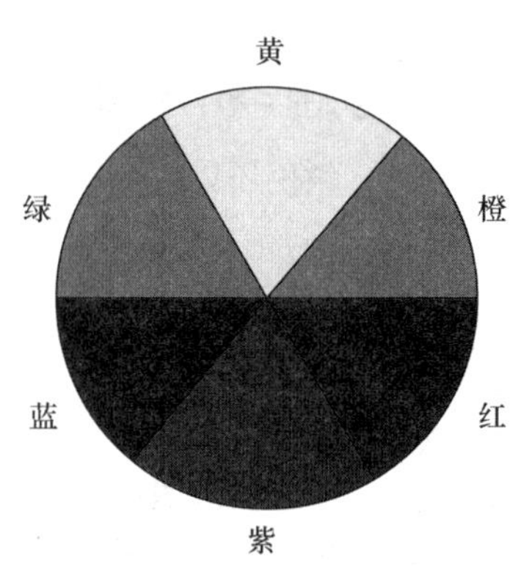

图6-7　色环（附彩图）

色环中，相互对应的颜色称为补色，如红和绿、黄和紫、橙和蓝互为补色，如图6-8所示。

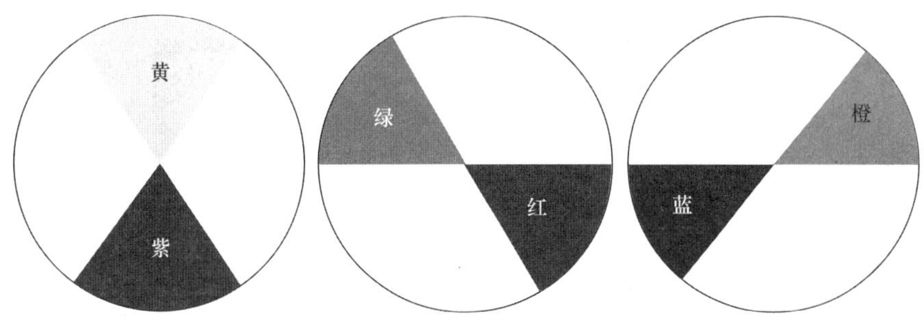

图 6-8　色环中的补色（附彩图）

如果混合两个补色，将得到一个灰暗的颜色，这两个颜色相互减弱对方。所以，在实际调色工作中，尽量不要使用补色。

在从事颜色系统的工作时，需要用到红色、黄色、蓝色、绿色、黑色和白色，这 6 个颜色称为基本色。

4. 颜色的对比

颜色的对比调和需用对比色来进行检验，否则就很难说颜色调和得准确与否。颜色的对比方法有两种：一种是同光谱色对比，即同色调的颜色进行对比，这种方法可采用光泽计、光电比色仪、分光光度计等仪器进行检测对比；另一种是不同色调、不同明度、不同纯度的对比方法，即在没有检测设备、仪器的情况下用目测对比，多数是根据标准色卡相对比，其关键是标准色卡要制作得非常准确。标准色卡以光谱色为标准制作而成。颜色的对比内容包括色调、明度和纯度。对比时所用的色板面积不宜过小，应在具有足够自然光线或人工照明的条件下才能对比得更为准确。

5. 调色的次序

以基本色调配成成色时，要首先找出主色，并依次找出调整时使用的其他颜色，最后才可加入补色或消色。两相近色相调配时，一般都可以调配出鲜艳明快的颜色，其颜色柔和协调。补色是调整灰色调，所有颜色与其补色相调都会调出灰色调，是较为沉着的色调，因此在调配颜色时，补色一定要慢慢地、少量地加入，否则加入量过大则很难再调整过来。消色同样也要慎重、少量、慢慢地加入，一次加入量过多也很难调整过来。复色调整时应将主色与次色弄清楚，按比例顺序逐步加入。用实色调整的颜色应在色调调好后，再调明度，最后调整纯度，使颜色调配时有顺序、有层次、按步骤地进行，这样才能调得又快又准确。

当需要调配某种颜色的涂料时，首先应分析判断是由哪几种色漆组成的，哪种是主色，哪种是副色，拟出配方，再经过认真细致的小样调试对比，找出正确的配比情况，再进行调配。

五、颜色的同色异谱现象

当一对颜色在某一光源下所呈现的颜色是相同的，而在另外的光源下所呈现的颜色有差异，此现象称为同色异谱（亦称为照明体同色异谱）。如果颜色不匹配是由观察者的变化所引起，则这种现象称为观察者同色异谱；如果一对颜色在某一检测角度下相匹配，但角度改变则不相匹配，则这现象称为几何同色异谱。例如，两块板在 D65 光源下对比颜色一致，而在荧光灯下对比却会出现明显的色差，如图 6-9 所示。

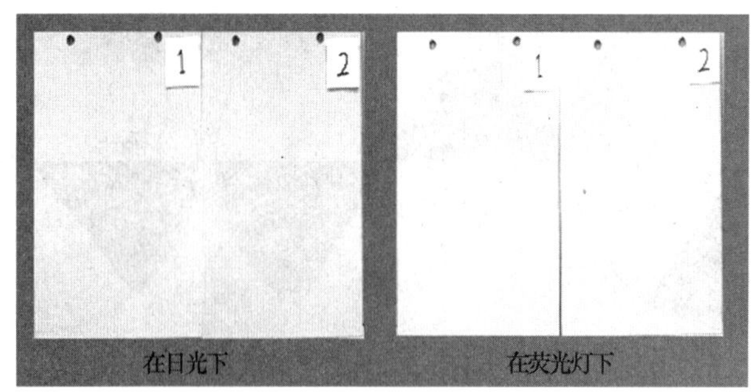

图 6-9　同色异谱现象（附彩图）

人们遇到的物体常处在各种不同光源的照明下，最重要的光源是日光和灯光。照明光源不同，物体的颜色就会有差异，为了统一测量标准，CIE 规定了标准光源。CIE 对颜色的评价是在它规定的光源下进行的。D65 光源、A 光源、F 光源等为 CIE 规定的标准光源。所以，在天气情况良好的前提下，调色的最佳时间是上午 10 到下午 3 点。当太阳光线的条件不具备但仍需要调色时，就要使用 CIE 规定的标准光源进行颜色对比，使所调颜色尽可能准确。

六、素色漆的光谱特性

在汽车涂装中，汽车面漆的颜色可分为素色（也称为本色、纯色）和金属色（也称为闪光色）两大类。素色按其色彩又可分为有彩色（指红、黄、蓝、绿等带有颜色的色彩）和无彩色（指白、灰、黑等不带颜色的色彩）。闪光色也可细分为金属闪光色和珠光色，并有彩色化的倾向。

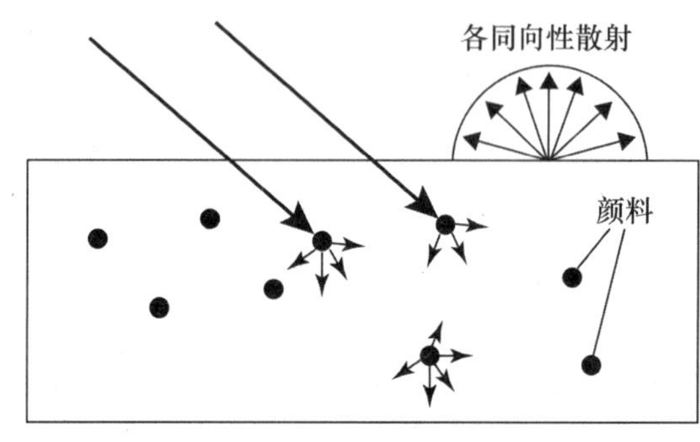

图 6-10　素色漆的光谱特性

素色面漆是用一般着色颜料配制的面漆，其着色均一，漆膜不透明。光线照射到素色漆漆膜表面，颜料对其选择性吸收后，再经过颜料颗粒散射到各个方向，如图 6-10 所示。只要在入射光的一侧观察，观察的角度对颜色影响就不大。一般取 45° 作为对比颜色的观察角度。

七、色母

色母是涂料生产厂家提供的调色的基本原料。厂家会将各种色母编好号码作为该色母的代号，形成一个系列，各系列之间的色母不能通用。例如，德国“鹦鹉”牌汽车漆 22 系列代表素色面漆色母；55 系列代表金属面漆色母；90 系列代表水性漆色母。

八、颜色配方

涂料的调配可分为重量制与容量制两类，其特性对比见表 6-1。车身涂料大部分都是采用重量制来调配的，但是包装都以容量（L）为单位。

表 6-1　重量制与容量制调配涂料法特性对比

项目	重量制	容量制
容器选择	漆料倒入放在天平秤上的容器内，无需特殊容器	涂料倒入容器直到预告设定的容积记号，也有用压缩空气警示系统代替记号的。两者均需使用平底且在可用高度内均有一横断面的容器
重量、容量到达所需值时的操作	操作员倒漆时，应注视天平指针（或数字）。需要小心，决定何时停止的技巧则靠经验。电子秤可使此操作变得较容易	操作员注视涂料水平面，在到达刻度时停止倾倒。刻度在小容器内部时，不易观察。加装液面表可帮助操作，但操作人员的反应快慢仍会影响效果

车身涂料的颜色大都是通过几种色母按比例混合后获得的，所使用色母的比例，即为该种油漆的颜色配方。混合 1 L 涂料需要的配方称为标准配方，表 6-2 所示为 BASF 牌汽车修补漆的一个标准配方。标准配方中包含 1 L 单量配方（各个色母后的容积数代表其实际容积）和 1 L 累积配方（色母后的容积数为本身和以前色母的容积和）。还需要注意的是，在配方中涂料是按体积计算的，而色母的加入量是按质量计算的。由于涂料的体积比例与质量比例几乎是正比关系，所以在实际操作中虽然按质量比调配，但最终获得的颜色是一致的。

涂料供应商提供的都是标准配方，在实际工作中可以根据需要调的油漆量，按比例去调整。例如，需要调 LB5N 油漆 0.2L，需要将配方中所有色母的量除以 5 得到 0.2L 油漆的配方。

表 6-2　色卡背面的标准配方

色号：LB5N		
车色：珠光靛蓝（偏浅红）		
车型：捷达/宝来		
色母	1L 单量	1L 累积
35-M00	267.6	267.6
35-M1510	331.1	598.7
35-M351	172.1	770.8
35-M1910	61.0	831.8
35-M1540	45.9	877.7
35-M1920	33.3	911.0
35-M1120	9.8	920.8
35-M1010	1.0	921.8

九、调色工具

1. 色母特性表

由于素色漆不存在随角异色的问题，所以对素色漆色母特性我们只要能判定出它的色相、明度与饱和度就可以了。为了调色方便，油漆经销商都会提供配套的色母特性表（也叫色母挂图），图 6-11 所示为德国“鹦鹉”汽车修补漆 22 系列色母特性表，从表中能很容易地找到各个色母的特性。其中 M326、M43、M40、M68、M52、M30 分别为红、橙、黄、绿、青、紫 6 种基本色母，它们的色相最纯，饱和度最好。色母挂图的中心明度最低。这样就能很容易判定出其他任何一个色母的特性，如色母 A146 为偏绿黄。

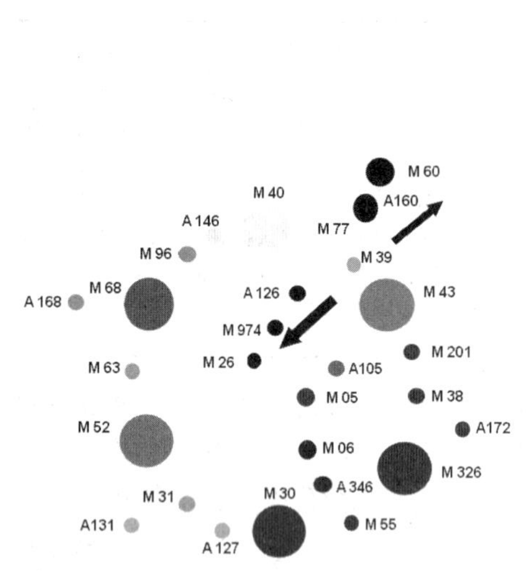

图 6-11 “鹦鹉”漆 22 系列色母特性表（附彩图）

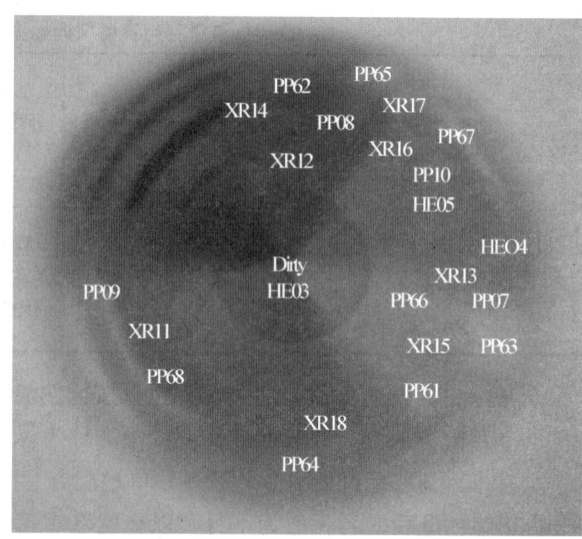

图 6-12 PPG 的色母特性图（附彩图）

各涂料生产商提供的色母特性图表形式不一样，但基本原理是一样的。图 6-12 所示为 PPG 公司提供的色母特性图。

2. 标准色卡

色卡根据车辆的产地分成几册，有国产车色卡、欧美车色卡、日本车色卡等，图 6-13 所示为 BASF 公司提供的国产汽车色卡册（也称色卡扇）。每一册又根据车辆制造商或颜色组别分类，如国产车色卡里根据厂名分为上海大众车色卡、一汽丰田车色卡、北京现代车色卡等，可根据车型去查找需要的颜色。色卡的正面是标准油漆小样和颜色代号，背面为对应的油漆配方。

3. 电子秤

如图 6-14 所示，电子秤为精确的称量工具，其精确度为 0.1 g。调色时利用电子秤称量颜色配方中各色母的质量。

图 6-13 色卡册（色卡扇）

图 6-14 电子秤

4. 试板

为了进行颜色对比，需要喷涂试板。汽车维修业常用扑克牌作为试板，因为是纸质材料，与实际车身板件相差较大，而且面积太小，故易产生调色误差。标准的试板也有不同的形式，其材料均为钢板，表面已喷涂了底漆，并且有黑色条纹（有的为黑白相间的方格），如图 6-15 和图 6-16 所示。

喷涂试板时，最好选择有条纹的一面，要求喷涂面漆的厚度使黑白底色达到完全遮盖，即正面、侧面观察均看不出底漆的黑白颜色。

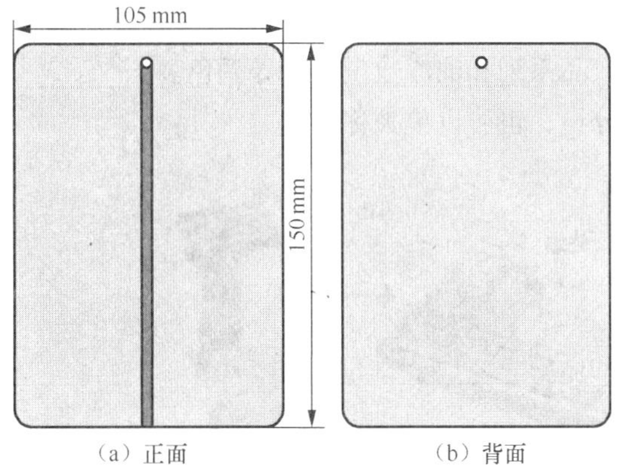

（a）正面　（b）背面

图 6-15　标准试板样式一

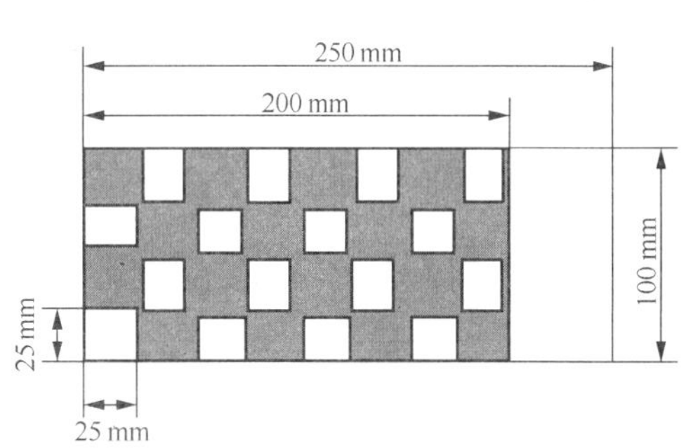

图 6-16　标准试板样式二

5. 配色灯

车间的光线有时不能满足比色的需要，因此，调漆间有必要配备配色灯。配色灯是以标准光源为基础制作而成，形式多样。图 6-17 所示为简单的配色灯外形图。

精确的比色，需要将试板与标准板（车身板）在不同的标准光源下对比，所以还应配备标准比色灯箱，如图 6-18 所示。常用的配色灯箱有 3 种光源，即白炽灯光源、相当于午间太阳光的光源和 D65 光源，如图 6-19 所示。

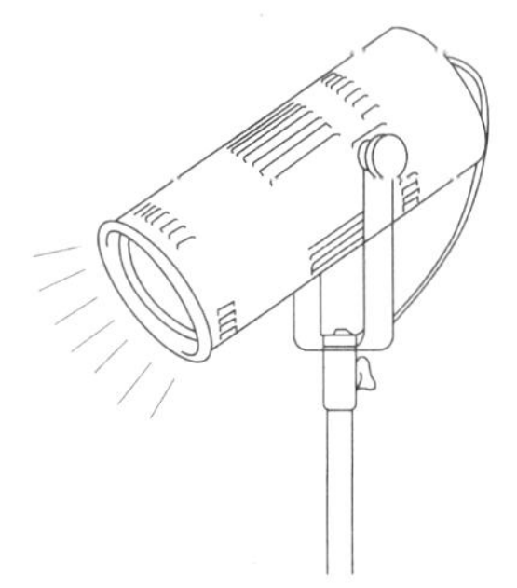
图 6-17　配色灯

图 6-18　标准比色灯箱

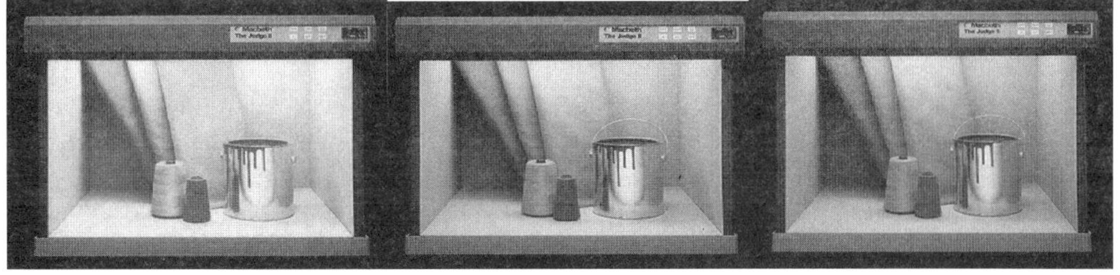
（a）白炽灯　（b）午间太阳光　（c）D65 光源

图 6-19　标准比色灯箱的 3 种光源效果（附彩图）

6. 电脑调色工具

如图 6-20 所示，电脑调色工具由颜色光盘、光盘读取器、终端、专用电子秤等组成。

（1）颜色光盘软件由涂料生产商提供，软件内包含所有本品牌涂料的颜色说明、调色配方以及国际代码、厂商代码、生产代码等颜色信息，并且会定期更新，以适应车身颜色变化的需求。

（2）光盘读取器读取颜色软件内的数据，连接终端。

（3）终端连接读取器，显示操作界面，选择产品系列和油漆数量，指导调色。

（4）专用电子秤与终端相连，通过终端确定分量，也可以单独称量。

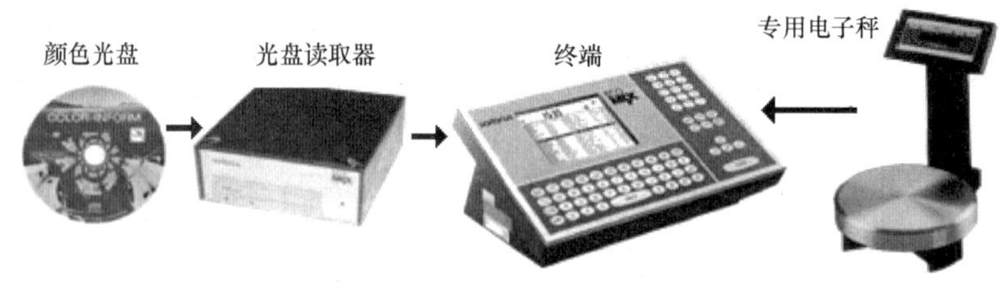

图 6-20　电脑调色工具

7. 其他调色工具

调色时，为了喷涂试板，还需要调漆杯（罐）、调漆比例尺、搅拌棒、烘箱等。

（1）调漆杯（罐）最好使用铁质或塑料制成，且高度方向为上下等粗，如图 6-21 所示。但如果颜料杯的外表面带有容积刻度，则一般制成上口大底部小的形状，如图 6-22 所示。

图 6-21　调漆杯（罐）

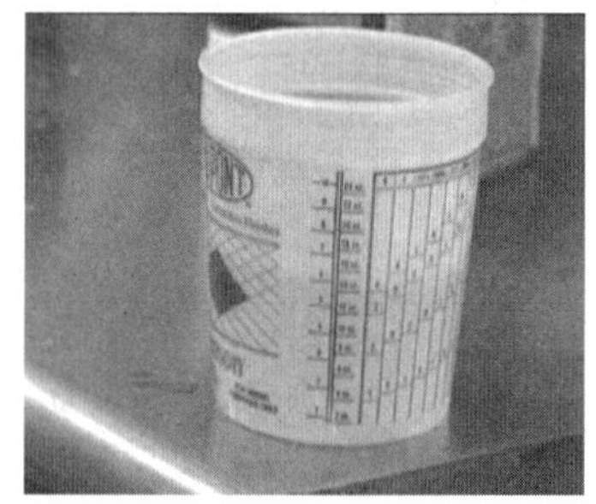

图 6-22　带容积刻度的调漆杯

（2）搅拌棒最好使用专用的，实际调漆中经常使用比例尺来代替搅拌棒，如图 6-23 所示。

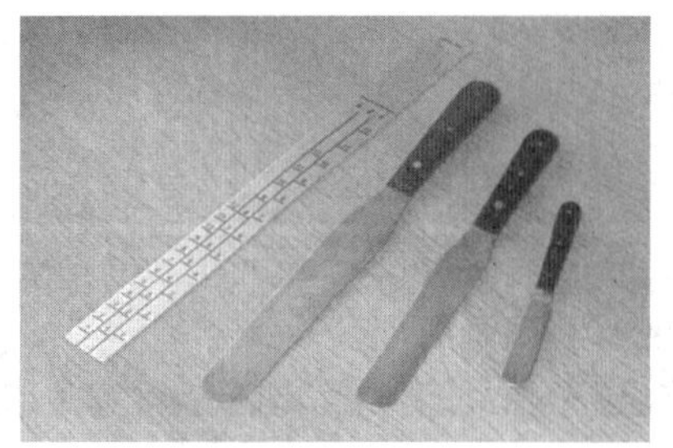

图 6-23　搅拌棒与比例尺

图 6-24　烘箱

（3）烘箱是一种强制烘干试验样板的烘干设备，如图 6-24 所示。

十、调色工艺的流程

调色的工艺流程如图 6-25 所示。

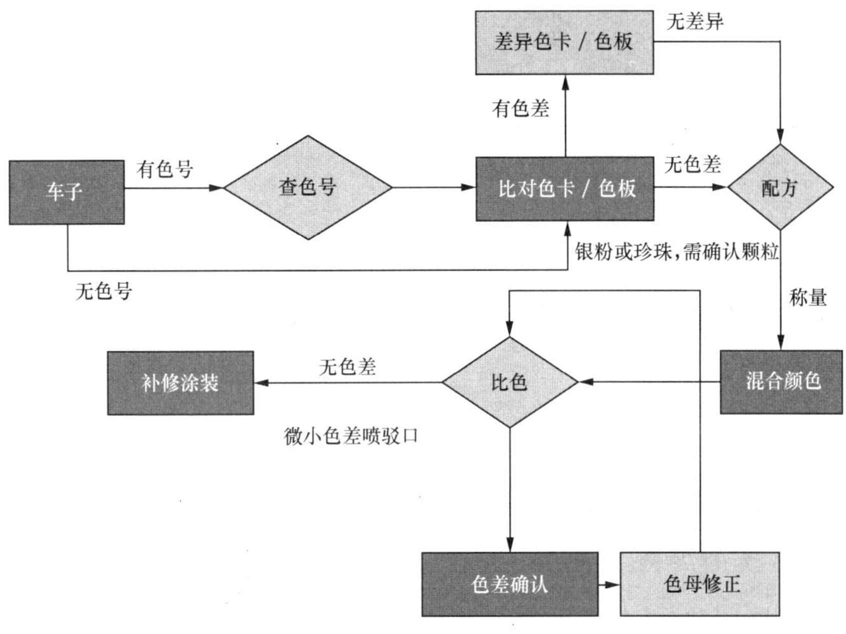

图 6-25　调色流程图

技能学习

劳动保护与安全注意事项

调色的劳动保护与安全注意事项与底漆的喷涂相同。

一、准备工作

1. 喷板的准备

（1）如果喷板有涂层或锈蚀等，需用 P600 的砂纸打磨。

（2）对喷板进行除尘与除油操作。

2. 电子秤的准备

（1）水平放置电子秤，避免高温、振动，将电子秤的电源插头插入相应的插座内。

（2）打开电子秤总电源的开关，按下电子秤的电源键，暖机 5 min，如图 6-26 所示。

（3）按下归零键，如图 6-26 所示。

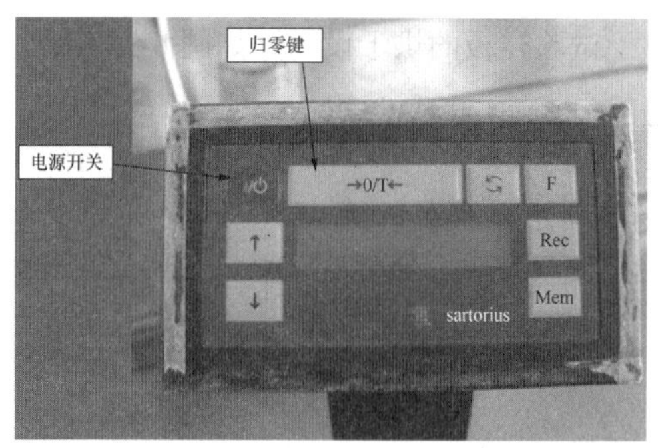

图 6-26　电子秤通电预热

3. 色母和工具的准备

（1）色母已搅拌均匀。

（2）色母的数量足够。

（3）调配涂料的罐是干净的。

（4）搅拌尺已准备好。

二、操作流程

1. 查找汽车涂层颜色的资料

对于部分车型，可以通过原厂提供的涂装资料，来确定涂料的品种、涂层层次的关系、相配套的修补所需的涂料及涂装工艺等；但对于部分车型尤其是大部分进口车型，由于品种复杂，车身涂层的资料往往很难获得。

对于大部分车型，特别是进口车型，车身铭牌上都标有涂层的代码。涂层代码包括该车车身及其某些部位的涂层代码。根据这一代码，通过胶片、色卡或电脑资料即可找到涂层信息。所以，通常在进行调漆之前，都要在车中找到所需颜色的编号。

各汽车公司生产的不同型号汽车，其油漆代码标志的位置也不相同。例如，查找“宝马”汽车油漆代码时，通常在发动机舱左（右）前纵附近或水箱支架上，如图 6-27 所示，其油漆代码为 303。

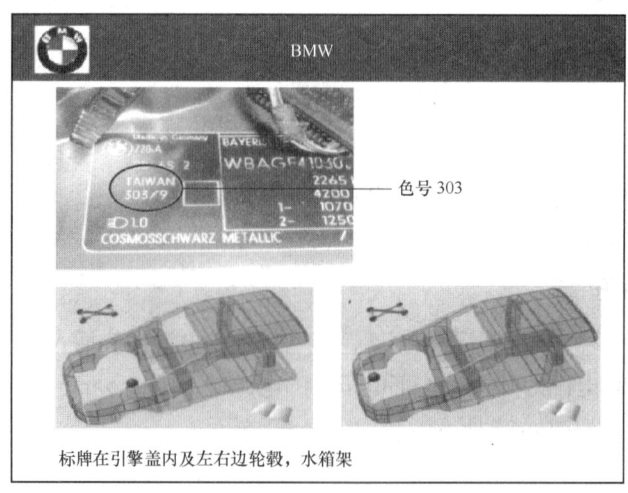

图 6-27　“宝马”汽车的油漆代码标注位置

注意

在同一台车上的不同位置均可能找到油漆代码，查阅时应仔细观察。通常在汽车铭牌上的油漆代码为主车身颜色代码，其他位置则表示车身其他部位的颜色代码（如保险杠、内饰、仪表台等）。

2. 有颜色代码的调色程序

如果能够找到涂层颜色代码（如查得代码为A4D），则应按下述程序进行调色（以德国"鹦鹉"漆为例）。

（1）查阅配方，方法如下。

① 按所查得的油漆代码 A4D 找到相应的色卡(或色卡组)。

② 将要修补区域附近且颜色一致处用抛光蜡抛光，如图 6-28 所示。

图 6-28 抛光

③ 从色卡组中找到 A4D 的色卡。

④ 将所选的色卡与车身颜色相对比，如果颜色很接近，则选定该张色卡；如果所选的色卡颜色与车身颜色差异较大，可在 A4D 色卡的差异色（相似色）中找到最接近的色卡。

⑤ 从色卡的背面读取配方，并根据实际需要调配的油漆量，重新计算配方。如需要调 0.1L A4D 油漆的配方，见表 6-3。

表 6-3 A4D 油漆配方

颜色代号：A4D/北极白（偏深黄）			
车型：马自达 6			
色母	1L 累积/g	1L 单量/g	0.1L 单量/g
522-M0	198.4	198.4	19.80
22-M60	1169.2	970.8	97.10
22-A105	1227.1	57.9	5.79
22-A126	1266.4	39.3	3.93
22-A131	1278.1	11.7	1.17

参考色卡时需要注意以下 3 点。

① 所有色卡都是用自动喷涂机喷涂的，喷涂的效果与手工喷涂的效果肯定不同。但由于手工喷涂的灵活性，有时可以通过施工者改变喷涂的方式，就能得到色卡所显示的颜色。

② 在比较色卡和车身颜色时要考虑到所有造成误差的因素，因为一个色卡与车身完全相符的情况发生的概率非常低。

③ 调配素色漆时，选择色度和明度比车身颜色高的色卡，在这个色卡的配方基础上调色。因为素色漆很容易从鲜艳、明亮向灰暗方向调整；调配金属（珍珠）漆时，找一个侧面稍暗的色卡或一个正面偏亮、侧视偏暗的色卡，在这个色卡的配方基础上调色，很容易通过加大控色剂或白色将颜色校正过来。

（2）计量添加色母，方法如下。

① 最好在电子秤座上垫一张纸，将调漆杯放于纸上。

② 按配方所列色母的顺序添加色母，522-M0 → 22-M60 → 22-A105 → 22-A126 →22-A131，如图 6-29 所示。

图 6-29 计量添加色母

在添加色母时，最好首先倾斜漆罐，然后逐渐拉操纵杆，让色母慢慢倒出。如果先拉操纵杆，那么当漆罐倾斜时，可能有大量色母立即倒出。为了在倾斜末尾进行精细调整，必须小心操作操纵杆，以控制色母流量，如图 6-30 所示。

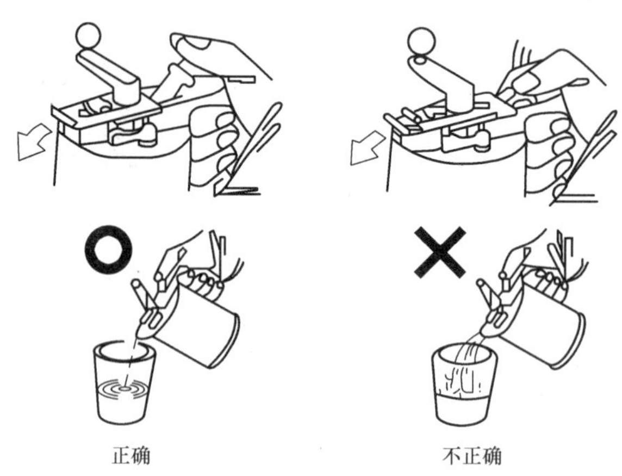

图 6-30 倾倒色母

虽然各种色母的质量因颜色而异，但是通常情况下，一滴色母的质量大约为 0.03 g，三滴的质量在 0.1 g 左右。根据这一情况，在添加用量较少的色母时一定要仔细称重，尤其是色母量少的色母添加时更要注意。通过表 6-4，不难发现用量少的色母的添加误差对配方颜色的影响很大。

表 6-4 量少的色母的添加误差对配方颜色的影响

色母	累积/g	单量/g	多加量/g	所占比例/%
M0	198.0	198.0	+ 0.1	0.050
M60	1230.1	1032.1	+ 0.1	0.009
A105	1275.6	45.5	+ 0.1	0.220
M26	1302.2	26.6	+ 0.1	0.380
M77	1306.7	4.5	+ 0.1	2.222

在添加完所有色母后，要用搅拌棒或比例尺混合涂料，以产生均匀的颜色。如果涂料粘到容器的内壁，则要用搅拌棒刮下涂料，以防产生色差。

注意

如果配方中各色母给出的质量值不是累加值，则每次添加一种色母后，应将电子秤归零。除了第一个添加的色母外，如果添加了过多的色母，则需要重新调配，否则应进行麻烦的配方计算。

计量添加色母时应注意以下几点。

① 有把握时可以一次调够数量，没有把握时应先根据配方调出小样。

② 对某个色母数量没有完全把握，可以先少加点，即遵循“宁少勿多”的原则。

③ 应该把电子秤放在稳定的桌面上，以减少因为振动引起的误差。

④ 尽量减少空气对流，如风、人员走动、门窗开关等，以防止对电子秤的准确性造成影响。

⑤ 注意电子秤精度的影响。现在修补涂装用的电子秤精度都是 0.1 g，第二位小数部分看不到，需要操作者在心里估算。电子秤不具备四舍五入的功能，如 0.17 g，电子秤显示为 0.1 g，所以实际的质量一般比显示的质量大。因此，在理论上要准确调配一个配方，每个色母的最小加入量应该在 0.5 g 以上，当配方量放大到 1 L 的配方时，颜色也是准确的。

⑥ 注意使用累积量和单量的区别。很多调漆人员有每次加完色母后未将电子秤归零的习惯。这样，每次的误差不断积累起来，后面所加的色母会偏少。例如，涂料的质量为 8.19 g，显示为 8.1 g，这时只要滴加一滴色母，电子秤立即显示为 8.2 g。这种差量虽然不大，但在加入少量对颜色影响较大的色母时，误差就会很大。

（3）湿比色。将搅拌均匀的涂料涂在一张纸板片上，在自然光中仔细观察颜色情况，要从色相、明度和彩度 3 方面与待调配的标准色板进行比对，确定应补加的微调成分及其质量（做好记录）。也可借助搅拌棒（或调漆比例尺）上黏附的涂料与标准色板（或车身）进行湿比色，如图 6-31 所示。

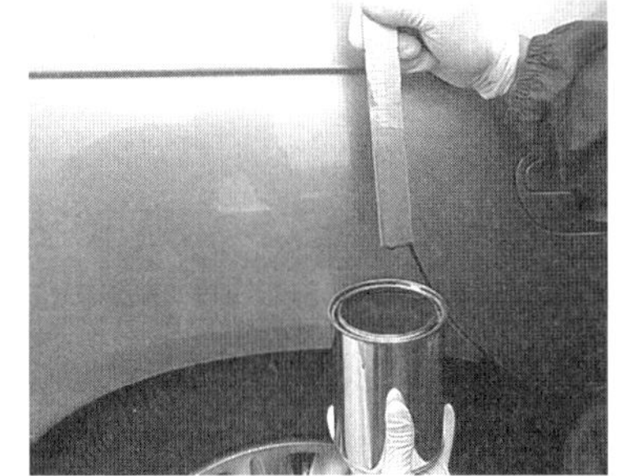
图 6-31 湿比色（附彩图）

比色时需要注意以下几点。

① 在光线充足的地方，最好在室外不受日光灯、装饰物、树木的反射光影响的地方。

② 不要在阳光直射或光线不足时检查颜色。

③ 当不得不在日光灯或烤房内检查颜色时，注意分辨色差和颜色异构之间的区别。

④ 存在微小色差时，正确判断哪些是不得不微调的，哪些是可以利用喷涂方式解决的。

⑤ 充分考虑周围的影响因素，如墙壁、车辆等；还要考虑车身修补区域的影响因素，如遮盖膜、氧化、老化、失光等。

⑥ 以第一次印象为准，盯视时间越长，越难以判断。

⑦ 涂料干燥后，颜色会变深。

（4）微调。电子秤微调的操作方法如下。

① 在电子秤上，按确定的微调成分逐项进行微调。

② 在自然光中观察颜色微调情况，边观察边进行微调，直到感觉满意为止。

（5）喷涂试样。喷涂试样的操作方法如下。

① 按规定比例加入固化剂、稀释剂，调整黏度到符合要求为止。

② 喷涂试板，如图 6-32 所示。

图 6-32 喷涂的试板

喷涂试板时，应完全按照涂料生产商建议的喷涂参数进行，如喷涂气压、距离、层数等，各道喷涂之间应有适当的闪干时间。

（6）烘干试样。烘干试样的操作方法如下。

① 插好烘箱的电源线。

② 打开烘箱门，将喷涂的试板放在栅架上，关好烘箱门。

③ 在烘箱的操作面板上打开电源开关，如图 6-33 所示。

图 6-33　烘箱的操作面板

④ 设定烘烤温度。如图 6-34 所示，按“测温/预置”按钮，调节“设定/调节”旋钮，同时观察温度显示窗，直到调整到需要的温度（参考涂料的说明书，通常为 70℃）为止。然后，再按一次“设定/调节”按钮，使按钮处于高起位置（测温位置），此时温度显示窗显示当时烘箱内的温度，并随时间逐渐增长直到所设定的温度（“恒温”指示灯亮）。

图 6-34　设定烘箱温度

⑤ 打开鼓风机开关和加热开关进行加热烘烤。通常达到“恒温”后再烘烤 10 min 即可。

⑥ 关闭“加热”开关，打开烘箱门，取出试板。

注意：不要立刻关闭鼓风机和电源开关，以给烘箱足够的冷却时间。在取出试板时，需戴手套，以防烫手。

（7）干比色。在用试板与车身颜色进行对比时，一定要认真仔细，并且最好在自然光中进行，如图 6-35 所示。

图 6-35　利用自然光比色

图 6-36　比色箱（附彩图）

干比色也可在可重现自然光的比色箱内进行，如图 6-36 所示，更精确的则要在几种标准光源下对比。要等喷涂的试板干燥后再进行对照，从不同的方向观察对比。维修厂施工时，由于考虑施工进度，往往试板还没有干燥好就进行对比。试板上实际为湿色，而车身上为干色，以此对比的结果是不准确的。

人们对颜色的感觉会受到被观察物体周围环境的影响，如将一块灰色纸片放在白色背景上看起来发暗，而放在黑色背景上则看起来发亮；同时，也会受到观察者观察前眼睛观看过其他颜色历史的影响（当然是很短时间以前的历史）。例如，刚看过鲜红色，移开眼睛至白色底板上，就会感觉看到原物体绿色的影子。

因此，在做汽车涂料配色工作时，一定要保证比色时没有受到环境的影响，所看的颜色是真实的，是有实际参考价值的，这一点非常重要。图 6-37 中白车的右后部须修补，对于调色工作，其中有 6 处错误分别是：调色人员黄色的工作服、后部的蓝色墙面和黄色的发动机罩、左侧红颜色的汽车、红外线烤灯以及选取的对比颜色的位置。

（8）微调颜色。如果颜色的比对结果表明，所调颜色与汽车的颜色不一样，则必须鉴定出应添加哪一种色母，继而添加该色母以获得理想结果，这个过程称为“精细配色”或“人工微调”。这是一个比较和添加涂料的循环，此循环一而再、再而三地重复，直至获得理想的汽车颜色。

图 6-37　环境对调色的影响（附彩图）

将选择好的色母计量加入配色涂料，并用搅拌棒进行颜色比较，利用试杆施涂法，使新涂层重叠于部分以前的涂层上，这样可以显示出变化的程度或者添加色母的效果。如果还没有获得理想的颜色，再一点儿一点儿地添加选择的色母，然后进行试杆施涂和颜色比较。在用该种色母进行精细配色完成后，再找出涂料所缺的另一种颜色。

确定涂料颜色调配的接近程度，是一项困难而重要的决定。虽然涂料的颜色越接近汽车的颜色越好，但是在实践中有一个点，达到此点便可认为颜色已经够接近了。最好能用比色计，用数字表示颜色相差的程度；如果没有比色计，那么就必须靠双眼，让尽可能多的人来帮助进行鉴定，最后得出结论。

在进行颜色微调时，应详细记录所加的每一种色母及质量。当微调完成后，便获得了一个新的配方，见表 6-5。在正式喷涂需大量调漆时，按此配方调色即可。

表 6-5　A4D/北极白微调后的配方

颜色代号：A4D/北极白（偏深黄）

车型：马自达 6

色母	1L 累积/g	1L 单量/g	0.1L 单量/g	微调量/g	最终单量/g
522-M0	198.4	198.4	19.80		19.80
22-M60	1169.2	970.8	97.10		97.10
22-A105	1227.1	57.9	5.79	+0.6	6.39
22-A126	1266.4	39.3	3.93		3.93
22-A131	1278.1	11.7	1.17	+0.2	1.37

（9）恢复标准配方。由于微调时加入的色母质量很少，微调后油漆的体积仍然近似于1 L，所以只要把获得的新配方恢复成1 L配方即可（即将0.1 L单量各乘以10），保存好留作以后碰到相似情况直接拿来使用。这样积攒的配方多了，便可以将它们装订成册，作为自己的色卡使用，以便方便快捷地进行准确的调色。

（10）收尾工作。清洗喷枪，清理工作台及使用的工具。

3. 没有车身颜色代码的调色程序

若未能找到颜色原厂编号，则可按下述程序进行调色。

（1）选出有关的汽车制造商色卡盒，如图6-38所示。

图6-38 选出汽车制造商色卡盒

（2）选出合适的颜色色卡组，如图6-39所示。

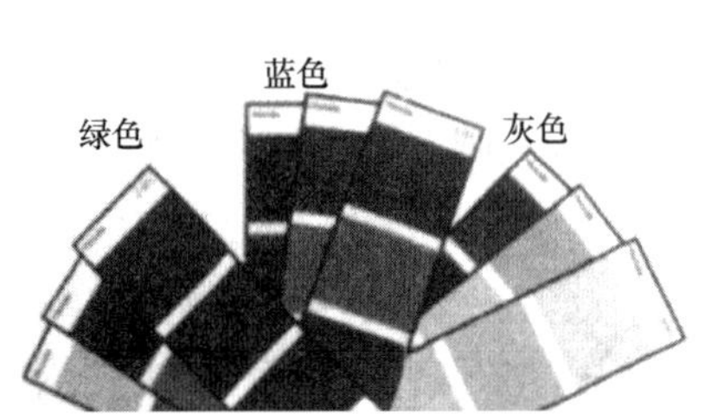

图6-39 选出合适的颜色色卡组

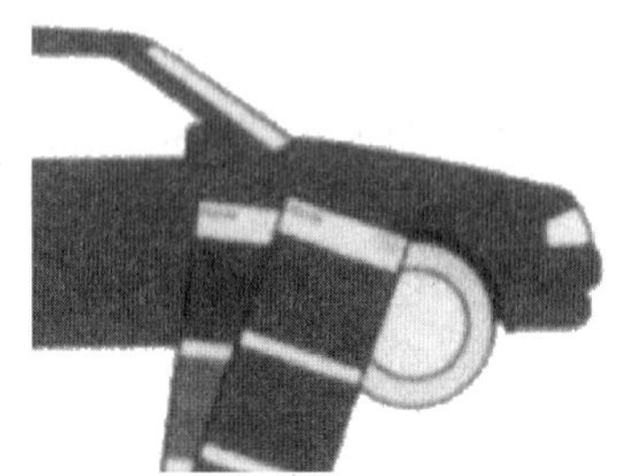

图6-40 对照车身选出最吻合的颜色

（3）用颜色近似的色卡逐一与车身对照，选出最吻合的颜色，如图6-40所示。

（4）从色卡背面读取配方。

（5）按配方指示进行调色。

调色时还应注意以下几点。

① 不同的汽车制造商或涂料制造商所提供的色卡有所不同，有的色卡背面有配方，有的无配方。对于没有配方的色卡，其背面往往标有特定的字符代号或条形码，可通过代号或条码阅读器，在调色电脑上读取配方。

② 调色过程中所用的工具和盛具，必须保持干燥清洁，不得带有杂漆、水分、灰尘等杂质。

③ 调配双组分色漆时，应根据涂装用量，现用现配，用多少配多少。调色后的涂料应在产品规定的时间内用完，以防固化造成浪费。

④ 调配双组分色漆时严禁接触水分、酸碱、油污等物质。

任务二 金属漆的调色

【学习目标】

1. 能够正确描述金属漆的随角异色现象。
2. 能够正确解释金属漆方向性的原因。
3. 能够正确描述珍珠漆的显色原理。
4. 能够查询金属漆色母特性。
5. 能够进行金属漆的调色。
6. 能够进行金属漆的颜色评价。
7. 能够注意培养良好的安全、卫生习惯及团队协作意识。
8. 能够检查、评价和记录工作结果。

任务分析

金属漆也称为金属闪光色漆，是在物件表面均匀地涂覆含有铝粉等金属颜料的涂料，得到金属光泽色调的涂层。

汽车面漆涂装要求高装饰性（高鲜映性、高亮度、高闪光、彩色化）。随着金属闪光色和珠光色面漆汽车的逐年增多，金属漆涂装在轿车涂装中已超过 50%。涂金属闪光色面漆的汽车虽然价格较本色漆汽车要高几千元，但却发展得很快。由此，金属闪光色面漆普及应用到微型车、中巴、大客车车身的涂装，重型汽车驾驶室采用金属闪光色面漆也占有一定的比例。

相关知识

一、金属闪光色

汽车车身用的金属闪光色面漆的漆膜一般是由含有随角异色效应的颜料（最典型代表是铝粉，如图 6-41 所示）的底色漆层和罩光层组成。罩光层又有透明无色罩光层和着色透明罩光层。为提高底色涂料的遮盖性，在涂底色涂料之前涂装采用与底色涂料颜色相近的中涂涂料（又称色封底中涂）。由上述的多种组合，可形成色彩多样、灿烂夺目的金属闪光色。

图 6-41　含有铝粉的漆膜（附彩图）

1. 随角异色效应

金属闪光色面漆漆膜不同于本色面漆漆膜的一个显著特点，就是具有随角异色效应（也称为颜色的方向性），即随观察角度的变化而呈现不同明亮度及色彩。如图 6-42 示，在观察金属闪光色漆膜的场合，随目视点 A 和 B 而产生明度差，这种变化的程度称之为随角异色效应性（FF 值），目视点 A 是正面反射光，明度高（称为最大亮度），目视点 B 的反射光明度低（称为底色），其落差就为 FF 值。

2. 金属色面漆漆膜的光学特性

金属闪光色漆膜的光学特性如图 6-43 所示，透过清漆漆膜的入射光经过颜料的选择性吸收、颜料颗粒的散射、镜面反射和金属与珠光片的边缘发生漫反射后，到达人眼，而得到闪耀的金属光泽感。

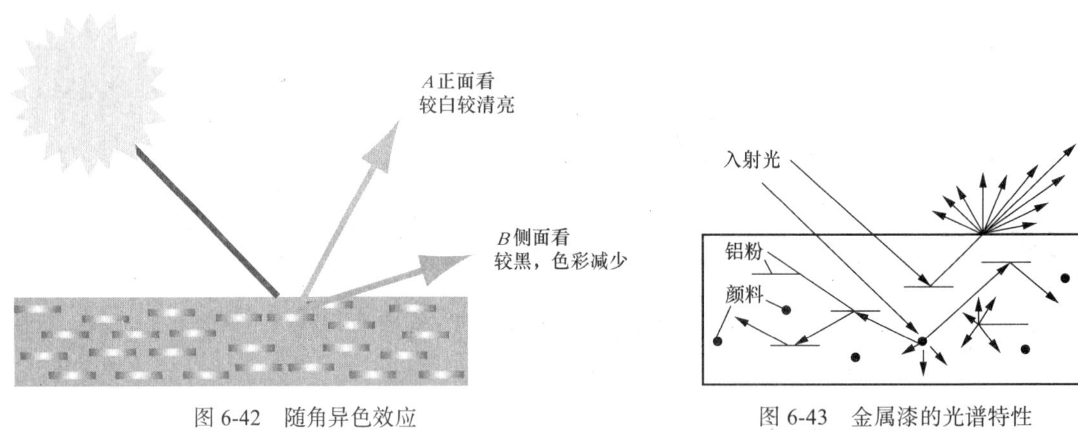

图 6-42　随角异色效应　　图 6-43　金属漆的光谱特性

金属闪光色与本色的不同之处是闪光漆膜的扩散反射光少，正反射光强，随着观察角度的变化，漆膜的颜色随之变化，具有颜料的方向性（随角异色性）。而本色漆膜是以在漆膜内部多次反射的散射光为主体的。

3. 金属闪光色方向性的原因

具有方向性的金属漆，往往正视色和侧视色有所差别。如图 6-44 所示，正面看呈现偏紫的银灰色，侧面看呈现粉红色。

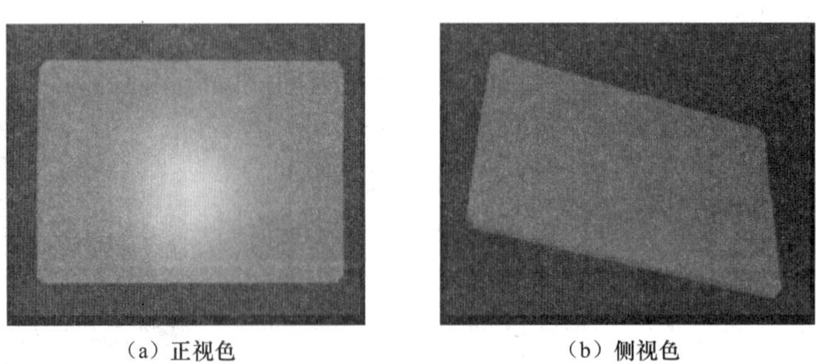

（a）正视色　　（b）侧视色

图 6-44　金属漆的方向性（附彩图）

金属闪光色的调色之所以难，是因为随观察方向的变化，已经调得一致的颜色会呈现出色差。如图 6-45 所示，将一辆涂装了橄榄色和绿色调制的金属闪光漆膜的汽车置于阳光下，发动机罩 A 处朝阳，挡泥板 B 处背阴。在这种情况下，A 处看起来红中带黄，B 处看起来是绿色。如果对此漆膜进行修补，采用的颜料组合是印第安红和正绿，调出的色彩在 A 处合上了，在 B 处却完全合不上，或者在 B 处合上了在 A 处完全合不上。这是因为原来的漆膜所用的原色方向性强，而修补的原色方向性弱。

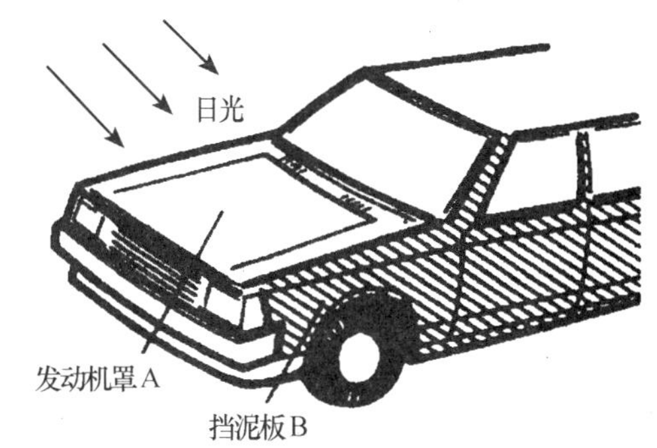

图 6-45　橄榄色和绿色调制的金属闪光漆膜的方向性

同样的现象，在某种蓝色金属闪光涂料中也存在。橄榄色和绿色调制的金属闪光漆膜在阳光直射下，带很浓的绿色感，背阴处又有很强的红色感，这种现象还随蓝原色的不同，以及与其组合的其他原色的不同，出现某种程度的差异。

引起金属漆产生方向性的根本原因是铝粉粒子的存在。铝粉粒子的平面部分有强烈的镜面反射效果，而侧面的反射性很弱。

影响金属闪光色方向性的因素很多，如颜料颗粒的形状、大小，颜料的种类，原色的种类，涂料的种类及涂装方法等。

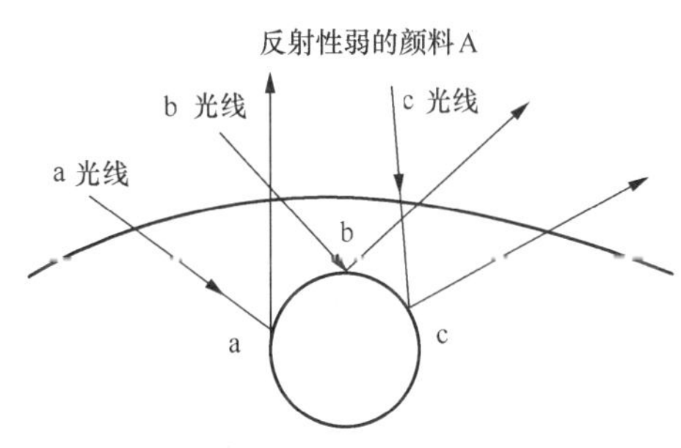

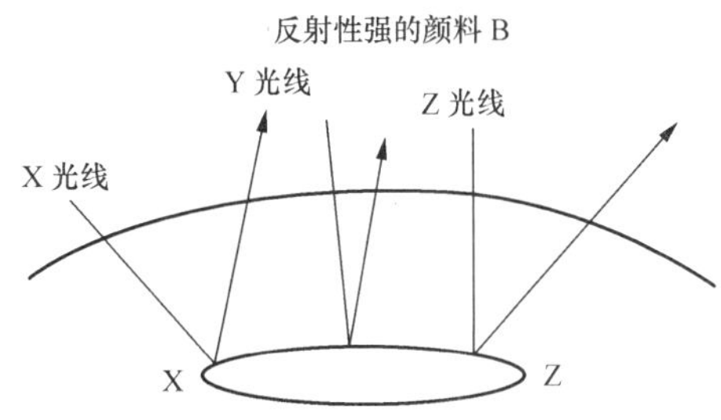

图 6-46　颜料颗粒形状对反光性的影响

（1）颜料颗粒的形状。有机颜料颗粒的大小为直径 0.01μm 左右，而形状有的是球状，有的是柱状，有的是扁平状等，各不相同。下面以球状颗粒 A 和扁平状颗粒 B 为例进行分析。如图 6-46 所示，照射到球状颗粒 A 的光线，朝各个方向的反射量基本上是相同的，而人们说某物质是某种颜色，是与其光的反射量相关的。无论向哪个方向都反射同样量的光，也就是不论以哪个方向看颜色都相同。照射到扁平状颗粒 B 的光线，在 X 和 Z 处反射的光，与在 Y 处反射的光相比，光量的大小不相同。故在 Y 处看到的颜色与在 X 和 Z 处看到的颜色不同。B 就是方向性强的颜料。A、B 两种形状只是极端的例子，实际使用的颜料或多或少有一点方向性。而黄色类所采用异噪吲满（印度橙、有机黄等）、特殊偶氮系（绿黄色）、酞菁系（酞菁蓝、不褪蓝、正蓝等）颜料，方向性尤其强。其中的酞菁类颜料，随制作方法不同，有的基本没方向性，有的方向性却很强，因此对于酞菁类的各种颜料，必须弄清其特点再予以使用。

黄系原色除方向性外，色相还存在带红、带绿之别。有的用于单色调耐候性好，用于金属闪光色却出现变色等，各种原色具有不同的特点，必须根据需要区别使用。

即使都是扁平状铝粉（银粉）颗粒，由于侧面形状不同，其反光性也会出现差异，如图 6-47 所示。A 组铝粉边缘不整齐，呈锯齿状，在 a、b、c 和 d 处的反光强度不同；而 C 组铝粉颗粒边缘整齐，在 i、h、g 等各处的反光强度相近。

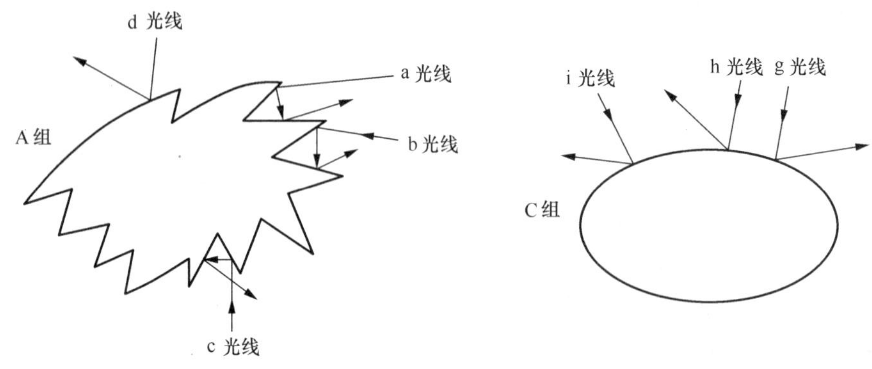

图 6-47　铝粉边缘形状对反光性的影响

（2）银粉粒子的大小。目前，市面上的金属闪光色中，白色调很强的和闪闪发光的种类增多了，还出现了一种被称之为“魅力色”的漆膜，网孔显得很大，闪闪发光。这种强烈的金属感是怎样产生的呢？金属闪光涂料实际上是由透明涂料加入金属铝粉和颜料形成的，金属感来自铝粉，而色调由颜料和金属铝粉所决定。为叙述方便起见，不妨把透明涂料和金属铝粉的混合物称为金属闪光基料。

如图 6-48 所示，铝粉粒子的种类和大小各异，其原因是其粒子所占的比例不同，这可以用粒度分布曲线来进行描述，如图 6-49 所示。

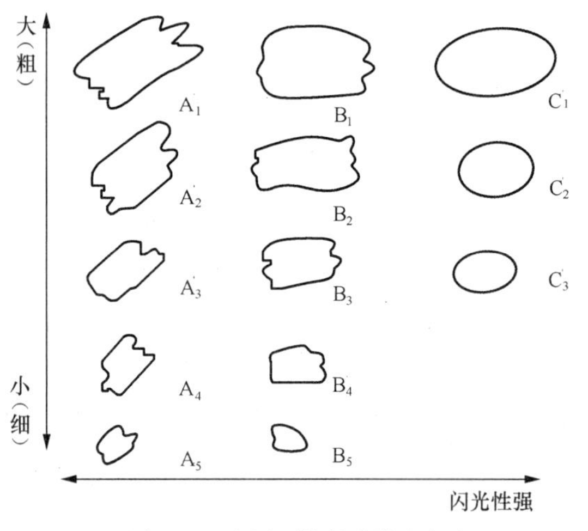

图 6-48　金属颗粒的种类和大小

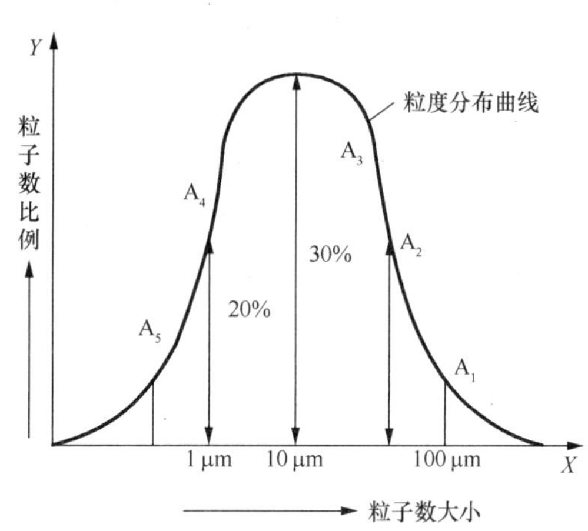

图 6-49　金属闪光基料中的粒子分布

虽然金属铝粒子的种类只有有限的几种，但通过不同的组合，可以形成的金属闪光基料达几十种。但作为汽车修理涂装，要准备几十种金属闪光基料是比较困难的。通常的做法是准备粗、中、细 3 种不同平均粒度的基料，这 3 种基料的粒度分布如图 6-50 所示。使用时，可以将其中 2 种或 3 种按不同的比例混合，得到所需的各种不同平均粒度的金属闪光基料。

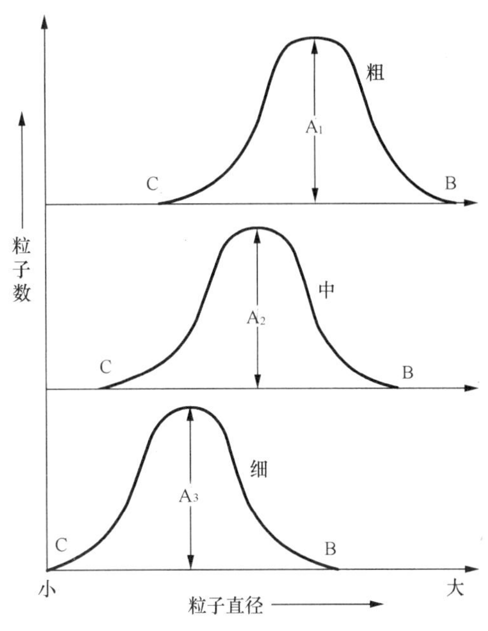

图 6-50　粗、中、细 3 种金属闪光基料的粒度分布

图 6-48 所示的金属铝粒子中，A_1 最大，A_5 最小。实际上，金属闪光基料中含有比 A_1 大和比 A_5 小的粒子，大约各占 0.5%。比 A_1 大的粒子，可以在使用前的杂质过滤器中，与杂质一同除去，而比 A_5 小的粒子往往会带来麻烦。

如图 6-51 所示，若金属闪光基料中有比 A_5 小的颗粒，往往易引起金属雾斑。这种小的颗粒虽数量不多，却极易在漆膜中移动。只要在金属闪光涂层上厚厚地罩以含溶剂量多明层，就会产生如图 6-52 所示的涡流现象，将小颗粒带入透明层内，形成如图 6-51 中右图所示的情景。要获得满意的金属闪光感，就必须设法抑制这种涡流运动，使大、小金属颗粒较为整齐地排列在金属涂层内。

图 6-51　金属闪光基料中金属雾斑产生的原理

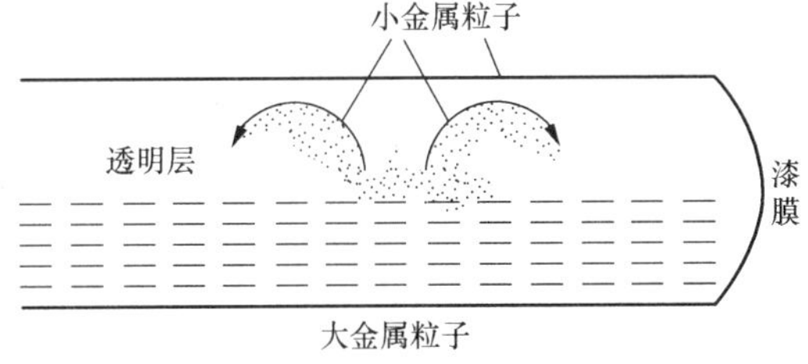

图 6-52　金属闪光涂装中的涡流现象

目前，金属闪光色中有两种组合用得较多，一种是大颗粒与小颗粒铝粉的组合；另一种是闪光性强的铝粉（外表形状圆滑）与小颗粒铝粉的组合。

为什么要将大颗粒与小颗粒相组合？直接换用中等程度铝粉不行吗？事实上，采用大、小颗粒铝粉的组合是为了兼顾金属闪光涂料的金属感和遮盖力而采取的措施。金属颗粒越大，金属感越强，这一点我们已经了解。而粒度大小与遮盖力的关系如图 6-53 所示。当铝粉大小接近于光的波长（0.1μm 左右）时，遮盖力最强。

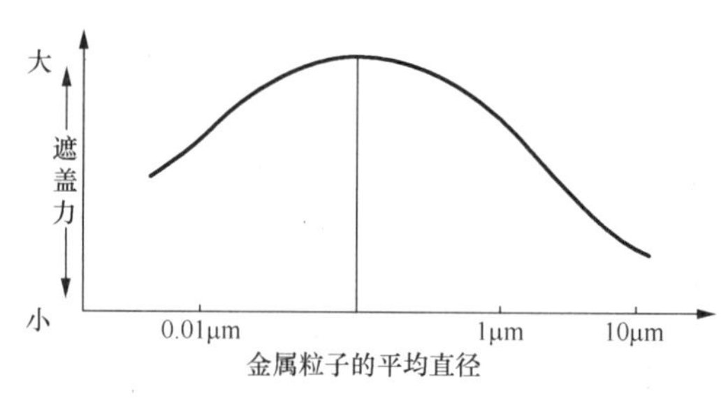

图 6-53　铝粒子大小与遮盖力的关系

实际上，无机颜料遮盖力强也是这个原因。大于或小于此值，遮盖力都会下降。小颗粒铝粉的大小正好是 0.1μm 左右，遮盖力最强。如果换用中等粒度铝粉，虽金属感可以，但遮盖力不足。大、小颗粒的组合，则同时满足了这两方面的要求。

闪光性强的铝粉与小颗粒铝粉相组合，其作用也是为了提高遮盖力，减小涂装次数，以降低施工作业成本。另外，小颗粒铝粉还有抑制漆膜方向性的作用。

表 6-6 为“施必快”涂料的主要银粉色母特点。在进行颜色微调时，必须对其有充分的了解，才能调出满意的颜色。

表 6-6　　“施必快”涂料的主要银粉色母特点

序号	色母代号	色母名称（颗粒大小）	银粉颗粒形状
1	ALN 775 516	细目银	不规则
2	ALN 775 518	中细银	不规则
3	ALN 775 514	中银	不规则
4	ALN 775 549	中粗银	不规则
5	ALN 775 513	粗银	不规则
6	ALN 775 510	特粗银	不规则
7	ALN 775 557	闪亮银	规则
8	ALN 775 558	特粗闪亮银	规则
9	ALN 775 509	细闪银	规则
10	ALN 775 508	粗闪银	规则

（3）颜料的种类。图 6-54 所示是在方向性很强的原色中加入无机原色后的颜料颗粒状态图。由此图可以看到，由于无机颜料颗粒大，挡住了光线，到达有方向性颜料颗粒的光线减少；另外，方向性颜料的反射光也被其阻挡，抑制了方向性的发挥，如在绿黄色和印度橙色类方向性很强的原色中加入白色无机颜料或赭色无机颜料，方向性就会消失。所以，有时往金属闪光涂料中加入白色，并非为了使色彩呈白色而是为了减弱其方向性。因为如果方向性太强，在制造厂的生产流水线上，就很难完成漆膜修整工作，有时还会产生金属闪光色不稳定的问题。

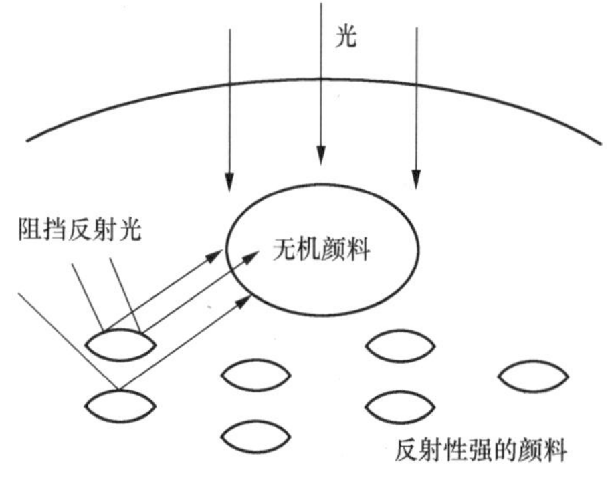

图 6-54　在方向性强的原色中加入无机原色后的效果

不过上述方法并不总是适用。例如，银灰色漆膜的颜色带有很强的色调。这是因为这种金属闪光涂料中，使用的都是带白色的颜料，如果调色时再加入白色就会导致光的透过性变差，使漆膜失去金属闪光感。

在调配金属闪光涂料时，首先必须弄清其颜色方向性的强弱，这可以通过原漆膜向光面和背光面的颜色对比进行判断，熟能生巧。

（4）原色的不同。一般来说，呈透明状的有机颜料都具有不同程度的方向性，尤其是前面提过的绿、黄、印度橙、有机黄和蓝色类带有较强黄色调的酞青类等原色，方向性强。因此，使用这些原色调出的绿色、橄榄色、金黄色、棕色、蓝色等金属闪光色，大多具有较强的方向性。

曾经，调制橄榄色用的是印第安红和绿色的组合；随着异喹吲满系颜料的开发，现大多已改用异喹吲满系颜料中的黄原色与黑色相组合，调出橄榄色。因为后一种组合方向性强，具有鲜明的金属闪光感，而且适宜局部修理。印第安红和绿色的组合，之所以不适宜用于局部修补，是因为它们一种是有机颜料，一种是无机颜料，颗粒大小差异大，密度不同，尤其是当加入稀释剂较多时，密度小的颗粒上浮，密度大的颗粒下沉。当用于局部修理时，在修补部位的边缘处就会出现“色分”现象，分成黑色、铁红色、蓝色几种颜色。而黑原色与异喹吲满系黄原色颗粒大小相同，不易出现上述现象。

涂料是否有色分现象，可以通过一个简单的试验来判断。如图 6-55 所示，若修补漆膜与旧漆膜的交界区域 *B* 不出现“色分”，则说明这种涂料适宜用于局部修理涂装。

总之，为了避免金属闪光色涂装因方向性而失败，首先应弄清所要与之吻合的颜色的方向性的强弱，然后可参照表 6-7，选择方向性与之相当的原色进行调色，就能达到所期望的效果。

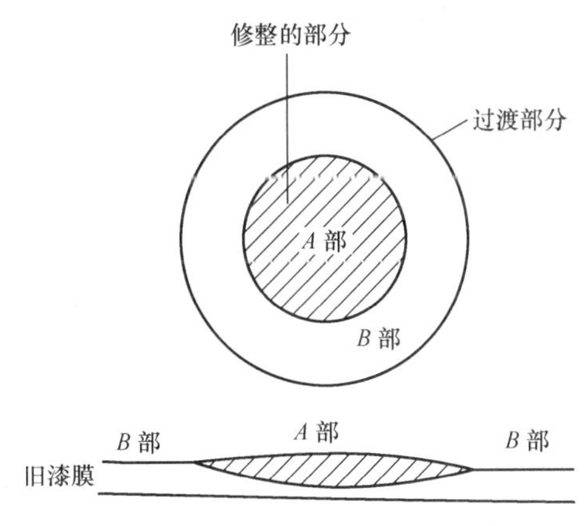

图 6-55　涂料有无色分现象的判断

表 6-7　各原色方向性的程度

比较内容	A 组	B 组	C 组
方向性的大小	大	中→小	能消除方向性
颜料颗粒的形状与大小	扁平状较小颗粒	圆状细小颗粒	椭圆状大颗粒
颜料的分类	异喹吲满系、特殊偶氮系等	其他有机颜料、透明状氧化铁	无机类颜料
原色名	印度橙、有机黄、绿黄等	锌红、橘黄、其他大部分原色	赭色、白色、印第安红

（5）铝粒子的排列。如果往丙烯酸聚氨酯涂料和改性丙烯酸硝基涂料中加入同一种铝粉，涂装后仔细观察，将会发现前一种漆膜显得金属颗粒大、亮度高。这种现象实际上是由于铝粒子在漆膜中的排列状况所引起的。如图6-56所示，聚氨酯涂料中，铝粒子排列整齐，反射表面积大、所以显得颗粒大、亮度高。

铝粉在涂料层中的排列，实际上是在运动中形成的。硝基类涂料干燥速度太快，在粒子排列还未完全形成之前，涂料就已失去了流动性，这就是造成两种涂料铝粒子排列情况不同的根源。

显然，要获得相同的效果，丙烯酸硝基涂料中应加入颗粒稍大些的铝粉。同理，为获得较好的金属闪光感，一般多采用聚氨酯类涂料。

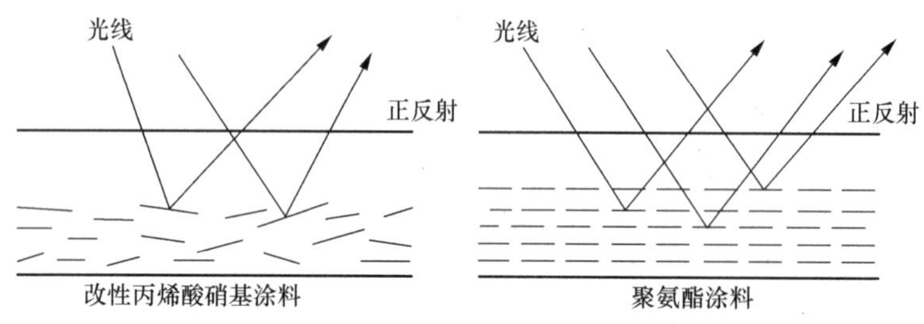

图6-56 不同涂料中铝粒子排列情况对反射光的影响

（6）涂装技术。金属闪光色漆膜的色泽，随喷涂条件的差异，有时会泛白，有时会发暗。其原因就是前面所说的铝粉排列状况，受喷涂条件的影响，有时规则，有时紊乱。喷涂作业时各种因素对色泽的影响，见表6-8。

由此可见，在进行金属闪光色调色操作时，所采用的溶剂比例和喷涂条件，应与实际作业时完全一致。尤其是采用的涂料为丙烯酸聚氨酯时，溶剂的稀释率和喷涂气压等差异，很容易引起色彩的差异，要予以充分注意。

表6-8 涂装作业时各种因素对色泽的影响

涂装条件		色泽亮（泛白）	色泽暗	影响度
溶剂种类		干燥速度快	干燥速度慢	大
溶剂所占的比例		所占的比例高	所占的比例小	中
喷枪	空气量	大	小	大
	喷嘴直径	小	大	中
	喷束直径	大	小	中
	空气压力	高	低	少
涂装作业方式	喷枪距离	远	近	中
	运行速度	快	慢	少
涂装环境	温度	高	低	大
	温度	小	大	中
	通风	好	差	小

喷涂施工时，干喷和湿喷对铝粒子排列的影响如图6-57所示。因为干喷时，漆膜所含溶剂少，干得快，所以铝粒子大多会悬浮于表层；而湿喷时，铝粒子易沉于底层，从而产生不同的光泽效果。

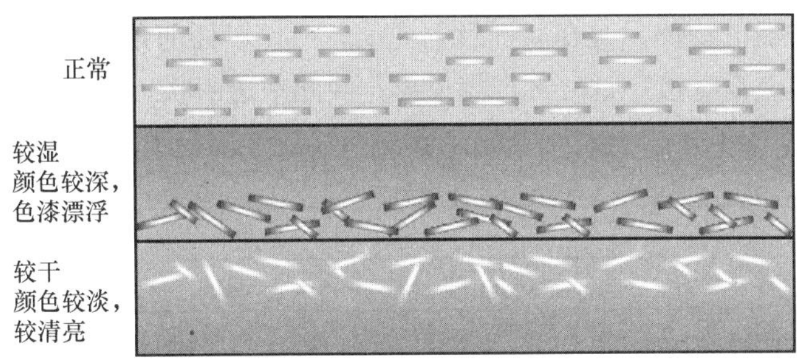

图 6-57　干喷和湿喷对铝粒子排列的影响

喷涂施工时，喷枪的倾斜度不同，在整个喷涂带上产生的铝粒子的排列也不同，从而使整个板件表面呈现条纹状的色泽差，如图 6-58 所示。

另外，板件所处的位置也会影响金属粒子的排列。相同的喷涂工艺条件下，在水平面和垂直面上，铝粒子的排列存在差异，因而其光泽效果也不一样，如图 6-59 所示。

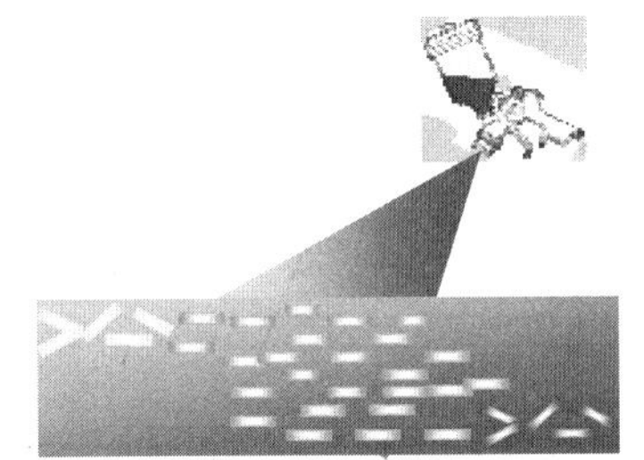

图 6-58　喷枪倾斜度对铝粒子排列的影响

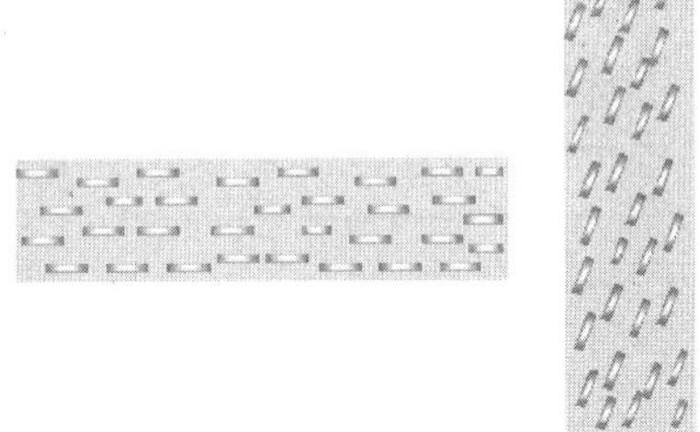

图 6-59　板件所处位置对铝粒子排列的影响

二、珍珠色

1. 珍珠色的技术难题

（1）涂装工艺复杂。涂装方式稍有差异就会出现较大色差。珍珠色漆膜的结构如图 6-60 所示。涂装过程为：先涂底色层，再涂珍珠色层，最后罩以透明层。要完成这 3 层涂装，在制造厂流水线上就显得比较费时。而且，珍珠色层厚度的差异，会引起偏光程度不同，由此产生色差。

（2）局部涂装异常困难。珍珠色涂膜随其底层的颜色、珍珠色的种类和珍珠色层厚度，色彩要发生变化。在进行局部修补时，若这 3 个条件不是和制造厂完全一致，色彩和格调就不可能相同。而这 3 个条件变化范围都很大，要真正完全吻合，是极其困难的。

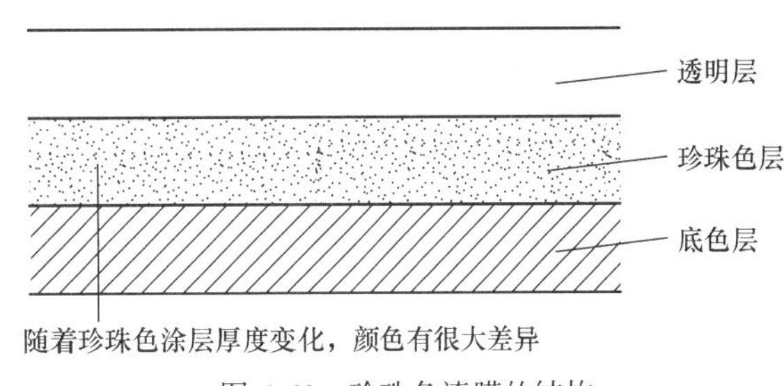

图 6-60　珍珠色漆膜的结构

2. 珍珠色形成机理

所谓珍珠色，就是要像珍珠一样，从不同的角度看，发出不同的色彩。珍珠是贝壳体内，以小的硬颗粒、灰尘或杂质为中心，分泌出天然树脂状物质将其反复覆盖若干层而形成。若观察天然云母会发现，角度不同色彩也会有所变化，其原理如图 6-61 所示。由于云母是由很薄的薄层叠积而成，光线照射时，分别在一层层薄层上反射、吸收和穿透，产生着微妙的变化，这叫做多重反射。而一般的物体只是在表面反射光线，所以以任何角度看颜色都不变。光线在玻璃和透明涂料中基本上是直接穿过，不产生反射，因此呈透明状。这些差异如图 6-62 所示。

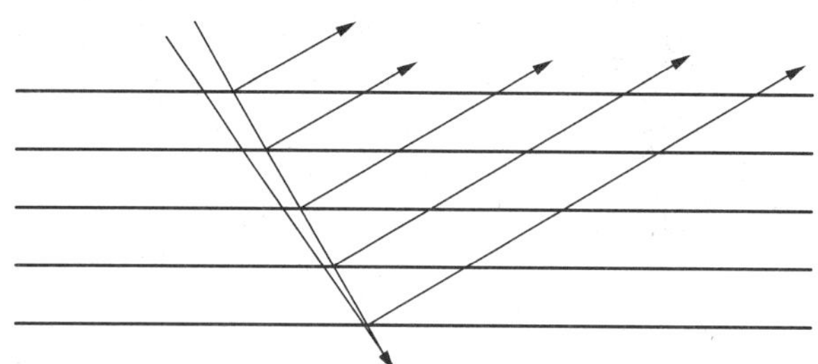

图 6-61　云母和珍珠通过变色反射引起色彩变化

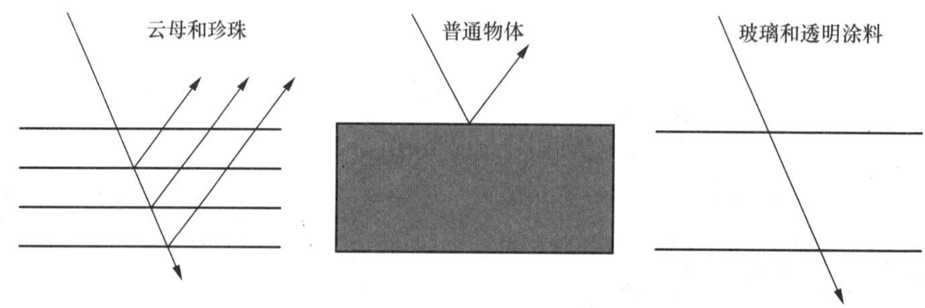

图 6-62　不同物体对光反射的差异

珍珠色颜料中的云母，不是天然云母，而是化学合成的物质，但结构上与天然云母基本相同。如图 6-63 所示，由于合成云母表面覆盖的钛白的底层色彩的配合作用，光的反射更加复杂，呈现出色彩鲜艳的七彩虹色调。

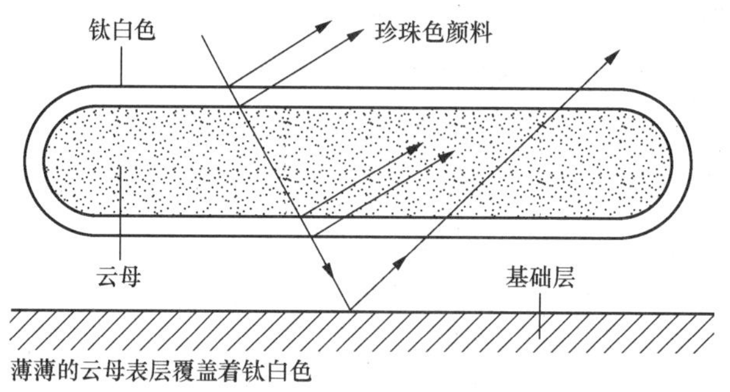

图 6-63　珍珠色颜料的结构

三、金属闪光色的最佳调色步骤

如前所述，金属闪光色的调色要点在于方向性要一致。只要方向性与原漆膜相吻合，剩下的就只是原色加入比例问题，相对比较简单。为此，调色时应首先使侧视色（又叫透视色）与原漆膜相吻合，再调正视色。如果要先调好侧视色，就应熟悉不同原色的侧视色。

调制深色调金属闪光涂料时，应先只加入原色颜料，调好其侧视色与正视色，然后加入所需粒度的金属铝粉。按此步骤调制比较省事。

调制浅色和中等浓度色调时，先配制好粒度大小适宜的金属铝粉。若需中等粒度，最好将大颗粒和小颗粒混合配制。金属铝粉调配好后，再加入原色，进行颜色的调制。

四、金属色与素色漆比色技术的差异

在实际生产中，特别是汽车局部补漆操作中，为了保证补漆与原漆具有同样的色彩效果，调漆过程中比色是至关重要的。由于素色漆与银粉色漆对光线反射的方式不同，就产生了对两种面漆比色的不同方法。

1. 素色面漆

素色涂料（单色涂料）的树脂内含有足量的且已经充分分散的颜料，使其在 30 ~ 50 μm 的正常膜厚下呈现出一种纯一致的颜色。其色彩由被颜料粒子扩散或分散的光线而来，故在任何角度看其颜色都是一样的，如图 6-64 所示。

图 6-64　素色漆反射光线

通常，喷涂技巧不会影响颜色，但是有些颜色使用有透明性的颜料，在此情况下，必须注意要喷涂足够的层数，否则面层的颜色会受到不同背景色（如面漆底涂层）的影响。

在颜色有显著不同时，可运用修补的技巧，使修补漆的遮盖力降低而让原漆色透出以改变修补处的颜色；也可用正常遮盖力的颜色喷涂在任何不同色的部位上，直至将这些部分完全盖住，然后，添加漆料制造厂所建议使用的种类和数量的清漆于涂料内，再在整个工件表面喷涂所需的层数，最后几道可逐渐增加清漆的添加量，但不可超出漆料制造厂所建议的最大限度。使用这一技巧通常可避免微小修补时的调色问题，在局部修补时也很有用。

2.银粉色面漆

当光线照射于银粉色漆膜时，漆内的铝片像镜面一样将光线反射出来。因此，当从正面（直角）观察银粉色面漆时，可见最大量的反射光；随着观察角度的减小，所反射的光线也减少。故从侧面（锐角）观看，色彩即会比从正面观看较为深暗。

凡能产生慢干薄膜的任何喷涂方法和情况都有助于铝片在漆膜内形成与表面平行的排列。透入漆膜的光线会被铝片以相似的角度反射回去。当从侧面观察时，只能看见最少量的光线，并且具有最大的正面与侧面色泽差异，如图 6-65 所示。

图 6-65　慢干银粉色漆反射光线

图 6-66　快干银粉色漆反射光线

快干的膜层，因铝片能移动的时间短，而在漆膜内形成不规则方向的排列，透入漆膜内的光线会被铝片以不同的角度反射回去，形成较少的正面与侧面色泽差异，如图 6-66 所示。

银粉色漆的比色比素色漆困难，主要在于原厂漆的颜色和修补漆的颜色均受施工时的实际情况所影响。表 6-9 列出了典型的银粉色漆在不同喷涂情况下的颜色效果。

表 6-9　银粉色漆在不同喷涂情况下的颜色效果

比较内容		变浅	变深
施工环境	温度	高	低
	湿度	小	大
	空气流动	增加	减少
喷枪	液体喷嘴	小	大
	针孔控制	关小	开放
	气罩	耗气量大（混合良好）	耗气量小（混合不良）
	风扇宽度	宽	窄
	气压	高	低
稀释剂	稀释剂的种类	快干	慢干
	稀释剂的用量	过多（黏度较低）	较少（黏度较高）
	防雾剂	未使用	在稀释剂中添加 10%
喷涂技术	喷枪距离	远	近
	喷枪的运动速度	快	慢
	漆膜间的间隔时间	长	短

现代汽车涂装最常用的银粉色漆有以下两种。

（1）单层或单膜式银粉漆。此类漆与素色漆类的不同在于其有色颜料含量低，而由大量的铝粉颜料来达到遮盖力与金属外观感。

在达到所需的膜厚后，即需选用正确的喷涂技法进行最后一道喷涂来得到和汽车原色漆过渡区域最近似的配合。可在一小片具有弹性的金属或纸片上先试喷，当其干后将之折成和汽车待修补部位同样的弧度以判定需要的正确技法，如图 6-67 所示。

当喷涂至接边或边线条作为界限可使一些微小颜色差异不易显现，更有效的是喷涂到车身板角度改变处边缘的技巧。银粉色面漆依观察角度不同而有明暗区别，即使是同一银粉漆在一个角度的相邻两面，仍可显现不同的明暗度。喷涂边角时可以使用两条遮盖胶带的技巧，即反向遮盖法，如图 6-68 所示。

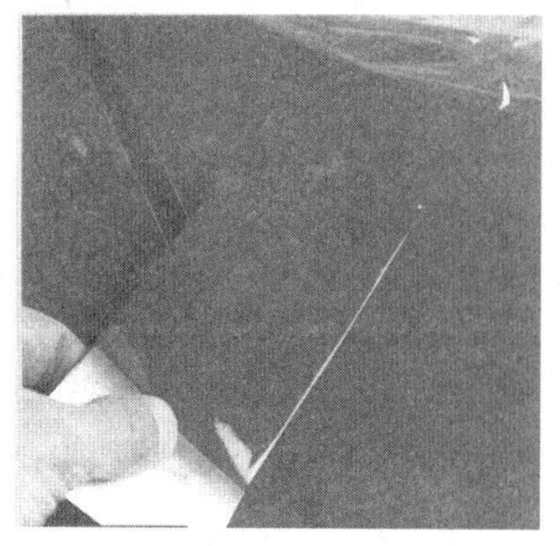

图 6-67　用试样与车身颜色进行对比

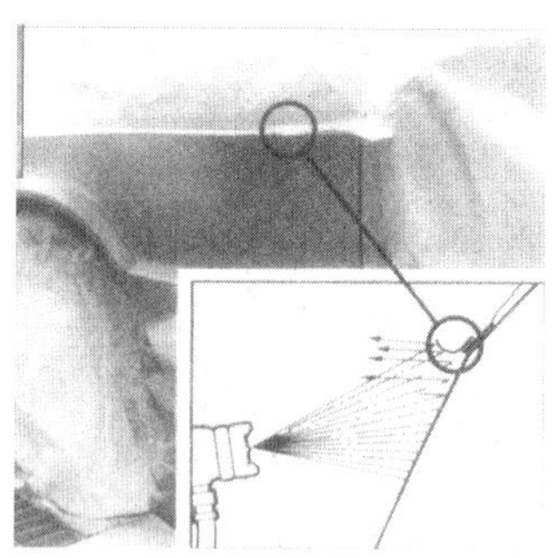

图 6-68　使用反向遮盖法

（2）色漆和清漆的“镜面涂装”式银粉漆。其颜色是由两层或双膜的涂装程序所形成的，包括一层具有高遮盖力的基底色漆和在未干前再喷涂的一层清漆。整体在一次烘烤操作中固化成膜，比单层银粉漆具有更显著的光泽外观。

双膜式银粉漆在有关比色和选择喷涂技法的原则与单层银粉漆相同。应注意在喷涂清漆后方可见其真正的颜色，但可在色漆的适当部位喷涂合适的稀释剂润湿后，检视颜色，如正确，则待其干燥后再继续喷涂罩光层。另外，由于色漆的固体成分低，故其填平性就差，因此必须用 P800 以上的砂纸湿（干）磨以整平基底表面，否则整平的刮痕会显现出来。

银粉片在银粉漆中会影响明度和角度的变化。在银粉漆配方中的主要颜色的颜料越透明越易保持，银粉片在漆中如镜子般起反射作用。清漆会稍微改变色漆层的颜色，从正面看时其明度会降低、变深。

调配银粉色时，至少要从正面和 3 个侧向角度来比色，如图 6-69 所示。所谓正面就是目光正视色板，又称为“正角度比色”，主要是对准面色调；所谓侧角，就是目光斜视色板，如眼睛注视车身一边，又称为“侧角度比色”或“斜角度比色”，主要是对准底色调。

（a）对光 110° 角

（b）对光 45° 角

（c）对光 15° 角

图 6-69 车身色的观察

五、金属漆调色时的注意事项

（1）银粉色的配方只有在喷涂方式调整以及清漆调整都无法奏效的情况下才可改变。

（2）银粉色的比色需在充足的日光下进行，但需要避免强烈的日光直射。

（3）比色时最好喷在试板上，并且可利用喷涂技巧来控制颜色。

（4）比色需以正向 90°，侧向 45°、15°、110° 和横向 180° 等多角度来进行。

（5）车身经粗蜡打过，试板要完全干燥，才有精确的比色效果。

（6）以手指直接涂色于色板上只可作为参考用，不能作为比色的标准。

（7）银粉色的调配需要细心及耐心，若需改变配方也只能进行小幅度的调整，并且需依照配方表所选的色母来调整。

（8）双工序的银粉底漆喷涂完成后，再干燥 15 min 后，喷上清漆才可比色。

（9）双工序的试板上，银粉底漆喷涂整板，而清漆喷涂 1/2 板，这样在调整时不仅可以节省时间，而且可以累积调色（即银粉色在加喷或未喷清漆时的比较色差）的经验。

（10）微调时减少银粉色母的量可使银粉漆更深、更暗。

（11）如果要减小绿色效果，首先应减少配方中绿色色母的使用量；如果以对等色红色色母减小绿色效果，颜色会逐渐浑浊，即彩度降低，其他对等色也如此。

（12）微调时使用不透明性色母能使侧面变浅、变白；使用透明性色母能使侧面变深、变暗。

六、金属闪光漆膜的外观评价

金属闪光漆膜的外观评价项目有高闪光感、金属光泽感、金属感、明亮度和随角异色效应性等。

国际上用 IV 值和 FF 值来表示（测定）金属色面漆漆膜的金属光泽感和金属感。

IV 值是光强度值，表示明暗度，数值越大明度（反射光强度）越强，在银灰色闪光涂装中白色光感最强。IV 值是日本丰田、关西涂料的评价方法。

随角异色效应性用 FF 值表示。FF 值越大，正面光和底色的明度差就越大。随视角变异的明度差值越大，表现出的金属感越强。

七、电脑调色

随着科学技术的高速发展，尤其是电子计算机的发展，电脑在汽车涂装调色中也得到了广泛的应用。电脑调色，即微机调色，是近几年发展起来的一类高科技自动化调色工艺，是一种先进的调色（调漆）方法。

在电脑调漆的工作中，微机就像一个大型的色漆配方资料库，库中储存有所有色卡配方，用户只需要将所需要的漆号和分量输入微机中，就可以直接查阅计算好的配方数据。复色漆和单色漆都由数码标记。各类色漆品种数量达数千种规格，完全能满足汽车制造业和维修业的需要。目前，各大涂料生产厂家都具有完善的微机调色系统，并在各地设有电脑调色中心。使用电脑调漆，能将复杂繁琐的调色工作改变为一种快速、方便又准确的调色方式，工作起来极容易，且数据易更新，大大方便了汽车修补涂装的调色工作。

电脑调色的设备是由可见光分光光度仪、电子计算机、配色软件等部分组成的。

1. 可见光分光光度仪

可见光分光光度仪是由光源、单色器、积分球、光电桥检测器、数据处理系统等部件组成的。它可以将测得涂层的光谱反射率曲线，通过库贝尔卡-芒克配色理论计算出涂层颜色的准确数据，测出颜色，再通过电脑配色软件进行调色。

2. 配色软件

配色软件是由色质检测软件、调色软件等部分组成的，其主要作用是建立存储基础颜色（颜料种类与用量）的数据库。使用时，先确定基础颜色和色母，再输入每种色母的光谱反射率曲线（即不同波长的吸收系数和散射系数），再根据输入的数据进行调色。也就是说，新购置的配色软件是不会配色的，必须先将该漆的色号数据输入配色系统才能进行配色。因而，使用电脑调色的准确性不仅取决于配色软件的质量，更重要的是所输入的资料数据是否准确可靠。

在电脑调色过程中，电脑就像一个大型的色漆配方资料数据库，它能够存储数千种色漆标准配方和标准色漆颜色的数码（色号或代号）。不论单色漆数码或复色漆数码，都可输入电脑，以备使用者调色时查找使用。例如，需要调配某一种汽车的面漆颜色时，可先将色号输入电脑，荧光屏中就会显示出该色号的面漆配方与各种色漆的用量比，再按此数据进行调色，就可获得所用的面漆颜色。

3. 电脑调色的特点

（1）调色标准、速度快、效率高，为汽车修补涂装调色节约了时间，有利于提高修补漆颜色的均匀度。

（2）采用电脑调色时，必须储备有一定量的各种品种的色漆配方与色号，如果储备的数量和品种规格不足，就很难按要求准确地配出所需要的颜色。

（3）采购的各种色漆必须严格保证质量，若质量不佳，则电脑很可能调不出理想的颜色。

（4）对单色漆的储存应按色号数码的规律进行放置，使其标准化、定制化，以防出错。

（5）无标准色号的色漆不适于用电脑调色。

（6）目前，市场上使用的电脑调色软件较多，其基本功能差别不大，使用时可就地购买。

另外，目前世界各大微机配色仪生产厂都有适合汽车修补漆调色使用的便携式微机测色仪供应。这些仪器的探头均可直接在汽车上需修补漆膜的部位测出最可靠的数据。该数据经配色软件系统处理后，就可获得准确的配方进行调色。

技能学习

金属闪光底色漆的调色工艺过程与素色漆相似，但金属漆由于存在随角异色效应，颜色对比难度很高。只要把握住色母特性，细心分辨，还是能调出正确颜色的。

金属闪光漆调色工艺基本步骤与素色漆调色一样，调色流程如下。

一、准备工作

金属闪光漆的调色准备工作与素色漆的调色准备工作相同。

二、调色流程

以德国“鹦鹉”牌汽车修补漆为例，假如一辆银灰色汽车需要调色，则调色步骤如下。

1. 利用色卡调色

（1）找到颜色代码（如 5PNC）。

（2）查阅 5PNC 颜色配方

① 按所查得的油漆代码 5PNC 找到相应的色卡（或色卡组）。

② 在要修补区域附近并且颜色一致处用抛光蜡抛光。

③ 将所选的色卡与车身颜色相对比，从色卡组中找到最接近的色卡。

④ 在色卡的背面读取配方，并根据实际需要调配的油漆量，重新计算配方，见表 6-10。

表 6-10　　5PNC 星光银（标准）配方

颜色代码：5PNC/星光银（标准）			
车型：马自达 3			
色母	1 L 累积/g	1 L 单量/g	0.1 L 单量/g
352-91	174.0	174.0	17.4
55-M99-10	399.3	225.3	22.5

续表

色母	1 L 累积/g	1 L 单量/g	0.1 L 单量/g
55-M99-19	758.1	358.8	35.9
55-A136	854.8	96.7	9.6
55-M105	875.1	20.3	2.0
55-A929	884.8	9.7	1.0
55-M306	889.6	4.8	0.5
55-A640	891.5	1.9	0.2
55-A098	893.4	1.9	0.2
55-M1	919.5	26.1	2.6

（3）准备色母和工具。参阅素色漆调色。

（4）计量添加色母。按配方所列色母的顺序添加色母，352-91→55-M99-10→55-M99-19 →55-A136→55-M105→55-A929→55-M306→55-A640→55-A098→55-M1。

（5）湿对比颜色。将搅拌均匀后的涂料简单地与样板进行比色，确定颜色差别，并用相应的色母进行调整。

（6）喷涂样板。等喷涂的样板干燥后，从不同的方向观察对比，金属漆取 15°、25°、45°、75°、110° 等多个角度进行对比观察，尽可能接近目标颜色。通过观察各个角度的颜色差异，确定需要调整的色母。

为了使金属漆的比色更加准确，在喷涂样板时，通常采用阶梯式喷涂（渐变喷涂）。例如，在喷涂珍珠漆样板时，通常按下述流程进行。

① 在样板上全面喷涂调配好的底色漆，达到完全覆盖，并晾干。

② 将样板分成 6 个部分，并分别进行横向遮盖，如图 6-70 所示。

③ 依次在这几个部分上喷涂珍珠漆，每两次喷涂之间要有一定的闪干时间，如图 6-71 所示。

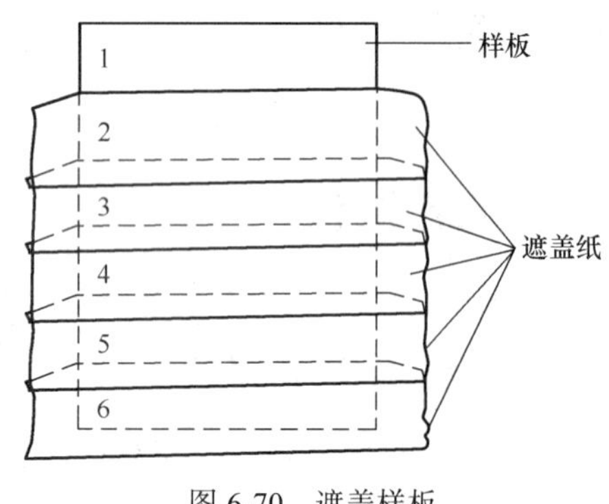

图 6-70　遮盖样板

④ 揭去最后一层遮盖纸，将样板烘干。

⑤ 将样板纵向遮盖一半，喷涂清漆，如图 6-72 所示。

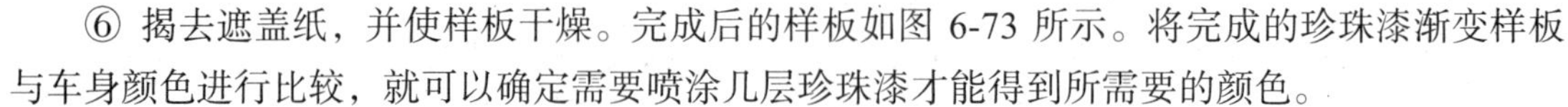

⑥ 揭去遮盖纸，并使样板干燥。完成后的样板如图 6-73 所示。将完成的珍珠漆渐变样板与车身颜色进行比较，就可以确定需要喷涂几层珍珠漆才能得到所需要的颜色。

（7）微调颜色。学会使用金属漆色母的色母挂图，根据图中色母的特性进行颜色的微调。5PNC 配方中各个色母的特性见表 6-11。

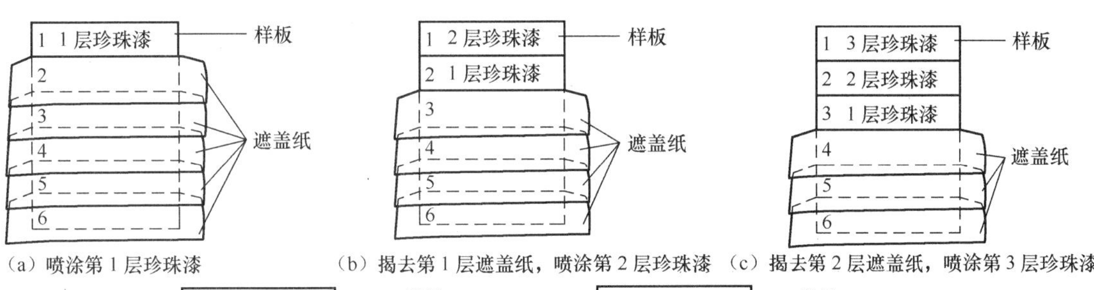

(a) 喷涂第1层珍珠漆　(b) 揭去第1层遮盖纸，喷涂第2层珍珠漆　(c) 揭去第2层遮盖纸，喷涂第3层珍珠漆

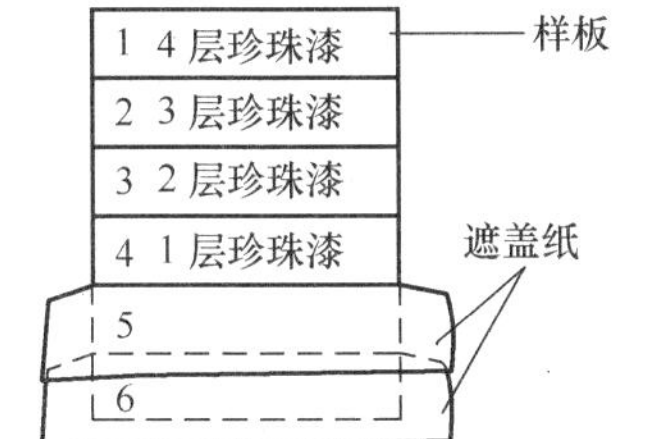

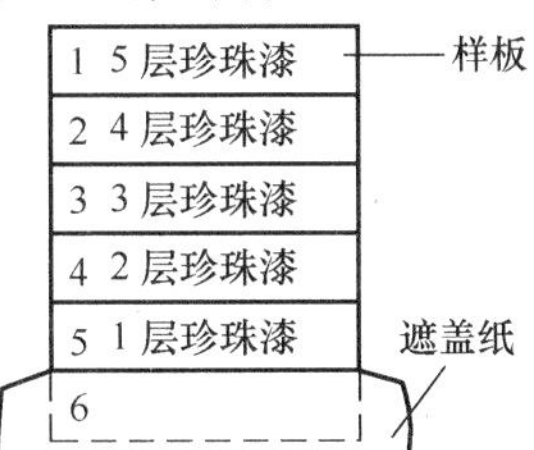

(d) 揭去第3层遮盖纸，喷涂第4层珍珠漆　(e) 揭去第4层遮盖纸，喷涂第5层珍珠漆

图6-71　依次喷涂珍珠漆

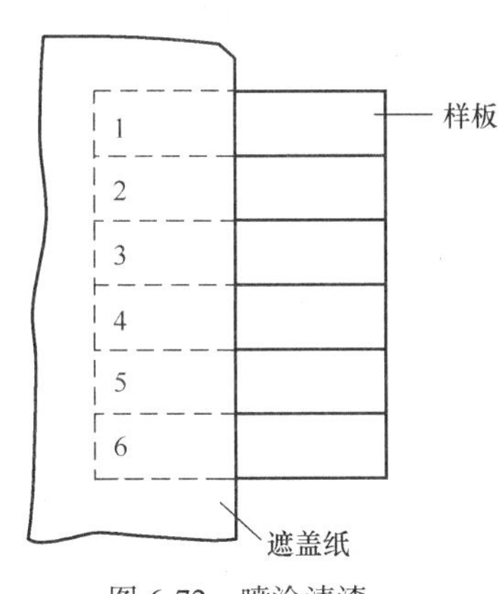

图6-72　喷涂清漆

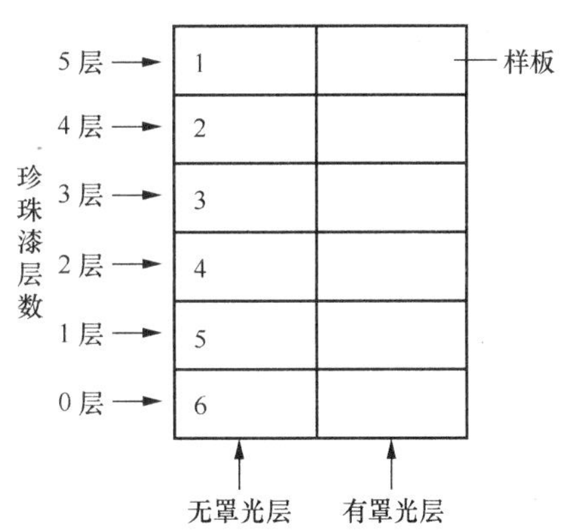

图6-73　珍珠漆的膜厚渐变样板

表6-11　5PNC/星光银配方中各色母的特性

色母	名称	特性	色母	名称	特性
352-91	稀释剂	透明	55-M1	树脂	透明
55-M99-10	细银：颗粒细		55-A929	偏黄黑：正侧面均偏黄	
55-M99-19	粗银：颗粒粗		55-M306	红：侧面偏浅	
55-A136	偏绿黄：正面偏橙		55-A640	偏蓝绿：侧面偏蓝	
55-M105	偏橙黄：侧面偏橙		55-A098	白色：正面偏黄，侧面偏蓝	

以色母 55-A136 为例进行特性说明，如图 6-74 所示。主色调为偏绿黄，正面偏橙，侧面透明无影响。

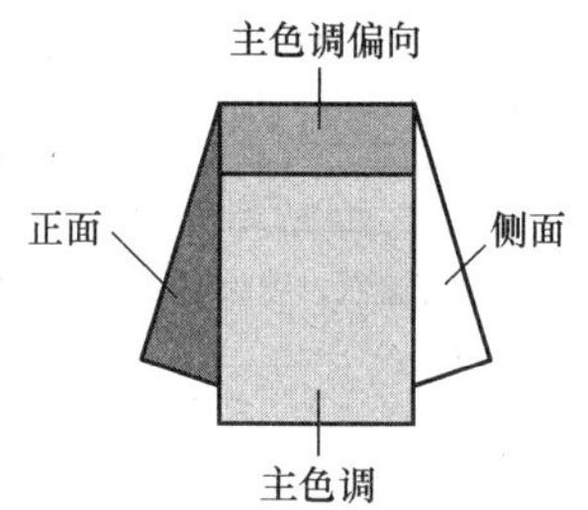

图 6-74　色母的特性举例（附彩图）

按表 6-12 中数据记录实际加入色母的量。

表 6-12　5PNC/星光银微调后的配方

颜色代码：5PNC/星光银（标准）					
车型：马自达 3					
色母	1 L 累积/g	1 L 单量/g	0.1 L 单量/g	微调量/g	最终单量/g
352-91	174.0	174.0	17.40		17.40
55-M99-10	399.3	225.3	22.53		22.53
55-99-19	758.1	358.8	35.88		35.88
55-A136	854.8	96.7	9.67	+0.1	9.77
55-M105	875.1	20.3	2.03	+0.1	2.13
55-A929	884.8	9.7	0.97		0.97
55-M306	889.6	4.8	0.48	+0.1	0.58
55-A640	891.5	1.9	0.19		0.19
55-A098	893.4	1.9	0.19		0.19
55-M1	919.5	26.1	2.61		2.61

（8）恢复标准配方。

2. 金属漆颜色微调的要点

（1）少量银粉往往是正面的颜色比侧面的颜色亮；大量银粉使银粉漆的正面和侧面都有不同程度的变亮，变亮的程度依赖于银粉的颗粒（粗银粉侧面的影响比细银粉小）。

（2）银粉粗细对颜色有不同的影响。粗银粉造成正面浅、侧面深、闪烁感强、遮盖能力差；细银粉造成正面灰、侧面浅白、闪烁感弱、遮盖能力良好；特殊闪亮银粉造成正面浅、侧面深、特殊高的闪烁感、遮盖能力适中。

（3）微调时减少银粉色母的量可使银粉漆更深、更暗。

（4）要降低银粉漆彩度时，可添加黑+白或黑+银的混合色母。

（5）如果要减低某种颜色效果，首先应减少配方中这种颜色色母的使用量；如果以对等的颜色色母（补色）减低这种颜色效果，则颜色会渐成浑浊，同时彩度降低。

（6）微调时，使用透明性色母能使侧面变深、变暗；使用不透明性色母能使侧面变浅、变白。

（7）如果可能的话，尽量避免使用白色或氧化物色母，因为它们会降低银粉漆的光泽度（不透明），使正面变暗，侧面变浅白。

（8）为了使侧面颜色变深，可采取以下措施。

① 增加透明色母的量。

② 减少银粉的量。

③ 使用较粗的银粉色母。

④ 减少白色色母的量。

⑤ 减少能使侧面变浅的色母的量。

（9）为了使侧面颜色变浅，使用跟以上相反的方法，但添加白色色母时应小心，因为白色色母会减低金属效果。

（10）当比色出现色差时，首先应确定如下问题。

① 称量正确吗？

② 漆膜彻底干燥了吗？

③ 遮盖彻底吗？

④ 选择配方正确吗？

（11）微调颜色时，尽量选用原来配方中已有的色母。

（12）一定要确定按色母特性表确定的添加色母后的颜色走向。

（13）微调时，每加一种色母，都要称量，并记录重量，以便以后参考。

（14）调色工作完成后，必须保存颜色样板，并在反面注明以下数据信息。

① 车辆生产商。

② 颜色名称。

③ 颜色编号。

④ 内部颜色编号。

⑤ 喷嘴大小以及喷枪类型。

⑥ 配方日期。

⑦ 喷涂道数以及枪尾压力。

⑧ 喷涂者姓名。

最好将原配方和调整过的配方一起存档，以便以后参考。

（15）不要在眼睛疲劳的状态下配色。

（16）喷涂色板的喷涂技术条件应与喷涂车身时相同。

（17）向两个样板上照光进行颜色比较，当用配色灯时，调整配色灯与试验样板之间至合适距离，理想的距离相当于眼睛至双手的距离。

（18）注意干燥过程中颜色的变化趋向。刚喷涂的涂料在干燥过程中，较重的颜料将会向涂层的底部移动，而较轻的颜料则会向表面移动，如图 6-75 所示。虽然涂料在施涂时，其颜色可能与原来的涂料相配，但干燥后，颜色可能就不同了。例如，蓝和白两种基本颜色混合时，由于蓝色颜料比白色颜料轻，所以蓝色颜料在干燥过程中会向表面移动，结果干燥的涂层将会比新涂层蓝一些。

（19）注意抛光对颜色的影响。有些涂料在干燥以后被抛光时会大大地改变其颜色，这是因为含有大量较轻颜料的色层由于抛光而改变位置。所以为了进行配色，这些涂料颜色的试验样板必须干燥和抛光，然后才能进行精细配色。

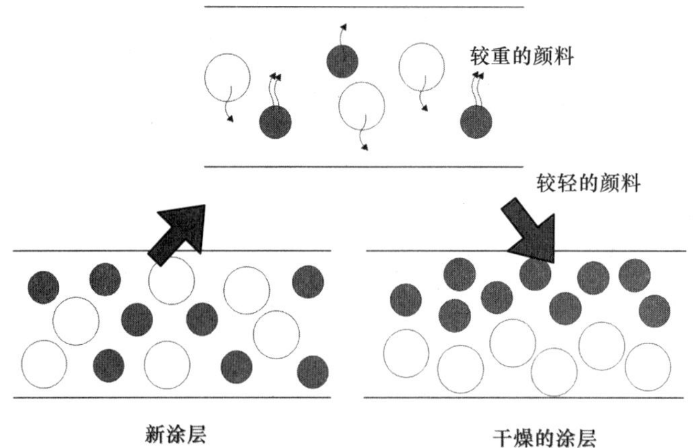

图 6-75　涂膜干燥过程中颜色的变化

（20）注意其他因素，如不同的涂料供应商、不同的涂装设备、不同的涂料种类、不同的涂装施工条件、制造厂内的因素、颜色调配过程中出现的人为因素、长时间后车身涂层老化的因素等。

3. 电脑调色

（1）查阅汽车车身上的颜色代码（或利用色卡获得代码）。

（2）启动电脑中的调色软件。

（3）根据显示屏幕界面的提示输入颜色代码。

（4）根据显示屏幕界面提示的配方进行调色。

将电子秤与电脑连接，在计量添加色母时，如果某一色母添加过量，则电脑会自动重新计算配方中各色母的比例，即会重新生成新的配方，因而可避免由于添加过量使调色失败而造成的涂料浪费。

如果无法获得颜色代码，可利用配套的测色仪，将探头插入待修复车身的漆膜内，电脑会自动生成配方。

下面以“施必快”CR-PLUS 系统为例，介绍利用电脑查阅配方的操作程序。

（1）从汽车或随车手册中找出制造商的色码（如 LY7W）。

（2）双击桌面上“CR Plus”快捷方式，进入“CR Plus”主页面窗口，如图 6-76 所示。单击“Global Search”或按“F2”键进入颜色配方界面。

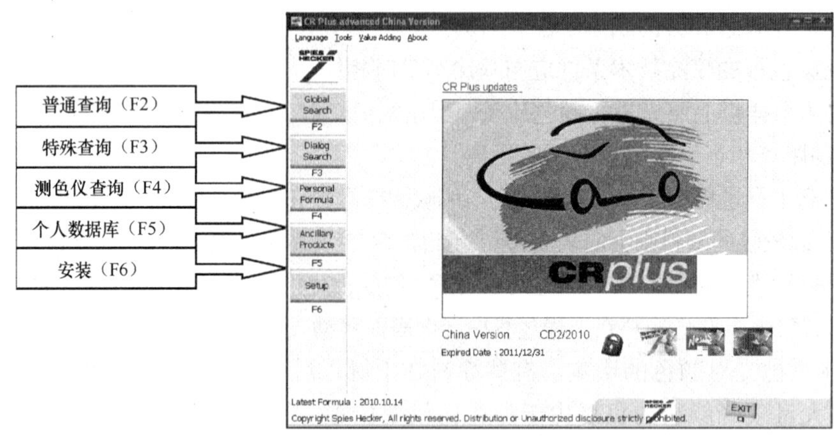

图 6-76　“CR Plus”主页面窗口

（3）在如图 6-77 所示的颜色配方界面中，按色号查询：输入“原厂色号”处，输入色号“LY7W”，然后单击“继续”。

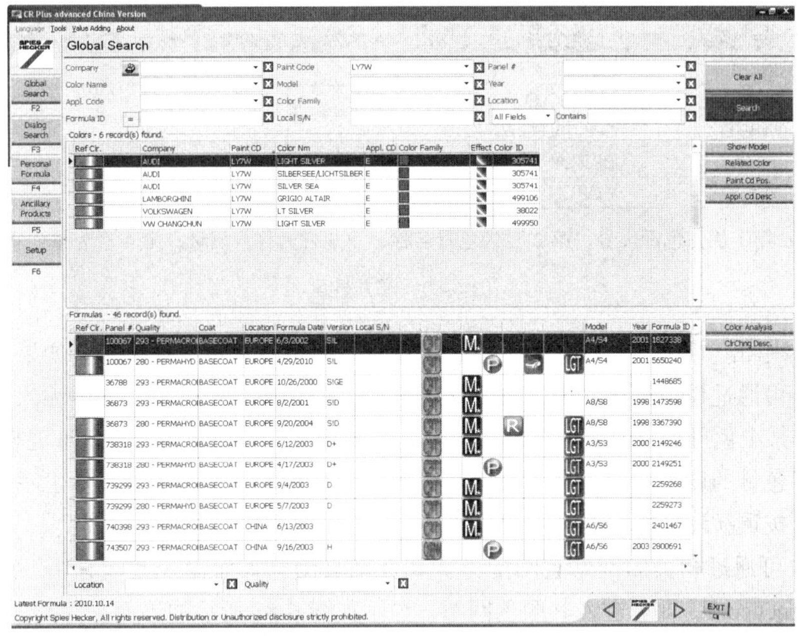

图 6-77　颜色配方界面

（4）在如图 6-78 所示的汽车生产商选择界面中选择汽车生产商，然后单击“继续”。

图 6-78　汽车生产商选择界面

（5）在如图 6-79 所示的差异色选择界面中选择需要的差异色配方，然后单击“继续”。

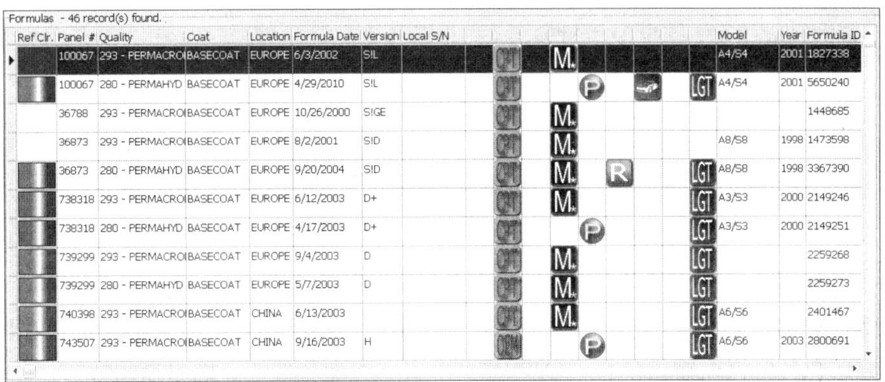

图 6-79　差异色选择界面

（6）获得所需要的配方，如图 6-80 所示。

Tint Code	Tint Name	gram (abs.)	gram (cum.)
WB858	BRILLANTSILBER EXTRA	359.2	359.2
WB818	FEINSILBER	616.4	975.6
WB892	PERLGOLD	31.2	1006.8
WB803	SPEZIALSCHWARZ	9.4	1016.2
WB859	BRILLANTBLAU	2.1	1018.3
WB881	MARON	1.1	1019.4

注：第 1 栏为色母代号；第 2 栏为色母名称；第 3 栏为称量质量；第 4 栏为累计质量

图 6-80　配方显示

（7）如果单击“调漆”，则出现模拟称量界面，即相当于电子秤使用。如果不慎将某个色母加入过多，可通过模拟称量界面来重新计算：按“F3”键，根据系统提示输入每个色母的实际称量，如果某个色母加过量了，系统会提示用户如何操作。单击“重新计算混合”，系统将逐个显示配方各色母的新称量值，写下来第一个称量值，按回车键后就会显示下一个色母的称量值。这样就可按重新计算的配方进行调色了。

另外，也可通过相关的网站查阅配方。如在网页浏览页面输入“施必快”颜色网站地址 www.asiacolornet.com，即可进入其颜色网站，显示如图 6-81 所示的界面。

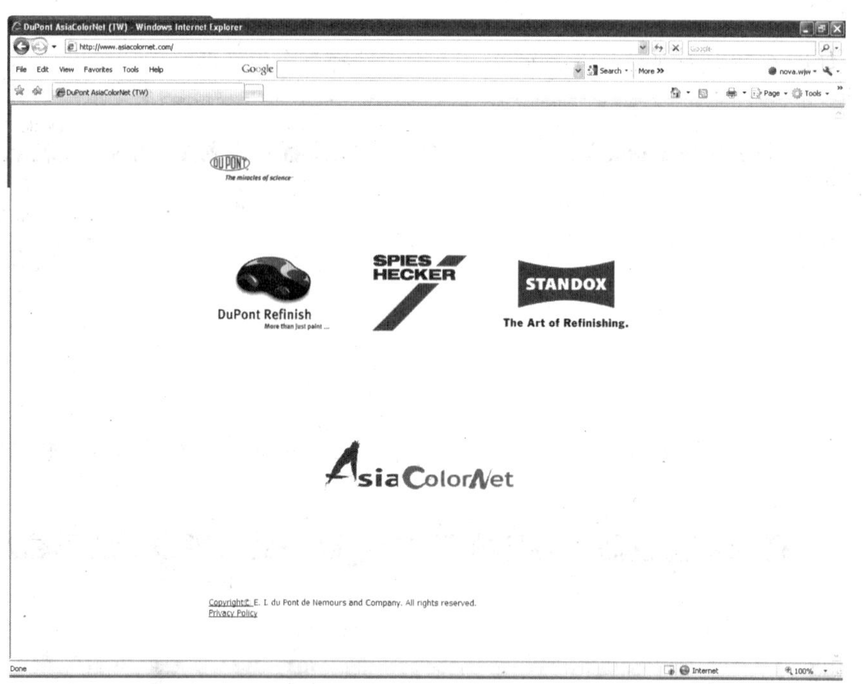

图 6-81　“施必快”颜色网页

单击“SPIES HECKER”图标进入到如图 6-82 所示的颜色页面。

若在颜色查询主界面上单击“全面查询”，则出现相应的颜色配方查询界面，如图 6-83 所示。在“原厂色号”栏内输入色号“LY7W”，单击“查询”按钮，即可获得配方。

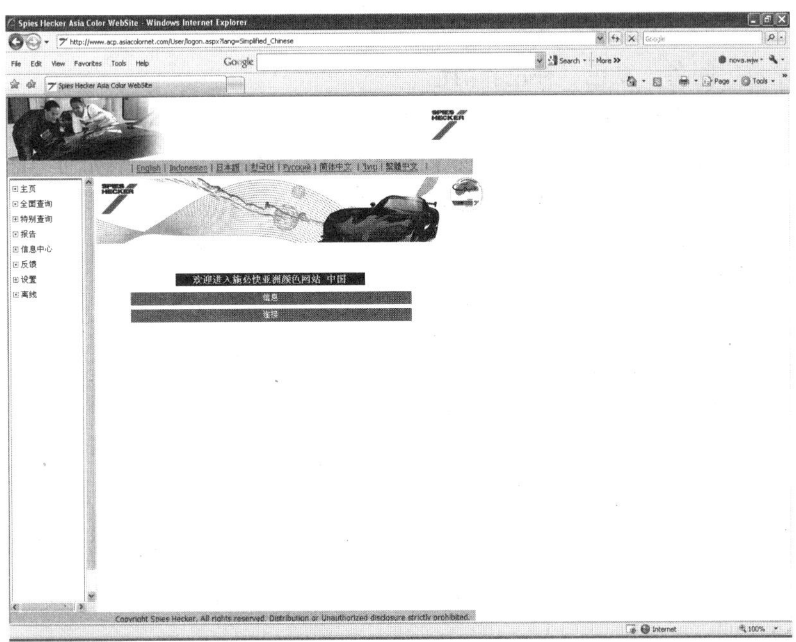

图 6-82　颜色查询主界面

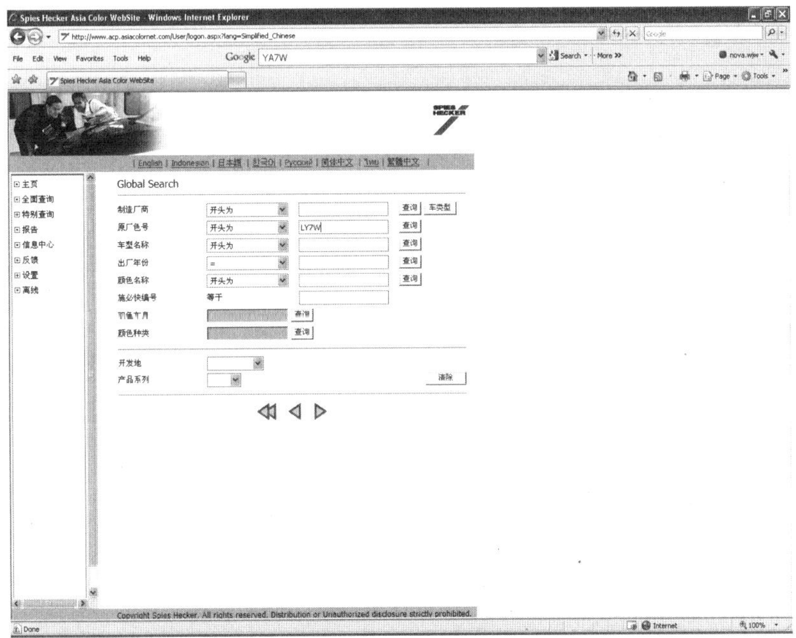

图 6-83　配方查询界面

思考与练习

1. 为什么同一种颜色在不同的光源下观察结果是不同的？通常利用何时的日光调色最好？

2. 物体为什么会呈现非彩色和彩色？

3. 解释色调、明度和彩度的含义。
4. 解释原色、间色、复色、补色和消色。
5. 说明标准的调色次序。
6. 什么是同色异谱现象？同色异谱现象的根本原因是什么？调色中如何考虑这一现象？
7. 什么是色母？通常涂料生产商生产的色母包括哪几大类？
8. 解释颜色配方、标准颜色配方、1 L 单量配方、1 L 累积配方。
9. 参考色卡时需要注意哪些事项？
10. 计量添加色母时应注意哪些事项？
11. 比色时需要注意哪些事项？
12. 当不能在车上找到油漆代码时，怎样利用色卡调色？
13. 什么是随角异色效应？如何评价金属漆的随角异色效应的强弱？
14. 在金属漆颜色配方中，常有两个色母都是银粉，为什么？
15. 如果往丙烯酸聚氨酯涂料和改性丙烯酸硝基涂料中加入同一种铝粉，涂装后仔细观察，将会发现前一种漆膜显得金属颗粒大、亮度高。为什么会有这种现象？怎样能够获得相同的效果？
16. 说明金属漆具有方向性的原因。

项目七 面漆的涂装

任务一 面漆的整车（整板）喷涂

【学习目标】

1. 能够正确描述面漆喷涂常用的手法。
2. 能够正确进行素色面漆的整车（整板）喷涂。
3. 能够正确进行金属色面漆的整车（整板）喷涂。
4. 能够注意培养良好的安全、卫生习惯及团队协作意识。
5. 能够检查、评价和记录工作结果。

任务分析

中涂底漆打磨完成，进行必要的除油清洁及遮盖后，即可进行面漆的喷涂，如图 7-1 所示。在此之前确认面漆的调色已经完成。

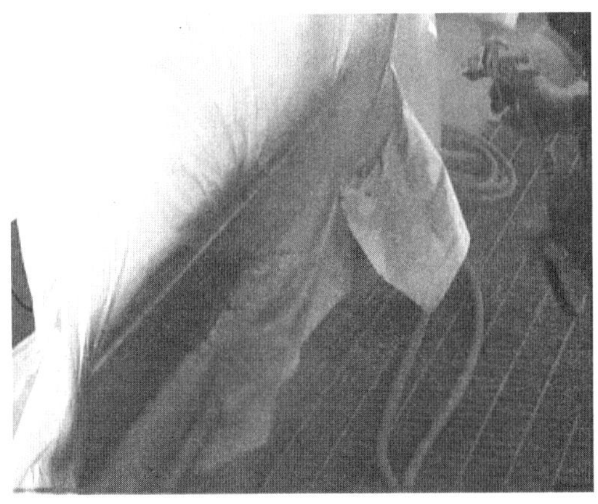

图 7-1 喷涂面漆

因为面漆是整个涂层的最表层，所以对其喷涂质量要求最高，要达到要求的涂层厚度、光泽和色彩。喷涂面漆是一项技术性很强的工作，需要喷漆技师有良好的喷涂技术和丰富的喷涂经验。

相关知识

一、面漆的喷涂的常用手法

1. 干喷

干喷是指喷涂时选择的溶剂要快干，气压较大，漆量较小，温度较高等，喷涂后漆面较干。

2. 湿喷

湿喷是指喷涂时选择的溶剂要慢干，气压较小，漆量较大，温度较低等，喷涂后漆面较湿。

3. 湿碰湿

通常所说的湿碰湿与上面提到的湿喷有相似的一面，就是不等上一道漆中溶剂挥发就继续喷涂下一道漆。

4. 虚抢喷涂

在喷涂色漆后，将大量溶剂或固体成分调整得很低的涂料喷涂在面漆上的操作称为虚抢喷涂。在汽车修补中有两种类型的虚抢喷涂法。

（1）在热塑性丙烯酸面漆上进行虚抢喷涂，用来使新喷的修补漆与原来的旧漆之间润色，使汽车表面经过修补后看不出修补的痕迹。

（2）在新喷涂的丙烯酸或醇酸磁漆上进行虚抢喷涂，用来提高其光泽，有时也用来在斑点修补时润色。

5. 雾化喷涂

雾化喷涂俗称飞雾法喷涂，又叫飞漆，是指用飞雾法呈散花状进行喷涂，以获得需要的效果，一般用于金属漆的施工。金属漆由于漆中有金属颗粒，有的由云母、珍珠等物制成，比重大，采用雾化喷涂可以获得特殊的效果。

二、面漆的喷涂工艺程序

面漆分为单工序面漆（素色漆）和双工序面漆（金属漆，有时素色漆也有双工序）两种，其喷涂工序各不相同，如图 7-2 所示。

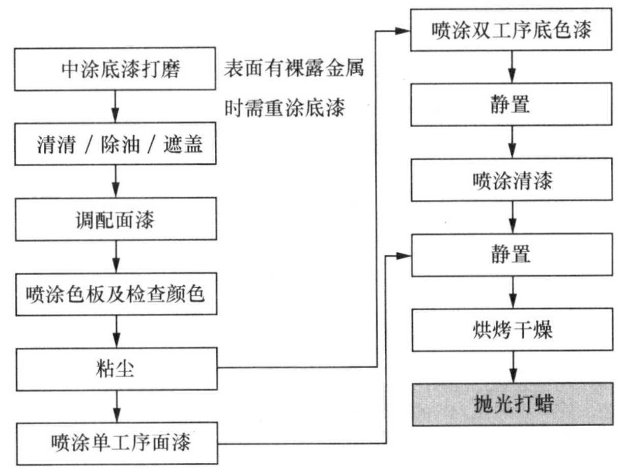

图 7-2　面漆的喷涂工艺

技能学习

劳动保护与安全注意事项

面漆喷涂施工的劳动保护与安全注意事项同底漆喷涂。

一、准备工作

1. 板件的准备

对于已经打磨过中涂底漆的板件，通常要进行下列准备工作。

（1）用吸尘器或气枪对需喷涂表面进行除尘处理。

（2）整板喷涂时，根据所喷涂的板件特点及需喷涂的面积确定遮盖的位置，取合适的遮盖纸进行遮盖。

（3）用擦拭纸浸除油剂对表面进行除油处理。

（4）用粘尘布对待喷涂表面进行除尘处理。

2. 喷涂前的检查

在开始喷涂作业之前，必须进行以下检查。

（1）检查全部车身外表有无覆盖遗漏之处。

（2）检查有无打磨作业和清扫作业是否存在没有完成之处。

（3）检查喷枪和干燥设备有无异常。

3. 个人卫生

检查完毕之后，用肥皂清洗手上的油污，穿上防尘服，再用压缩空气清除黏附在衣服上的灰尘。

4. 面漆准备

（1）解读涂料的技术说明。喷涂汽车修补面漆前，应详细解读其使用说明，以便充分了解其喷涂的技术要求。

“鹦鹉”牌 22 系列素色汽车修补面漆技术说明，见表 7-1。

表 7-1 德国“鹦鹉”牌 22 系列素色汽车修补面漆技术说明

<table>
<tr><th>原　料</th><th colspan="4">工　艺　数　据</th></tr>
<tr><td rowspan="17">油漆 22 系列素色面漆

固化剂　929-71　快速
　　　　929-73　一般
　　　　929-74　慢速

稀释剂　352-50　快速
　　　　352-91　一般
　　　　352-216 慢速
可以选用的添加剂：
柔软添加剂 522-111
减光剂 522-300
纹理添加剂 5231-40
刷涂添加剂 521-78
防油矽添加剂 580-100</td><td colspan="4">混合比例 2:1:10%</td></tr>
<tr><td>油漆</td><td colspan="3">100 份 22-</td></tr>
<tr><td>固化剂</td><td colspan="3">50 份 929-71、73、74</td></tr>
<tr><td>稀释剂</td><td colspan="3">10 份 352-91、50、216</td></tr>
<tr><td>活化寿命/20℃</td><td colspan="3">2 ~ 3 h</td></tr>
<tr><td>喷涂黏度/DIN4/20℃</td><td colspan="3">20 ~ 22 s</td></tr>
<tr><td>喷枪口径/重力式</td><td>HVLP：1.2 ~ 1.3 mm</td><td colspan="2">一般：1.3 ~ 1.4 mm</td></tr>
<tr><td>喷枪口径/吸上式</td><td>HVLP：1.8 mm</td><td colspan="2">一般：1.7 mm</td></tr>
<tr><td>喷涂气压</td><td>HVLP：2.0 ~ 3.0 bar</td><td colspan="2">一般：4.0 bar</td></tr>
<tr><td>喷涂道数</td><td colspan="3">2</td></tr>
<tr><td>间隔时间/20℃</td><td colspan="3">层间，至少 5 min</td></tr>
<tr><td>膜厚</td><td colspan="3">50 ~ 70μm</td></tr>
<tr><td>刷涂</td><td colspan="3">按 4:1 与 929-13 混合，并且添加 5%的 521-78</td></tr>
<tr><td>不同固化剂干燥</td><td>929-71</td><td>929-73</td><td>929-74</td></tr>
<tr><td>干燥/20℃</td><td>6 h</td><td>8 h</td><td>10 h</td></tr>
<tr><td>干燥/60℃</td><td>20 min</td><td>30 min</td><td>35 min</td></tr>
<tr><td>红外线/短波</td><td>7 min</td><td>7 min</td><td>7 min</td></tr>
<tr><td></td><td>红外线/中波</td><td>10 min</td><td>10 min</td><td>10 min</td></tr>
</table>

“鹦鹉”55 系列金属色汽车修补面漆技术说明，见表 7-2。

表 7-2 “鹦鹉”55 系列金属色汽车修补面漆技术说明

<table>
<tr><th>原　料</th><th colspan="3">工　艺　数　据</th></tr>
<tr><td rowspan="13">油漆 55 系列金属色面漆

稀释剂　352-50　快速
　　　　352-91　一般
　　　　352-216 慢速</td><td colspan="3">混合比例 2:1</td></tr>
<tr><td>油漆</td><td colspan="2">100 份 55-</td></tr>
<tr><td>稀释剂</td><td colspan="2">50 份 352-91、50、216</td></tr>
<tr><td>活化寿命/20℃</td><td colspan="2">混合后在 48 h 内用完</td></tr>
<tr><td>喷涂黏度/DIN4/20℃</td><td colspan="2">18 ~ 22 s</td></tr>
<tr><td>喷枪口径/重力式</td><td>HVLP：1.2 ~ 1.3 mm</td><td>一般：1.3 ~ 1.4 mm</td></tr>
<tr><td>喷枪口径/吸上式</td><td>HVLP：1.8 mm</td><td>一般：1.7 mm</td></tr>
<tr><td>喷涂气压</td><td>HVLP：2.0 ~ 3.0 bar</td><td>一般：4.0 bar</td></tr>
<tr><td>喷涂道数</td><td colspan="2">2 ~ 2.5</td></tr>
<tr><td>间隔时间/20℃</td><td colspan="2">间隔 10 min，至表面暗淡</td></tr>
<tr><td>膜厚</td><td colspan="2">15 ~ 20 μm</td></tr>
<tr><td colspan="3">备注：要遵守喷涂涂层的间隔时间：喷涂第一道湿的涂层后，间隔时间至漆膜亚光后，再喷涂第二层漆。
金属色漆表面要喷涂清漆：923-255、923-155 或 923-57</td></tr>
</table>

“鹦鹉”923 系列汽车修补罩光清漆技术说明，见表 7-3。

表 7-3　“鹦鹉”923 系列汽车修补罩光清漆技术说明

原　料	工　艺　数　据			
高浓度清漆　923-255	混合比例 2:1:10%			
中浓度清漆　923-155	油漆	100 份　22-		
柔软亚光清漆　923-57	固化剂	50 份　929-71、73、74		
	稀释剂	10 份　352-91、50、216		
固化剂　929-71　快速	活化寿命/20℃	3 ~ 4 h		
929-73　一般	喷涂黏度/DIN4/20℃	16 ~ 20 s		
929-74　慢速	喷枪口径/重力式	HVLP：1.2 ~ 1.3 mm		一般：1.3 ~ 1.4 mm
	喷枪口径/吸上式	HVLP：1.8 mm		一般：1.7 mm
稀释剂　352-50　快速	喷涂气压	HVLP：2.0 ~ 3.0 bar		一般：4.0 bar
352-91　一般	喷涂道数	2		
352-216　慢速	间隔时间/20℃	层间闪干 3 ~ 5 min		
	膜厚	50 ~ 70 μm		
清漆用于 2 涂层喷漆作业，湿碰湿工艺	不同固化剂干燥	929-71	929-73	929-74
	干燥/20℃	1 h	2 h	3 h
	干燥/60℃	20 min	30 min	35 min
923-57 适用于保险杠等喷涂，不能加柔软添加剂	红外线/短波	7 min	7 min	7 min
	红外线/中波	10 min	10 min	10 min

（2）调制面漆。将色浆按所需要的量取出，加入固化剂和稀释剂调整好黏度。通常的做法是将主剂和固化剂调配好之后，再加入稀释剂调整黏度。但熟练之后，也可以先用稀释剂稀释主剂，过滤好，注入喷枪的喷漆罐中，再加入适量的固化剂搅拌均匀。这种情况下，如图 7-3 所示，只要记住主剂的用量，然后按 1:4 的比例加入固化剂即可。这样做的好处是，可以真正做到用多少调多少，避免浪费。

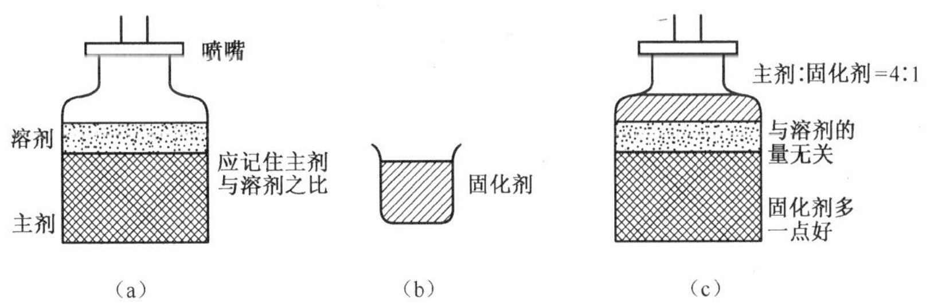

图 7-3　调制面漆避免浪费的方法

涂料黏度并非常量，会随温度而发生变化。即同一种涂料，冬季比夏季显得稠些。黏度越高的涂料，随温度而变化的特征越明显。因此，即使加入相同量的稀释剂，若该涂料夏季的黏度为 13 ~ 14 s，则冬季黏度就为 20 s 左右。

从根本上讲，同一种涂料应以相同的稀释率进行涂装，如夏季气温为 30℃，以黏度 14 s 进行涂装，到了冬季气温为 5℃时，就应以黏度 20 s 进行涂装，所以应养成根据气温改变喷涂黏度的习惯。

从表 7-1 中可以查到，调制“鹦鹉”22 系列汽车修补面漆时，应将调好色的涂料（色浆，下同）与固化剂（929 系列）和稀释剂（352 系列）按 2:1:10%的比例（体积比）进行配比。

从表 7-2 中可以查到，调制“鹦鹉”55 系列汽车修补面漆时，应将色浆与稀释剂（352 系列）按 2:1 的比例（体积比）进行配比。

从表 7-3 中可知，调制“鹦鹉”923 系列汽车修补清漆时，应将清漆与固化剂（92-71/73/74）和稀释剂（352 系列）按 2:1:10%的比例（体积比）进行配比。

5. 喷枪的选择

用于喷涂面漆的喷枪，应根据使用目的和涂料的种类区分使用。

喷枪的喷嘴直径应随涂料的种类而改变。

对于酸性丙烯酸硝基漆，全涂装时用 1.5 ~ 1.8 mm 口径的喷枪较为适宜；而对于合成纤维素丙烯酸硝基漆则以 1.0 ~ 1.3 mm 口径的喷枪为宜，若口径超过 1.5 mm，则会造成漆膜表面粗糙，打磨十分费力。

对于丙烯酸聚氨酯涂料，全涂装时应选用 1.3 ~ 1.5 mm 口径的上吸式喷枪。涂装丙烯酸聚氨酯的单色涂料时，也有人采用 1.8 mm 口径的喷枪，但比较起来，还是口径 1.5 mm 的好用。

烤漆涂料可以使用 1.3 ~ 1.5 mm 口径的上吸式喷枪；丙烯酸磁漆可以用 1.5 ~ 1.8 mm 口径的上吸式喷枪。烤漆涂料也可以使用重力式喷枪；丙烯酸磁漆涂料如果使用重力式喷枪，口径选 1.3 mm 能获得较高的喷涂质量。在喷涂金属闪光色时，为防止金属雾斑，喷嘴直径应为 1.3 ~ 1.4 mm。

除此之外，随制造厂家的不同，喷射流量、空气用量、喷束形状都有所差异，应从中选择与所喷涂料相适应的喷枪。

压送式喷枪喷吐流量大，可以缩短喷涂时间，喷罐容量可加入 2 ~ 4 L 涂料，以节省涂料添加时间。

从表 7-1 ~ 表 7-3 中可以查到，喷涂“鹦鹉”牌汽车修补面漆时，若选用普通高气压重力式喷枪，其口径应为 1.3 ~ 1.4 mm；若选用重力式 HVLP 喷枪，其口径应为 1.2 ~ 1.3 mm；若选用普通高气压上吸式喷枪，其口径应为 1.7 mm；若选用上吸式 HVLP 喷枪，其口径应为 1.8 mm。

6. 涂料装枪

调好色的涂料以不低于 180 目的滤网（过滤漏斗等）过滤后装入喷枪（最多装至约 3/4 漆罐）。注意：底色漆和清漆各用一把喷枪。

二、素色面漆的整车（整板）喷涂

对于不同种类的素色漆，所用的喷涂方法也不一样。现以“鹦鹉”牌汽车修补漆为例，涂料黏度用 4 号福特杯测量。

1. 喷枪的调整

（1）根据涂料的技术说明调整喷涂气压。由表 7-1 可知，喷涂“鹦鹉”牌素色（22 系列）汽车修补面漆时，若选用 HVLP 喷枪，则喷涂气压为 2.0 ~ 3.0 bar；若选用普通喷枪，则喷涂气压为 4.0 bar。

（2）根据喷涂面积大小调整喷涂扇幅大小。通常做整板（整车）喷涂时，用全开扇幅。

（3）用雾形测试的方式调整供漆量。

2. 喷涂施工

（1）第 1 次喷涂（预喷涂）。

涂料黏度：标准。

空气压力：标准。

喷束直径：全开。

喷吐流量：1/2 ~ 2/3 开度。

喷枪距离：稍远。

喷枪运行速度：快。

以车身整体喷上一层雾的感觉，薄薄地预喷一层。喷涂这一层的目的，一是提高涂料与旧漆膜的亲和力，二是确认有无排斥涂料的部位，若有则在该部位稍加大气压进行喷涂，直至覆盖住涂料排斥部位。闪干时间不少于 5 min。

（2）第 2 次喷涂（形成涂膜层）。

涂料黏度：标准。

空气压力：标准。

喷束开度：全开。

喷吐流量：2/3 ~ 3/4 开度。

喷枪距离：标准。

喷枪运行速度：适当。

在该工序基本形成涂层，要达到一定的膜厚。注意尽可能喷厚一些，这是最终获得良好表面质量的基础，但同时要注意不能产生垂挂和流动，以此作为标准。闪干时间不少于 5 min。

（3）第 3 次喷涂（表面色调和平整度的调整）。

涂料黏度：标准（可稍调小）。

空气压力：标准（可稍调小）。

喷束开度：全开。

喷吐流量：全开。

喷枪距离：标准。

喷枪运行速度：适当。

第 2 次喷涂已形成了一定膜厚，第 3 次喷涂的主要目的是调整漆膜的色调，同时形成光泽。为此，可适当加入清漆，有时为了调整色调，还需加入干燥速度慢的稀释剂。

素色漆一般喷涂 3 次，就能形成所需膜厚、光泽和色调。如果色调还不满意，则可将涂料黏度调小，再修整喷涂一次。

喷涂作业的先后顺序往往随操作者的习惯而定，但要注意漆雾的影响。在下排风的喷漆间整车喷涂时，通常先喷涂车顶，然后喷涂车后部，用围绕车身一圈后在车后部完成接缝的方法进行喷涂。若由两名喷漆工共同操作，完成整车喷涂，则效果会更好。但在喷涂金属面漆或珍珠面漆时，最好由一个人来操作，因为不同的操作手法可能会引起颜色的差异。图 7-4 为合理的整车喷涂顺序示意图。

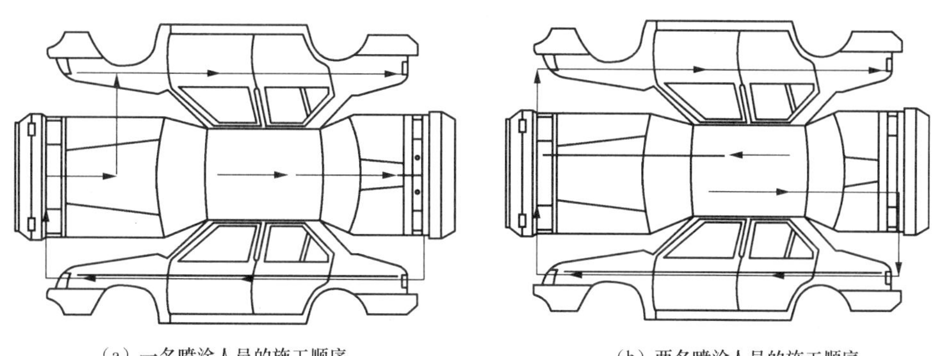

（a）一名喷涂人员的施工顺序　　（b）两名喷涂人员的施工顺序

图 7-4　合理的整车喷涂顺序

应用较多的另外一种喷涂顺序，如图 7-5 所示。首先从车顶开始，依次是右前门、右前翼子板、发动机罩、左前翼子板、左前门、左后门、左后翼子板、行李箱盖、右后翼子板、右后门。在喷涂右后门时可将右前门打开，以防止漆雾粒子飞溅到已经略干的右前门漆面上而产生粗粒现象，但要提前做好车室内的防护工作。当然，整车喷涂顺序并不是固定不变的，重点是保证最大限度地避免边缘干燥过快或者在已经表干的区域重喷。所以，还有一种喷涂顺序也经常被采用：左车顶→右车顶→右后门→右前门→右前翼子板→发动机罩→前保险杠→左前翼子板→左前门→左后门→左后翼子板→行李箱盖→后保险杠→右后翼子板。

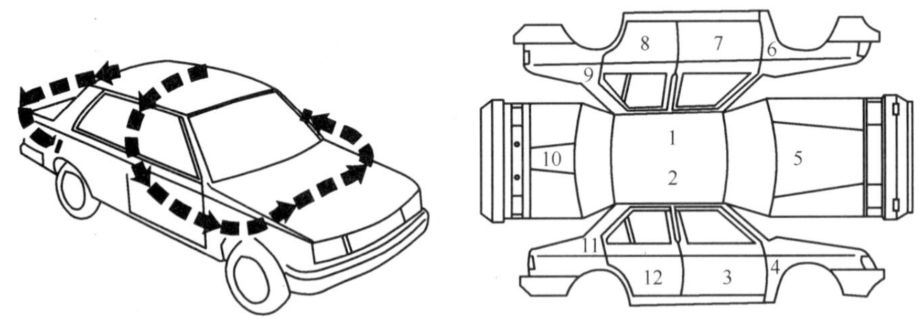

图 7-5　整车喷涂施工顺序

（4）闪干。面漆喷涂结束后，若采用烘干干燥，必须使漆膜有充分的闪干时间，以使漆膜中的溶剂充分挥发，避免喷涂完毕后直接加温烘烤所造成的漆膜起热痱等缺陷。

涂料的种类不同，闪干时间要求也不同。通常闪干时间在 10 ~ 20 min。具体数据以涂料技术说明书建议为准。

（5）清除贴护。喷涂工作完毕之后，遮盖不喷涂部位的胶带和贴护纸的作用就已经完成，可以清除掉了。

清除贴护的工作不要等到加温烘干以后才进行，因为加温后胶带上的胶质会溶解，与被粘贴表面结合得非常牢固，很难清除，而且会在被粘贴物上留下黏性的杂质。即使被贴护表面是良好的旧漆层，由于胶带中溶剂的作用还是会留下永久性的痕迹，必须进行抛光处理。漆膜完全干燥后清除胶带，还会引起胶带周围漆膜的剥落，造成额外的修饰工作等。

贴护的清除工作应在喷涂完毕之后静置 20 min 左右（涂料生产商建议的烘干前闪干时间），待漆膜稍稍干燥后进行。

清除工作应从涂层的边缘部位开始，绝不能从胶带中央穿过涂层揭开胶带。揭除动作应仔细缓慢，并且使胶带呈锐角均匀地离开表面，如图 7-6 所示。清除时要注意不要碰到刚刚喷涂过的地方，还应防止宽松的衣服蹭伤新的涂层表面，因为这些表面尚来干透，碰到后会引起损伤，造成额外的工作。

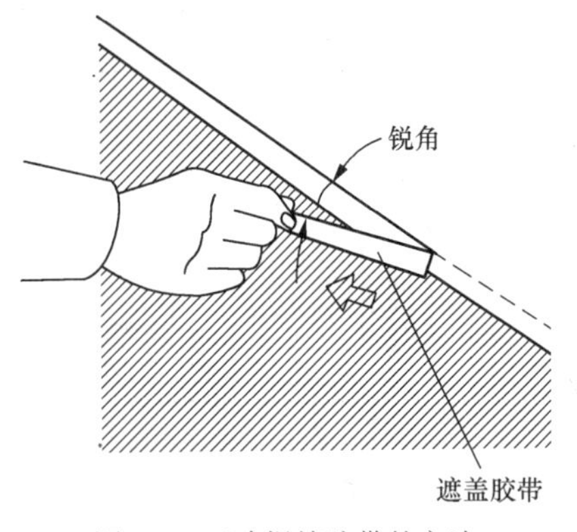

图 7-6　正确揭掉胶带的方法

（6）干燥。整板（整车）喷涂的干燥通常在喷烤房内进行。干燥设备有多种类型，如红外线、远红外线、热风等。不同设备干燥方式也有所不同。因此，干燥作业时的关键，就是如何根据干燥设备的特点，在不致产生气孔的前提下提高干燥速度。

从表 7-1 可知，“鹦鹉”22 系列素色面漆的干燥时间随使用的固化剂和采用的干燥方式的不同而有所不同。

若使用快干型固化剂（929-71），常温干燥（20 ℃），6 h；热空气升温干燥（60 ℃），20 min；用短波红外线干燥，7 min；用中长波红外线干燥，10 min。

若使用中等干燥型固化剂（929-73），常温干燥（20 ℃），8h；热空气升温干燥（60 ℃），30 min；用短波红外线干燥，7 min；用中长波红外线干燥，10 min。

若使用慢干型固化剂（929-74），常温干燥（20 ℃），10 h；热空气升温干燥（60 ℃），35 min；用短波红外线干燥，7 min；用中长波红外线干燥，10 min。

三、金属色面漆的整车（整板）喷涂

金属色面漆中，银粉漆通常采用二工序涂装法，即底色漆（银粉漆）+清漆；而珍珠漆一般采用三工序涂装法，即底色漆（素色漆）+珍珠漆+清漆。由于喷涂工艺参数对颜色的影响很大，故喷涂时应严格按涂料要求的工艺进行。

1. 银粉漆的标准涂装

（1）喷枪的调整具体如下。

① 根据涂料的说明调整喷涂气压，如喷涂德国“鹦鹉”55 系列汽车修补面漆及清漆时，若选用 HVLP 喷枪，则喷涂气压为 2.0 ~ 3.0 bar；若选用普通喷枪，则喷涂气压为 4.0 bar。

② 根据喷涂面积的大小调整喷涂扇幅的大小。通常做整板（整车）喷涂时，用全开扇幅。

③ 用雾形测试的方式调整供漆量。

（2）喷涂流程如下。

① 第 1 次喷涂（预喷涂）。

涂料黏度：标准。

空气压力：标准。

喷束直径：全开。

喷吐流量：1/2 ~ 2/3 开度。

喷枪距离：稍远。

喷枪运行速度：快。

以喷雾感沿车身表面整体薄薄地喷洒，既提高涂料与底层或旧漆膜的亲和力，又可确认有无排斥涂料现象。如果出现了排斥现象，就在有排斥现象的部位提高喷射气压进行喷涂。闪干至少 5 min。

② 第 2 次喷涂（决定色调）。

涂料黏度：标准。

空气压力：标准。

喷束直径：全开。

喷吐流量：2/3 ~ 3/4 开度。

喷枪距离：标准。

喷枪运行速度：稍快。

第 2 次喷涂决定漆膜的颜色，喷涂时不必在意出现的喷涂斑纹和金属斑纹，单层喷涂，喷枪移动速度稍快一点为好。丙烯酸聚氨酯涂料遮盖力较强，一般喷两次就行了，但有的色调需按第 2 次喷涂方法再喷涂一次。闪干至少 5 min。

③ 第 3 次喷涂（消除斑纹的喷涂）。

将喷枪内的涂料按 1:1 的比例加入清漆进行混合。

空气压力：稍小。

喷束直径：全开。

喷吐流量：1/2 ~ 2/3 开度。

喷枪距离：稍远。

喷枪运行速度：快。

第 3 次喷涂起到修整第 2 次喷涂形成的喷涂斑纹和金属斑纹，防止喷涂透明层时引起金属斑纹的作用。目的是形成金属感。

原则上，透明涂料和金属闪光磁漆各占 50%，但随颜色不同多少有些变化。例如，喷涂浅色涂料时，透明涂料多一些，占 70% ~ 80%，金属闪光磁漆占 20% ~ 30%；喷涂银灰色和中等浓度色调涂料时，两种涂料各占 50%，或者透明涂料稍多一些占 60%。黏度为 12 s 左右。

喷涂时，喷枪运行速度要快，与涂装表面保持稍远的距离，薄薄地喷涂一层，要完全消除金属斑纹。

在底色漆喷涂过程中，如果出现了过多的金属颗粒（轻度流挂），可用吸纸吸掉。

④ 闪干。在消除斑纹的喷涂结束之后，要设置 10 ~ 15 min 的中间间隔时间（以涂料生产商的建议为准），使漆膜中的溶剂充分挥发。若用指尖轻轻触摸涂面，沾不上颜色，就可以进入透明层的喷涂了。设置中间间隔时间，是为了使金属闪光磁漆涂料的溶剂尽可能得到挥发。若使用的是“鹦鹉”漆，则建议闪干时间为约 10 min，至漆面呈亚光效果即可。

⑤ 第 4 次喷涂（透明涂料的预喷涂）。

涂料黏度：标准。

空气压力：标准。

喷束直径：全开。

喷吐流量：2/3 开度。

喷枪距离：稍远。

喷枪运行速度：稍快。

第 1 次透明层的喷涂不能太厚，否则会使金属颗粒的排列被打乱。闪干至少 5 min。

⑥ 第 5 次喷涂（精加工透明涂料的喷涂）。

涂料黏度：标准。

空气压力：标准。

喷束直径：全开。

喷吐流量：全开或 3/4 开度。

喷枪距离：标准。

喷枪运行速度：普通或稍慢。

以第 2 次透明层的喷涂结束此步骤，要边观察漆膜平整度边仔细喷涂。如果采用快速移动喷枪，往返两次覆盖被喷涂面的方式，能得到很理想的表面色泽。尤其是在车顶、行李箱盖、发动机罩等处，覆盖两次为好。

当表面平整度不好时，可以加入干燥速度慢的稀释剂进行修整，以获得较好的加工质量。

⑦ 闪干约 20 min。

⑧ 清除贴护。

⑨ 干燥。银粉漆的干燥参数与素色漆相同。

2. 银粉漆的经济型涂装

（1）第 1 次喷涂（底色漆的预喷涂）。

涂料黏度：比标准稍大。

空气压力：标准。

喷束直径：全开。

喷吐流量：1/2 ~ 2/3 开度。

喷枪距离：稍远。

喷枪运行速度：快。

整体平均薄薄地喷涂，以提高涂料与旧漆膜的亲和力。同时，检查有无排斥涂料的现象，若有则应提高喷射气压进行喷涂。闪干 5 min。

（2）第 2 次喷涂（决定漆膜色彩）。

涂料黏度：比标准稍大。

空气压力：标准。

喷束直径：全开。

喷吐流量：3/4 ~ 全开。

喷枪距离：标准。

喷枪运行速度：稍快。

第 2 次喷涂决定漆膜的色彩，要注意不要出现喷涂斑纹和金属斑纹。若出现金属斑纹，则将喷枪距离加大，以喷雾的方式喷射进行修整。

丙烯酸聚氨酯涂料的覆盖力强，喷涂 2 次就能确定好色彩。如果色彩不好，可间隔 10 ~ 15 min，再按第 2 次喷涂的方法，喷涂第 3 次甚至第 4 次。

（3）闪干约 10 min 至表面呈亚光。

（4）第 3 次喷涂（透明层涂料的预喷涂）。

涂料黏度：标准。

空气压力：标准。

喷束直径：全开。

喷吐流量：2/3 ~ 3/4 开度。

喷枪距离：稍远。

喷枪运行速度：稍快。

闪干约 5 min。

（5）第 4 次喷涂（透明涂料的精加工喷涂）。

涂料黏度：标准。

空气压力：标准。

喷束直径：全开。

喷吐流量：3/4 ~ 全开。

喷枪距离：标准。

喷枪运行速度：普通或稍慢。

第 2 次透明层喷涂是精加工喷涂，要边观察漆膜的平整度边仔细喷涂，快速移动喷枪，往返覆盖两层，以获得高质量的表面层。反之，若移动速度过慢，就会产生垂挂现象。如果漆膜起皱，要加入干燥速度慢的稀释剂进行修整。

（6）闪干约 20 min，清除贴护。

（7）干燥。

任务二 面漆的局部过渡喷涂

【学习目标】

1. 能够正确描述局部修补过渡喷涂的含意。
2. 能够正确进行局部修补过渡喷涂工艺的选择。
3. 能够正确进行局部修补过渡喷涂边界的选定。
4. 能够正确描述局部过渡喷涂时对底材的处理要求。
5. 能够正确进行素色面漆的局部过渡喷涂。
6. 能够正确进行金属色面漆的局部过渡喷涂。
7. 能够注意培养良好的安全、卫生习惯及团队协作意识。
8. 能够检查、评价和记录工作结果。

任务分析

局部修补喷涂也被称为点状上漆或局部修整，是指在车身维修时，一块板件上出现了损伤，但是损伤的面积较小，且位置靠近边缘，为了节省时间和材料而进行的修补涂装工艺。图 7-7 所示的车辆即进行了左前翼子板的局部修补。局部修补喷涂的前提是有足够的剩余面积，如图 7-8 所示。

图 7-7　局部修补示例

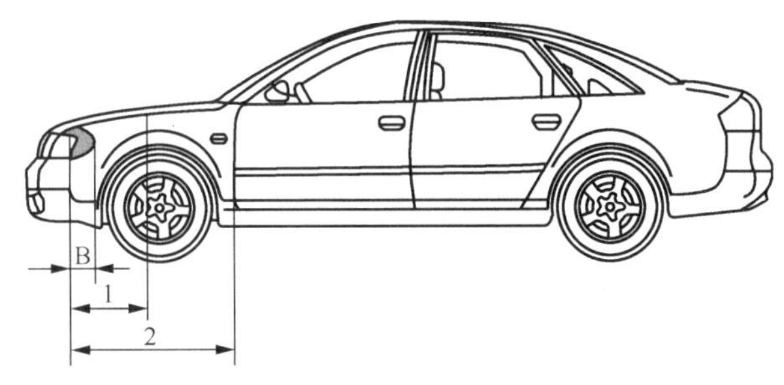

图 7-8 采用局部修补涂装的面积确定

B—受损且已涂抹填料的表面；1—底色漆涂层；2—底色漆涂层之后的罩光层

素色漆由于是单工序操作的，只需将面漆进行局部喷涂，适当采用晕色处理即可。而金属漆由于有罩光层，其局部修补喷涂分为局部喷涂底色漆、整板罩清漆和局部喷涂底色漆、局部板罩清漆等。

金属漆的局部修补常采用过渡喷涂技术。过渡喷涂是指在车身维修时，为了弥补修补板件的某些缺陷（主要是新旧涂层的颜色差异），而将维修区域向相邻的区域（板件）扩展的技术，如图 7-9 所示。

过渡喷涂要求底色漆必须局部过渡喷涂，清漆最好整板喷涂，甚至向相邻板件进行过渡喷涂。

过渡喷涂工艺的难点在于，如何使修补的部位与板件的原有部位之间的差异减小到肉眼无法分辨的程度。

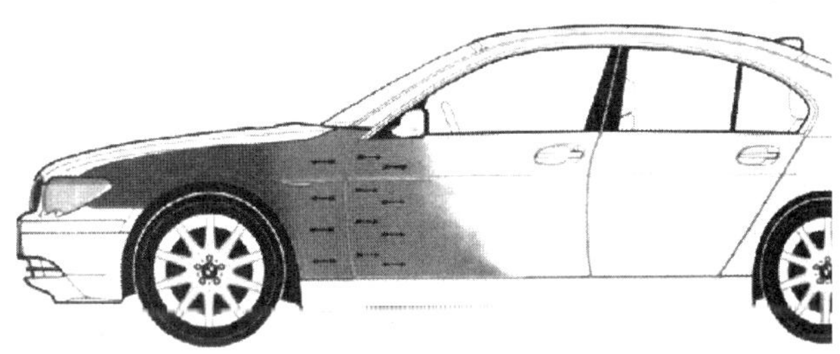

图 7-9 过渡喷涂示意图

相关知识

一、局部修补过渡喷涂工艺

金属漆的局部修补喷涂分为局部过渡喷涂工艺、板内过渡喷涂工艺和板外过渡喷涂工艺 3 种。

1. 局部过渡喷涂工艺

局部过渡喷涂工艺是指局部喷涂底色漆和局部罩清漆，通常也称为点修补。

2. 板内过渡喷涂工艺

板内过渡喷涂工艺是指局部喷涂底色漆和整板罩清漆，如图 7-10 所示。此种工艺一般用于位于板件中央部位的小范围漆膜损伤，且受损面在各个方向上都没有清晰的边缘界限时的修复。

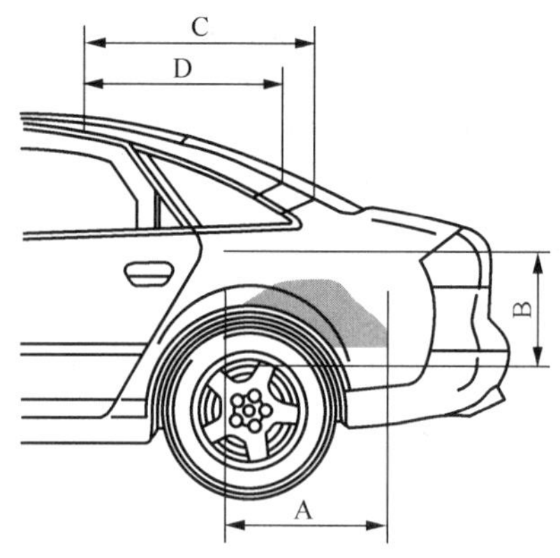

图 7-10　板内过渡喷涂工艺

A—打磨受损且已涂抹填料的表面；B—喷涂 2 ~ 3 次底漆；

C—以 P1500 ~ P2000 的砂纸或用研磨垫打磨过渡区域；

D—以较低的压力用已充分稀释的清漆或局部用稀释剂来喷涂的过渡区域

3. 板外过渡喷涂工艺

板外过渡喷涂工艺是指在需修补板件和相邻板件上喷涂色漆，部分颜色在相邻板件上过渡，清漆喷涂整板（包括相邻板件）。通常在漆膜损伤点处与板件边缘处采用此工艺，如图 7-11 所示。

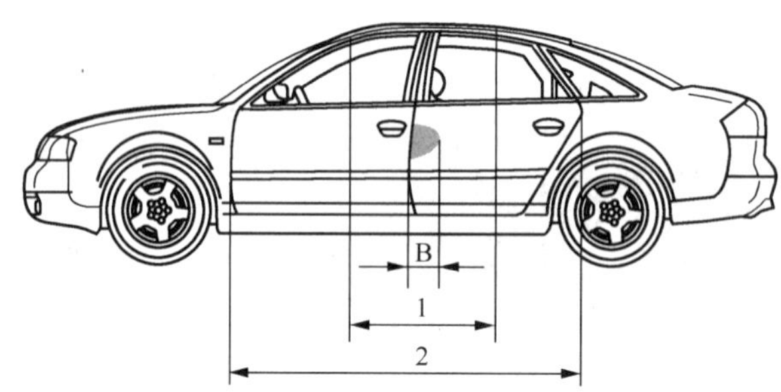

图 7-11　板外过渡喷涂工艺

B—受损且已涂抹填料的表面；1—底色漆涂层；2—罩光层

二、局部修补边界的选择

局部修补边界的选择很重要，能使修补后的涂层与原涂层差异减小，让人基本看不出曾经被修补过。边界选择应满足以下要求。

（1）局部修补应选在车身板件面积较窄处。

（2）局部修补应选在车身拐角部位，如保险杠蒙皮拐角处等。虽然是同一个板件但是处在空间的两个面上，对观察者来说对比性要小很多。如果在同一个平面上，则对比性大，两部分的新旧、颜色等会很容易对比出来。

（3）局部修补应选在板件的棱线部位。车身板件的棱线也是驳口过渡喷涂边界，因为大多数车身棱线分界的两个面都不在同一平面上，所以对比性较小。

（4）不适合进行驳口过渡喷涂的部位。发动机罩在车辆最显眼的位置，并且处在水平面上，如人的脸面一样，最好不要在上面“打补丁”，因为再好的修补也不是完美无缺的。同理，后备厢也不适合做驳口修补。

三、局部修补过渡喷涂对底材处理的要求

局部修补过渡喷涂要求在整板喷涂的基础上，对过渡区域进行更精细的处理。如图 7-12 所示，首先过渡区域的范围一定要达到要求，尽可能扩大些；在扩大的过渡区域要用 P2000 的美容砂纸或与之相当的研磨材料，对原漆面进行研磨处理。

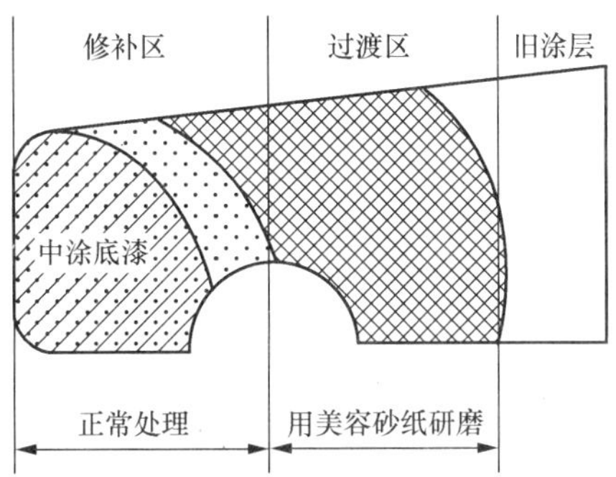

图 7-12　局部修补过渡喷涂前的底材处理

四、驳口水

图 7-13　驳口水

驳口水也叫接口水，是进行面漆过渡喷涂时使用的涂料，它可以帮助过渡区域的色漆层变得平滑均匀，防止修补区域周围颜色深暗。驳口水通常装于铁制罐内，如图 7-13 所示，开罐即可使用。使用驳口水前要充分摇匀，需要在素色漆最后一道喷完后或者金属漆最后一道清漆喷完后，马上喷涂一层驳口水。

技能学习

一、准备工作

局部修补过渡喷涂的准备工作与面漆的整车（整板）喷涂的准备工作相同。

二、素色面漆的局部修补喷涂

素色漆的局部涂装如图 7-14 所示。

（1）第 1 次喷涂薄薄的一层，以提高底层和旧漆膜与涂料的亲和力。

（2）第 2 次喷涂比第 1 次喷涂范围稍宽一些，并在湿的状态下定出色彩。

（3）第 3 次喷涂比第 2 次要喷得更宽些，且要稍加一些稀释剂，以获得高质量的表层。要注意色调应与旧漆膜相吻合。

（4）晕色处理。用 30%色漆，加入 70%稀释剂，薄薄地喷涂一层，此时如果喷得过多就会出现垂挂。另外，也可喷涂点修补驳口水，但驳口水只喷涂在新旧漆膜的交界处。表 7-4 为“鹦鹉”点修补用驳口水（352-500）的技术说明。从表中可以了解到，该种驳口水无需添加稀释剂

（即开即用）；选用 HVLP 喷枪的口径为 0.8 ~ 1.0 mm；选用兼容喷枪的口径为 1.2 ~ 1.3 mm；喷涂气压为 2 bar。

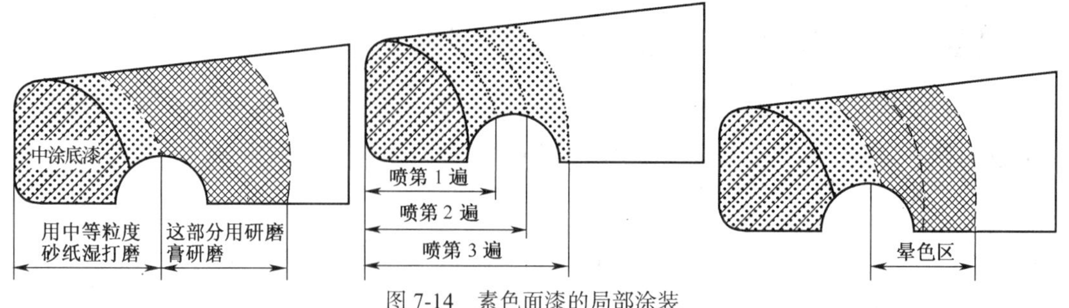

图 7-14　素色面漆的局部涂装

表 7-4　　“鹦鹉”点修补用驳口水（352-500）的技术说明

应用：一种特殊的溶剂型混合物，用于点修补过渡工艺

标志	应用	填充底漆	
	涂装工艺系统	S8，S9，鹦鹉点修补	
	喷涂黏度 DIN 4 20℃	即开即用	
	重力喷枪 喷涂压力	HVLP 迷你喷枪：0.8 ~ 1.0 mm	兼容喷枪 1.2 ~ 1.3 mm，2.0 bar
	喷涂遍数	2 ~ 3 遍至清漆渐变区域	
	干燥	根据“鹦鹉”清漆推荐	

（5）闪干约 20 min，清除贴护。

（6）干燥。局部修补喷涂的干燥通常利用可移动的红外线烤灯进行，具体使用方法参照本书项目三中“腻子干燥”部分的内容，只是在程序选择上要选“烘烤面漆”。

三、金属色面漆的局部修补喷涂

1. 标准工艺金属闪光色面漆的局部喷涂

标准工艺金属闪光色面漆的局部喷涂方法如图 7-15 所示。

（1）先在中涂底漆层四周喷一层清漆，以使所喷的金属闪光漆更光滑。此次喷涂也可使用专用的驳口水（驳口清漆）进行，表 7-5 为“鹦鹉”（55-B500）驳口水的技术说明。从表中可以了解到，该种驳口水适用于 55 系列底色漆的过渡喷涂，也适用于点修补；无需添加稀释剂（即开即用）；选用 HVLP 喷枪的口径为 1.2 ~ 1.3 mm；选用兼容喷枪的口径为 1.2 ~ 1.4 mm；喷涂气压为 2 bar；与底色漆湿碰湿喷一层；无需闪干即可进行下一道工序（喷底色漆）。

驳口清漆的喷涂工艺其作用是防止产生“黑圈”现象。所谓“黑圈”现象是指在用金属漆进行修补时，色漆过渡的边缘部分容易形成干喷，导致铝粉排列不均匀，直接观察时颜色发黑，如图 7-16 所示。

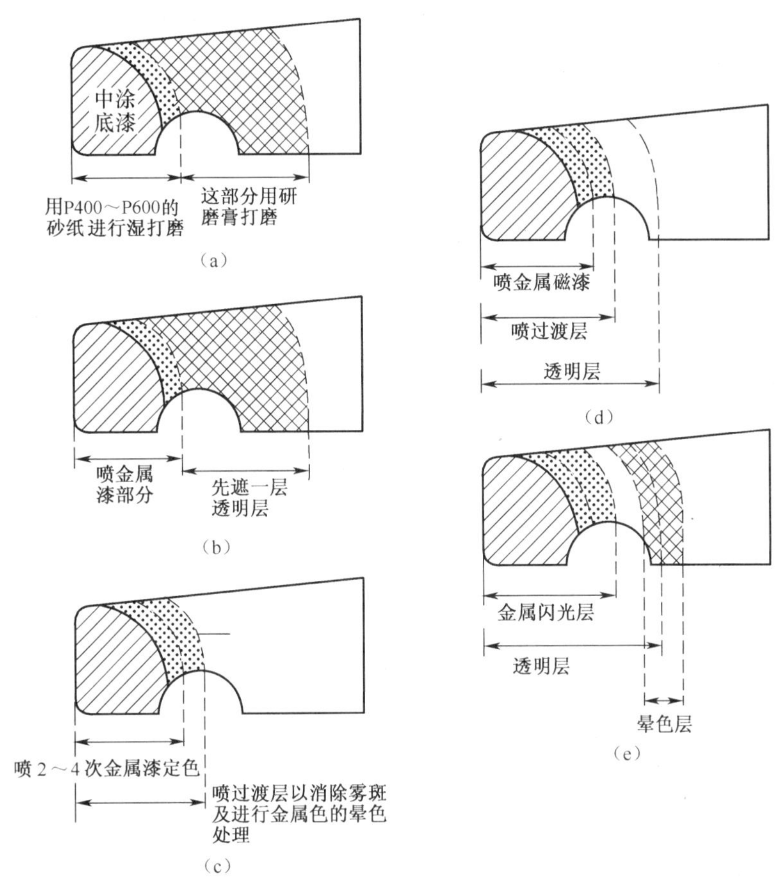

图 7-15　金属闪光色面漆的局部涂装

如图 7-17 所示，使用面漆喷枪湿喷一层驳口清漆于色漆需要过渡的区域，然后按施工要求喷涂色漆。这种方法是为了让底层变得湿润，使铝粉喷涂时排列得更加均匀，不易产生“干喷”现象。

表 7-5　　“鹦鹉”（55-B500）驳口水的技术说明

应用：鹦鹉®55-B500 驳口水是用于鹦鹉金属漆 55 系列底色漆的过渡喷涂。另外，55-B500 也可被用于点修补。

特性：它可帮助过渡区域的色漆层变得平滑均匀，防止修补区域周围颜色深暗。55-B500 也可代替 55-系列配方中 20%的稀释剂（高银粉含量颜色）用于点修补，以获得最佳的颜色效果。

注意：用同一把喷枪喷涂 55-B500 驳口清漆和 55 系列色漆时，之间的转换过程，喷枪不需清洗。

标志	应用	填充底漆	
	修补涂装工艺系统	S8，S8.1	
	混合比例	开罐即用	
		使用前充分地摇动	
	喷涂黏度 DIN 4　　在 20℃	17 ~ 19 s	
	重力喷枪 喷涂气压	HVLP 喷枪：1.2 ~ 1.3mm 2.0 ~ 3.0 bar (30 ~ 45 p.s.i.)/0.7 bar	兼容喷枪 1.2 ~ 1.4mm
	喷涂层	1 层湿喷	
	闪干　　在 20℃	无须闪干	

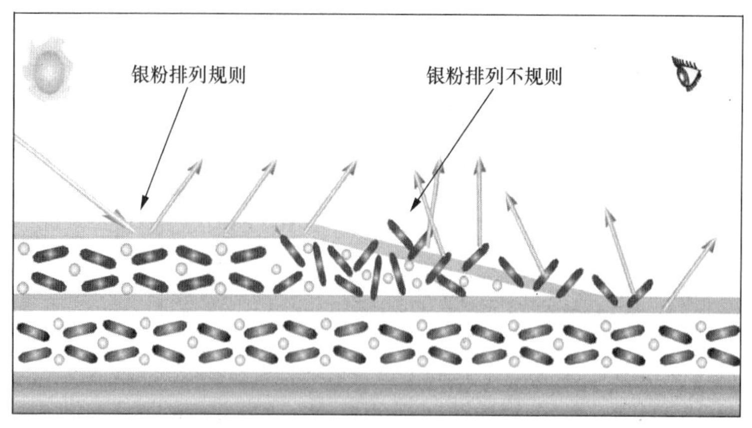

图 7-16 “黑圈”现象的产生

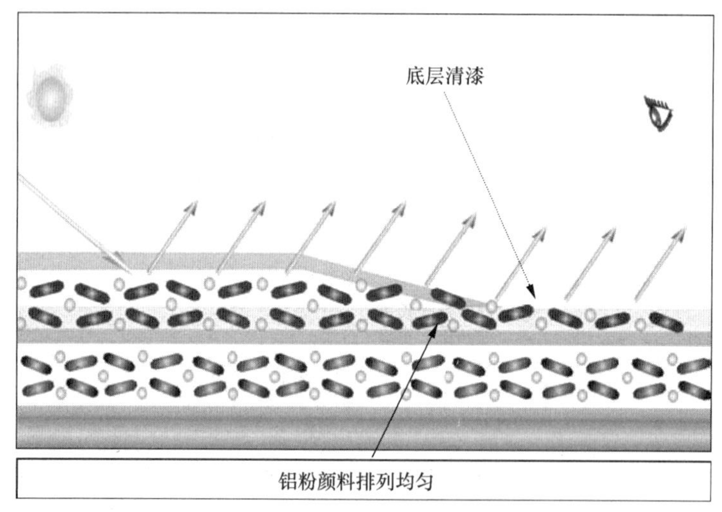

图 7-17 驳口清漆喷涂工艺的作用

（2）第 1 次先薄薄地喷一层金属闪光磁漆，以提高与中涂底漆和旧漆膜的亲和力。

（3）第 2 次喷涂确定涂层的颜色，一般喷 2 ~ 3 遍，如果着色不好，则需喷 3 ~ 4 遍。第 2 次不要喷得过厚，要均匀地薄薄地喷。

（4）将 50%的金属底色漆与 50%的清漆相混合，黏度调至 11 ~ 12 s，喷涂面积扩大一些，且应使涂料呈雾状、薄薄地喷涂，以消除斑纹，调整金属感，同时起到晕色处理的作用。闪干约 10 min（20 ℃）至漆膜呈亚光状态。

（5）喷涂清漆。透明涂料喷涂面积可扩大一些。第 1 次薄薄地喷一层，间隔大约 5 min 再喷第 2 次。要边观察色调边喷涂，以形成光泽。

（6）晕色处理。以 20%的清漆和 80%的稀释剂相混合喷在透明层区域周围，以掩盖其由于喷涂雾滴而带来的影响。此次喷涂也可使用专用的点修补驳口水（如“鹦鹉”325-400）进行。

（7）闪干，清除贴护。

（8）干燥。

2. 经济型工艺（双层金属闪光漆膜）的局部修补涂装

双层金属闪光漆膜的局部修补涂装方法如图 7-18 所示。

（1）金属闪光层的喷涂。第 1 次喷涂以能遮盖住中涂底漆涂层为准，在较宽的范围内薄薄地喷涂一层；第 2 次喷得稍厚一些，以决定漆膜色调；第 3 次薄薄地喷涂，以消除金属斑纹，调整金属感，同时进行与旧涂层的晕色处理。

（2）透明涂料喷涂。第 1 次喷涂以有光泽为准，喷得要薄；第 2 次喷得稍厚一些，以形成光泽。透明层也应进行晕色处理，方法与金属闪光涂料相同。

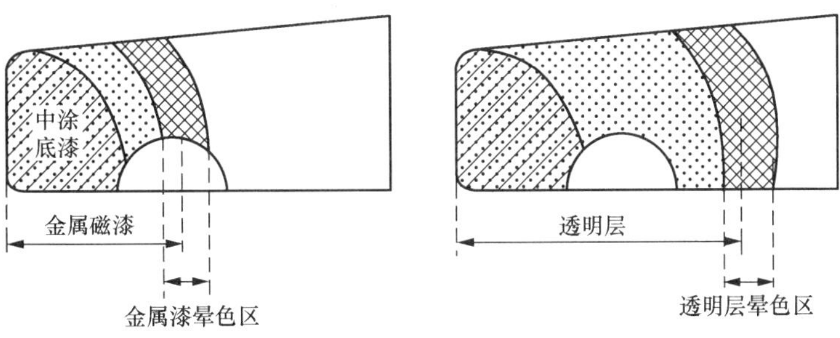

图 7-18　双层金属闪光漆膜的局部修补涂装

（3）清除贴护。

（4）干燥。

任务三　面漆涂装后的修整

【学习目标】

1. 能够正确描述面漆喷涂后漆膜修整的目的。
2. 能够进行面漆喷涂常见缺陷的收尾修整。
3. 能够正确进行整车（整板）抛光。
4. 能够正确进行整车打蜡。
5. 能够注意培养良好的安全、卫生与团队协作意识。
6. 能够检查、评价和记录工作结果。

任务分析

面漆的喷涂结束以后，涂装的工作已经大部分完成，但还需要进行最后的修整工作。漆膜的修整主要包括修理小范围内的缺陷和表面抛光等。

喷涂过程中常常会由于种种原因在面漆表面造成一些微小的缺陷，如流挂、漆膜颗粒（脏点）、微小划擦痕迹和凹坑等，如图 7-19 所示。由于这些涂装缺陷的存在，会影响漆膜的装饰性，因此必须进行修理。

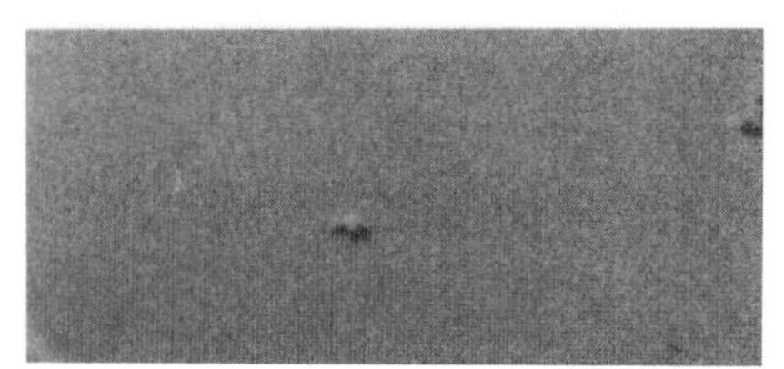

图 7-19　面漆表面的灰点

在涂装最末道面漆后，施工人员和专检人员要按照该车型的质量标准对该车进行一次全面检查，并将发现的各种缺陷填写在工艺质量卡上，再由施工人员按质量卡上所列缺陷项目依次将缺陷修饰合格。

收尾操作人员要具备熟练的操作技术，要对各层涂料的涂装操作工艺和用料都非常了解。

常见缺陷有漏喷、露底、毛边、颗粒、针孔、流挂、麻眼、咬底、粗糙等。

相关知识

一、抛光工具与材料

1. 抛光机

抛光机有立式和卧式两种，立式抛光机体积小，携带方便，可以作为打蜡工具使用。绝大多数的汽车美容店都使用卧式抛光机，如图 7-20 所示。因为它操作方便，使用寿命长，抛光效果好。

（1）抛光机的使用。方法如下。

① 抛光轮背面与抛光垫上有粘扣，方便安装和拆卸，如图 7-21 所示。安装粘扣式的抛光轮时，一定要保证二者的中心线重合。如果安装位置偏了，抛光轮转动时，边缘的离心力分布不均，就会影响到抛光质量和加速设备的损坏。

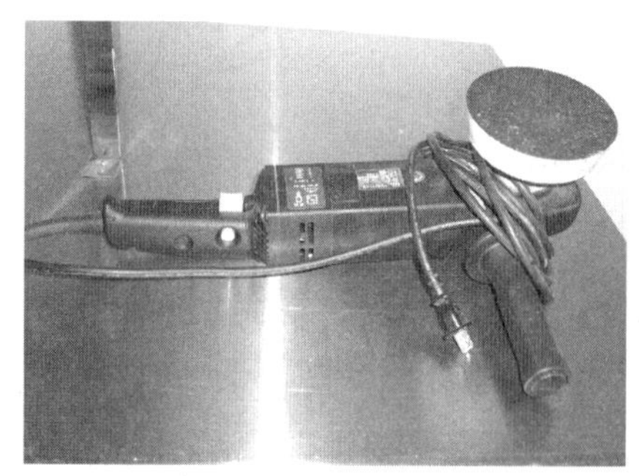

图 7-20　卧式抛光机

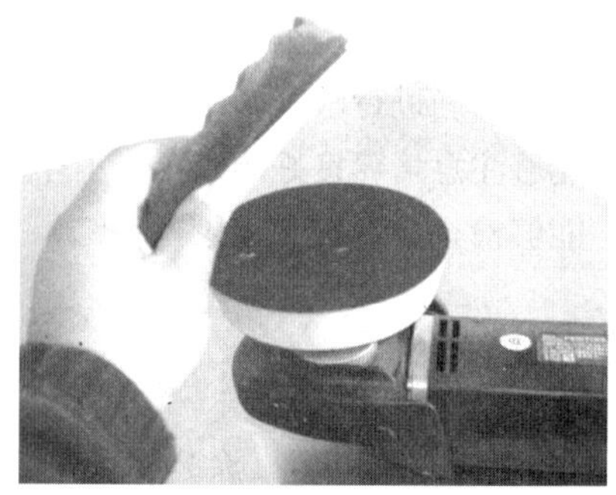

图 7-21　安装抛光轮

② 普通抛光机有 1 ~ 6 个不同的速度档位，通过档位调整旋钮进行调节，如图 7-22 所示。高档的抛光机速度调节是无级的，可以在静止到最高转速之间随意调节，满足不同的抛光工艺要求。

③ 抛光操作时电源开关可以自锁，不用手指长时间按着开关，方便抛光操作；需要停机时只要再按一下开关，锁止自动解除，抛光机停止工作，如图 7-23 所示。

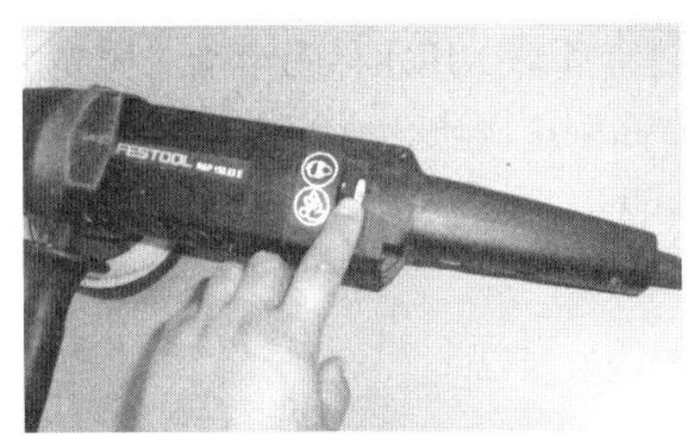

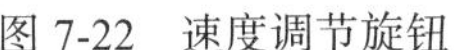
图 7-22 速度调节旋钮

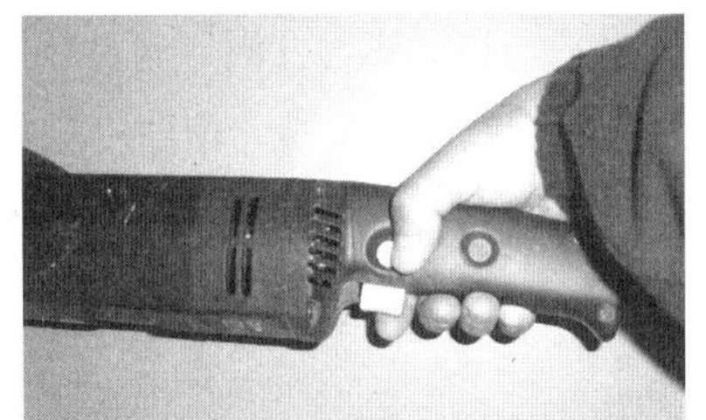
图 7-23 解除锁止

① 抛光机转速的调整。粗抛光时转速要低些，一般在 1～3 挡；精细抛光时转速要调高，一般在 1～5 挡。

② 抛光时不要过分用力按压，保证抛光机不晃动即可。

③ 抛光完毕后，将抛光海绵取下，清洗干净后单独放好。

④ 抛光机存放时要让抛光盘向上，以防抛光盘被压变形。

（2）抛光轮的选择。抛光轮的选择要根据漆膜损伤程度而定，具体选择标准见表 7-6。

表 7-6 抛光轮的选择标准

产品	技术特点	适用漆膜	实物
羊毛球	用于漆膜粗抛光，特殊结构使空气流通有助于漆膜温度达到最佳，切削力次强	新修补、划痕严重的表面处理后	
粗海绵	用于严重受损的旧漆膜抛光，切削力次次强	新修补或划痕严重的表面处理后	
细海绵	精细抛光，提升漆膜表面光泽	发丝划痕、粗抛光后	
蜂窝状海绵	精细抛光，其蜂窝状结构有助于消除抛光纹	细抛光、有光晕、保养	

2. 抛光蜡

抛光蜡属于美容修复蜡，主要是在蜡中含有不同磨削程度的磨料颗粒。根据磨料颗粒的不同，可将抛光蜡分为粗蜡、中蜡和细蜡。区分不同的抛光蜡，可以用手指取少量蜡，反复摩擦能明显感觉到粗蜡和细蜡的不同磨削能力。抛光蜡通常装于塑料瓶（桶）内，如图 7-24 所示。

图 7-24 抛光蜡

高品质的抛光蜡会有如下特性。

（1）采用氧化铝磨料颗粒，抛光速度快且效果好。磨料颗粒在抛光过程中逐渐减少，纯机械抛光基本可以保证极高的耐久效果，而不会受到洗车、天气、阳光作用的影响。相比之下，含硅、蜡和其他添加剂产品的抛光蜡，耐久性差，仅靠化学作用达到短暂的光泽效果。

（2）不含硅。含硅产品会在漆膜表面产生所谓的“硅穴”，甚至会对底材造成伤害。

（3）水基产品，使用方便，满足环保要求，没有健康危害。用水作为溶剂，抛光后很容易清洁，被飞溅的零件用湿布一擦即可。其他产品常含有高浓度碳水化合物或其他有害物质。

（4）产生极少的废尘，抛光结束后不再需要用水冲洗。

二、手工打蜡工具与材料

1. 车蜡

（1）车蜡的种类。车蜡按作用的不同可以分为保养蜡、修护蜡和综合蜡。

① 保养蜡。保养蜡通常装于盒内，如图7-25所示。它能均匀地渗透到涂层的细小空隙中，使漆膜上多了一层保护膜，可以隔绝紫外线、灰尘、油烟以及其他杂质，保持漆面的光泽度和持久性。

图7-25　手工保养蜡

② 修护蜡。修护蜡主要是在蜡中加入研磨成分，如氧化铝、碳化硅等。根据研磨剂的颗粒切削能力不同，又可将修护蜡分为粗蜡、中蜡和细蜡。修护蜡能够修复涂层上的划痕，但同时涂层也会因此变薄。

③ 综合蜡。综合蜡是将修护蜡和保养蜡综合在一起，可以将抛光和保护一次完成。常用的三合一美容蜡即属于综合蜡。

（2）车蜡的选择。市面上车蜡种类繁多，分类标准也是五花八门。由于各种车蜡的性能不同，其作用效果也不一样。所以，在选用车蜡时必须要慎重，选择不当不仅不能保护车体，反而会损伤车漆，甚至使车漆变色。

一般情况下选择车蜡时，要根据车蜡的作用特点、车辆的新旧程度、车漆颜色及行驶环境等因素进行综合考虑。

① 对于高级轿车，可选用高档车蜡。

② 对普通车辆，用普通的珍珠色或金属漆系列车蜡即可。

③ 新车最好用彩涂上光蜡以保护车体的光泽和颜色。

④ 夏天宜用防紫外线车蜡。

⑤ 行驶环境较差时则用保护作用突出的树脂蜡比较合适。

⑥ 必须考虑所选车蜡是否与车漆颜色相适应，一般深色车漆选用黑色、红色、绿色系列的车蜡，浅色车漆选用银色、白色、珍珠色系列的车蜡。

2. 褪蜡毛巾

手工打蜡时需要使用干净柔软的毛巾，市面上还有一种叫“神奇百洁布”的褪蜡工具。它不同于普通毛巾，极少掉毛细纤维，柔软性好，不伤漆面。

技能学习

劳动保护与安全注意事项

面漆涂装后的修整其劳动保护与安全注意事项同面漆喷涂施工。

一、常见面漆喷涂缺陷的修整

1. 漏喷、露底的修整

漏喷和露底如图 7-26 所示，对于此种喷涂缺陷，应进行以下修整。

（1）先用 P500 ~ P600 的水磨砂纸将该部位轻磨（干磨）光滑并擦净杂质。

（2）调制原色漆将打磨部位细致地补喷均匀。

在进行漏喷、露底修整时，一定要将其他部位遮盖好。

2. 毛边的修整

（1）先用刀片将毛边清理干净，如图 7-27 所示。

图 7-26　漏喷和露底

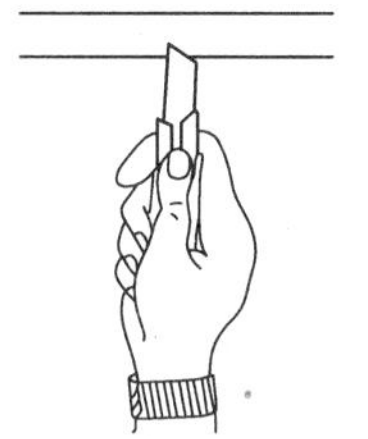
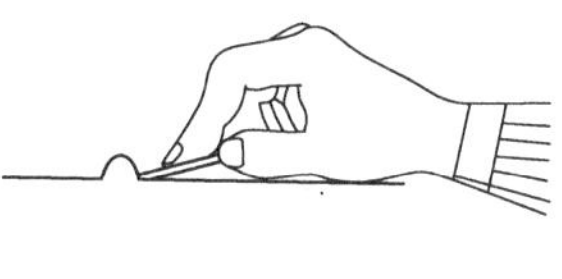

图 7-27　用刀片清理毛边

（2）用毛笔蘸少许色漆轻涂一次，如图 7-28 所示。

图 7-28　用毛笔补涂毛边

（3）干燥后再补涂一次，直至平滑均匀。

3. 颗粒的修整

（1）立面垂滴的修整，如图 7-29 所示。

① 用刀片切平，对于较小的凸起可用油石磨平。

② 用抛光机抛光（此项操作可在全部缺陷修整完成后，借助整板或整车抛光来完成）。

a. 倒少量抛光剂于软布上。

b. 在补涂部位四周接口处，由补涂部位向旧漆面部位同一方向抛光，抛光力度不宜过大，程度不宜过深，以免产生补涂边缘线形痕迹，仅使漆面达到光泽柔和程度即可。

（2）平面上的突起颗粒或污点的修整，方法如下。

① 用刀片将平面上的突起颗粒或污点基本削平。

② 用粒度为 P1000 ~ P1500 的水磨砂纸进行打磨，如图 7-30 所示。

③ 用抛光机抛光（此项操作可在全部缺陷修整完成后，借助整板或整车抛光来完成）。

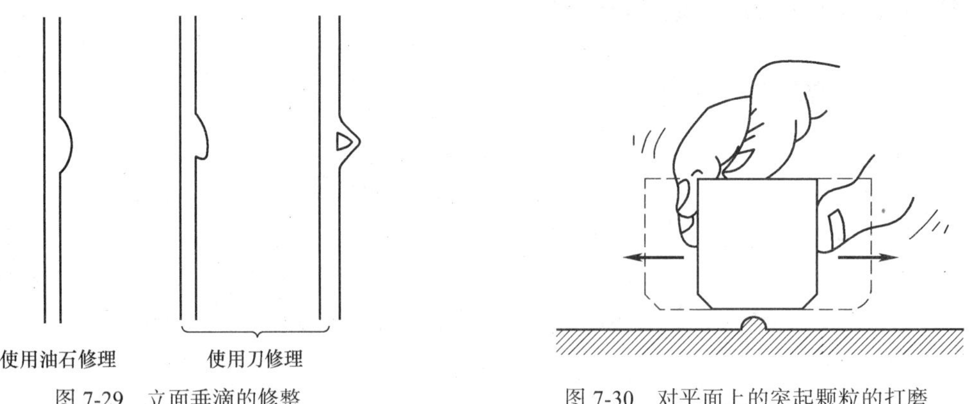

图 7-29　立面垂滴的修整

图 7-30　对平面上的突起颗粒的打磨

4. 流挂的修整

（1）边缘流挂（流缀）如图 7-31 所示。边缘流挂的修整方法如下。

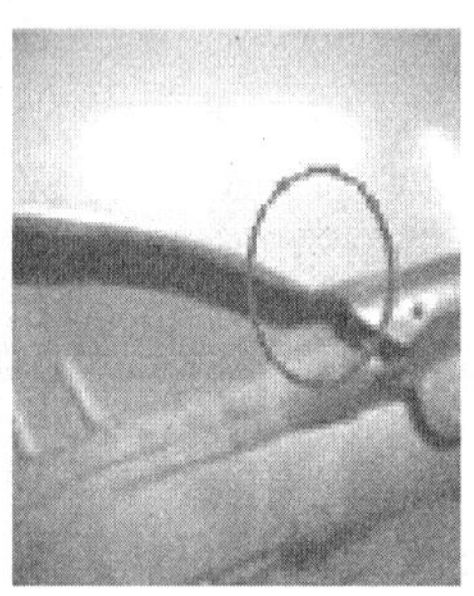

图 7-31　边缘流挂的修整

① 用小刀将流挂部分削平整。

② 用 P600 的砂纸打磨平滑。

③ 视需要补喷一次清漆（对于素色漆，补喷素色面漆），进行必要的遮盖。

（2）板件中间面漆流挂（也称片状流淌）如图 7-32 所示。板件中间面漆流挂的修整方法如下。

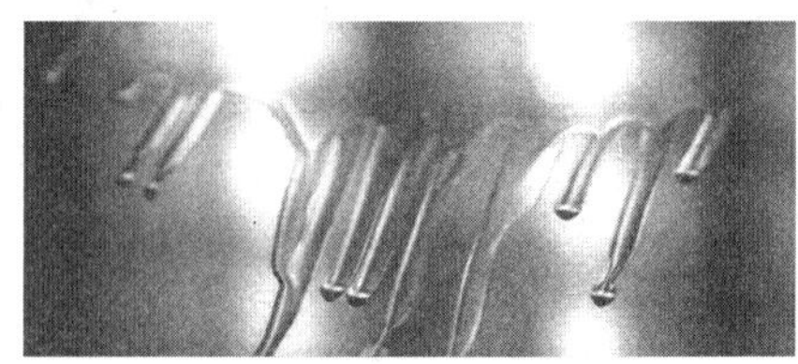

图 7-32　片状流淌

① 用 P500 ~ P600 的水磨砂纸将流痕水磨至平整。

② 用 P800 ~ P1000 的水磨砂纸将流淌部位水磨平滑，洗净擦干。

③ 用抛光机抛光滑(此项操作可在全部缺陷修整完成后，借助整板或整车抛光来完成)。

打磨时为防止磨到周围不需打磨的部位，可以用贴护胶带对不需打磨的区域进行贴护。打磨时应使打磨垫块尽量平行于面漆涂膜，手法要轻一些，用水先将水磨砂纸润湿，然后在打磨区域上洒一些肥皂水，这样可以充分润滑打磨表面，且不至于产生太大的砂纸痕迹。打磨时要非常仔细，经常用胶质刮水片刮除打磨区域的水渍以便观察打磨的程度，只要流挂部位消除并与周围漆膜齐平即可。千万不要磨穿漆膜或使漆膜过薄，要给抛光留出余量，并保证抛光后仍有足够的膜厚。对于边角等漆膜比较薄且极易磨穿的地方尤其要小心。

5. 针孔的修整

（1）局部小面积针孔如图 7-33 所示。局部小面积针孔的修整方法如下。

① 先用 P1000 ~ P1200 的水磨砂纸磨平滑。

② 用砂蜡和光蜡抛光（此项操作可在全部缺陷修整完成后，借助整板或整车抛光来完成）。

（2）较大面积针孔如图 7-34 所示。较大面积针孔的修整方法如下。

① 先用 P500 ~ P600 的水磨砂纸水磨平滑，洗净吹干。

② 用填眼灰填孔。

③ 干燥后用 P1000 的水磨砂纸磨平滑，洗净吹干，并清洁除油。

④ 按面漆末道漆喷涂的方法细致地补喷均匀。

⑤ 在新喷面漆的过渡区域喷驳口水。

⑥ 抛光（此项操作可在全部缺陷修整完成后，借助整板或整车抛光来完成）。

图 7-33 局部小面积针孔

图 7-34 较大面积针孔

6. 麻眼的修整

麻眼的外观与较大面积针孔相似，只是孔径大些。麻眼的修整方法如下。

① 用 P600 的水磨砂纸进行磨光。

② 用麻眼灰（填眼灰）反复找平。

③ 干燥后磨光擦净。

④ 用原色浆补喷均匀。

⑤ 用驳口水消除补漆雾痕。

⑥ 抛光（此项操作可在全部缺陷修整完成后，借助整板或整车抛光来完成）。

7. 咬底的修整

咬底如图 7-35 所示。咬底有轻度与重度之分。

（1）轻度咬底。其修整方法如下。

① 用 P800 的砂纸水磨平整。

② 换用 P1000 的砂纸打磨整个表面。

③ 整板抛光。

（2）重度咬底。其修整方法如下。

① 将起皱的漆膜清除。

② 待该部位干燥后，用 P240 的水磨砂纸打磨光滑。

③ 细刮原子灰至平整。

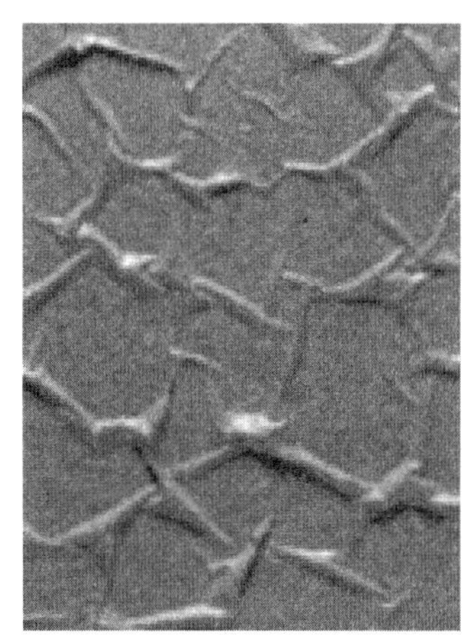

图 7-35 咬底

④ 干燥后磨光原子灰，清洁除油。

⑤ 用原色浆补喷均匀。

⑥ 喷驳口水以消除漆雾痕。

⑦ 抛光（此项操作可在全部缺陷修整完成后，借助整板或整车抛光来完成）。

8. 漆膜凹陷的修整

（1）若面漆漆膜已经基本干燥，则需要用清洁剂对需要填补的区域进行清洁。如有必要可用 P800 以上的细砂纸进行简单打磨，但打磨区域不可过大，只起提高附着能力的作用即可，然后用清洁剂清洁干净。

（2）用牙签或小毛笔蘸上少许面漆（为保证没有色差，最好用剩余的面漆。若为双组分涂料，则必须添加固化剂），并迅速地将其滴到故障部位（鱼眼）或描绘在需要填补的部位（剥落露白），如图 7-36 所示。

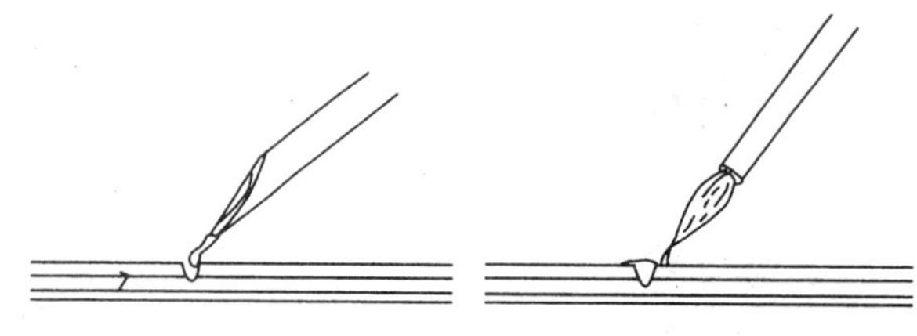

图 7-36　用牙签或小毛笔进行修整

（3）用另一支小毛笔蘸取少许面漆稀释剂涂抹在修饰部位，以使修饰部位变得较为平整，并利用稀释剂的晕开和溶解作用使修补部位与其周围相融合。

（4）待完全干燥后可以稍稍进行打磨并进行抛光处理，方法同流挂及颗粒的修理。

注意

若缺陷部位非常明显或所处位置是车辆极需要漆膜完美的地方，如小轿车的发动机罩或翼子板等，则一般采用点修补的方法（使用小型修补喷枪进行小的局部喷涂）来修整。

9. 粗糙面的修整

（1）轻度粗糙面的修整方法如下。

① 用 P1000 的水磨砂纸配合橡胶磨块手工水磨平滑，擦净晾干。

② 用砂蜡和光蜡进行抛光修饰。

（2）严重粗糙面的修整方法如下。

① 用打磨机配合 P320 的砂纸充分磨平，擦净。

② 用砂蜡和光蜡进行抛光修饰。

二、面漆喷涂后其他各类缺陷的原因分析及修整方法

1. 渗色

（1）现象。漆膜表面变色，变色一般呈晕圈形式，严重时漆膜颜色完全改变，通常在红色、褐色漆表面喷涂时会发现此现象，如图 7-37 所示。

（2）主要原因。底层油漆中的颜料被新漆层中的溶剂溶解并吸收。

（3）预防措施。使用防渗色封闭底漆；喷涂之前清除原漆膜上黏附的漆雾；进行试喷试验检查原漆膜是否有渗色现象。

（4）修补方法。打磨到原漆膜，喷涂封闭底漆将原漆膜封闭，然后重新喷涂面漆。

2. 起痱子

（1）现象。漆膜表面呈现成片的大小不等、密度不同的气泡。大气泡直径大于 1.5 mm，一般成片出现，有时也会单独出现；小气泡直径一般为 0.5 mm，其分布蜿蜒曲折或状似指纹，如图 7-38 所示。起痱子又被称为起泡、泡状物、溶剂泡及凸起等。

图 7-37　渗色（附彩图）

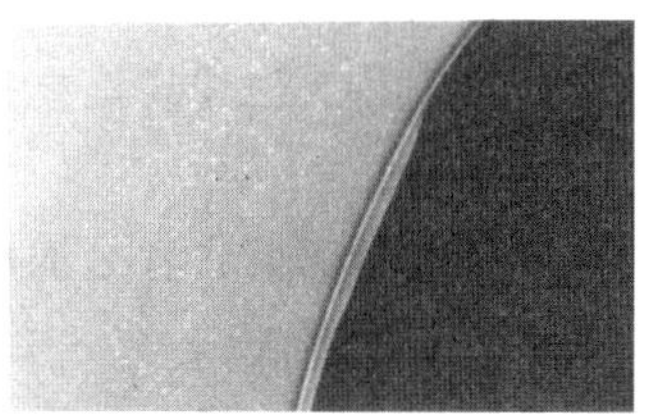

图 7-38　起痱子（附彩图）

（2）主要原因。

① 表面不清洁，残留了水、油、油脂等污染物。油漆层在阳光下曝晒，或大气压力变化时湿气膨胀产生压力，若压力够大则容易产生气泡。

② 材料不配套，或未按规定使用稀释剂。若使用了劣质稀料或使用快干型稀料特别是漆喷得太干或压力太大，则空气或湿气可能被封在漆层中。

③ 漆膜过厚。每道漆之间的闪干时间不够长，或底漆喷涂太厚，都会将溶剂或稀料包容进去，后来挥发出来便使面漆起泡。

④ 压缩空气管线脏，油、水和脏污存在于管线中，并随喷漆的进行而进入漆膜中。

⑤ 湿磨聚酸腻子后没有留足够的时间让水分挥发就喷涂了面漆。

⑥ 各漆料没有正确配套。

⑦ 喷涂后过早烘烤。

⑧ 红外烤灯距离漆面太近或烘烤温度太高。

⑨ 水分渗入新喷涂的漆膜和旧的漆膜内。

（3）预防措施。

① 注意保护好漆膜表面，涂漆前的表面处理工作要彻底，并保证漆膜已彻底干燥。

② 按规定使用配套涂料。

③ 按正确的喷涂工艺进行操作，特别是每道漆之间必须留有足够的闪干时间。

④ 在漆膜完全固化之前，避免使其暴露在湿度太大或温度变化剧烈的环境中。

⑤ 每天排水和清洁空气压缩机，去除已收集的水分和脏污。空气压缩机储气罐也要每日排水。

（4）修补方法。用一根针挑破气泡，以确定气泡的深度，并用一个低倍放大镜观察气泡产生的原因。当气泡发生在油漆层之间时，可将缺陷区域打磨掉，露出完好的漆层后，再重新喷漆。若缺陷严重，或气泡发生在底漆与基材之间时，则应将基材之上的漆层全部除掉，再重新喷漆。

3. 鱼眼

（1）现象。漆膜表面出现大量的大小从针孔到直径 1 cm 的火山口状空洞或凹痕。通常大尺寸的凹痕单独出现，而小凹痕则以较小密度成片出现。在凹痕的中心一般可发现有小的杂质颗粒存在，如图 7-39 所示。鱼眼又称为腊眼、硅树脂污染、成碟状的坑、火山口、笑眼、开笑及走珠等。

（2）主要原因。油漆表面的张力发生了变化。

① 喷漆环境中或基材表面上存在含硅的有机化合物。

② 漆膜中存在其他污染源，如油脂、洗涤剂、尘土、蜡等。

③ 底漆中含有不匹配的成分。

④ 压缩空气管线中有水、油等。

⑤ 喷漆室内蒸气饱和。

（3）预防措施。

① 用除蜡脱脂剂彻底清除基材表面，禁止在喷漆室内使用含硅类的抛光剂。

② 底漆一定要匹配。

③ 注意喷漆室的蒸气饱和程度。

④ 添加鱼眼防止剂。

⑤ 每日对压缩空气管线进行清洁。

（4）修补方法。将缺陷区域的漆膜彻底清除，按要求处理基材表面，重新喷漆。必要时，还需要在油漆中使用抗鱼眼添加剂。

4. 起云

（1）现象。起云常发生于金属色漆膜上。在喷涂后，漆膜颜色变得较白并呈云团状，如图 7-40 所示。起云又称为起斑、起雾等。

图 7-39　鱼眼（附彩图）

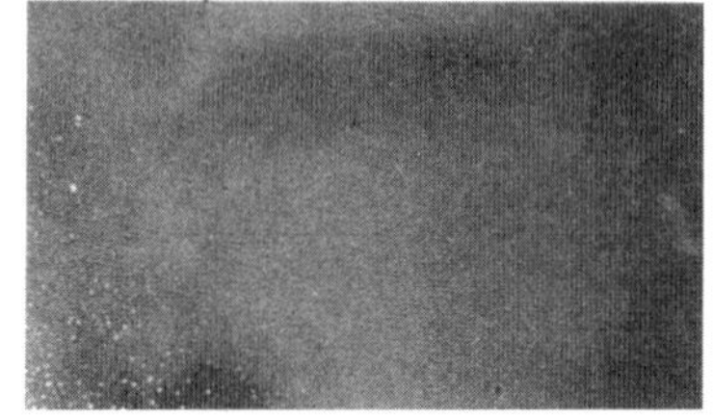

图 7-40　起云（附彩图）

（2）主要原因。

① 采用不匹配的催干剂或稀释剂，特别是采用快干型稀释剂，使漆膜过快冷却，表面温度降低而凝结水分。

② 喷枪调整不当。气压过高，会对潮湿的油漆表面产生冷却效应，使水分凝结的可能性增大。

③ 喷涂方法不对，漆膜太厚，漆膜挥发时间不足。

④ 基材表面温度太低，导致漆膜表面温度低而容易凝结水分。

⑤ 干燥方法不当。喷漆工常利用喷枪中的高压气流，对潮湿的漆膜进行空气喷扫，以加快干燥，这样会加速稀释剂的蒸发速度，导致水分凝结于漆膜表面。

（3）预防措施。

① 采用正确的喷涂方法。

② 开始喷涂前，将喷枪的扇幅调整好。

③ 使用推荐的稀释剂和催干剂，并充分混合好。

④ 保证基材表面的温度处于推荐的范围之内。

⑤ 涂装间的湿度超过 80%时，应密封喷漆室升温干燥后再进行喷漆操作。

（4）修补方法。若还没有喷涂罩光层，可再喷一层银粉漆盖住起云的部位，可适量添加缓干剂或改用慢干型稀释剂。最好能将漆膜重新强制干燥（60 ℃，45 min），再视情况进行抛光或重新喷涂。

5. 干喷

（1）现象。漆膜表面呈颗粒状或纤维状粗糙结构、无光泽的现象称为干喷，如图 7-41 所示。

（2）主要原因。油漆以粉末状的形式落在表面上。

① 漆料黏度太高，稀释剂不足或型号不对。

② 喷涂方法不当，压缩空气压力过高、喷枪脏污、喷漆时喷枪离构件表面太远或喷涂太快。

③ 喷涂时有穿堂风或空气流动速度太快。

（3）预防措施。

① 按比例使用推荐的稀释剂。

② 使用正确的喷涂方法，保持喷枪清洁，在保证漆料充分雾化的前提下，尽量将压缩空气的压力调低，喷枪与构件表面的距离要适当。

③ 在喷漆室内喷涂，喷漆室内的空气流动速度应适当。

④ 按喷涂要求调整喷枪。

（4）修补方法。将缺陷区域打磨平，然后抛光。若漆膜表面太粗糙，用上述方法不能修复时，则应磨平面漆表面，然后重新喷漆。

6. 表面无光

（1）现象。漆膜表面平整光滑，但缺少光泽，在显微镜下观察漆膜表面粗糙，如图 7-42 所示。表面无光又称为异常失光。

图 7-41 干喷（附彩图）

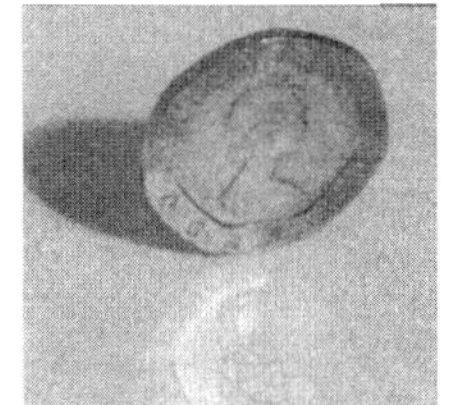

图 7-42 表面无光（附彩图）

（2）主要原因。

① 底漆附着力差，或底漆未彻底固化就在其上喷涂了面漆。

② 使用的稀释剂质量太差或型号不对，或使用了不配套的添加剂。

③ 油漆调配或喷涂方法不当。

④ 基材表面质量太差。

⑤ 由于湿度太大或温度太低，涂层干燥速度太慢。

⑥ 溶剂蒸气或汽车尾气侵入了漆膜表面。

⑦ 漆膜表面受到蜡、油脂、水等的污染。

⑧ 在新喷涂的漆膜上使用了太强的洗涤剂或清洁剂，或喷完面漆后过早地进行了抛光，或使用的抛光膏太粗。

（3）预防措施。

① 使用合格的底漆，要等底漆层充分干燥后再在上面喷面漆。

② 只使用推荐的稀释剂和添加剂。

③ 要充分搅拌油漆，保证喷漆环境符合要求，按正确的方法进行喷涂。

④ 彻底地清理基材表面。

⑤ 保证漆膜在温暖干燥的条件下进行干燥。

⑥ 禁止在新喷涂的漆膜表面使用强力洗涤剂，在漆膜未充分固化之前，不得对其进行抛光，且抛光时一定要使用规格正确的抛光膏。

（4）修补方法。通常用粗蜡研磨表面然后进行抛光，即可恢复正常的光泽。若失光严重，用以上方法仍得不到满意的效果，则应将面漆层磨平，再重新喷漆。

7. 遮盖力差

（1）现象。透过漆膜可以看见下层表面的颜色，常常发生在难以喷漆的区域、车身下护板或尖锐的边角处，如图7-43所示。遮盖力差又称为遮蔽性差、透明膜等。

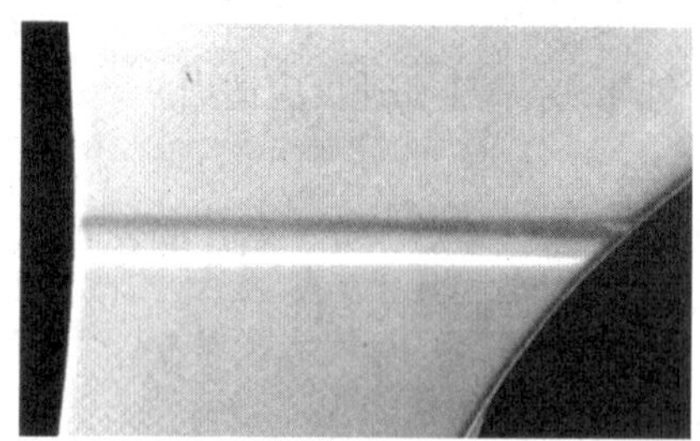

图7-43 遮盖力差（附彩图）

（2）主要原因。色漆层的厚度不够。

① 喷涂方法不当。

② 油漆混合不均匀。

③ 由于研磨、抛光过度，减少了色漆层的厚度。

④ 稀料过多。

⑤ 基底的颜色不对。

⑥ 用漆量不足。

（3）预防措施。

① 使用正确的喷涂方法，保证漆膜的厚度。

② 将油漆彻底混合均匀。

③ 严禁对漆膜抛光过度，要特别注意边角区域。

（4）修补方法。将缺陷区域打磨平，然后重新喷漆。

8. 灰印

（1）现象。漆膜上出现一片外观、光泽不同，有清晰边界或轮廓线的地图状区域，如图7-44

所示。

（2）主要原因。原子灰或填眼灰未调配均匀、打磨不平滑；没有喷底漆或封闭底漆。

（3）预防措施。正确地调配原子灰或填眼灰，正确地施工并将其表面打磨平滑。

（4）修补方法。将缺陷区域的漆膜打磨至完整平滑的表面，必要时重新做原子灰或填眼灰，喷底漆进行封闭。

9. 桔皮

（1）现象。漆膜表面会呈疙瘩状、不平整，类似桔子皮的外观，如图 7-45 所示。桔皮又称为流平不良、粗糙表面、平整不良等。

图 7-44 灰印（附彩图）

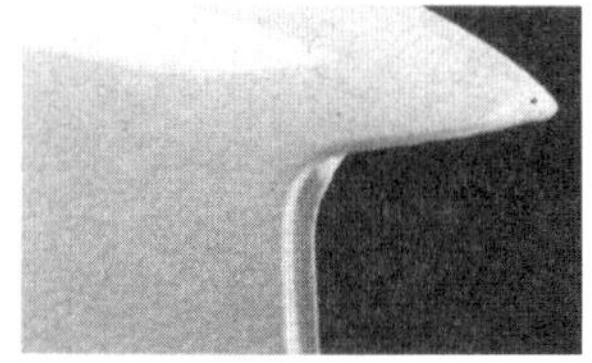

图 7-45 桔皮（附彩图）

（2）主要原因。油漆在漆膜表面凝结不当。

① 喷涂方法不当，喷枪离基材表面太远，压缩空气的压力不当，喷嘴调节不当。

② 漆膜太厚或太薄。

③ 油漆混合不均匀，黏度不适当，稀释剂型号不对或质量太差。

④ 各漆层间的流平时间不足。

⑤ 环境温度或基材表面温度过高。

⑥ 干燥不当。如在流平之前利用喷枪强制干燥等。

（3）预防措施。

① 采用正确的喷涂方法，保证设备调节适当。

② 每次喷涂的漆膜要薄而均匀，并使用推荐型号的稀释剂。

③ 各涂层间要有足够的流平时间。

④ 在推荐温度范围内喷涂，并保证通风适当。

⑤ 彻底搅拌有颜料的底漆及面漆。

（4）修补方法。将桔皮缺陷打磨平，然后抛光。情况严重时，要将缺陷部位打磨平后，重新喷漆。

10. 漆雾

（1）现象。漆膜出现一片片粘在或部分陷入漆膜的团粒状油漆微粒，如图 7-46 所示。漆雾又称为漆尘。

（2）主要原因。喷涂时多余的油漆微粒落在漆膜表面。

① 遮盖不严。

② 压缩空气的压力太高。

③ 排风和通风不畅。

（3）预防措施。

① 认真做好遮盖工作。

② 将喷枪调整到最佳喷雾压力。

③ 使用喷漆室，保证喷漆室排风和通风良好。

（4）修补方法。抛光处理。

11. 钣金缺陷

（1）现象。漆膜表面不平整，出现许多波纹状、直的、弯的或十字交叉状的沟槽，或参差不齐或球状凸起，如图 7-47 所示。

图 7-46　漆雾（附彩图）

图 7-47　钣金缺陷（附彩图）

（2）主要原因。

① 基材表面粗糙不平。

② 原子灰用量不足或质量太差，施工方法不正确或表面打磨不平。

③ 底漆厚度不够。

④ 底漆过厚并没有完全固化时，就在上面喷涂了色漆。

（3）预防措施。

① 喷漆之前要认真检查基材表面，修整所有缺陷。选用适当的砂轮、砂纸、锉刀，清除表面的焊渣。

② 用正确的方法进行原子灰的施工和打磨工作。

③ 底漆厚度要适当，并要充分固化。

（4）修补方法。将缺陷部位的漆膜清除至基材，修补基材表面的所有缺陷，正确清理基材表面后，再重新喷漆。

12. 砂纸痕

（1）现象。透过面漆会出现打磨的痕迹，如图 7-48 所示。砂纸痕又称为砂纸痕扩大、直线砂痕、打磨痕等。

（2）主要原因。在干燥过程中，由于漆膜收缩，表面呈现出底漆表面的打磨或其他处理的痕迹。具体如下。

① 底漆表面的处理不当。

② 底漆没有充分硬化就喷涂了色漆层。

③ 漆膜厚度不够，或干燥速度太慢。

④ 油漆混合不均匀，使用的稀释剂型号不对或质量太差，特别是缓干剂、白化水等使用不当。

（3）预防措施。

① 对所用面漆依序使用适当型号的砂纸。

② 视情况用封底漆消除砂纸痕，选择适合于喷漆房条件的稀料。

③ 不要将底漆喷涂过厚，要确认完全干燥后再喷面漆。

④ 使用匹配的漆料系统。

（4）修补方法。打磨到平滑表面，喷涂适合的底漆，再进行面漆重喷。

13. 银粉不均匀

（1）现象。只发生在金属漆（银粉及珍珠漆）上，银粉片漂浮形成斑点或条带样的斑纹等外观，如图 7-49 所示。

图 7-48　砂纸痕（附彩图）

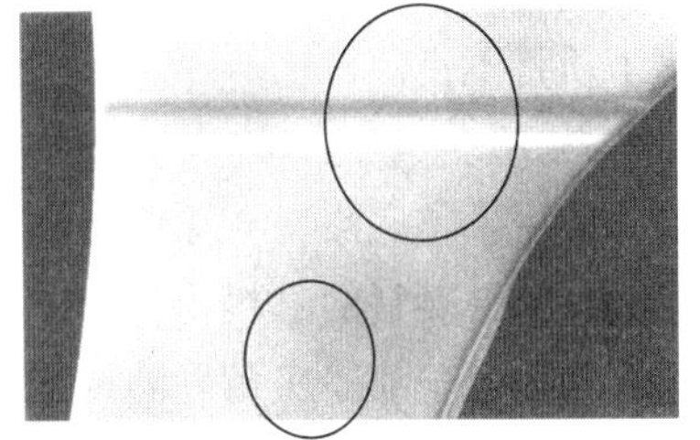

图 7-49　银粉不均匀（附彩图）

（2）主要原因。

① 用错稀释剂。

② 各成分没有混合均匀。

③ 喷涂过湿。

④ 喷枪距工作板面太近。

⑤ 喷涂时行枪不均匀。

⑥ 喷漆室内温度过低。

⑦ 清漆喷在没有充分闪干的色漆层上面。

⑧ 涂层受湿空气或潮湿天气影响。

⑨ 涂层太厚。

（3）预防措施。

① 选择适合于所在喷漆房条件的稀释剂或稀料并正确混合（在寒冷、潮湿的天气选择快干稀料）。

② 彻底搅拌所有色漆，特别是银粉漆和珍珠漆。

③ 使用正确的喷枪调整技术、喷涂技术及空气压力。

④ 保持喷枪清洁（特别是控漆针阀和空气罩）并使之处于良好工作状态。

⑤ 不要把色漆层喷得太湿。

（4）修补方法。让色漆层干燥，根据不同的色漆连续修饰两道。如果缺陷是在喷清漆后才看得见，则待清漆彻底干燥后依作业程序，重喷色漆和清漆。

14. 腻子印、羽状边（坡口）开裂

（1）现象。外观为沿羽边或腻子的伸展纹（或开裂），产生于面漆干燥后的漆面，如图 7-50 所示。

（2）主要原因。

① 在底漆上喷涂过厚或过湿的漆层（溶剂被包容在底漆内，而底漆还没有足够的时间干燥、牢固）。

② 材料混合不均匀（因为平整底漆颜料成分较高，被稀释后可能会沉降。放置一段时间后如不再搅拌，整个漆使用起来就会出现颜料松散并含有孔隙和裂缝的现象，使涂层像泡沫材料）。

③ 用错稀释剂。

④ 表面清洁和准备不当（清洁不当，则润湿性能差，黏结不牢，使底漆层在边缘收缩或移位）。

⑤ 干燥不当（用喷枪吹未干的底漆和面漆使表面干燥，而底层的稀料或空气还没有释放完全）。

⑥ 过量使用腻子和膜厚过厚。

⑦ 腻子质量不良。

（3）预防措施。

① 正确使用平整底漆，在涂层之间留有足够的时间使稀料和空气挥发掉。

② 充分搅拌含颜料的漆料，根据喷漆房的条件选择稀释剂。

③ 只选用适合于喷漆房条件的稀释剂。

④ 打磨前彻底清洁工件表面。

⑤ 腻子厚度为中等偏薄，每层之间留有足够时间释放出稀料和空气。

⑥ 腻子的使用应限于有缺陷的区域，太厚和太多将最终导致羽状边开裂。

⑦ 视情况改用高质量钣金腻子。

（4）修补方法。除去原漆进行修补。

15. 颜色不对

（1）现象。修补区域的颜色与原车色泽有差距，如图 7-51 所示。

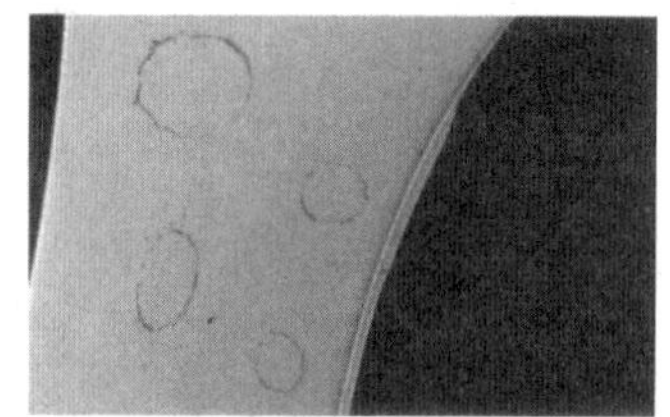

图 7-50　腻子印、羽状边（坡口）开裂（附彩图）

图 7-51　颜色不对（附彩图）

（2）主要原因。

① 没有使用推荐的配方。

② 喷枪调整不当或压力不当。

③ 原车漆膜因曝晒而褪色。

④ 喷涂技术错误（特别是金属漆）。

⑤ 颜料没有充分搅拌。

（3）预防措施。

① 使用正确的配方。

② 彻底搅拌涂料。

③ 使用扇形色卡核对原厂漆颜色。

④ 选择相邻的色卡来检查颜色。

⑤ 必要的话可按调色指南来与原车色匹配。

⑥ 运用喷涂技术调整，使颜色匹配。

⑦ 在试验板上试喷后再喷车。

（4）修补办法。选择正确的颜色或匹配的颜色。

16. 银粉泛色

（1）现象。金属色漆（银粉色漆及珍珠色漆）表面的金属颗粒出现于罩光层中，严重的话，会引起变色，如图 7-52 所示。

（2）主要原因。

① 喷清漆前没有使用粘尘布除尘。

② 色漆和清漆不匹配。

③ 色漆没有足够闪干就喷涂清漆或清漆喷涂过湿。

④ 喷涂气压太高。

⑤ 用错稀释剂。

⑥ 色漆过于干喷。

（3）预防措施。

① 尽可能使用粘尘布除尘。

② 只使用推荐的产品和推荐的空气压力。

③ 喷清漆前要使色漆充分挥发。

④ 按照厂家要求的施工程序和技术施工。

⑤ 使用推荐的稀释剂。

（4）修补办法。如果缺陷严重，有必要进行打磨和重喷。

17. 慢干

（1）现象。漆层很久不干，如图 7-53 所示。

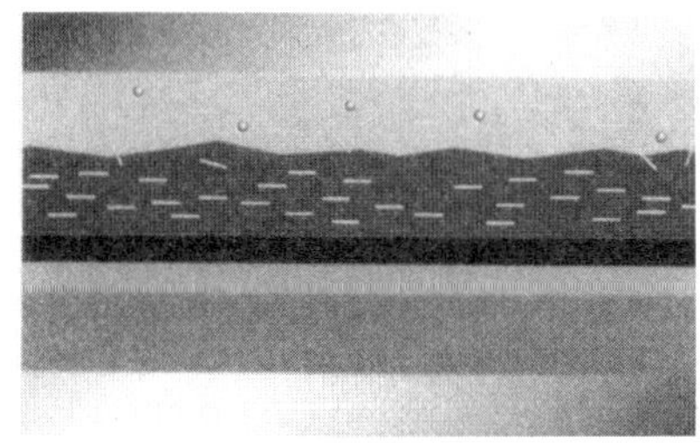

图 7-52　银粉泛色（附彩图）

图 7-53　慢干（附彩图）

（2）主要原因。

① 硬化剂不当（太少或太多）。

② 喷涂过厚。

③ 稀释剂太慢干或太低劣廉价。

④ 干燥条件不好，空气太潮湿。

⑤ 涂层之间干燥时间不够。

（3）预防措施。

① 使用推荐的稀释剂。

② 按推荐的膜厚喷涂。

③ 留有足够的挥发时间。

④ 改进喷涂和干燥条件。

（4）修补办法。将汽车置于通风或温暖的环境中，加热以加速干燥过程。

三、整车（整板）抛光

新喷漆面应在漆膜实干后进行抛光。自干性涂料应在喷涂 8 ~ 16 h 后进行抛光。双组分涂料应在喷涂后，经过烘烤 35 min（车身金属温度为 65 ℃）或风干 36 h（但不建议风干），手指压表面而没有产生手指印后进行抛光。一般采用二次抛光处理法效果较好。在抛光前若是旧车漆面，则应用水将车身表面的泥沙冲洗干净，以防在抛光时损坏漆面。

1. 第一次抛光

（1）用半弹性垫块衬 P1500 的水磨砂纸将整车打磨一遍，如图 7-54 所示。对于个别小缺陷，可选用精磨砂碟进行，如图 7-55 所示。

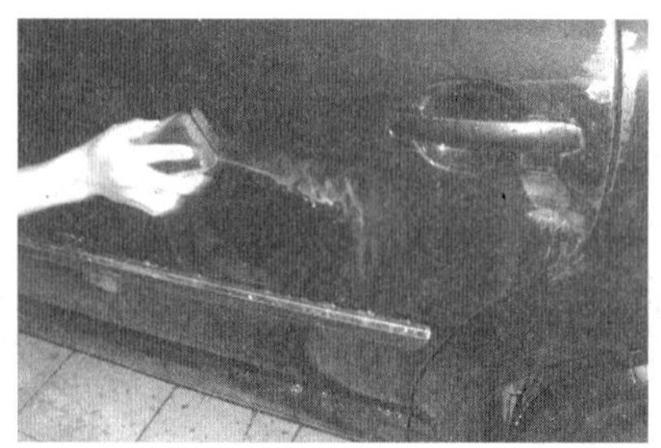

图 7-54　对整车进行水磨

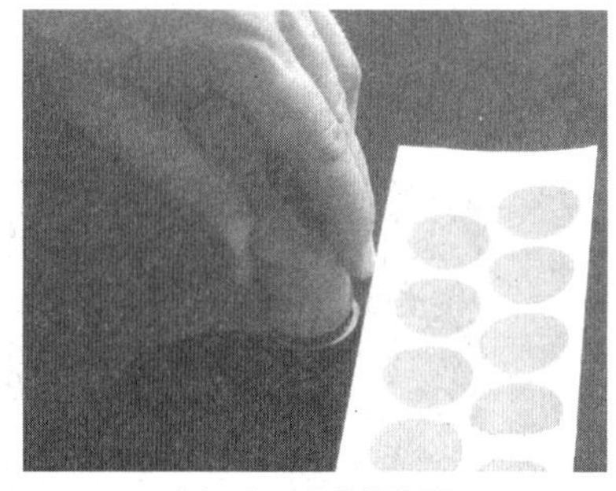

（a）手工砂碟的使用

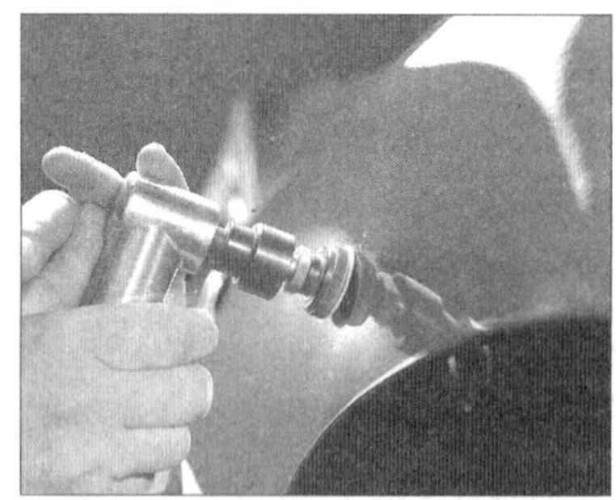

（b）机械砂碟的使用

图 7-55　精磨砂碟的使用

（2）用 P2000 的海绵砂纸轻轻地把流痕、凸点、粗粒、轻微划痕等打磨平整。

（3）用 P4000 的海绵砂纸再按顺序将整车打磨一遍，使漆面均匀无光。注意不要磨穿涂层。

（4）用水清洗漆面并擦净，如图 7-56 所示。

（5）待漆膜表面干燥后，用布块将全能抛光剂均匀地涂于漆面，如图 7-57 所示。

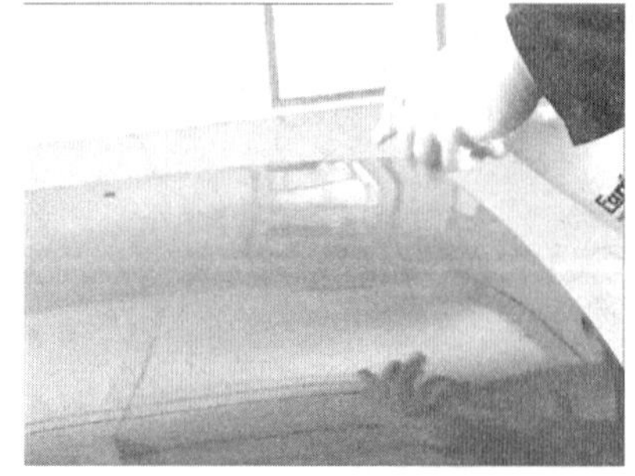

图 7-56　用水冲洗表面

图 7-57　将抛光剂涂于漆膜表面

（6）机械抛光应将抛光机的转速调至 1000 ~ 1500 r/min 为宜，将抛光机的羊毛盘平放在漆面上，然后均衡地向下施加压力进行抛光，如图 7-58 所示。整车抛光应从车顶开始，在漆面上有规律地沿水平方向来回研磨，研磨面积不宜过大，要一个块面一个块面地进行，每一块面长 60 ~ 80 cm，宽 40 ~ 50 cm，漆面逐渐呈现平滑与光泽。

图 7-58　用抛光机抛光

（7）用干净的抹布将漆面上的多余抛光剂擦净。若发现某部位漆面还不能达到质量要求，则可重复研磨直至达到质量要求为止。研磨时要特别注意折口、棱角及高出底材的造型漆面，这些部位的漆膜相对较薄，研磨时触及机会较多，要特别注意不要磨穿漆膜。平面部位较圆弧面不易起光泽，应适当增加研磨次数。

2. 第二次抛光

当整车漆面用全能抛光剂完成后，漆面的流痕、粗粒、划痕、海绵砂纸磨痕等会全部消除，但有时还会有一些极其细小的丝痕或光环。为了确保漆面更平滑、光亮，需用釉质抛光剂进行第二次抛光。经釉质抛光剂抛光后，漆面亮度高、丰满度好，保持时间可达 1 年。釉质抛光的方法具体如下。

（1）用干净的软布擦净第一次抛光的残留物。

（2）摇匀釉质抛光剂，用软布或海绵将其均匀地涂于漆膜表面。

（3）停留 60 s 以上，让抛光剂变干、发白。

（4）用手工或机械方法抛光。机械抛光应将海绵盘转速保持在 1 000 ~ 1 500 r/min；抛光时应按一定方向有序进行；不要用羊毛盘进行第二抛光。手工抛光时应保持水平直线运动进行抛光，直到漆面擦亮即可。

（5）用干净的软布擦净漆面。

四、打蜡

1. 机械打蜡

（1）将液体蜡摇匀后画圈似地倒在打蜡盘面上。

（2）每次以 0.5 m^2 的面积顺序打匀，直至打完全车。

（3）待蜡凝固后，将干净、无杂质的全棉抛光盘套装在打蜡机上。开机后，调节转速并控制在 1 000 r/min 以下，然后将打蜡机抛光盘套轻轻平放在漆面上，进行横向与竖向覆盖式的抛光，直至漆面靓丽为止。打蜡机抛光及其路线走向如图 7-59 所示。

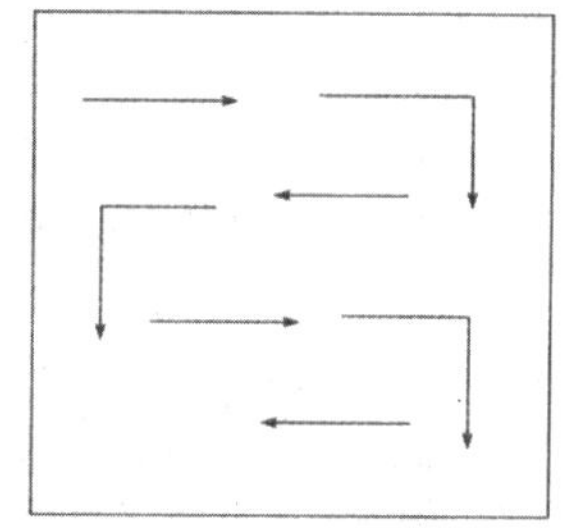

图 7-59　打蜡机抛光及其路线走向

2. 手工打蜡

（1）若是乳状蜡应将其摇匀，然后倒少许于海绵或软布上。

（2）涂蜡时以大拇指夹住海绵，以手掌和其他 3 个手指按住海绵，每次涂蜡以 0.5 m^2 的面积为宜，力度均匀地以旋律式顺序擦拭，如图 7-60 所示。

（3）从前到后、从左到右，蜡膜要涂得薄而均匀，稍候用干净的软布擦净即可。

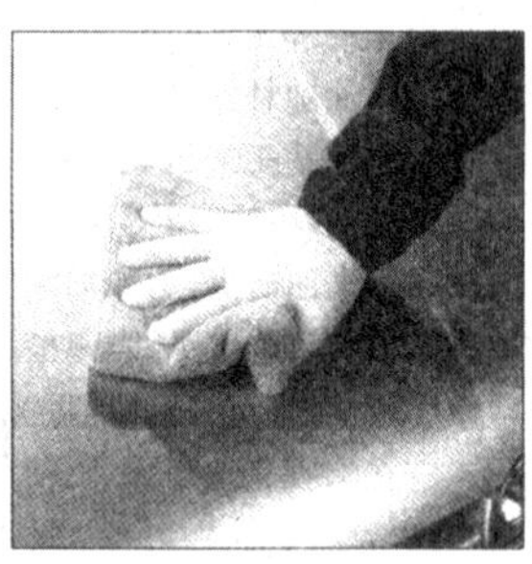

图 7-60　手工打蜡

3. 打上光蜡

（1）清洁。在给车身涂蜡时，一定要先进行表面清洗。因为车身表面有灰尘的话，涂蜡后，在抛光时就会把灰尘挤进涂层，或在车身表面起研磨作用，划伤或磨花表面漆膜。

（2）打蜡。现在的车蜡多为液体蜡，使用前应将其摇晃均匀，将少许倒入湿布或海绵上进行小面积旋转，在车身涂层表面擦拭。

（3）擦干。稍干后，再用软布反复擦干即可。

（4）抛光。用抛光机及海绵垫对整个打蜡表面进行仔细的抛光。

（5）擦净。用软布将表面的抛光粉末擦拭干净。

上光蜡时应注意以下事项。

① 必须采用质量优良、与表面涂层相适宜的车蜡。

② 很多人给车身打蜡都习惯性地以圆圈方式进行，这是不正确的方式。正确的打蜡方式是以直线方式，横竖线交替进行，再按雨水流动的方向上最后一道光蜡，这样才能达到减少车身涂层表面产生同心圆状光环的效果。

③ 不要在阳光的直接照射下打蜡，操作时应在阴凉处为妥。否则，车蜡会在阳光下发生变化，使车身出现斑点。

④ 上蜡后，要等车蜡干燥一段时间后再进行抛光，要让车蜡能够在车身表面有一定的凝固时间，最少在30 min左右，不要刚打上蜡就抛光。有人认为，等蜡完全干燥后再擦净比较好，这也是错误的。上蜡后要在蜡半干不干、尚未干燥白化时擦净。因此，上蜡的操作必须顺着车身钣金一片一片地进行，切不可先将车身全部上好后，再一次擦掉，这会使涂层表面的色泽深浅不一，非常难看。

⑤ 没有抛光前，不要开车上路，否则，空气中的灰尘就会依附在车蜡上，在抛光时划伤或磨花表面漆层。

⑥ 如果车身表面上的漆膜已经褪色或氧化，则必须在清除掉旧的和氧化了的漆膜后，才能打蜡。

⑦ 上蜡时应尽量采用软质的、不起毛的绒布或棉絮进行均匀涂抹。

五、部件的安装与清洁作业

打蜡作业结束后，安装好拆卸下的部件。若部件有脏污，应仔细擦拭干净后再安装。对车主平常在进行部件清洁时难以涉及的地方，也应将其清洁干净。这件事情虽小，但对维持与客户的关系将会起很大作用。安装好拆卸下的部件之后，应全面检查电路是否正常，螺栓是否都已拧紧等。

交车之前应用净水将车身整体彻底清洗干净。清洗过程中，若发现有细小伤痕，即使不是所修理部位，也要予以修整。

思考与练习

1. 说明汽车面漆喷涂的常用手法。
2. 对于已经打磨过中涂底漆的板块，喷涂面漆前，通常要进行哪些准备工作？
3. 如何喷涂第一遍素色面漆？
4. 说明素色面漆整板的第三次喷涂的工艺参数设置。
5. 为什么面漆烘烤干燥前必须有充分的闪干时间？闪干时间多少合适？
6. 在清除表面贴护时，有哪些注意事项？
7. 什么是经济型金属面漆喷涂工艺？其与标准型工艺的主要差别在哪里？
8. 什么是过渡喷涂？如何选择过渡喷涂的过渡区域？
9. 解释板内过渡喷涂、板外过渡喷涂以及两者的应用条件。
10. 如何选择过渡喷涂的边界？
11. 什么是驳口水？它有什么作用？何时可用驳口水？
12. 面漆喷涂结束后，对于表面较大凸起的颗粒，应如何处理？
13. 面漆喷涂结束后，对于表面较大面积的针孔，应如何处理？
14. 面漆喷涂结束后，对于较严重的咬底部位，应如何处理？
15. 表面喷涂完成后，发现表面无光，说明产生这一现象的原因及补救方法。
16. 表面喷涂完成后，发现遮盖力差，说明产生这一现象的原因及补救方法。

项目八 典型漆膜损伤的修补工艺

任务一 小修补

【学习目标】

1. 能够正确描述小修补的适用条件。
2. 能够按标准流程进行小修补。
3. 能够注意培养良好的安全、卫生习惯与团队协作意识。
4. 能够检查、评价和记录工作结果。

任务分析

小修补又称点修补、巧修补（有时也称为驳口过渡修补），它也是局部修补喷涂的一种。小修补修复快、漆面驳口自然、颜色过渡自然，能减少涂料的用量。

如图 8-1 所示，后围板漆面有 5 cm 左右的轻微划痕，板件无变形，不需要刮腻子，确定适合小修补。

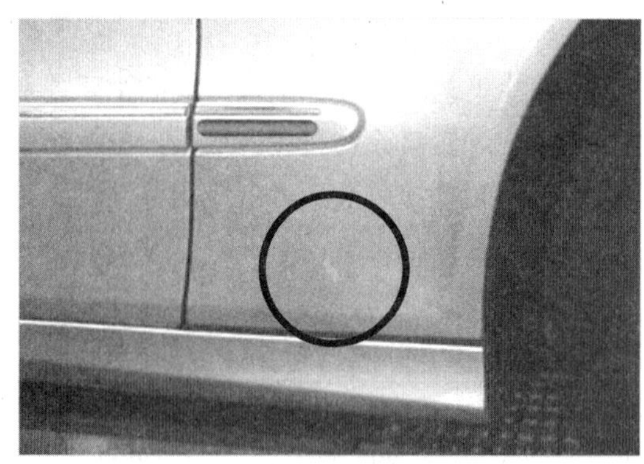

图 8-1　适合小修补的漆膜损伤

相关知识

一、小修补的条件

选择小修补时，必须满足以下条件。

（1）油漆损伤范围在 20 ~ 50 mm^2。

（2）损伤部位在车体适合进行巧修补的位置。

（3）腻子填补范围在 25 mm^2 内；完工区域在 20cm × 30cm 范围内。

（4）修补区内对底色漆和清漆驳口。

（5）修补工作能在 90 min 内完成。

二、小修补喷枪

小修补用喷枪与普通喷枪相比只是体积小些，喷嘴直径有 0.3 mm、0.5 mm、0.8 mm、1.0 mm、1.1 mm 等规格，适合各种小修补喷涂情况。根据小修补的形状及大小使用 0.7 ~ 2.0 bar 的气压，并适量调整出漆量。以 10 ~ 15 cm 的喷涂距离，喷涂多遍薄涂层以慢慢控制颜色和遮盖。

技能学习

劳动保护与安全注意事项

小修补的劳动保护与安全注意事项同打磨、喷涂施工。

对图 8-1 所示的轻微划痕进行小修补的操作步骤如下。

（1）使用除硅清洁剂清洁，如图 8-2 所示。

（2）用除蜡剂处理修补区域。

（3）确定修补工艺。检查车体损伤情况（涂层类型、颜色、损伤区域、修补时间），计划修补工艺。

（4）遮盖和保护不需要修补的区域。

（5）确定具体修复工艺。

① 如损伤区域未伤透罩光层，则可使用 P1500 ~ P2000 的砂纸打磨后，进行抛光处理。

② 如损伤区域未伤及色漆层，则只做罩光层驳口修补即可。

③ 如损伤位置较严重，则需按正常打磨或湿对湿工艺进行修补。

本案例损伤较为严重（伤及色漆），故需进行打磨处理。

（6）使用双向式打磨机配合 P240 ~ P400 的干磨砂纸打磨需修补的区域，如图 8-3 所示。

打磨时尽量在只需要修补的区域内进行打磨，控制最小的打磨范围。

（7）使用吹尘枪吹净表面灰尘，用除硅清洁剂清除车身的灰尘和油渍。

（8）喷涂中涂底漆，如图 8-4 所示。中涂底漆可采用打磨和湿对湿两种工艺进行涂装。

如果打磨出现裸金属，建议使用湿对湿工艺。

① 打磨工艺。混合中涂底漆，如选用“鹦鹉”中涂底漆 285-500（按 4:1:1 的比例添加硬化剂 929-55/56 和稀释剂 352-91/51/216）喷涂 2～3 层，每层喷涂时间间隔 5～10 min。

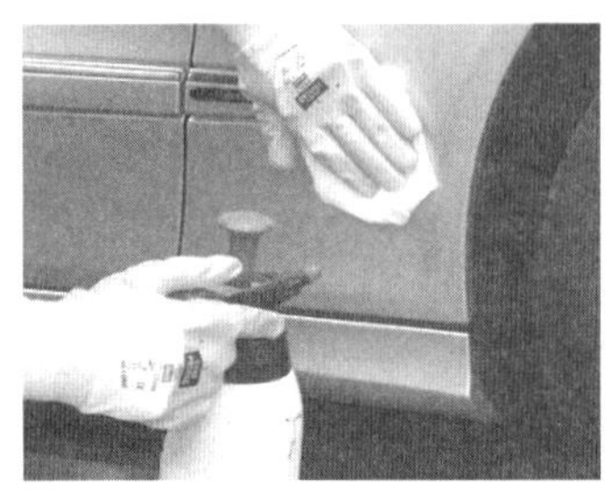

图 8-2 使用除硅清洁剂清洁

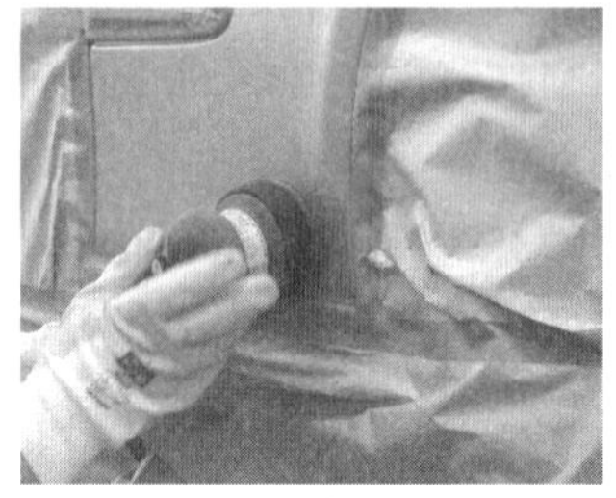

图 8-3 打磨

② 湿对湿工艺。选用“鹦鹉”中涂底漆 801-72 （按 4:1:1 的比例添加硬化剂 965-60 和稀释剂 352-91/216）喷涂 1～1.5 层。

（9）干燥。待漆面亚光后便可使用强制干燥的方法干燥中涂底漆，如图 8-5 所示。IR-红外线灯烘烧干燥，8 min；烘房干燥，60 ℃，20～30 min。

如果采用湿对湿工艺，则无需强制干燥，静置 15～20 min 便可喷涂面漆。

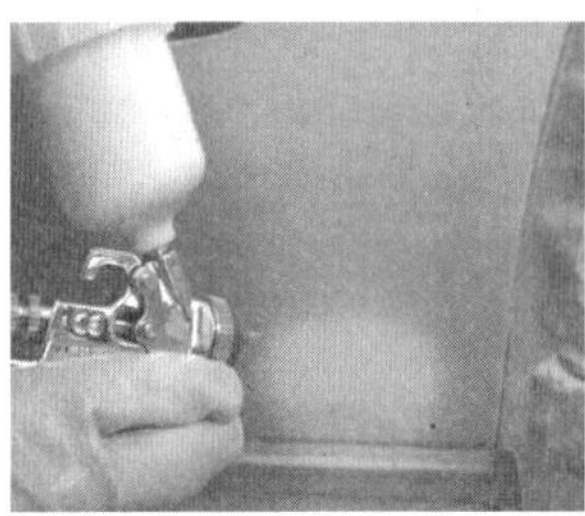

图 8-4 喷涂中涂底漆

图 8-5 强制干燥

（10）打磨。

① 待面漆冷却后，使用 P400～P500 的干磨砂纸或 P800～P1200 的水磨砂纸打磨中涂底漆位置，如图 8-6 所示。

② 再用 P1500～P2000 的水磨砂纸或 3M 灰色打磨布配合磨砂剂打磨需喷涂的驳口位置，如图 8-7 所示。

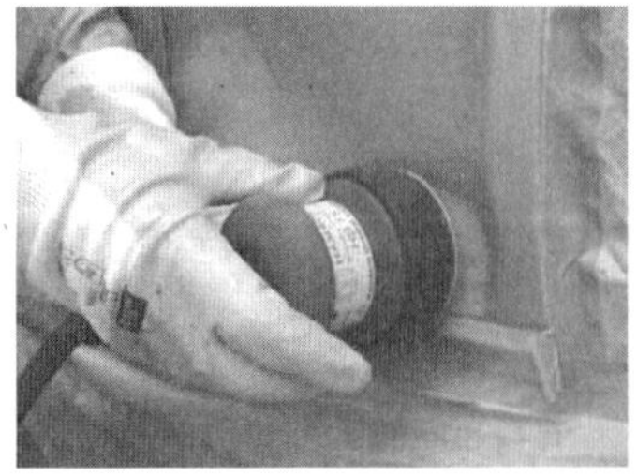

图 8-6 打磨中涂底漆位置

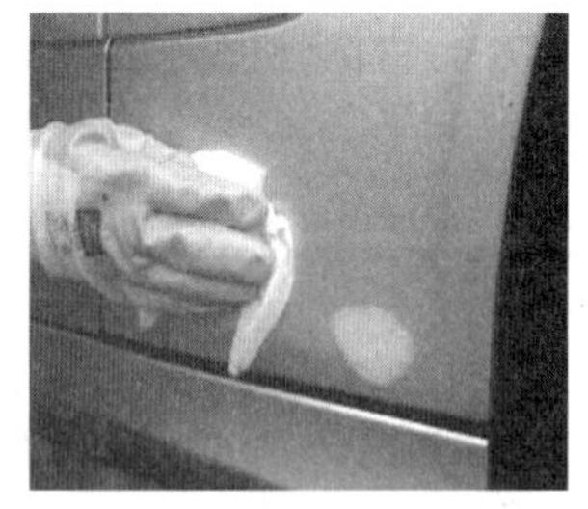

图 8-7 打磨驳口位置

（11）清洁。用吹风机吹净打磨灰尘，用除硅清洁剂清洁整个表面，再用普通清洁剂清洁。

（12）喷涂驳口清漆（若面漆为素色漆则无需此步骤）。如选用“鹦鹉”55-B500 清漆，则先将漆罐摇晃均匀，再将清漆装入小修补清漆喷枪，在驳口区域喷涂薄薄的一层清漆。

（13）喷涂底色漆。如选用“鹦鹉”55 系列金属漆，调好颜色后，按规定的比例加入稀释剂（通常为 2:1），搅拌均匀后在打磨区域湿对湿喷涂两层（第一层薄喷，第二层厚喷，均采用驳口渐淡法喷涂）。闪干至亚光。

（14）喷涂底色漆效果层。保持其他参数不变，再薄喷一层底色漆（1/2）。注意喷涂区域应扩展至驳口区域。闪干至亚光。

（15）喷除清漆。选择好清漆（如“鹦鹉”923 系列），按规定的比例加入固化剂和稀释剂（通常为 2:1:10%），搅拌均匀后，薄喷第一层，之后厚喷第二层，注意每层均应向外扩展 3 ~ 5 cm。两层之间湿对湿喷涂即可。

（16）喷涂驳口清漆。将喷枪内按 1:1 加入驳口水，喷涂在清漆与驳口过渡区域，闪干至亚光。

（17）喷涂驳口水。取适量清漆驳口水，在驳口清漆喷涂区域及驳口区域薄喷一层。闪干至亚光后最好在常温下干燥 30 min。

驳口清漆、驳口水与罩光层之间均应有一定的重叠，如图 8-8 所示。

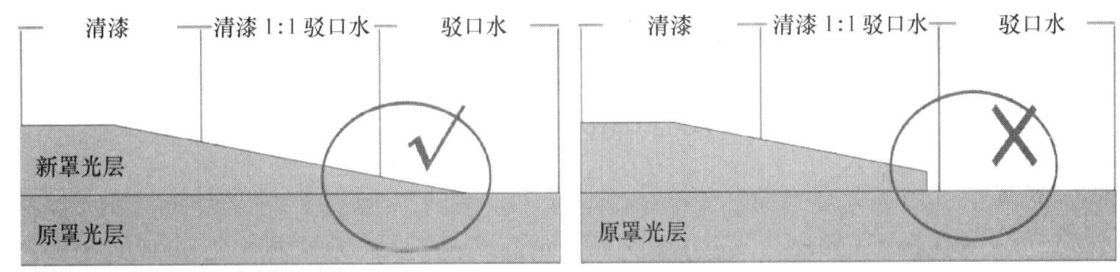

图 8-8　罩光层之后的重叠

（18）抛光。如有需要可使用 P1200 ~ P1500 的抛光砂纸打磨小流挂或尘点，再用抛光剂清除砂纸痕并增加光泽，如图 8-9 所示。

抛光时，不管是手工抛光还是机械抛光，均要注意抛光运行方向，即采用从新漆膜向旧漆膜的方向运动，如图 8-10 所示。这样才能形成一致光泽和渐近的漆膜。

图 8-9　抛光

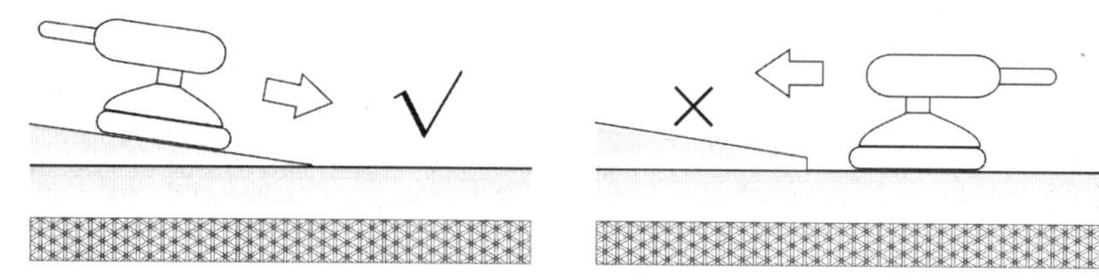

图 8-10　抛光运行方向

（19）除去遮盖。用浸有水的软布或麂皮擦去溅在周围表面上的抛光剂。

（20）交车。再次检查，如有缺陷，采用相应的方法处理；如无缺陷，即可交车。

上述小修补各层漆的喷涂区域如图 8-11 所示。

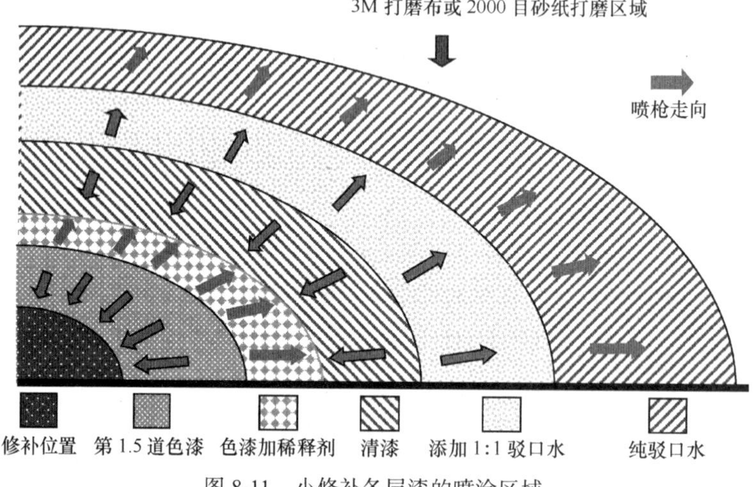

图 8-11　小修补各层漆的喷涂区域

任务二　塑料件的涂装

【学习目标】

1. 能够正确描述塑料在汽车车身上的应用情况。
2. 能够正确描述塑料件涂装的特点。
3. 能够进行塑料件材料种类的鉴别。
4. 能够进行软、硬两种塑料件的涂装。
5. 能够注意培养良好的安全、卫生习惯及团队协作意识。
6. 能够检查、评价和记录工作结果。

任务分析

近年来，汽车上塑料的应用越来越多，很多的外覆盖件也用塑料制造，如保险杠（面罩）、散热器面罩（中网）、后背门等。图 8-12 所示的汽车保险杠面罩（塑料件）的漆面出现损伤，需要修复。由于塑料材料自身的特点，修复工艺与钢板有较大差别。

图 8-12　漆面损伤的汽车保险杠面罩（塑料件）

塑料底材的表面附着力较金属底材低，漆膜较难附着；塑料的热变形温度低，因而涂料干燥固化之际的加热温度受限制；另外，还存在脱模剂洗净不良和添加剂的渗出导致涂料不能成膜的情况。所以，塑料件的涂装需要特殊的工艺。

相关知识

一、塑料在汽车上的应用

1. 聚乙烯（PE）

聚乙烯是一种耐酸、耐汽油、耐机油和耐油脂的热塑性塑料。即使在低温情况下，这种塑料也比较坚硬、刚度大且抗撞击，多应用于燃油箱和空气通道等处。

2. 聚丙烯（PP）

聚丙烯是一种耐酸、耐汽油和耐机油的热塑性塑料。这种塑料不易破损且具有一定的抗撞击能力。保险杠饰板和车门槛外饰件多以聚丙烯为基础制造。

3. 聚酰胺（PA）

聚酰胺是一种既耐高温又耐机油和汽油的热塑性塑料。这种塑料应用于进气装置、发动机盖板和汽缸盖罩。

如“宝马”E63 的前侧围，也由含有 66（PA66 + PPE）的复合材料制成。这种复合材料具有突出的表面质量和较好的喷漆性能；但缺点是其具有吸收水分的特性。

4. 聚氨酯（PU）

聚氨酯是一种应用范围非常广的热塑性塑料。它可以作为致密材料用于黏结剂和密封剂，也可以作为泡沫材料用于坐垫和吸能部件。聚氨酯具有消音特性，可以以柔性直至刚性形式存在。

5. 环氧树脂（EP）

环氧树脂是一种在 135 ℃下具有耐热变形能力且具有突出电气特性的热固性塑料。这种塑料应用于点火线圈和印刷电路板等处，在跑车中也应用于支撑结构和传动元件。

6. 酚醛树脂（PF）

酚醛树脂具有突出的机械特性，其耐热温度达到170℃。此外，它还具有很好的防火特性。这种热固性塑料只能制成深色材料，主要应用于皮带轮、水泵壳体和进气装置。

7. 片状模塑料（SMC）

片状模塑料是一种带有二维玻璃纤维增强结构的扁平状反应性树脂，是一种热固性塑料。SMC部件的耐热温度达到200℃，因此能够进行上线前喷漆。

如“宝马”E63和E64的行李箱盖、E64的折叠式车顶厢盖以及Rolls-Royce的前围板，都由SMC制成。SMC由UP+30%玻璃纤维构成。

汽车用的塑料外装件及材质列于表8-1中。

表8-1　汽车用的外装件部位及各种塑料材质

	适用部件	塑料底材种类（通用名称）
外装部件	前照灯罩	PMMA（丙烯酸树脂）
	前、后保险杠	RIM-PU、改性PP 、PC
	前面罩（水箱格栅）	ABS、ABS+电镀、PP、PC
	门反光镜	ABS、PC
	门拉手支撑板	PA（尼龙）
	侧护目镜	PMMA（丙烯酸树脂）
	门拉手	PAG/GF（尼龙）、PC/PBT
	门槛护板	TPO、PP
	后阻流板	SMC、PPO/PA
	挡泥板	TPR
	背壁板	ABS
	轮罩	PC/ABC PPO、PPO/PA（GTX）、PP
	外部门拉手罩盖	EPDM（乙烯、丙烯）
外板	翼子板	PPO/PA（GTX）
	门板	PC/ABS

二、塑料件涂装的作用

尽管塑料制品不会生锈，易于着色，具有耐腐蚀性和一定的装饰性，但在其上涂布一层合适的涂料，更可以延长其使用寿命，提高其各种性能，从而扩大其应用范围，提高经济效益。塑料件涂装的目的主要有以下3个方面。

（1）装饰作用。如汽车的保险杠和车身的外饰件等塑料件，经涂装后能达到轿车车身外观高装饰性的效果，且能同色化（无论是本色还是金属闪光或珠光色）。

（2）保护作用。通过涂装可以提高塑料件的耐紫外线性、耐溶剂性、耐化学药品性、耐光性等。

（3）特种功能。在塑料制品表面涂布特种功能涂料，可以将特种涂料的功能移植到塑料表面，扩大塑料的应用范围。例如，苯乙烯、丙烯酸树脂和聚碳酸酯等透明塑料可以代替光学玻璃，做成各种光学制品，成本便宜，加工方便。但其硬度、耐磨性、耐划伤性不如玻璃，如涂布选用合适的特种涂料（如耐磨涂料、耐划伤涂料、抗反射涂料、防结露涂料等）后，便可用来制造眼镜、汽车玻璃。

三、各种塑料底材与漆膜的附着性

按塑料与漆膜的附着性（结合力），可将塑料分为易附着、难附着和不附着 3 类。

（1）易附着塑料底材。例如，ABS、PMMA 塑料，可不涂底漆处理，直接涂塑料用面漆涂料也能附着牢固。

（2）难附着塑料底材。例如，RIM-PU、改性 PP，需进行特殊处理（包含涂专用底漆）才能附着。

（3）不附着塑料底材。例如，未改性的 PP 表面活性极差，不经铬酸处理那样的强力处理，底漆不能附着。

塑料件的成型加工方法、条件的不同也造成其表面状态的不同，影响漆膜的附着性。如注射成型比吹塑成型的附着力要好。

表 8-2 概括了漆膜附着性与塑料底材的特性的关系。表面能高，易使涂料湿润，扩散，有利于漆膜的附着。溶剂亲和性高也有利于附着，但亲和性过高后，会引起底材的开裂和变形，因此，必须注意涂料用溶剂的选择。另外，软化点低，使涂料中的成分易浸透或扩散到底材的内部，对附着也有利。但软化点又影响着底材的热变形和尺寸稳定性，必须注意涂装时烘干温度的设定。

表 8-2　　塑料底材的特性和漆膜的附着性

塑料底材的特性	漆膜的附着性	塑料底材的特性	漆膜的附着性
表面能（表面张力）	越高越好	软化点	低的情况好
极性（SP）	越高越好	溶剂亲和性	高的情况好
结晶性	越低越好		

塑料件涂装必须先考虑底材特性，再认真选择涂料、稀料、烘干条件和表面处理工艺。同时，充分把握塑料底材的变化动向也十分重要。

四、汽车用塑料件的涂装特点

内用和外用塑料件涂装的不同点是：内用塑料件一般采用半光泽或完全无光泽涂装，方法是将涂料中加入一定比例的平光剂（亚光添加剂）；外用塑料件有的采用无光泽涂装，有的采用有光泽涂装，视具体情况而定。

硬性和软性塑料件涂装的不同点是：由于软性塑料本身具有柔韧性，它所用的涂料基本上都是烘烤型弹性磁漆。所谓“弹性”，是指涂层具有较大的柔韧型，类似弹性体、橡胶，也可以弯曲、折叠、拉伸，然后还可以回复到原来的尺寸和形状而不会被破坏。方法就是用专用的涂料或在涂料中加入柔软剂。硬塑料的涂装无特殊要求，一般可采用与钢板相同的涂装工艺，但采用塑料专用涂料会提高漆膜的性能。

五、塑料件涂装用材料

1. 塑料表面清洁剂

塑料表面清洁剂的作用是清除塑料件表面的脱膜剂，增强其对油漆的附着力。使用方法是：先用灰色打磨布彻底清洁塑料件的表面，再用以 1 份清洁剂与 2 ~ 4 份清水混合后的混合液清洁整件工件，然后用清水清洗干净，待工件完全干燥后才可喷涂塑料底漆。塑料表面清洁剂的溶解性适中，不会损伤塑料表面，而且抗静电，所以塑料工件不会因摩擦产生静电而影响涂装。

2. 塑料平光剂

为消除汽车内部塑料件一定比例的光泽而使其半光泽或完全无光泽，一般都采用不同光泽的涂料装饰。平光剂也称为亚光剂，有聚氨酯用和非聚氨酯用两大类，选用时务必小心。其使用方法是：将喷涂面漆后的塑料件的光泽与原车的光泽作比较，以决定是否需要用平光剂，若需要，则先在面漆中加入平光剂，然后搅拌均匀，并做喷涂样板对比试验，在认为光泽达到一致时即可正式喷涂施工。单层涂装消光，直接将平光剂加入漆中即可；双层涂装消光，平光剂不要加在色漆内，要加在清漆内。

3. PVC 表面调整剂

PVC 表面调整剂的作用是对 PVC 表面进行处理，使其有利于重涂。它由强溶剂配制而成，具有强烈的渗透性，而且能够软化 PVC 表面并产生轻微的溶胀。这样，涂装时修补涂料就能很容易地渗透进入塑料表面，这就是人们所说的“锚链效应”。它可以大大提高涂料对基材的附着力。

4. 汽车塑料件用底漆

软塑料件：大多数都要求在底漆中加入柔软剂（各生产厂均有与塑料面漆的配套产品），以使漆膜柔软、有韧性、不开裂。聚丙烯塑料件是一种难黏附、难涂布的材料，要使用专用底漆，以增加它的附着力，同时面漆中也要加入柔软剂，否则很容易脱皮。

硬塑料件：通常不需要底漆，因为涂料在这类塑料制品上的附着力很好。但有些油漆生产厂仍然建议在涂面漆前使用推荐的溶剂彻底清洗塑料件，并对要涂装部位用 P400 的砂纸打磨，再喷涂合适的丙烯酸喷漆、丙烯酸磁漆、聚氨酯漆，或底色漆加透明清漆。喷涂模压塑料板材时，需要使用底漆和中涂底漆。

5. 涂料

汽车外部零部件如保险杠、挡泥板以及车门的镶边等塑料件所选择的涂料，最突出的要求是耐候性，另外也要求能够有较好的耐介质性和耐磨性。这类涂料多为丙烯酸聚氨酯涂料、聚酯-聚氨酯涂料、热塑性丙烯酸涂料等。汽车内部用塑料如仪表盘、控制手柄、冷藏箱、各种把手、工具箱等，常用的涂料为热塑性丙烯酸、改性环氧树脂、聚氨酯以及有机硅涂料等。

技能学习

劳动保护与安全注意事项

塑料件涂装时的劳动安全与卫生注意事项与其他板件涂装时相同，即按打磨与喷涂时的劳动保护准备。

一、常用塑料的鉴别

在塑料件的维修涂装前，必须弄清塑料件的种类，以便确定维修方法和选用的涂料。不同的塑料适合的底漆类型是不同的，见表 8-3。

表 8-3　　不同塑料适合的底漆类型

底　漆	塑　料　种　类
适用于 PO 底漆的塑料底材	PP、PP/EPM、PP/EPDM、TPO
适用于普通塑料底漆的塑料底材	SMC、PPD、BMC、PA、GFK、HP-Alloy、PC、PUR、PP/EPDM、PBT、PP/EPM、TPV、ABS

常用的塑料件鉴别方法有以下几种。

1. 查找塑料件的标志

采用 ISO 识别码确认。在正规的塑料件制造厂生产的塑料件上（一般在背面），用 ISO 国际鉴别符号标志塑料件的品种。

2. 手册查找法

无 ISO 标志时，可找车身维修手册，手册中应列出了专用塑料的品种（手册资料要与车相符）。

3. 浮力试验

在部件的背面切一片塑料，确认该部件上没有油漆、脱模剂或任何其他涂料。将这一小片塑料丢进一杯水中。假如塑料片沉入水底，表明它可以用普通塑料底漆，如图 8-13 所示；假如塑料片浮在水面上，表明它可以用 PO 塑料底漆，如图 8-14 所示。

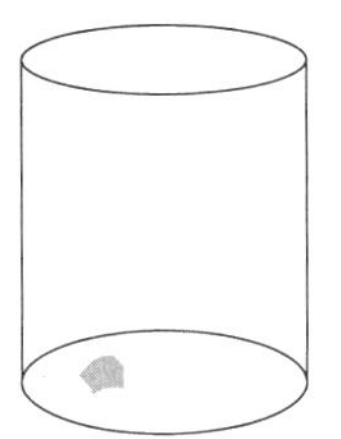

图 8-13　塑料片沉底

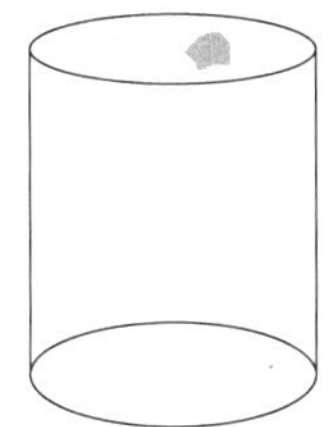

图 8-14　塑料片浮于水面

4. 燃烧试验

在部件的背面切一片塑料，确认该部件上没有油漆、脱模剂或任何其他涂料。在允许明火燃烧处，用镊子夹住塑料片的一端在火上燃烧。假如燃烧时随即产生黑色烟雾，表明它可以用普通塑料底漆，如图 8-15 所示；假如燃烧时冒出轻微的白烟，表明它可以用 PO 塑料底漆，如图 8-16 所示。

图 8-15　燃烧冒出黑色烟雾

图 8-16　燃烧冒出轻微白烟

5. 焊接确认法

一般塑料焊条有6种左右，每种焊条均标有塑料品种。选择一种塑料焊条，试着焊接待确定的塑料件，如果能够使塑料件焊接良好，则该焊条的材料即可认为与塑料件的材料相同。

6. 特殊简易鉴别法

（1）用手敲击保险杠内侧，PU塑料发出较微弱的声音，PP塑料则发出较清脆的声音。

（2）用白粉笔写在塑料件内侧，PU塑料上的字迹30 s后不掉色，PP塑料件上的字迹30 s后可擦掉。

（3）用砂纸打磨塑料件内侧，PU塑料没有粉末，PP塑料有粉末。

二、硬质塑料件的涂装

硬质塑料件如硬性或刚性ABS塑料件及GRP/SMC等通常不需要用底漆、中涂底漆或封闭底漆，喷涂热塑性丙烯酸面漆就可获得满意的效果。但有时厂家或涂料制造商仍建议使用底漆，以提高涂装效果。下面以用“鹦鹉”漆涂装GRP/SMC为例，说明具体涂装工艺。

1. 表面处理

“鹦鹉”漆要求的GRP/SMC表面处理工艺，如图8-17所示。

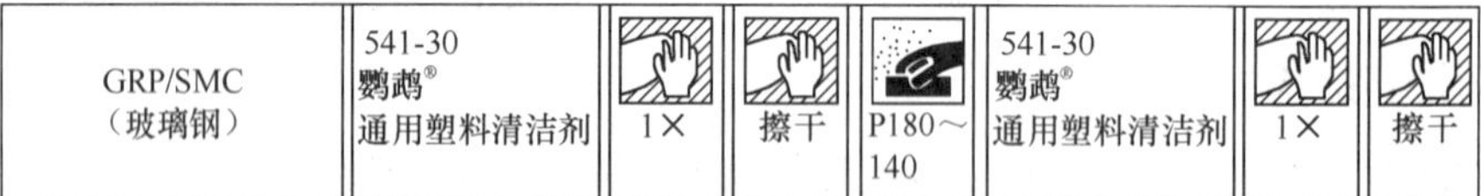

图8-17 “鹦鹉”漆要求的GRP/SMC表面处理工艺

从图中可知，对于玻璃钢件（GRP/SMC），应做如下处理。

（1）首先用专用塑料清洁剂（541-30）对GRP/SMC表面清洁一次，擦干。

（2）对整个GRP/SMC表面用P180的砂纸打磨并逐步过渡至P240的砂纸。

（3）用专用塑料清洁剂再次清洁并擦干。

2. 施涂原子灰

（1）原子灰的选择。不同的原子灰对各类塑料件有不同的适应性，选用时一定要查阅所使用涂料的技术说明。“鹦鹉”系列涂料的原子灰、底漆、填充底漆及中涂底漆与塑料件的适应性说明，见表8-4。

表8-4 “鹦鹉”系列涂料的原子灰、底漆、填充底漆及中涂底漆与塑料件的适应性技术说明

塑料涂层—底漆
仅适用于汽车表面修补

		PU-RIM	PP-EPDM	ABS	GRP/SMC	PC-PBTP	PA	PPO	rigid PVC
原子灰	839-90 鹦鹉®塑料原子灰	●	●	●	●	●	●	●	●
	839-20/20K 鹦鹉®多功能原子灰				●				
	1006-23 鹦鹉®高浓聚酯喷涂原子灰				●				

表 8-6　　“鹦鹉”双组分塑料填充底漆（934-70VOC）的技术说明

应用：用于可喷涂汽车塑料件的经济性修补涂装，作为底漆和填充中涂底漆。

特性：用于汽车生产的可喷涂塑料件，有良好的附着力，适合作为 3 层系统的黏附力增强剂，以及作为“鹦鹉”面漆下的中涂底漆层。

注意：当该产品作为要打磨的中涂底漆时，在 60℃下强制干燥 30min 是必要的。

标志	应用	填充底漆	底漆
	涂装工艺系统	S.3	S.3a
			可喷涂面积效率：
	混合比例	4:1:1 100%体积比 934-70	
	固化剂	25%体积比 929-56	
	稀释剂	25%体积比 352-50/-91	
	喷涂黏度 DIN4 在 20℃	17 ~ 19 s	活化时间：(20℃)　3.5h
	重力喷枪喷涂气压	HVLP 喷枪：1.7~1.9mm 2.0 ~ 3.0 bar/0.7 bar （10 p.s.i.）在喷嘴处	兼容喷枪：1.6 ~ 1.8mm 2.0 bar
	喷涂层	$\frac{1}{2}$+1 层	1 层
	膜厚	40 ~ 50μm	约 20μm
	闪干时间　在 20℃	20min	20min

4. 面漆的施工

（1）面漆的选择。塑料件面漆的选择主要参考的信息是与填充底漆（或中涂底漆）及清漆的配套性，而无需考虑塑料的材质。根据涂装的需要，可选择素色漆、金属色漆或水性漆。

（2）面漆的调制。参照油漆供应商提供的色卡及汽车厂的颜色标号，按选定的面漆进行调色。然后，按说明书介绍的稀释比例稀释涂料，具体方法参阅本书项目七中“面漆的局部过渡喷涂”部分内容。

（3）喷涂施工。对板件进行遮盖与清洁后，即可按施工要求进行喷涂（涂料生产商的建议），用漆量以达到遮盖效果为宜，不要太多，以防失去纹理效果。具体方法参阅本书项目七中“面漆的局部过渡喷涂”部分内容。

上述硬塑料件涂装所采用的涂装系统，如图 8-18 所示。

特性：适用于所有可涂车用塑料件的多功能系统。纯聚丙烯和聚乙烯是不能涂漆的，
但为了保证塑料件可以涂漆，一些汽车使用了改性塑料，所以有些塑料虽注明是聚丙烯，但这些部件还是可以涂漆的。

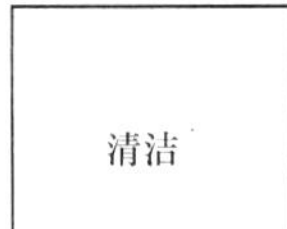

541-30
鹦鹉®
通用塑料清洁剂

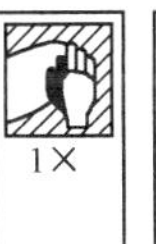

损坏部件：
P80～P600
全部

541-30
鹦鹉®
通用塑料清洁剂

发泡聚氨酯或
聚酰胺要 60℃
烘烤，去除脱
模剂和水分

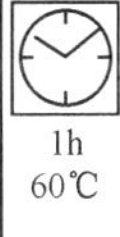

图 8-18　硬塑料件涂装系统（使用“鹦鹉“涂料）

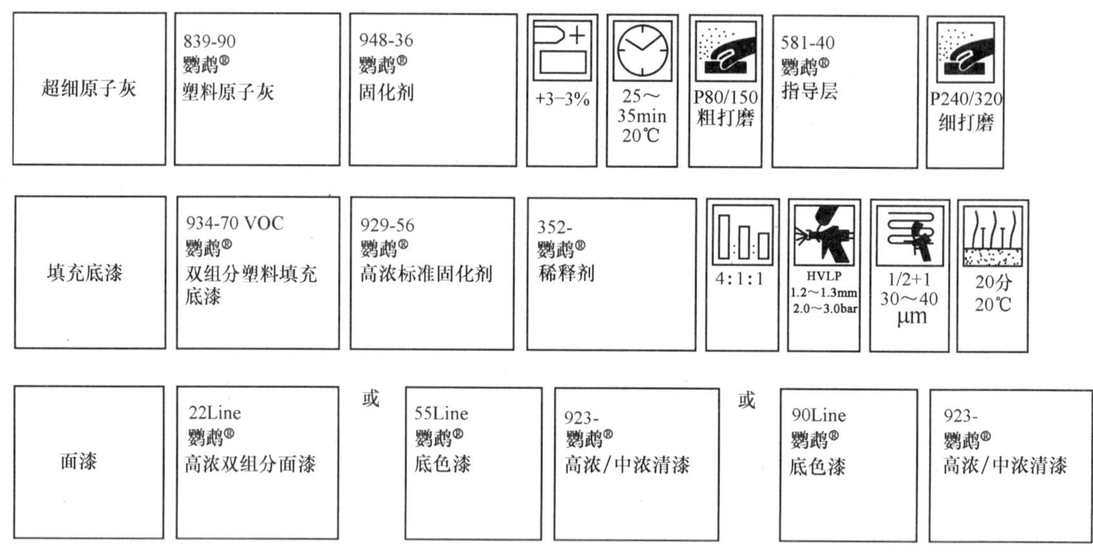

图 8-18 硬塑料件涂装系统（使用“鹦鹉“涂料）(续)

三、软质塑料件的涂装

软塑料在车外部和内部均有应用，通常汽车保险杠多用软塑料（如 PP）制作。

对于软性塑料的修补施工最好采用全修补，这是因为整板进行打磨、清洗后对涂料附着力的增强极为有利。

下面以用“鹦鹉”漆涂装 PP 塑料为例，说明具体涂装工艺。

1. 表面处理

“鹦鹉”漆要求的 PP 件表面处理工艺，如图 8-19 所示。

图 8-19 “鹦鹉”漆要求的 PP 件表面处理工艺

从图 8-19 中可知，对于 PP 类软塑料件，应做如下处理。

（1）首先用专用塑料清洁剂（541-30）对表面清洁一次。

（2）如有损坏部位，用 P80 的砂纸打磨并逐步过渡至 P600 的砂纸。然后，对需喷涂面漆的表面整体用丝瓜布打磨。

（3）用专用塑料清洁剂再次清洁表面并擦干。

（4）对于发泡的聚氨酯（PU）或酰胺（PA），必须在 60 ℃下加热 1 h 以使水分和脱模剂彻底清除。

（5）最后用湿润的布擦拭整个表面。

2. 施涂原子灰

多数涂料供应商生产的专用塑料原子灰均能适用于软、硬两种塑料，故此处仍可选择“鹦鹉”塑料原子灰（839-90）。其涂装方法与硬塑料件涂装相同。

3. 底漆的施工

（1）底漆的选择。从表 8-4 可知，对于 PP 塑料，可选择“鹦鹉”单组分塑料底漆（934-0）。

（2）施涂底漆。“鹦鹉”单组分塑料底漆（934-0）的技术说明，见表 8-7。

从表 8-7 可知，对该种底漆施工应包括以下步骤及技术要求。

① 搅拌。934-0 为单组分，手喷罐式包装，使用时首先充分摇动手喷罐（约 2 min），以获得均匀的成分。

② 摇动均匀后，直接喷涂 1 ~ 2 层，总膜厚为 5 ~ 10 μm。

③ 闪干。常温下闪干 15 min。

表 8-7　“鹦鹉”单组分塑料底漆（934-0）的技术说明

应用：用于塑料表面的黏附底漆。

特性：多用途附着力增强剂，自喷罐包装，适用于所有可涂装车用塑料件。

注意：① 漆膜表面适用的中途底漆：鹦鹉®285-*高浓度填充中涂底漆；

② 按照系统 S.3a 添加 522-111 柔软添加剂；

③ GRP 部件：不需要使用 934-10。

标志	应用	底漆
	涂装工艺系统	S+3a
	VOC 应用含量	可喷涂面积：
	摇动	2min
	喷涂层	1 ~ 2 层
	膜厚	5 ~ 10μm
	闪干时间　在 20℃	约 15min

此填充底漆无需打磨，即可直接喷涂中涂底漆。

4. 中涂底漆的施工

（1）中涂底漆的选择。在塑料底漆的表面，可选择“鹦鹉”高浓系列填充底漆或中涂底漆 285-16VOC、-51VOC、-55VOC、-60VOC、-65VOC、-95VOC 和-100VOC。本例选择“鹦鹉”高浓可调色中涂底漆 285-95VOC。

（2）中涂底漆的调制。“鹦鹉”高浓可调色中涂底漆（285-95VOC）的技术说明，见表 8-8。从表 8-8 可知，调制该中涂底漆包括以下步骤和技术要求。

① 确定中涂底漆的用量。该中涂底漆可喷涂面积效率为 439 m²/L，膜厚为 1μm。需喷涂的总膜厚为 40 ~ 60μm。再根据估算出的需涂装的表面积，即可确定涂料的用量。

② 将中涂底漆（285-95）与 22 系列色母［素色漆色母，其具体色母型号取决于面漆（素色漆或金属漆的颜色）］按 2:1 的比例混合，搅拌均匀，制成调色的中涂底漆。

③ 将调好色的中涂底漆按 4:1:1 的比例加入固化剂（929-55、-56）和稀释剂（352-91、-50、

-216)，搅拌均匀。最终的黏度为 18 ~ 20 s。

（3）中涂底漆的喷涂。

① 选用 HVLP 喷枪，口径 1.7 ~ 1.9 mm（或兼容喷枪，口径 1.6 ~ 1.8 mm）。

② 调整喷涂气压为 2.0 bar 喷涂中涂底漆。喷 2 层，总膜厚达到 40 ~ 60 μm。

（4）干燥。可选择下列方法之一。

① 常温干燥 4 h。

② 升温 60℃，烘烤 40 min。

③ 短波红外线烘烤，8 min.

④ 中波红外线烘烤，10 ~ 15 min。

（5）打磨。可选择下列方法之一。

① 用 P800 的砂纸手工水磨。

② 用轨道式打磨机，以 P400 的砂纸打磨。

（6）清理。若采用手工水磨，则应做去湿处理，然后进行清洁；若采用干磨，则先用压缩空气吹除粉尘，然后用粘尘布除尘，最后除油。

提示，若将该中涂底漆的工艺参数进行适当调整，即可作为湿碰湿型中涂底漆（免打磨）。具体工艺说明，见表 8-9。

表 8-8　“鹦鹉”高浓可调色中涂底漆（285-95VOC）的技术说明

应用：这个透明的中涂底漆可以添加鹦鹉®22 系列 HS 高浓度面漆色母，作为着色中涂漆。适合作为打磨或湿对湿中涂。使用于遮盖力相对较弱的色漆下，塑料件工艺系统，或作为着色中涂底漆喷涂在处于有石击危险地区域。

特性：① 可帮助减少工作量，减少面漆材料的消耗；
② 可帮助消耗 22 系列的剩余面漆；

注意：① 当使用 285-95 作为湿对湿中涂时，仅有 285-16VOC HS 热处理底漆适合作为它的底漆；
② 不要单独使用 22 系列色母于该底漆的混合物必须在混合后立即搅拌均匀；
③ 在使用后重新密封好包装罐，或装上搅拌盖，置于调漆搅拌机上。如下列表格中混合物 A 或 B 以 4:1 或 2:1 的体积比例加入鹦鹉 522-111 柔软添加剂，这个底漆可以按照工艺系统 S.3a 用于塑料件的喷涂。

标志	应用	打磨型中涂底漆	
	修补涂装工艺系统	RATIO-CALSSIC 经典系统、RATIO-HS 高浓系统	
			可喷涂面积效率：439m²/L at 1μm
	混合比例 步骤 1 步骤 2 固化剂 稀释剂	A. 2:1:100%体积比. 285-95 VOC 50%体积比. 22 系列或 22 系列 VOC X） 4:1:1:100%体积比　混合物 A） 25%体积比 929-55, -56 25%体积比 352-91/-50-216	
	喷涂黏度 DIN 4 在 20℃	18 ~ 20 s	活化时间 20℃：1h
	重力喷枪 喷涂气压	HVLP 喷枪：1.7 ~ 1.9mm 2.0 ~ 3.0 har (30 ~ 45 p.s.i.)/0.7bar （10 p.s.i.）喷嘴处的风帽压力	兼容喷枪：1.6 ~ 1.8mm 2.0 bar

续表

标志	应用	打磨型中涂底漆	
	喷涂层数	2	膜厚： 40 ~ 60μm
	干燥 在 20℃ 在 60℃ 红外线 （短波） （中波）	4h 40min 8min 10 ~ 15min	
	打磨 轨道式打磨机	P800 P400（常温隔夜干燥或在 60℃时烘烤 40min）	

表 8-9 “鹦鹉”高浓可调色中涂底漆（285-95VOC）的技术说明（湿碰湿中涂底漆）

标志	应用	湿喷湿中涂底漆	
	涂装工艺系统		
			可喷涂面积效率：423m^2/L at 1 μm
	混合比例 步骤 1 步骤 2 固化剂 稀释剂	B） 100%体积比 285-95VOC 100%体积比 22 系列或 22 系列 VOC X） 2:1+10% 100%体积比 mixture B 50%体积比 929-56，-55 10%体积比 352-91/-216	
	喷涂黏度 DIN 4 在 20℃	18s	活化时间 20℃： 2h
	重力枪罐 喷涂气压	HVLP 喷枪：1.3mm 2.0 ~ 3.0 bar(30 ~ 45 p.s.i)/0.7bar (10 p.s.i)在喷嘴风帽处	兼容喷枪：1.2 ~ 1.4mm 2.0bar
	喷涂层数	2 层（先喷一层于腻子整平处，再喷涂于整个需要喷涂的区域）	膜厚：约 30μm
	闪干 在 20℃	5 ~ 20mm	

5. 面漆的施工

（1）面漆的选择。根据涂装的需要，可选择素色漆、金属色漆（配套清漆）或水性漆（配套清漆）。

（2）面漆的调制。方法如下。

① 参照油漆供应商提供的色卡以及汽车厂的颜色标号，按选定的面漆进行调色。

② 如果面漆为素色漆（2K 型），则应在调好色的涂料（色浆）中按 4:1 的比例加入柔软添加剂（“鹦鹉” 522-111），搅拌均匀。然后，按 2:1:10%的比例加入固化剂（“鹦鹉” 929 系列）和稀释剂（“鹦鹉” 352 系列），搅拌均匀。

③ 如果面漆为金属漆，则应将所选的清漆（“鹦鹉” 923 系列）按 4:1 的比例加入柔软添

加剂（“鹦鹉”522-111），搅拌均匀。然后，按 2:1:10%的比例加入固化剂（“鹦鹉”929 系列）和稀释剂（“鹦鹉”352 系列），搅拌均匀。

（3）喷涂施工。对板件进行遮盖与清洁后，即可按施工要求进行喷涂。例如，“鹦鹉”22 系列 2K 型面漆的具体喷涂参数为：HVLP 喷枪，口径 1.3 mm，气压 2 bar，喷涂层数 2 层，总膜厚 50 ~ 70μm，常温干燥 16 h（或升温干燥 40 min，温度 60℃）。具体喷涂方法参阅本书项目七中“面漆的局部过渡喷涂”部分内容。

上述软塑料件涂装所采用的涂装系统，如图 8-20 所示。

如果车身修理时，更换了新的塑料板件，通常板件表面已涂装了原厂底漆。对于这类塑料板件的涂装，通常需根据板件原厂底漆的耐溶剂情况进行不同的处理。使用“鹦鹉”漆涂装有原厂底漆的塑料件采用的涂装系统如图 8-21 所示。具体的操作方法在此不再叙述。

四、塑料件表面亚光效果和纹理效果的涂装

1. 亚光效果面漆的施工

亚光效果即使漆膜的光泽度降低后的效果，如涂装仪表台时，为了防止强光泽引起的反光炫目，通常采用亚光效果涂装。

获得亚光效果的主要方法是在面漆（素色漆）或清漆（金属漆）中加入亚光添加剂。亚光效果有半光、绸缎光和丝光等不同的形式，主要区别是亚光添加剂加入的比例不同。

特性：适用于所有可涂车用塑料件的多功能系统。
注意：纯聚丙烯和聚乙烯是不能涂漆的，但为了保证塑料件可以涂漆，一些汽车使用了改性塑料，所以虽有些塑料注明是聚丙烯，但这些部件还是可以涂漆的。

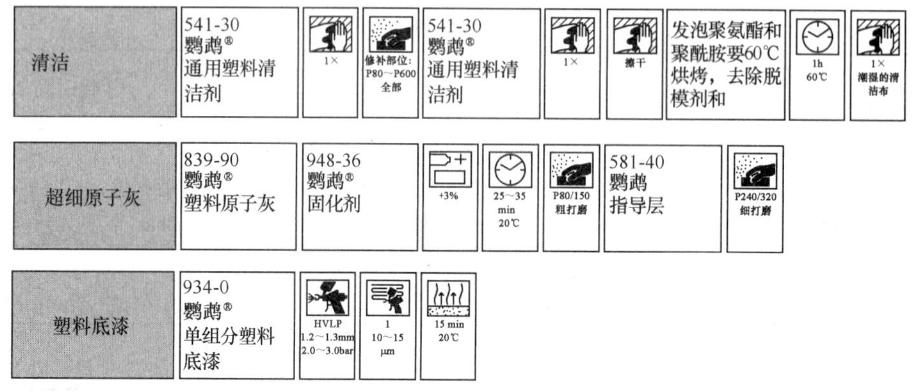

可选择：934-70VOC 鹦鹉®双组分塑料填充底漆

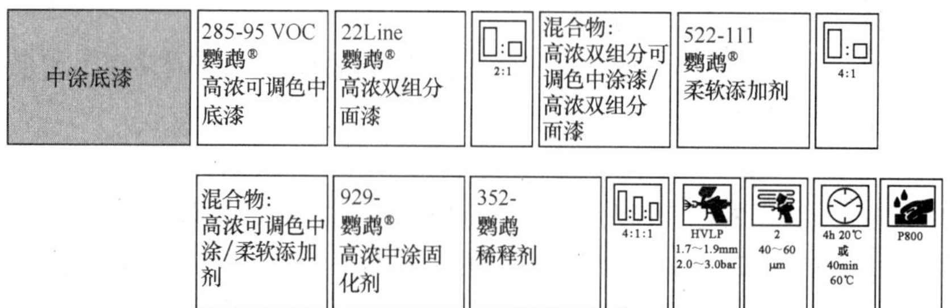

可选择：鹦鹉®高浓填充底漆 / 中涂漆 285-16VOC，-51VOC，-55VOC，-60VOC，-65VOC 和 -100VOC

图 8-20 软塑料件涂装系统（使用“鹦鹉”涂料）

面漆	22系列 鹦鹉® 高浓双组分面积 ①	或	55系列 鹦鹉® 底色漆	923- 鹦鹉® 清漆 ①	或	90系列 鹦鹉 底色漆	923- 鹦鹉® 清漆 ①

在发泡聚氨酯表面喷漆之前，面漆和清漆一定要添加“鹦鹉”522-111柔软添加剂。

22Line 鹦鹉® 高浓2K面漆 或923- 鹦鹉®清漆	522-111 鹦鹉 柔软添加剂	4:1

混合物：高浓面漆/柔软添加剂 或 清漆/柔软添加剂	352- 鹦鹉® 高浓清漆固化剂	352- 鹦鹉®稀释剂	2:1+10%	HVLP 1.3mm 2.0～3.0bar	2 50～70 microns	16h at 20℃ or 40min at 60℃

图 8-20 软塑料件涂装系统（使用“鹦鹉”涂料）（续）

特性：新的塑料挂件一般在工厂是涂过漆的。实际检测表明，这些原厂底漆会有一些值得注意的改变，这些改变影响到部件的耐溶剂型和抗石击性，为了确保原厂件的质量，推荐在新的塑料挂件中表明使用中涂漆以保证抗石击性。

耐溶剂检测	鹦鹉® 352-91 稀释剂	1×	底漆溶涨、变粘、变软?	否 耐溶剂性好	是 不耐溶剂

极端不耐溶剂	（在耐溶剂检测时完全溶解或起卷） 这些表明底漆是不合适的。 在涂漆前彻底消除原厂底漆，并根据S3使用合适的油漆系统 稀释剂

不耐溶剂	用灰色打磨垫加鹦鹉700-1清洁配件，再用鹦鹉700-1清洁第二遍，然后用清洁布擦干，闪干10min面漆施工前，先喷涂一遍未稀释的加有柔软添加剂522-111的鹦鹉285—系列打磨填充底漆，再薄薄喷涂2～3遍285—系列可打磨填充底漆（加油柔软添加剂522-111），注意加长闪干间隔

耐溶剂	鹦鹉® 700-1 清洁剂	1× 丝瓜布	鹦鹉® 700-1 清洁剂	 1×	 擦干

填充底漆	鹦鹉® 934-70VOC 双组分塑料中涂底漆	鹦鹉® 929-56 高浓中涂固化剂	鹦鹉® 352- 稀释剂	4:1:1	HVLP 1.2～1.3mm 2.0～3.5bar	1/2+1层 30～40 μm	20min 20℃

或选择 鹦鹉285-31VO，-38VOC or-49VOC免磨中涂漆配合鹦鹉522-111柔软添加剂
注意！任何磨透的区域必须首先使用鹦鹉934-10 1K塑料底涂。

面漆	鹦鹉® 22系列VOC 3.5高浓双组分面漆涂底漆 ①	或	鹦鹉® 90系列 底色漆	鹦鹉® 923- VOC清漆 ①

①面漆和清漆在聚氨酯塑料表面使用前一定要添加鹦鹉522-111柔软添加剂

图 8-21 使用“鹦鹉”漆涂装有原厂底漆的塑料件采用的涂装系统

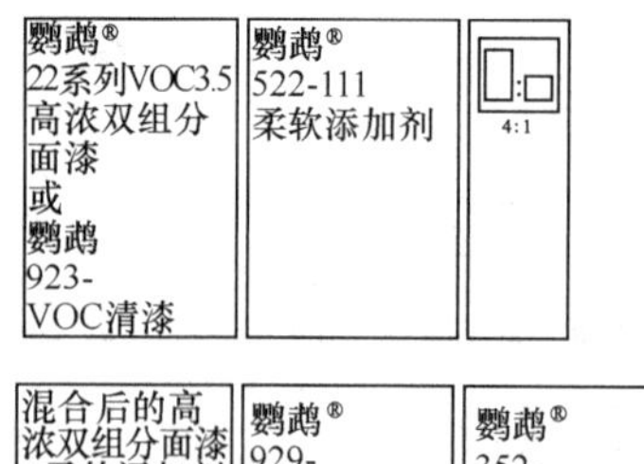

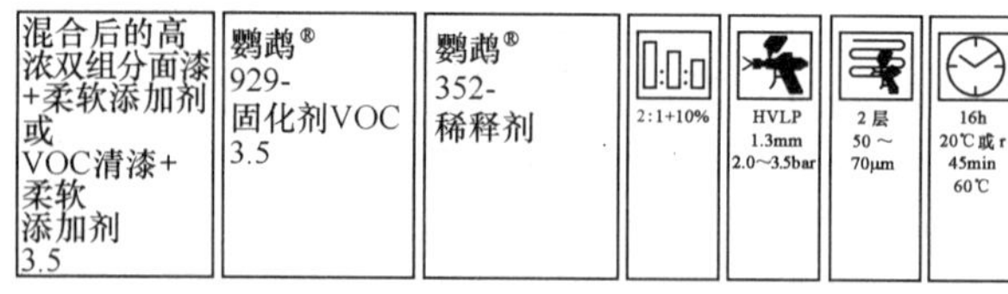

图 8-21　使用“鹦鹉”漆涂装有原厂底漆的塑料件采用的涂装系统（续）

“鹦鹉”HS 亚光添加剂（522-322）的技术说明，见表 8-10。

表 8-10　　“鹦鹉”HS 亚光添加剂（522-322）的技术说明

应用：用于 22 系列，22 系列 VOC 面漆和 923-清漆的 HS 亚光剂。

特性：混合方法简单。

注意：① 用于塑料件时，无须添加 522-111 鹦鹉柔软添加剂；

② 只调配够当天使用的油漆，因为经储存的混合物在喷涂后，光泽度可能会有变化。加入鹦鹉 522-322HS 亚光剂后，立即搅拌！

标志	应用	22 系列面漆	923-清漆
	修补涂装工艺系统 步骤 1 混合比例	半光 100%重量比 22- 25%重量比 522-322	半光 100%重量比 923- 25%重量比 522-322
		绸段光 100%重量比 22- 35%重量比 522-322	绸段光 100%重量比 923- 50%重量比 522-322
		丝光 100%重量比 22- 45%重量比 522-322	丝光 100%重量比 923- 70%重量比 522-322
	步骤 2 混合比例	2:1+10% 100%体积比 22Line.923-	
	固化剂	50%体积比 929-93/-91/-94/-31/-33	
	稀释剂	10%体积比 352-50/-91/-216	活化时间 20℃：2 ~ 3h
	喷涂黏度 DIN 4 在 20℃	20 ~ 22s	
	重力喷枪 喷涂气压	HVLP 喷枪：1.2-1.3mm 2.0 ~ 3.0bar(30 ~ 45 p.s.i)/ 0.7bar (10p.s.1)风帽气压	兼容喷枪：1.3 ~ 1.4mm 4.0bar(60 p.a.i)
	喷涂层	2 层	膜厚：50 ~ 70μm
	干燥 20℃ 60℃	929-93/-33: 8h 30min	929-91-31: 6h 20min
	红外线　（短波） （中波）	8min 10 ~ 15min	

从表 8-10 中可知，使用亚光添加剂制作亚光效果的关键主要体现在涂料调制配比方面。喷涂方法及干燥方法与普通涂相同。需要注意一点，如果在塑料件表面制作亚光效果而使用亚光添加剂，则无需再使用柔软添加剂。

（1）素色漆（22 系列）亚光效果漆的调制。具体如下。

① 半光效果漆的调制。将已调好色的涂料（色浆）按 4:1（重量比）的比例加入亚光添加剂（522-322），立即搅拌均匀。然后，按 2:1:10%的比例加入固化剂（929 系列）和稀释剂（352 系列），搅拌均匀，黏度为 20 ~ 22 s。

② 绸缎光效果漆的调制。将已调好色的涂料（色浆）按 100:35（重量比）的比例加入亚光添加剂（522-322），立即搅拌均匀。然后，按 2:1:10%的比例加入固化剂（929 系列）和稀释剂（352 系列），搅拌均匀，黏度为 20 ~ 22 s。

③ 丝光效果漆的调制。将已调好色的涂料（色浆）按 100:45（重量比）的比例加入亚光添加剂（522-322），立即搅拌均匀。然后，按 2:1:10%的比例加入固化剂（929 系列）和稀释剂（352 系列），搅拌均匀，黏度为 20 ~ 22 s。

（2）金属漆（55 系列）亚光效果漆的调制。金属漆的亚光效果主要体现在罩光层，即底色漆时正常喷涂，而在喷涂清漆时添加亚光添加剂。

① 半光效果漆的调制。将清漆（923 系列）按 4:1（重量比）的比例加入亚光添加剂（522-322），立即搅拌均匀。然后，按 2:1:10%的比例加入固化剂（929 系列）和稀释剂（352 系列），搅拌均匀，黏度为 20 ~ 22 s。

② 绸缎光效果漆的调制。将清漆（923 系列）按 2:1（重量比）的比例加入亚光添加剂（522-322），立即搅拌均匀。然后，按 2:1:10%的比例加入固化剂（929 系列）和稀释剂（352 系列），搅拌均匀，黏度为 20 ~ 22 s。

③ 丝光效果漆的调制。将清漆（923 系列）按 100:75（重量比）的比例加入亚光添加剂（522-322），立即搅拌均匀。然后，按 2:1:10%的比例加入固化剂（929 系列）和稀释剂（352 系列），搅拌均匀，黏度为 20 ~ 22 s。

2. 纹理效果面漆的施工

一般汽车的内表面上有许多不同的纹理结构，在修复的塑料件上做出纹理时，新纹理不一定要与原来的一模一样，但纹理的粗细程度必须与原来一样。

获得纹理效果的主要方法是在面漆（素色漆）或清漆（金属漆）中加入纹理添加剂。“鹦鹉”纹理添加剂（522-345）的技术说明，见表 8-11。

表 8-11　“鹦鹉”纹理添加剂（522-345）的技术说明

应用：使表面有纹理、弹性和亚光的效果。例如，当修补 FORD 汽车保险杠时。针对硬质塑料。该产品可以以 1:1 与 22 系列，22 系列 VOC 纯色面漆混合，或以 2:1 添加 923-清漆。

注意：不要过滤该材料。

	修补涂装工艺系统	22 系列、22VOC 系列面漆、923-清漆	
	步骤 1 混合比例	按颜色配方称量，或 100%体积比 22 系列，22 系列 VOC 100%体积比 522-345	100%体积比 923- 50%体积比 522-345
	步骤 2 混合比例	2:1+10% 100%体积比 22-/923-:522-345	

续表

	固化剂	50%体积比 929-91/-93/-31/-33	
	稀释剂	100%体积比 352-50/-91	
	喷涂黏度 DIN 4 在 20℃	16 ~ 18s	活化时间 20℃ 6h（使用 929-93） 4h（使用 929-91）
	重力喷枪 喷涂气压	HVLP 喷枪：1.2 ~ 1.3mm 2.3 ~ 3.0bar(30 ~ 45 p.s.i)/0.7bar (10 p.a.i)风帽气压	兼容喷枪：1.2 ~ 1.4mm 2.0 bar
	喷涂层	2 层	膜厚：50 ~ 70μm
	固化剂： 干燥　在 20℃ 　　　在 60℃	929-93/-33:　929-91-31: 10h　6h 30min　20min	
	红外线　（短波） 　　　　（中波）	8min 10 ~ 15min	

从表 8-11 中可知，使用纹理添加剂制作纹理效果的关键主要体现在涂料调制配比方面。喷涂方法及干燥方法与普通漆相同。需要注意一点，在调制好的涂料装枪时，无需过滤。

（1）素色漆（22 系列）纹理效果漆的调制。将已调好色的涂料（色浆）按 1:1（体积比）的比例加入纹理添加剂（522-345），立即搅拌均匀。然后，按 2:1:10%（体积比）的比例加入固化剂（929 系列）和稀释剂（352 系列），搅拌均匀，黏度为 16 ~ 18 s。

（2）金属漆（55 系列）纹理效果漆的调制。金属漆的纹理效果主要体现在罩光层，即底色漆时正常喷涂，而在喷涂清漆时添加纹理添加剂。将清漆（923 系列）按 2:1（体积比）的比例加入纹理添加剂（522-345），立即搅拌均匀。然后，按 2:1:10%的比例（体积比）加入固化剂（929 系列）和稀释剂（352 系列），搅拌均匀，黏度为 16 ~ 18 s。

任务三 水性漆的涂装

【学习目标】

1. 能够正确描述水性漆的特点。
2. 能够正确描述水性底色漆的构成。
3. 能够正确描述水性漆的施工特性。
4. 能够正确解读水性漆产品说明。
5. 能够正确进行水性漆的涂装。
6. 能够注意培养良好的安全、卫生习惯及团结协作意识。
7. 能够检查、评价和记录工作结果。

任务分析

水性漆就是以水为稀释剂的汽车修补涂料。由于没有有机溶剂，所以水性漆的环保性明显提高。随着世界环保法规的要求越来越严格，水性漆得到了快速的发展，各大汽车涂料生产商均在加紧研制水性漆，如德国 BASF 公司生产的“鹦鹉”牌水性漆，目前主要有水性底漆（70 系列）和水性面漆（90 系列）。如图 8-22 所示为“鹦鹉”牌水性面漆。

图 8-22 “鹦鹉”牌水性面漆

因水性漆有其独特性，故在涂装时与溶剂型漆的工艺会有所差别。

相关知识

一、水性涂料与溶剂型涂料的不同点

树脂溶解在溶剂中成为溶解型涂料，树脂分散在水中成为分散型水性涂料。它们的性质和流动行为有较大的差别，水和有机溶剂也有很大的差别。在使用水性涂料时必须熟知这些差别。

1. 颜料的分散性

有机溶剂型涂料几乎都是溶解型，涂料中的树脂分子呈“人”字线形；而水性涂料多为分散型，树脂分子呈绕线团形的圆粒子状。这就意味着，分散粒子较难吸附在颜料表面。另外，水性涂料初期的光泽鲜艳性好，而在室外暴露时的光泽保持率差。现在，水性涂料在经人工老化机促进试验 3000 h 后，能维持光泽保持率 85%以上，已是最高的限值。其原因之一，是水性树脂分子对颜料表面的吸附始终存在一定问题。

2. 表面张力

水性涂料的表面张力较溶剂型涂料高，在涂装时易产生下列缺陷。

（1）不易渗入被涂物表面的小细缝中。

（2）易产生缩孔、针孔。

（3）展平性不良。

（4）易流挂。

（5）不易消泡。

3. 蒸发潜热

水非常难蒸发。它的沸点是 100℃，虽比溶剂低，但汽化所需蒸发潜热非常高，远远高于一般的溶剂。所以在涂装时水性溶剂易产生流挂。同时，在涂金属闪光底色二层和三层时，水性溶剂的晾干时间过长，延长整个涂装施工的时间而使作业效率变低。相反，溶剂型涂料涂装时，考虑季节的温度差，可借助调配与某温度相适应的蒸发速度不同的溶剂的组合技术，而使其作业效率仍保持良好。

4. 温度、湿度的影响

水性溶剂对应温度和湿度的变化也不像溶剂型涂料那样柔和。

5. 分散粒子的安定性

溶解的分子对剪切力、热、pH 值等都安定，而分散的分子则不安定。所以，要有对分散分子安定化的对策。分散粒子受剪切力后粒子被破坏，剪切力增加导致黏度下降。因而，须考虑在制造、输送水性涂料过程中如何避免受剪切力的作用。分散粒子对 pH 值很敏感，漆液中混入酸性物质呈酸性后粒子被破坏发生胶化。寒冷季节，在循环管路内运输过程中受冻结后，分散粒子被破坏，涂料也就不能使用了。

二、水性修补涂料

1. 双组分水性底漆

水性双组分防腐底漆，可作为铁板、镀锌钢板、铝材、1K 填充中涂底漆的防腐底漆和附着底漆；也可作为在磨穿处施涂的底漆，表面上可以直接喷涂水性色漆。表 8-12 为德国“鹦鹉”牌 70-2 水性底漆的技术说明。

表 8-12　“鹦鹉”70-2 水性底漆的技术说明

操作项目	技术要求	技术数据	
		用于防腐底漆或附着底漆	用于磨穿处，直接喷面漆
混合比例：1:1:30%（体积比）	70-2 水性底漆	10 份	10 份
	270-2 配套固化剂	10 份	10 份
	90-VE 配套稀释剂	3 份	3 份
喷涂黏度	DIN4 在 20℃时	16 s	16 s
活化时间	在 20℃时	5 h	5 h
喷枪	重力式 HVLP1.3 mm	2.0 ~ 3.0 bar/0.7 bar（喷嘴处）	
喷涂层	薄层	2 层	2 层，向周边小范围渐淡喷涂
膜厚	遮盖	20 ~ 25μm	大约 20μm
闪干时间	在 20℃时		大约 10 min 至亚光
干燥	在 20℃时	大约 20 min 至亚光	
	在 60℃时	10 min	
打磨	白色百洁布		边口粗糙区域

从表 8-12 中可以看出，水性底漆与普通底漆（溶剂型）涂装的主要区别在于涂料的配套性，

即“鹦鹉”水性底漆（70-2）应与专用的固化剂（270-2）及90-VE稀释剂配套使用。

2. 单组分（1K）水性填充底漆

水性填充底漆用于固化不良的旧漆膜的封闭处理；也用于防腐底漆之上，进行填充功用的底材处理；还可以作为指导层使用。表8-13为德国“鹦鹉”牌76-71水性填充底漆的技术说明。

表8-13　“鹦鹉”76-71水性填充底漆的技术说明

操作项目	技术要求	技术数据
混合比例：如果需要按1:1（体积比）	76-71 水性底漆	按需要
	90-VE 配套稀释剂	按需要
喷涂黏度	DIN4 在20℃时	开罐即可使用
喷枪	重力式 HVLP	口径1.7～1.9 mm，2.0～3.0 bar/0.7 bar（喷嘴处）
	兼容喷枪	口径1.6～1.8 mm ，2.0 bar
喷涂层	遮盖缺陷	2层
膜厚	50～70μm	
闪干时间	在20℃时，大约5 min至亚光	
干燥	在60℃时	30 min
	红外线	短波8 min，中波10～15 min
打磨	手工	P800，之后用水或“鹦鹉”700-1清洁剂清洁

由表8-13可知，“鹦鹉”水性填充底漆76-71使用时应注意如下事项。

（1）最低的施工温度为15℃。

（2）干燥主要取决于温度、湿度、空气循环和膜厚。

（3）喷枪不用时，可以将枪头浸泡在水中。

（4）收集残留的油漆和废水，并按照相关技术说明，用700-7进行凝结处理。

（5）当将水性填充底漆76-71喷涂在水性防腐底漆70-2之上时，不要用红外线干燥。

（6）在对板件表面进行清洁时，先使用专用清洁除油剂（700-10）清洁，然后用专用清洁剂（700-1）清洁。

3. 水性底色面漆

水性底色面漆分为水性金属底色和水性纯色底色两种，属于1K涂料，按双工序施工，表面可以喷涂水性或溶剂型罩光清漆。水性底色漆遮盖力极佳，溶剂含量只有10%。表8-14为德国“鹦鹉”90系列水性底色漆的技术说明。

表8-14　“鹦鹉”90系列水性底色漆的技术说明

操作项目	技术要求	技术数据
混合比例：2:1（体积比）	90系列水性底色漆	2份
	93-E3 调整剂 加入调整剂后立刻搅拌	1份
喷涂黏度	DIN4 在20℃时	18～24 s
活化时间	在20℃时	混合后的涂料在塑料容器内，可以储存6个月
喷枪	重力式 HVLP	口径1.2～1.3 mm，2.0～3.0 bar/0.7 bar（喷嘴处）
	兼容喷枪	口径1.2～1.4 mm，2.0 bar

续表

操作项目	技术要求	技术数据
喷涂层	2层遮盖，1/2效果层	
膜厚	10～15μm	
闪干时间	在20℃时，大约5 min每层间	
干燥	在20℃时	中间干燥，每层间闪干至亚光
	在20℃时	用吹风筒吹干，每层间闪干至亚光
打磨	干打磨去除尘点，然后用渐淡法轻喷表面，除去磨痕	

从表8-14中可以看出，水性底色漆需要与专用调整剂（93-E3，去离子水）配套使用。

三、温度、湿度对水性漆施工的影响

如图8-23所示，最佳的施工温度范围为23℃±1℃，相对湿度范围为65%±5%。

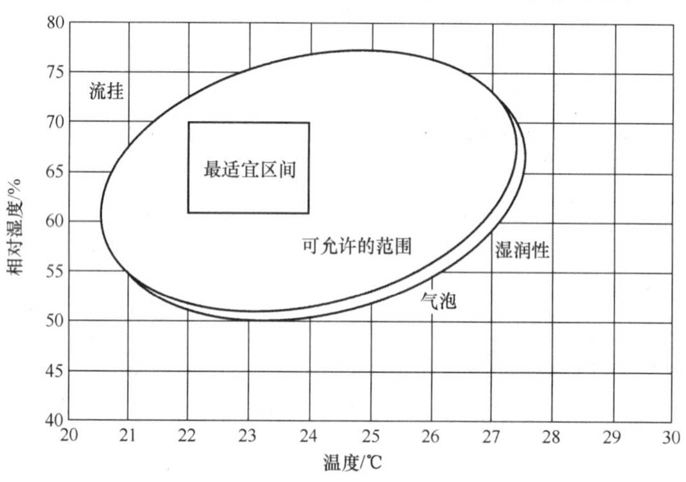

图8-23 温度、湿度对水性漆施工的影响

四、水性底漆的干燥

水性底漆闪干区的干燥曲线如图8-24所示。干燥过程分为红外线烘烤1.5 min、吹热风3 min和吹冷风2 min3个主要步骤。最高的烘烤温度为75℃，最低不低于30℃。

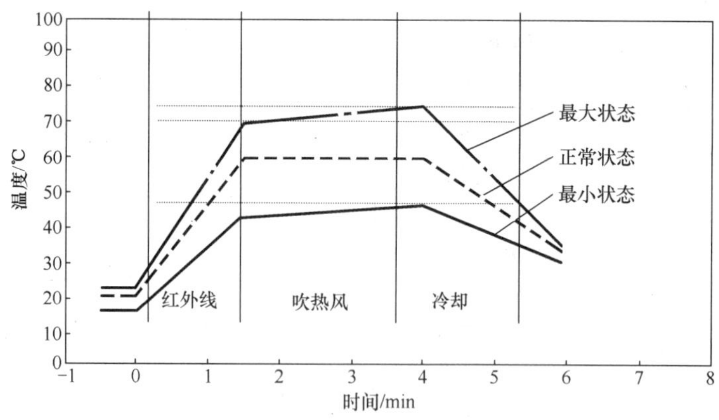

图8-24 水性底漆闪干过程中时间—温度变化曲线

五、水性面漆的闪干

为了解决水性面漆闪干慢的问题，应使用水性涂料吹风机，来加快水分的蒸发，保证在喷涂清漆前，水性底色漆中的水分必须蒸发到小于 10%，如图 8-25 所示。水性涂料吹风机的使用使得在进行小面积修补时（如车门、翼子板等），减少了烤房的加热需要，提高了工作效率。

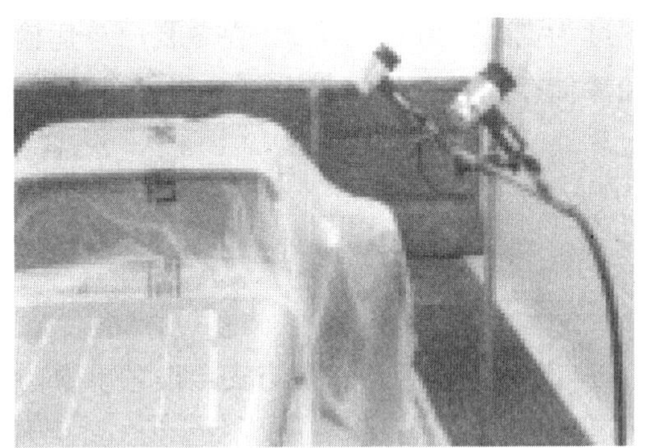

图 8-25 用水性涂料吹风机辅助干燥

使用水性涂料吹风机后的干燥时间与使用其他干燥方式的干燥时间比较，结果见表 8-15。由表中数据可以看出，用吹风机辅助干燥的速度明显要高于烘烤和自然干燥。

表 8-15 干燥时间比较

干燥系统	在 20℃下自然风干	在烤漆房内以 60℃烘烤	在 20℃用吹风机干燥
第一道喷涂时间	30 s	30 s	30 s
挥发时间	15 min	9 min	3 min+10 s
第二道喷涂时间	30 s	30 s	30 s
干燥时间	17 min	8 min	3 min+15 s
总干燥时间	32 min	17 min	6 min+15 s

注：喷涂工件为翼子板；喷漆内空气流量为 27 000 m^3/h。

水性涂料吹风机的结构如图 8-26 所示。压缩空气从接口进入，在吹风机的头部形成文丘里效应区，外部的空气经滤网过滤后被吸进，从喷嘴喷出去吹干涂料。

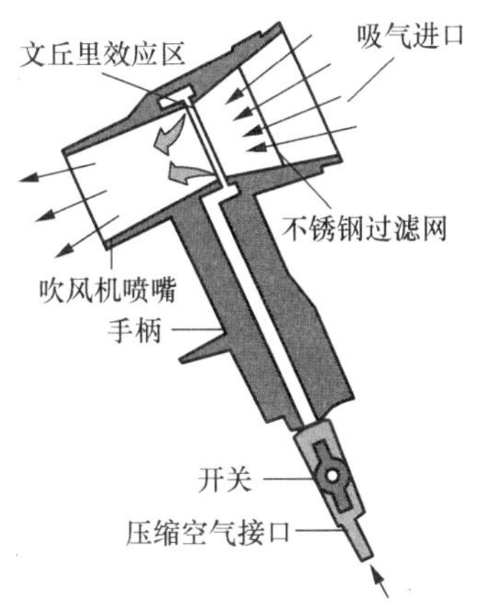

图 8-26 水性涂料吹干机的结构示意图

当风吹过阻挡物时，在阻挡物的背风面上方端口附近，气压相对较低，从而产生吸附作用并导致空气的流动，这种现象称为文丘里效应。

六、水性漆的储存

水性漆要求储存环境温度为5℃～30℃。所以，在冬夏两季运输过程中，必须加热和冷却，运输车须装备恒温系统，油漆储存间和调漆间需安装空调。同时，盛放水性漆的容器应使用防腐蚀设备不锈钢和塑料等。

技能学习

劳动保护与安全注意事项

尽管水性漆不溶剂含量很少，但仍然对人体有一定的危害，况且在整个涂装系统中，并不是从底漆到面漆均为水性漆，所以，进行水性漆涂装作业时的劳动保护也需和涂装溶剂性漆时一样。

因水性漆完全可以涂覆在溶剂型旧漆膜上，而底漆相对面漆而言，涂装操作更为简单，故以下仅以水性面漆涂装为例，介绍水性漆的涂装方法。

1. 准备工作

（1）粉尘的清除。用吸尘器或压缩空气除净待涂装表面的粉尘。

（2）遮盖工作。对不需要涂装的部位进行严格的遮盖。

（3）除油。用专用除油剂（700-10）对待涂装表面进行一次彻底的除油。

（4）除尘。有专用除尘剂（700-1）对待涂装表面进行一次全面的除尘。

（5）涂料的准备。水性漆的调色方法与溶剂型漆的操作相同。将调色后的色浆量按规定的比例加入专用水（水性漆调整剂93-E3，“鹦鹉”漆建议的比例为2:1），过滤后装入面漆喷枪。

（6）喷涂前的检查。对打磨、除尘、除油及遮盖情况进行一次全面的检查，确认可以喷涂面漆。

2. 喷涂

（1）水性底色漆喷涂的方法如下。

① 第1次喷涂薄薄的一层。

② 调整吹风机对漆面吹干至亚光状态。

③ 第2次喷涂较厚的一层。

④ 调整吹风机对漆面吹干至亚光状态。

⑤ 第3次再喷涂薄薄的一层（1/2层）。

⑥ 调整吹风机对漆面吹干至亚光状态。

⑦ 打磨。若表面有灰尘，则可用美容砂纸打磨掉，并再次薄喷一遍。

（2）清漆的喷涂。在水性漆表面喷涂清漆时，完全可以用溶剂型清漆。第1次薄薄地喷涂一层，间隔大约5 min再喷第2次。透明涂料喷涂面积可扩大一些。边观察色调边喷涂，以形成光泽。

如果为局部涂装，则应在清漆与旧漆膜过渡区域喷涂专用驳口水（90-M5）。

3. 干燥

按清漆规定的干燥参数要求进行干燥即可。

思考与练习

1. 什么是小修补？小修补有什么特点？
2. 什么情况下可采用小修补工艺？
3. 在准备进行小修补时，如何确定修复工艺？
4. 为什么塑料件表面也需要涂装？
5. 对于不同附着性的塑料，应进行什么处理以满足喷涂中涂底漆或面漆的需要？
6. 软、硬两种类型的塑料，其涂装方式的主要差别有哪些？
7. 如何用特殊简易鉴别法鉴别塑料类型？
8. 汽车修补涂装时，对于软塑料件，正式喷涂前应做哪些预处理？
9. 水性漆在涂装时易产生哪些缺陷？
10. 详细说明水性漆的缺点。

参考文献

[1] 王锡春．汽车修补涂装技术[M]．北京：化学工业出版社，2010.

[2] 宋孟辉．汽车车身修复与保养[M]．北京：机械工业出版社，2010.

[3] 宋年秀．汽车装饰与车身修复技术[M]．北京：北京理工大学出版社，2007.

[4] 王之政．汽车涂装实务[M]．北京：人民交通出版社，2008.

[5] [美]A.G.DEROCHE 编．李军译．汽车车身修理与漆面修复[M]．北京：北京理工大学出版社，2000.

[6] 林泉．汽车涂装技术[M]．北京：中国劳动社会保障出版社，2010.

[7] 宋东方．汽车涂装技术[M]．北京：化学工业出版社，2011.

[8] 陈纪民．汽车涂装技术[M]．北京：人民交通出版社，2009.

[9] 郭宏伟．汽车涂装[M]．北京：人民交通出版社，2013.